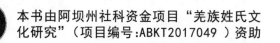
本书由阿坝州社科资金项目"羌族姓氏文化研究"（项目编号:ABKT2017049 ）资助

羌族姓氏文化研究

QIANGZU XINGSHI WENHUA YANJIU

余昕 【著】

四川大学出版社

SICHUAN UNIVERSITY PRESS

图书在版编目（CIP）数据

羌族姓氏文化研究 / 余昕著 . — 2版 . — 成都：
四川大学出版社，2024.4
ISBN 978-7-5690-6612-8

Ⅰ . ①羌… Ⅱ . ①余… Ⅲ . ①羌族－姓氏－文化－研
究－中国 Ⅳ . ① K287.4

中国国家版本馆 CIP 数据核字（2024）第 051609 号

书　　名：羌族姓氏文化研究
　　　　　Qiangzu Xingshi Wenhua Yanjiu
著　　者：余　昕

选题策划：梁　平
责任编辑：孙滨蓉
责任校对：杨　果
装帧设计：裴菊红
责任印制：王　炜

出版发行：四川大学出版社有限责任公司
　　　　　地址：成都市一环路南一段 24 号（610065）
　　　　　电话：（028）85408311（发行部）、85400276（总编室）
　　　　　电子邮箱：scupress@vip.163.com
　　　　　网址：https://press.scu.edu.cn
印前制作：四川胜翔数码印务设计有限公司
印刷装订：四川五洲彩印有限责任公司

成品尺寸：170mm×240mm
印　　张：18.5
字　　数：352 千字

版　　次：2020 年 3 月 第 1 版
　　　　　2024 年 4 月 第 2 版
印　　次：2024 年 4 月 第 1 次印刷
定　　价：85.00 元

扫码获取数字资源

四川大学出版社
微信公众号

阿坝州社会科学事业专项资金
资助项目出版说明

阿坝州社会科学事业专项资金资助项目旨在鼓励广大社科研究者潜心治学，扶持基础研究的优秀成果。他是经过严格评审，从业已完成的科研成果中遴选确定的。为扩大社科资金资助项目的影响，更好地推动学术发展，促进成果转化，州社科联按照"统一版识、统一版式、符合主题、封面各异"的总体要求，组织出版阿坝州社科资金资助项目。

阿坝州社会科学界联合会

目　录

第一章　羌族姓氏的起源

一、古老的羌族

在中国西部岷江上游两岸聚居着一个古老的民族，他们自称"日麦""尔玛"，被称为"云朵上的民族"。这个民族被众多人类历史学家认为是甘青地区有着几十万年历史的先羌族群的直系后裔，今天仍然叫作羌族。

甘青地区的先羌族群被历史学家认为是中华大地上最为古老的族群之一。他们从这里出发，向东迁徙，若干年后来到了中原地区，形成了华夏族群。传说中的伏羲、神农、轩辕都是不同时代先羌族群向东迁徙的领路人。有学者认为："中国历史上曾经出现的伏羲、炎帝、黄帝和夏、商、周、秦王朝都是西羌民族。"[1] 有着几十万年历史的先羌族群在东进的漫漫征程中，通过不断探索、不断开拓、不断总结，创造出了多姿多彩的璀璨文化，为中华五千年的文明奠定了坚实的根基，为后世子孙留下了宝贵财富。有学者言，古羌文化是中华文化的三大源流之一[2]。随着考古工作的不断开展，我们在先羌族群居住地和迁徙的路径上都能发现他们留下的文化遗存。无论是旧石器时代还是新石器时代，抑或是青铜器时代，先羌族群的文化遗存都是丰富多彩的。著名历史学家范文澜在《中国通史》里说道："中国境内西北、华北、东北、西南都已发见旧石器、中石器及其逐渐进化的遗迹。……就是中国境内四五十万年以来，即有人居住并在各个地区创造着自己的文化。"[3] 而这西北、西南正是先羌族群生活的主要地区。1921 年，考古发现，距今约 7000 年至 5000 年前，在河南省三门峡市渑池县仰韶村的黄河中下游地区重要的新石器时代文化——仰韶文化，也大量地"散布在广大西北地区新疆维吾尔自治区和甘肃、青海、陕西

---

①　毕玉玲：《羌族的图腾崇拜与释比文化》，载《戏曲研究》，2002 年第 3 期，第 195 页。

②　李德书：《羌文化：中华文化的源头之一》，引自霍彦儒主编：《炎帝·羌炎文化与民生》，三秦出版社，2010 年。

③　范文澜：《中国通史（第一册）》，人民出版社，1978 年，第 5 页。

等省以及华北、中原等地区"①。著名羌族学者耿少将在《羌族通史》中说:"大地湾、裴李岗、仰韶等史前文化遗址,就是远古的先羌族群在黄河中上游地区创造的文化类型。"② 无论是炎帝族还是黄帝族,都是源自中国西北部挺进中原地区的先羌族群,而后冈下层的仰韶文化可能就是炎帝族先于黄帝族自中国西北部进入中原地区的炎帝族文化的一个遗址③。翁独健先生也说商周时期"可以认为是羌族文化的有寺洼文化和火烧沟文化"④。在众多的历史典籍中,我们都能找出有关"羌"的相关记载。距今 3000 多年前的殷商甲骨文是大家公认的比较成熟的文字体系,"甲骨文中有关羌族的记载非常丰富。童恩正先生根据 24 种主要的甲骨文著录,统计出有关羌族活动的词意贯通的词条 305 条。另外,涉及羌族的词条,特别是关于人祭或殉葬的词条则更多。就是'羌'字甲骨文中的写法也有 9 种之多"⑤。同时"羌"是如今发现的甲骨文中唯一关于民族称号的文字,也是中国关于人类族号最早的记载。创作于旧石器时代晚期和新石器时代的阴山岩画,很多学者都认为是出自古代羌人之手。在这些岩画里我们也可以寻得"羌"字的踪迹。

古羌人也是被大家公认的最早的游牧民族。任乃强先生在《羌族源流探索》和《四川上古史新探》中指出:古代羌族在生产方面的最大成就,便是驯养野兽成为家畜,他们驯养羊、牛、犬、马成功最早,远远超过世界其他任何民族,而野牛驯化成功至少也得花去万余年的时间⑥。因此,东汉的许慎在《说文解字》中说:"羌:西戎。羊种也。"⑦ 同样,东汉的应劭在《风俗通义》中也讲道:"羌……主牧羊,故羌字从羊从人,因以为号。"⑧ 进一步肯定了"羌"是古代西部地区专门从事牧羊的人,同时也说明了古代羌人在畜牧业上的成就是其他民族难以企及的。

羌不仅是一个古老的民族,同时也是一个强大的民族,有着"东方大族"之称。从三皇五帝开始,直到两汉时期,羌都是中华历史发展舞台上的主要角色和重要角色。传说中华大地上最早的战争,距今大约 5000 余年前的"涿鹿之战""阪泉之战",还有后来发生在殷商末期的"牧野大战""犬戎灭西周之

① 范文澜:《中国通史(第一册)》,人民出版社,1978 年,第 8 页。
② 耿少将:《羌族通史》,上海人民出版社,2010 年,第 5 页。
③ 范文澜:《中国通史(第一册)》,人民出版社,1978 年,第 11 页。
④ 翁独健:《中国民族关系史纲要》,中国社会科学出版社,2001 年,第 45 页。
⑤ 徐平、徐丹:《东方大族之谜——从远古走向未来的羌人》,知识出版社,2001 年,第 17 页。
⑥ 任乃强:《羌族源流探索》,重庆出版社,1984 年,第 19 页。
⑦ [汉]许慎:《说文解字注》,中州古籍出版社,2006 年,第 146 页。
⑧ [东汉]应劭:《风俗通义校释》,天津人民出版社,1980 年,第 437 页。

战"，都是以"羌"为主角的战争。

"涿鹿之战"：是中原大地上的第一场战争，是两个先羌族群黄帝部族和炎帝部族联合，跟来自南方的蚩尤部族（有人说蚩尤氏也是先羌族群的姜姓部落。"到了黄帝时代，姜姓部落联盟日益扩展，并大举向东发展。例如有名的'蚩尤'就是突出的代表之一。"①）在今河北省张家口市涿鹿县一带所进行的一场大战，其主要是为了争夺适于放牧和浅耕的中原地带。涿鹿之战对于古代华夏族由野蛮时代向文明时代的转变产生了重大的影响。《辽史·营卫志》云："爰自炎帝政衰，蚩尤作乱，始制干戈，以毒天下。轩辕氏作，戮之涿鹿之阿。"②《史记·五帝本纪》记载："蚩尤作乱，不用帝命，于是黄帝乃征师诸侯，与蚩尤战于涿鹿之野，遂禽杀蚩尤。"③《山海经·大荒北经》记述了一个传说："有人衣青衣，名曰黄帝女魃。蚩尤作兵伐黄帝，黄帝乃令应龙攻之冀州之野。应龙畜水，蚩尤请风伯雨师，纵大风雨。黄帝乃下天女曰魃，雨止，遂杀蚩尤。魃不得复上，所居不雨"④。"衣青衣"是典型的羌人风俗。《新唐书·东女》有"王服青毛绫裙，被青袍，袖委于地，冬羔裘，饰以文锦"⑤。公元前816年，在今四川省雅安至乐山的青衣江流域地带还有一个叫青衣羌的国家，而今天生活在岷江上游地区的羌族同胞仍保留着"衣青衣"的习俗（岷江上游羌人的青衣传统制作工艺至今还完好地流传下来。笔者小时候也见过很多羌人谷的妇女包括自己的母亲制作这样的衣衫，也知道其制作流程，现在农村老家里还完好地保存着制作青衣的工具）。原来在岷江上游的坡田上种植了大量的麻子子（苴麻），就是制作青衣的原材料。《羌族文化传承人纪实录》中说青衣的制作工序有"种植、绩麻、纺线、煮线、漂洗、梳线、织布、染色等"⑥，最后是制衣，也有先做成衣，再染色，做成的衣服也称为麻布衣裳。在《羌族社会历史调查》一书里也有关于麻布衣裳的制作的简要介绍。

"阪泉之战"：它是一场开启中华文明史、实现中华民族第一次大统一的战争，这也是一场发生在两个先羌族群部落之间的内部之战。上文说道，炎帝（神农氏）和黄帝（轩辕氏）都是先羌族群中较早东进入主中原，最后形成了今天被称之为汉族祖先的华夏族群的"天下共主"。"阪泉之战"就是炎帝和黄

① 冉光荣、李绍明、周锡银：《羌族史》，四川民族出版社，1985年，第4～5页。
② ［元］脱脱：《辽史》，中华书局，1974年，第361页。
③ ［西汉］司马迁：《史记》，线装书局，2006年，第1页。
④ 张越：《图解山海经》，吉林出版集团有限责任公司，2011年，第510页。
⑤ ［宋］欧阳修、宋祁：《新唐书》，中华书局，1975年，第6219页。
⑥ 四川省音乐舞蹈研究所：《羌族文化传承人纪实录》，四川科学技术出版社，2012年，第113页。

帝两大族群之间的战争，最终是以"诸侯咸尊轩辕为天子，代神农氏"①而宣告结束。《史记·五帝本纪》记载："轩辕之时，神农氏世衰，诸侯相侵伐，暴虐百姓，而神农氏弗能征。于是轩辕乃习用干戈，以征不享，诸侯咸来宾从。而蚩尤最为暴，莫能伐。炎帝欲侵陵诸侯，诸侯咸归轩辕。轩辕乃修德振兵，治五气，艺五种，抚万民，度四方，教熊、罴、貔、貅、䝙、虎，以与炎帝战于阪泉之野，三战，然后得其志。"②

发生在商朝后期的"牧野大战"，是周武王在以古羌部族首领、炎帝后裔、姜姓太公吕尚为军师等人的辅佐下，率领庸、卢、彭、濮、蜀、羌、微、髳等"方国"部落部队，于牧野（今河南省新乡市）与商王朝进行的最后对决。《诗经·大明》之言："殷商之旅，其会如林。矢于牧野，维予侯兴。"③商军虽人多势众，但以奴隶和战俘为主力的商军全无斗志，临阵倒戈投降，周军大破商军。前后相传 17 世 31 王，延续 500 余年的殷商王朝被推翻了。

"犬戎灭西周之战"：文献资料记载，犬戎国在今陕西、甘肃一带，当时属于古羌人生活的地方，而犬戎也被学者认为是西羌部族的一支。"犬戎灭西周之战"指的是西周末年周幽王昏庸腐败，宠爱妃子褒姒，"烽火戏诸侯"以致失信于诸侯，同时周幽王又废申后（申侯之女）和太子宜臼，改立褒姒子伯服为太子，后又出兵攻打申国。申侯联合缯国和犬戎大举反攻宗周（申国、缯国都为西周之初所封的姜姓之国，属于西羌部族），众叛亲离的周幽王兵败，被犬戎杀死于骊山下，宣告了西周的灭亡。可以说，西周王朝是成也西戎，败也西戎。

先羌族群之所以能历尽艰辛，东进中原，成为天下之共主，是因为他们拥有先进的文化和强大的族群。东进中原的先羌族群此时早已成功地驯养了羊、牛、马、犬等动物，还成为世界上最早培植麦子的部族，制作狩猎的工具也较其他部族先进，可以想象他们的人数也是众多的。只有自身的强大和先进，属于先羌族人的伏羲、炎黄二帝、尧和禹才能成为"天之子"。禹的儿子启更是开启了"家天下"的王权世袭制度。而在殷商王朝时期，羌也是非常强大的族群，主要表现在：第一，从众多的甲骨卜辞中我们可以看到羌是王权的最大威胁者，关于羌与商王朝的战争的甲骨卜辞也很多。第二，商王朝对羌也非常重视，甚至于对羌的威胁感到害怕。据甲骨卜辞所言，商王朝还曾以祭祀的方式

---

① [西汉] 司马迁：《史记》，线装书局，2006 年，第 1 页。
② [西汉] 司马迁：《史记》，线装书局，2006 年，第 1 页。
③ [宋] 朱熹：《诗经》，上海古籍出版社，1987 年，第 121 页。

祈求祖先的在天之灵降灾于羌；羌人来商时，商王亲自相迎[①]；商王还"曾考虑以五个族的兵力讨伐羌人"[②]。第三，从《诗经·商颂》的诗句："昔有成汤，自彼氐羌，莫敢不来享，莫敢不来王"[③]，可以看出商王朝曾"把羌对商王朝的拥戴，作为成汤伟大事业的标志，从而受到歌咏赞颂"[④]。第四，在商王朝长达五百余年的统治时期（公元前1600年—公元前1046年），"与商王朝战争频繁且历时最久的就是羌方"[⑤]，事实上殷商王朝也是在羌的主要参与下被推翻的。第五，商王朝一方面不断镇压羌人，另一方面也对羌人实行笼络，朝廷把一些重要的官职交与羌人担任。《羌族史》载："武丁时的祭祀官中，便有两个是羌人，即羌可、羌立"[⑥]，而当时的社会为"国之大事，在祀与戎"。"祭祀"在古时被当作国家的头等大事，排在战争之前。作为被统治阶级的羌人能够担任这些职务，可见统治者对羌人的重视。在周及春秋战国时期羌也是非常强大的族群。《后汉书·西羌传》载："太丁之时，季历复伐燕京之戎，戎人大败周师。"[⑦] 在西周周宣王时，也有羌大败王师的记载，如《国语·周语》有"王不听。三十九年，战于千亩，王师败绩于姜氏之戎"[⑧]；《史记·秦本纪》里有"周避犬戎难，东徙洛邑"[⑨]；在春秋战国时期他们曾"横行中原，两度攻陷京师，灭邢、灭卫、灭温，伐晋，侵齐，攻鲁"[⑩]。在两汉时期，羌的部众也是非常多的，《中华羌字词条辑著》载：西汉元始二年（公元2年）羌族总人口为1300多万（全国人口5995万），广布全国16个省区[⑪]。羌族人口占全国总人口五分之一以上。

二、姓与氏

在今天看来，姓氏是家族血缘关系的标志和符号。而在秦汉以前姓和氏是有所区别的。《通志略·氏族略》曰："三代（夏商周）之前。姓氏分而为二。

---

① 顾颉刚：《从古籍中探索我国的西部民族——羌族》，载《社会科学战线》，1980年第1期，第120页。

② 冉光荣、李绍明、周锡银：《羌族史》，四川民族出版社，1985年，第20页。

③ [宋]朱熹：《诗经》，上海古籍出版社，1987年，第168页。

④ 冉光荣、李绍明、周锡银：《羌族史》，四川民族出版社，1985年，第19页。

⑤ 冉光荣、李绍明、周锡银：《羌族史》，四川民族出版社，1985年，第19页。

⑥ 冉光荣、李绍明、周锡银：《羌族史》，四川民族出版社，1985年，第27页。

⑦ [宋]范晔：《后汉书》，中华书局，1965年，第2870页。

⑧ [春秋]左丘明：《国语》，时代文艺出版社，2008年，第4页。

⑨ [西汉]司马迁：《史记》，线装书局，2006年，第21页。

⑩ 冉光荣、李绍明、周锡银：《羌族史》，四川民族出版社，1985年，第45页。

⑪ 《羌年礼花》编辑部：《羌族历史文化文集（第四集）》，1993年，第2页。

男子称氏。妇人称姓。氏所以别贵贱。贵者有氏。贱者有名无氏。……故姓可呼为氏。氏不可呼为姓。姓所以别婚姻。故有同姓异姓庶姓之别。氏同姓不同者。婚姻可通。姓同氏不同者。婚姻不可通。三代之后。姓氏合而为一。皆所以别婚姻。而以地望明贵贱。"① 东汉许慎《说文解字》云:"姓,人所生也。古之神圣人。母感天而生子。故称天子。因生以为姓。从女生,生亦声。春秋传曰。天子因生以赐姓。"②《通志略·通志总序》云:"生民之本。在于姓氏。帝王之制。各有区分。男子称氏。所以别贵贱。女子称姓。所以别婚姻。不相紊滥。秦并六国。姓氏混而为一。自汉至唐。历世有其书。而皆不能明姓氏。"③

姓是母系氏族社会的产物,氏是在父系氏族社会出现的,所以先有姓而后有氏。"姓者,统其祖考之所自出","姓,人所生也"。说明对于个人来说姓是唯一的,而氏可能有多个,如炎帝和黄帝都有好几个氏,炎帝,姜姓,号神农氏、魁隗氏、连山氏、列山氏等;黄帝,姬姓,号轩辕氏、有熊氏、帝鸿氏等。

姓的产生与图腾有关。所谓图腾就是氏族社会出现后,各氏族(部落)选择不同的动物、植物等为族徽标识,以区别于其他氏族(部落),这样各氏族(部落)就以该动物、植物等来命名本部落,这就是该氏族(部落)最初的姓(或氏)。何星亮在《图腾名称与姓氏的起源》一文中说:"从许多现象来看,我们今天的'姓'不是历来就有的,它是随着图腾名称的产生而产生的。……图腾产生之前,各群体没有自己的标志和名称。图腾产生之后,首先用来区分的标志和名称,便是图腾徽帜和图腾名称。当时的图腾名称,也就是现在的所谓'姓'。"④ 范文澜在《中国通史》中说:东方"夷族"首领太皞姓风,可能是以蛇(或龙)为图腾;北方、西方为"狄族""戎族",以犬为图腾;南方为"蛮族",以猛兽为图腾;中部地区"炎帝族"为西戎羌族的一支,姓姜,为牛图腾的氏族。今天,中华民族仍称自己是龙的传人,龙是中华民族的图腾,而龙本身是一个构造的动物,是由不同动物身体的某一部分组合而成,这也说明了中华民族是很多不同民族构成的联合体。

"居住在东方的人统称为'夷族'。太皞是其中一族的著名酋长。太皞姓风,神话里说他人头蛇身(一说龙身),可能是以蛇(或龙)为图腾的一族。"

---

① 〔宋〕郑樵:《通志略》,上海古籍出版社,1990年,(正文)第1页。
② 〔汉〕许慎:《说文解字注》,中州古籍出版社,2006年,第612页。
③ 〔宋〕郑樵:《通志略》,上海古籍出版社,1990年,第3页。
④ 何星亮:《图腾名称与姓氏的起源》,载《民族研究》,1990年第5期,第31~38页。

"居住在北方、西方的人统被称为'狄族''戎族'。其中'犬戎族'自称祖先为二白犬，当是以犬为图腾。""居住在南方的人统被称为'蛮族'。其中九黎族最早进入中部地区。九黎当是九个部落的联盟，每个部落各包含九个兄弟氏族，共八十一个兄弟氏族。蚩尤是九黎族的首领，兄弟八十一人，即八十一个氏族酋长。神话里说他们全是兽身人言，吃沙石，铜头铁额，耳上生毛硬如剑戟，头有角能触人。这大概是以猛兽为图腾，勇悍善斗的强大部落。""炎帝族居住在中部地区。炎帝姓姜，神话里说他牛头人身，大概是牛图腾的氏族。姜姓是西戎羌族的一支，自西方游牧先入中部，与九黎族发生长期的部落间冲突。最后被迫逃避到涿鹿，得黄帝族援助，攻杀蚩尤。后来炎黄两族在阪泉发生了三次大冲突，黄帝族统率以熊、罴、貔、貅、貙、虎为图腾的各族打败炎帝族，黄帝族势力进入中部地区。""黄帝姬姓、号轩辕氏，又号有熊氏。"[①]

可以说在图腾崇拜时期，每个氏族（部落、方国）都有自己的图腾。图腾是区别于其他氏族（部落）的标识，也是氏族（部落）姓氏的起源。上面所说的九黎族是九个部落的联盟，每个部落又有九个兄弟氏族，共八十一个兄弟氏族。蚩尤作为九黎族的首领如何区分八十一个氏族，靠的就是不同氏族的图腾标识。再说黄帝统率熊、罴、貔、貅、貙、虎打败了炎帝族，其中熊、罴、貔、貅、貙、虎指的就是以这些动物为图腾的几大氏族（部落）。在《山海经》里有很多关于图腾物的描述，如："有人戴胜，虎齿，有豹尾，穴处，名曰西王母"[②]，是以虎或豹为图腾的氏族（部落）；"共工之臣名曰相繇，九首蛇身，自环，食于九土"[③]，是以蛇为图腾的氏族（部落）；"有神，人面兽身，名曰犬戎"[④]，是以犬为图腾的氏族（部落）；"有人焉鸟首，名曰鸟氏"[⑤]，是以鸟为图腾的氏族（部落）等。而这些图腾后来就成了各氏族的姓或氏。比如：黄帝号有熊氏、《国语·周语》有"犬戎氏"、《山海经》里有鸟氏等。今天华夏大地56个民族，其姓氏很多都来源于最早的各氏族的图腾。何星亮在《图腾名称与姓氏的起源》中说："满族的古姓多为氏族或部落名称，即古代的图腾名称，如散处长白山、英额、珲春等地的'钮祜禄氏'，其意为'狼氏'；世居那木都鲁、哈达、赫图阿拉、宁古塔等地的'萨克达氏'，意即'母野猪氏'；定居于辽阳的'尼玛哈氏'，其意为'鱼氏'；生活在黑龙江的'绰罗氏'，其

① 范文澜：《中国通史（第一册）》，人民出版社，1978年，第14~17页。
② 张越：《图解山海经》，吉林出版集团有限责任公司，2011年，第492页。
③ 张越：《图解山海经》，吉林出版集团有限责任公司，2011年，第508页。
④ 张越：《图解山海经》，吉林出版集团有限责任公司，2011年，第512页。
⑤ 张越：《图解山海经》，吉林出版集团有限责任公司，2011年，第522页。

意为'桃子氏'."① 即满族的钮祜禄氏是以狼为图腾的氏族部落，萨克达氏是以母野猪为图腾的氏族部落，尼玛哈氏是以鱼为图腾的氏族部落，绰罗氏是以桃子为图腾的氏族部落。

随着社会的发展和人类认知的提高，图腾崇拜和图腾观念也逐渐消失，取而代之的是祖先崇拜，与祖先有关的姓氏就出现了。与祖先有关的姓氏，主要表现在有些姓氏来源于祖先的名、字、谥、号、身份（职业）等。如：羌族的"无弋"姓（氏）来自羌帅"无弋爱剑"。"爱剑"曾在秦作奴隶，羌人称"奴隶"为"无弋"。清代张澍《姓氏寻源》："《路史》云：舜后有无弋氏。羌帅无弋爱剑。《姓纂》云：今陇西人。澍按：无弋爱剑在秦厉公时，羌人谓奴为无弋，以爱剑尝为奴隶，故因名之。见《后汉书》。"② 这是以祖先的身份（职业）作为姓氏的。还有陶氏，其祖先为陶工，索氏祖先为绳工等。又如：羌族的"研"姓，"《路史》云：舜后有研氏。澍按：研乃无弋爱剑之后，爱剑五世之研，研最豪健，自后以研为种号，因以为姓。"③ "烧当"氏，《后汉书·西羌传》载："从爱剑种五世至研，研最豪健，自后以研为种号。十三世至烧当，复豪健，其子孙更以烧当为种号。"④ "研"和"烧当"都是以祖先名为姓的。在众多姓氏研究典籍里我们可以看到有很多以"王父字"为氏的，如：牙氏（"出自姜姓。《路史》云：齐太公后有牙氏。齐太公即周朝开国功臣姜子牙。其后以王父字为氏。"⑤）、子庚氏（"芈姓。楚公子午字子庚。其后以王父字为氏。"⑥）、子囊氏（"芈姓。楚公子贞字子囊之后也。"⑦）、子期氏（"芈姓。楚公子结字子期之后也。"⑧）、子重氏（"芈姓。楚公子婴齐字子重之后。"⑨）、叔敖氏（"芈姓。楚蚡冒之后也。为艾猎为令尹。字叔敖。以字为氏。"⑩）、潘氏（"芈姓。楚之公族。以字为氏。潘崇之先。"⑪）、栾氏（"齐有栾氏。姜姓。齐惠公之后。惠公子坚字子栾。是以字为氏者。"⑫）、红氏（"出自芈姓。春秋

---

① 何星亮：《图腾名称与姓氏的起源》，载《民族研究》，1990 年第 5 期，第 33 页。
② ［清］张澍：《姓氏寻源》，岳麓书社，1992 年，第 77 页。
③ ［清］张澍：《姓氏寻源》，岳麓书社，1992 年，第 159 页。
④ ［宋］范晔：《后汉书》，中华书局，1965 年，第 2877 页。
⑤ 陈明远、汪宗虎：《中国姓氏辞典》，北京出版社，1995 年，第 486 页。
⑥ ［宋］郑樵：《通志略》，上海古籍出版社，1990 年，第 55 页。
⑦ ［宋］郑樵：《通志略》，上海古籍出版社，1990 年，第 55 页。
⑧ ［宋］郑樵：《通志略》，上海古籍出版社，1990 年，第 55 页。
⑨ ［宋］郑樵：《通志略》，上海古籍出版社，1990 年，第 55 页。
⑩ ［宋］郑樵：《通志略》，上海古籍出版社，1990 年，第 55 页。
⑪ ［宋］郑樵：《通志略》，上海古籍出版社，1990 年，第 55 页。
⑫ ［宋］郑樵：《通志略》，上海古籍出版社，1990 年，第 36 页。

时，楚国公族有熊渠，其长子熊挚，字红，受封于鄂，其支孙以王父［祖父］之字'红'为氏。"①）、成氏（"出自芈姓。春秋时楚国君主若敖有公子字成虎，其支孙以王父［祖父］之字为氏，即成嘉、成熊、成得臣之辈。"②）、帛氏（"出自姜姓。以王父字为氏。"③）、包氏（"出自芈姓。据《通志·氏族略·以字为氏》所载，包氏为战国时期楚国大夫申包胥之后，以王父字'包'为氏。"④）等；以"谥"为氏的，如：庄氏（芈姓。楚庄王之后。以谥为氏。"⑤）、严氏（"芈姓。即楚庄王之后。以谥为氏。因避后汉明帝讳。遂改为严氏。"⑥）、景氏（"《广韵》云：景出齐景公之后；以谥为氏。景丑、景春，其后裔也。"⑦）、桓氏（"姜姓。齐桓公之后。以谥为氏。"⑧）等；以先祖名号为氏的有：左氏（源于姜姓，出自春秋时期齐国公族之后，属于以先祖名号为氏。）、越氏（"虁越皆芈姓，实夏后之苗裔，少康之庶子封于会稽，自号于越。［见《国语·贾逵注》]"⑨）、尚氏（"姜姓。齐太公之后也。太公号太师尚父。支孙因氏焉。"⑩）、大陆氏（"姜姓。齐太公之后。食邑陆乡。因号大陆氏。齐简公时有大陆子方。"⑪）等；以祖先的名为氏的有：员氏（"音运。亦作郧。芈姓。楚伍员之后也。伍子胥名员。"⑫）、搖氏（"搖"同"摇"，"姒姓。越王勾践裔孙东越王搖之后。以王父名为氏。"⑬）、骆氏（"姜姓。齐太公之后。有公子骆。子孙以名为氏。"⑭）、高氏（"姜姓。齐太公六代孙文公之子公子高之孙傒。以王父名为氏。"⑮）、法氏（"姜姓。田氏之裔也。齐襄王名法章，支孙以名为氏。"⑯）、刁氏（"出自姜姓。以名为氏。据《通志·氏族略》所载，为春秋时齐国大夫竖刁之后。"⑰）、充氏（"以名为氏。出自姜姓。春秋时齐国公

---

① 陈明远、汪宗虎：《中国姓氏辞典》，北京出版社，1995年，第166页。
② 陈明远、汪宗虎：《中国姓氏辞典》，北京出版社，1995年，第49页。
③ 陈明远、汪宗虎：《中国姓氏辞典》，北京出版社，1995年，第28页。
④ 陈明远、汪宗虎：《中国姓氏辞典》，北京出版社，1995年，第13页。
⑤ ［宋］郑樵：《通志略》，上海古籍出版社，1990年，第77页。
⑥ ［宋］郑樵：《通志略》，上海古籍出版社，1990年，第77页。
⑦ ［清］张澍：《姓氏寻源》，岳麓书社，1992年，第378页。
⑧ ［宋］郑樵：《通志略》，上海古籍出版社，1990年，第77页。
⑨ 慕容翊：《中国古今姓氏辞典》，黑龙江人民出版社，1985年，第253页。
⑩ ［宋］郑樵：《通志略》，上海古籍出版社，1990年，第53页。
⑪ ［宋］郑樵：《通志略》，上海古籍出版社，1990年，第43页。
⑫ ［宋］郑樵：《通志略》，上海古籍出版社，1990年，第62页。
⑬ ［宋］郑樵：《通志略》，上海古籍出版社，1990年，第64页。
⑭ ［宋］郑樵：《通志略》，上海古籍出版社，1990年，第62页。
⑮ ［宋］郑樵：《通志略》，上海古籍出版社，1990年，第61页。
⑯ ［宋］郑樵：《通志略》，上海古籍出版社，1990年，第62页。
⑰ 陈明远、汪宗虎：《中国姓氏辞典》，北京出版社，1995年，第75页。

族有大夫名充闾，其后亦有'充'氏①。）、岸氏（"澍按：岸，西羌姓。见《张奂传》。当是东岸之后，以名为姓。"②）等。

姓氏是社会发展的产物，具有重要的社会意义。正如纳日碧力戈所言："人类的姓名产生于社会交际的需要，它是一种分类体系，与人类的社会实践活动密切联系。因此，姓名从一开始就包含了丰富的社会意义。"③ 姓氏的产生对于人类来说具有划时代和里程碑的意义，可以说是人类文明的起点，是人类与其他群居动物的重要区别。早期的姓氏，在母系氏族社会，它主要源于氏族部落的图腾崇拜，随母族的图腾而姓，那时姓的主要作用就是氏族（部落）与氏族（部落）的区别。到了父系氏族社会，从人皇伏羲氏后，姓氏的存在又有了更重要的社会意义，那就是"别婚姻"。因此，有人说"姓"是由伏羲氏发明的。其实姓的出现要远远早于伏羲氏，只是伏羲氏发明创造了"姓"的另一个重要作用，那就是"正姓氏"以"别婚姻"。古书云："上古男女无别，太昊始制嫁娶，以俪皮为礼；正姓氏，通媒约，以重人伦之本，而民始不渎。"而郑樵的《通志略》"氏同姓不同者，婚姻互通，姓同氏不同，婚姻不可通"则是太昊规定的。由此，"姓"便成了氏族（部落、家族）的称号。同姓之间不能通婚也成了一种无形的规矩。到了周代，"礼不娶同姓"被以法律的形式确定下来。王权社会出现后，"姓"又成了统治阶级的工具。古书云："天子建德，因生以赐姓，胙之土而命之氏。诸侯以字为谥，因以为族。官有世功，则有官族。邑亦如之。"④ （汉）王符《潜夫论·志氏姓》有："昔者圣王观象于乾坤，考度于神明，探命历之去就，省群臣之德业，而赐姓命氏，因彰德功。……昔尧赐契姓子，赐弃姓姬，赐禹姓姒，氏曰有夏，伯夷为姜，氏曰有吕。"⑤ "赐姓命氏"，成为统治者对其臣民德功的彰显。历史典籍中有很多关于帝王对其臣民赐姓的记载。有史可查，赐姓自传说中的黄帝时代就开始了。《国语·晋语》说黄帝有二十五子，其中得到黄帝赐姓的有十四人，为十二姓，显然其中十一个儿子没有得到黄帝的赐姓。"凡黄帝子，二十五宗，其得姓者十四人，为十二姓。姬、酉、祁、己、滕、箴、任、荀、僖、姞（jí）、儇（xuān）、依是也。唯青阳与苍林氏同于黄帝，故皆为姬姓。"⑥ 历史记载，古

---

① 陈明远、汪宗虎：《中国姓氏辞典》，北京出版社，1995年，第55页。
② ［清］张澍：《姓氏寻源》，岳麓书社，1992年，第444页。
③ 纳日碧力戈：《姓名论》，社会科学文献出版社，1997年，第1页。
④ ［战国］左秋明：《春秋左传》，内蒙古文化出版社，2007年，第22页。
⑤ ［汉］王符：《潜夫论》，辽宁教育出版社，2001年，第69页。
⑥ ［春秋］左丘明：《国语》，时代文艺出版社，2008年，第82页。

羌人部族首领曾有被一些王朝赐以国姓的，如：党项羌首领拓跋氏家族，在唐朝被赐姓李，在宋朝被赐姓赵。《宋史》载："李彝兴，夏州人也，本姓拓跋氏。唐贞观初，有拓跋赤辞归唐，太宗赐姓李，置静边等州以处之。其后析居夏州者号平夏部。唐末，拓跋思恭镇夏州，统银、夏、绥、宥、静五州地，讨黄巢有功，复赐李姓。"[①] 李继捧（962—1004），宋朝初年党项族的首领、定难节度使，为李光睿的儿子，宋太宗赐名为赵保忠。"因召赴阙，赐姓赵氏，更名保忠"[②]。还有西羌苏毗国王子也被唐王朝赐予李姓，《羌族史》载："天宝十四年（755年）苏毗王没陵赞欲降唐，为吐蕃所杀，王子悉诺逻（曾为吐蕃大将，率军攻陷唐瓜州城。）率其首领数十人投降。唐王朝赐姓李，名忠信，封怀义王、右骁卫员外大将军。"[③] 当然，汉人也有被其他少数民族王朝统治者赐予少数民族姓氏的，如隋文帝的父亲杨忠曾被北周政权赐予鲜卑族姓氏。《羌族史》有记："公元589年隋朝统一南北，近三百年分裂局面结束了。隋文帝系汉人，其父亲杨忠是北周宇文泰初置府兵时的十二大将军之一，赐姓普六茹氏，后封隋国公，与鲜卑贵族集团的关系十分密切。"[④]

三、上古八大姓氏

姓氏的起源可以追溯到人类原始社会的母系氏族时期，所以中国的许多古姓都是女字旁（或女字底）。例如：上古时代的八大姓"姬""姜""姒""嬴""妘""妫""姞""姚"（另一说："姬""姜""姒""姚""嬴""妘""妫""妊"）。姬姓，起源于黄帝，姬、姞本为同盟，黄帝住姬水之滨，以姬为姓，有熊氏、轩辕氏、青丘氏等上古部落皆为姬姓。姜姓，起源于炎帝神农氏，炎帝生于姜水，以姜为姓，神农氏、共工氏、有邰氏、吕氏皆为姜姓，姜姓是今天中国的许多姓氏如吕姓、谢姓、齐姓、高姓、卢姓、崔姓等的重要起源之一。姒姓，起源于大禹，相传鲧的妻子修己是有莘氏的女儿，因为吞吃了薏苡这种植物而怀孕，生下了禹，后以姒为姓。嬴姓，起源于皋陶，皋陶生于曲阜，因而以嬴为姓。姚、妫同源，都是起源于舜，《通志略》记载："虞有二姓，曰姚，曰妫。因姚墟之生而姓姚，因妫水之居而姓妫，故姚恢改姓为妫，而妫皓又改姓为姚，知姚与妫二姓可通。"[⑤] 妘姓，起源于祝融氏。姬、姜二

① ［元］脱脱等：《宋史》，中华书局，1985年，第13982页。
② ［元］脱脱等：《宋史》，中华书局，1985年，第13984页。
③ 冉光荣、李绍明、周锡银：《羌族史》，四川民族出版社，1985年，第168页。
④ 冉光荣、李绍明、周锡银：《羌族史》，四川民族出版社，1985年，第148页。
⑤ ［宋］郑樵：《通志略》，上海古籍出版社，1990年，第47页。

姓部落皆是先羌族群的后裔，姒姓，禹更是生于西羌、长于西羌，是地地道道的西羌民族。上古八大姓氏都是父系氏族社会出现的，并非是最为古老的姓氏，由于母系氏族社会没有文字的记载，所以母系氏族时期的姓氏都无从考。之所以称上古八大姓氏，是因为这八大姓氏都是部落联盟首领的姓氏，后世的很多姓氏都来源于这几大姓氏，例如：黄帝的姬姓，黄帝的二十五个儿子，得姓十四人，十二个姓：姬、酉、祁、己、滕、箴、任、荀、僖、姞、儇、依。黄帝的后代后稷为姬姓，他的后代周武王姬发建立了周朝，分封诸侯或方国，其中姬姓国五十三个，这些姬姓国，后以国为氏，即今天所谓的姓，比如常见的有吴、鲁、蔡、毛、杨、郑、刘等；炎帝姜姓，吕姓、谢姓、齐姓、高姓、卢姓、崔姓等都源于姜姓，特别是周王朝封姜太公于齐，齐国姜姓繁衍了很多姓氏，据统计，由姜姓而源出的姓氏有一百多个，有单姓的如吕、许、谢、纪、丘、卢等，有复姓的如淳于、东郭、高堂、子雅、雍门、公牛等。

四、羌族姓氏起源

上文已述"姓"起源于图腾崇拜，后又与祖先崇拜有关。《说文解字》又说："姓，人所生也。"[①] 最早"姓"又是用作"明血缘""别婚姻"的，也就是说姓具有血统论。我们今天的每一个民族都可以说经历了图腾崇拜和祖先崇拜。因此，每一个民族都曾有过本民族的姓氏，只不过他们的姓氏或与今天的姓氏有所不同。他们或以房名为姓，或以封地、封号为姓，或以寨名、部落名为姓，或以家族名为姓。这些姓氏音节往往较长，通常会被省略使用，而只叫名，如爱新觉罗·溥仪，通常只叫溥仪，省略其姓爱新觉罗，以至于被误认为他姓溥。

姓氏并不是汉族人所独有的，也不仅是中国人所独有，外国人也有姓氏。就我们国家而言，很多民族都没有本民族的文字，其姓氏大都以汉字进行书写。因此，用汉字书写出来的姓氏也就并不一定都是汉族人的姓氏。就如同法国人奥诺雷·德·巴尔扎克（Honoré·deBalzac），其姓用汉字书写就是"巴尔扎克"，而用他们自己的文字书写就是"Balzac"，但我们不能认为"巴尔扎克"就是汉族人的姓。其实我们应该清楚地认识到，我们今天所说的"汉族"中的"汉"，与"汉字""汉语""汉文化"中的"汉"所表达的意思是不相同的。"汉族"中的"汉"，其意义要比"汉字""汉语""汉文化"中的"汉"的意义要狭得多。也就是说"汉字""汉语""汉文化"并非为我们今天所说的

---

① ［汉］许慎：《说文解字注》，中州古籍出版社，2006年，第612页。

"汉族"人所独有，它是中华民族共同创造出来的。最早，在国家没有出现以前，人类族群大多以方位来区分，所以史书有"东夷""北狄""西戎""南蛮"的说法，在殷商甲骨文里我们也能看到有北羌之说。当国家出现了，就以国名来命名族群，如夏朝称为夏人、商朝称为商人、周朝称为周人，特别是在周王朝灭商以后，分封天下，国家众立，不同国家的人就以不同国家的国名来区分，如齐国的人叫齐人、郑国的人叫郑人、魏国的人叫魏人、赵国的人叫赵人、楚国的人叫楚人、秦国的人叫秦人。而汉人也就是我们今天普遍所说的汉族，应当是刘邦被封为汉王后建立了大汉帝国，其周边方国对汉朝人的称呼。大汉帝国在当时最为强大，又地处中原，全盘接收了中原文化，从此中原文化也就被称之为汉文化，其语言文字也相应地叫作汉语、汉字。汉字、汉语、汉文化还有汉姓氏，原本要比汉族早出现几千年，之所以称它们为"汉"，是因为大汉帝国的建立。在任乃强先生的《羌族源流探索》里也写道："华夏文化进步较快，领先团结氏族，组成了国家。于是有了'夏人''殷人''周人''齐人''楚人''赵人''魏人''韩人''秦人'这类包括国域内各个氏族之统称，是为'国族'。但仍没有民族的区别。缘之而出的有'汉人''晋人''唐人'的称呼，则渐由国族的称呼，转变为民族的称呼了。"① 其实刘邦及其众多手下都和项羽一样实为楚人。今天有人发文说屈原是汉族人，也有争论不休地说伏羲、炎帝、黄帝、尧、舜、禹、周文王、秦始皇等为汉人、汉族。其实说他们是汉人、汉族的祖先是没有错的，若说他们是汉人、汉族就不正确了。

今天多数羌人都认为羌族是一个没有姓氏的民族，包括一些著名羌学研究者。说羌族人是一个没有姓氏的民族，笔者认为可能是出于以下几个方面：第一，当今三十余万羌人普遍采用了赵、钱、孙、李等这些被认为是汉族人的姓氏。第二，源自一些著名历史典籍，如最早的姓氏学专著《世本》里所说的："蜀无姓"②。蜀，即古之蜀国，最早为羌人的主要聚居地。《华阳国志》云："蜀之为国，肇于人皇，与巴同囿。"③ 李白在《蜀道难》中所写："蚕丛及鱼凫，开国何茫然！尔来四万八千岁，不与秦塞通人烟。"④ 都是说古蜀历史久远。很多人类历史学家都认为蜀人是由西北地区的先羌族群迁徙来的，如任乃强在《四川上古史新探》中说："羌人从松潘草原循岷江河谷南下，找寻更好

① 任乃强：《羌族源流探索》，重庆出版社，1984 年，第 43 页。
② ［东汉］宋衷：《世本》，时代文艺出版社，2008 年，第 18 页。
③ ［东晋］常璩：《华阳国志》，时代文艺出版社，2008 年，第 26 页。
④ 罗宗强、陈洪：《中国古代文学作品选（第 2 卷）》，高等教育出版社，2004 年，第 270 页。

的耕地，大约要经过一万年时间的艰苦奋斗才能进入成都平原，形成蜀山氏。"① 因此，蜀山氏、蚕丛氏、鱼凫氏等都应是古羌人。考古发现，蜀国最早建都于今茂县，而今天的羌人也主要聚居于古蜀之地。《古今图书集成》也载汶山郡"其人并无姓氏"②。西汉武帝元鼎六年（前 111 年），以冉駹部落之地置汶山郡，治汶江县（在今四川茂县北），"冉駹"为羌之种落。第三，一些专家学者认为羌人没有姓氏，如任乃强在《羌族源流探索》中说："汉世羌族无姓氏，只有已融合于汉族，脱离了牧业的农民才有。"③ 第四，羌族曾有过父子连名制度，认为父子连名制就是没有姓氏。第五，今羌人居住地仍有碑文所载认为羌族无姓氏。如《历代碑刻契文族谱》载茂县三龙乡勒依村的"世代宗枝碑"就记有："凡我本族，身居山地，未有定姓名。"④

然而，很多古籍又都明确地记载羌人是有姓氏的，如《通志略·氏族略》《北朝胡姓考》《广韵》《古今姓氏书辩证》《姓氏寻源》等都对羌人的姓氏有所记载。《西羌传·集解》也有："湔水出西河美稷县，故羌人因水为姓。"其实羌人不仅有自己本民族的姓氏，而且起源早、来源广、种类多，并且有些古老的姓氏还在本民族和其他兄弟民族中继续使用，如姜、党、遾（蹄）、羌等。上文所讲，姓起源于图腾，图腾是氏族与氏族之间作为区别的标识，早期人类几乎无一例外地经历了图腾崇拜，每一个民族都有自己的图腾崇拜物。"姓"又为"因生而姓"，所以每一个民族每一个人其实都是有姓的。应该说今天我们所说的民族是由很多大小不一的氏族或部落组成的一个大联盟，如羌族就是由很多氏族部落组成。关于羌族人的图腾也有很多，有"羊""牛""猴""虎""狗""狼""马"等，因此，我们今天笼统地说羌族的图腾是"羊"，也是不正确的。

羌人姓氏起源早，可以说是开中华姓氏之先河。著名历史学家范文澜在《中国通史》里说中国境内四五十万年以来就有人居住。任乃强先生在《四川上古史新探》中也指出，羌人在"广阔的草原内停留几十万年之久"⑤。而早期的东西南北中五大人类族群都与羌人有关。东方的"夷族"，其首领为太皞伏羲氏，《资治通鉴外纪》记载："包牺氏，风姓。生于成纪。"⑥ 包牺即伏羲，

---

① 任乃强：《四川上古史新探》，四川人民出版社，1986 年，第 39 页。
② 方舆：《古今图书集成》，巴蜀书社，1987 年，第 13065 页。
③ 任乃强：《羌族源流探索》，重庆出版社，1984 年，第 74 页。
④ 《阿坝州文库》编委会：《历代碑刻契文族谱》，四川民族出版社，2013 年，第 110 页。
⑤ 任乃强：《四川上古史新探》，四川人民出版社，1986 年，第 23 页。
⑥ ［宋］刘恕：《资治通鉴外纪》，上海古籍出版社，1987 年，第 1 页。

成纪，在今甘肃天水市，历来为羌人聚居的地方。任乃强先生在《四川上古史新探》大胆猜测"所谓伏羲氏，也许就是羌族居于陇西的一个氏族部落"①。还有学者说："中国历史上曾经出现的伏羲、炎帝、黄帝和夏、商、周、秦王朝都是西羌民族。"②伏羲氏的风姓，被看作是华夏第一姓。由此可见，羌人姓氏为中华姓氏之源。

很多学者都认为"羌"是中华大地上最为古老的民族之一。他们不仅有姓氏，而且起源很早，姓氏也比较多，几乎各朝各代都有所发展。传说时期的伏羲氏、炎黄二帝，以后的尧、大禹，周朝的几大姜姓国，还有前秦至隋初羌人的姓氏，在马长寿所著的《碑铭所见前秦至隋初的关中部族》书中有所记载。《羌族史》也说道："从碑铭得知，关中羌人在隋唐时期仍很活跃，他们的姓氏仍不时出现于碑碣和造像题名中。"③在新旧《唐书》中我们也可以看到，唐朝时，母系氏族社会的羌人所建之国——东女国，也是有姓氏的，只是"子从母姓"④。宋时党项羌还建立了西夏王国，而早期的党项羌有"细封氏、费听氏、往利氏、颇超氏、野辞氏、房当氏、米禽氏、拓拔氏"⑤八大姓氏。清朝著名姓氏学家张澍在《西夏姓氏录》一书中共列出西夏姓氏多达 162 条。李范文所著的《西夏姓氏新录》列出了西夏番族姓氏达 244 个。羌人的姓氏应该说是非常多的，诸多史籍都说羌人是以姓别部的。《后汉书·西羌传》载："其俗氏族无定，或以父名母姓为种号。"⑥所谓种号就是部落名称，也有被当作姓氏。西羌种类繁多，《后汉书·西羌传》称无弋爰剑的后人，"忍生九子为九种，舞生十七子为十七种，羌之兴盛，从此起矣。"⑦《新唐书·吐蕃传》载："吐蕃本西羌属。盖百有五十种，散处河、湟、江、岷间，有发羌、唐旄等，然未始与中国通。"⑧马长寿先生所著《氐与羌》载：西羌祖先无弋爰剑后人有"凡一百几十种。这一百几十种羌民部落分散在中国西北各地"⑨。据不完全统计，《后汉书·西羌传》中记有羌族部落（种落）八十多个，而在《羌族史》一书中可以看到的羌族部落（种落）有三百余个。

---

　①　任乃强：《四川上古史新探》，四川人民出版社，1986 年，第 7 页。
　②　毕玉玲：《羌族的图腾崇拜与释比文化》，载《戏曲研究》，2002 年第 3 期，第 195 页。
　③　冉光荣、李绍明、周锡银：《羌族史》，四川民族出版社，1985 年，第 185 页。
　④　[宋]欧阳修、宋祁：《新唐书》，中华书局，1975 年，第 6219 页。
　⑤　[宋]欧阳修、宋祁：《新唐书》，中华书局，1975 年，第 6214 页。
　⑥　[宋]范晔：《后汉书》，中华书局，1965 年，第 2869 页。
　⑦　[宋]范晔：《后汉书》，中华书局，1965 年，第 2876 页。
　⑧　[宋]范晔：《后汉书》，中华书局，1965 年，第 6071 页。
　⑨　马长寿：《氐与羌》，广西师范大学出版社，2006 年，第 95 页。

《后汉书·西羌传》关于羌的种类有：西戎、鬼方、犬戎（畎夷、昆夷、绲戎、猃狁）、西落鬼戎、燕京之戎、余无之戎、始呼之戎、翳徒之戎、太原之戎、条戎、奔戎、北戎（代戎）、申戎、六济之戎、伊戎、洛戎、狄戎、獂戎、邦戎、冀戎、义渠之戎、大荔之戎、骊戎、杨拒之戎、泉皋之戎、蛮氏之戎、陆浑戎、允姓戎、阴戎、狄獂戎、羌戎、牦牛种（越巂羌）、白马种（广汉羌）、参狼种（武都羌）、研种、先零种、烧当、乡姐、卑湳、牢姐种、烧何、勒姐、吾良、临羌、封养种、当煎、当阗、累姐种、牢姐羌、发羌、金城、陇西、汉阳、滇零、钟羌、上郡、西河、零昌、牢羌、效功种、虔人种、全无种、陇西种、沈氏种、且冻、傅难、西塞、湟中、巩唐种、罕种羌、西羌、乌吾种、东羌、汉（湟）中羌、唐旄、大牂夷种等。

《羌族史》有关羌族方国、部落、种的记载有：姜姓部落、共工氏、神农氏（炎帝）、黄帝、蚩尤、禹、北羌、马羌、白马羌、西羌、氐羌、申、吕、齐、许、纪、向、州、鄣、厉、缯、西戎、戎狄、姜氏戎、伊雒之戎、陆浑之戎、杨拒之戎、泉皋之戎、允姓之戎、羌戎氏、阴戎、蛮氏之戎、义渠、大荔、骊戎、狄戎、獂戎、邦戎、冀戎、九州之戎、丰王、亳王、彭戏氏、绵诸、绲戎、翟之戎、乌氏戎、昫衍之戎、牦牛种（越巂羌）、白马种（广汉羌）、参狼种（武都羌）、研种、发羌、唐旄、嫰羌、钟羌、黄羝、黄羊、黄牛、勒姐、卑湳、先零、烧当、当煎、效功、虔人、沈氏、傅难、巩唐、罕、乌吾、钟存、乡姐、累姐、离湳、狐奴、开、牢姐、当阗、全无、且冻、莫须、烧何、滇零、牢、五溪羌、滇吾、封养、零昌、狼莫、大开、小开、零吾、滇那、南山羌（小月氏）、煎巩、三辅、河东、弘农越骑、迹射、伎飞、縠者、羽林孤儿、呼速絫、嗕种、卑禾、东羌、西夜、蒲利、依赖、无雷、有月氏、葱茈、羝、阿钩、波路、叶尔、阿特、阿羌、宕昌、白狼、苏毗、羊同、猕猴种、何湟、青衣羌、大牛、笮人、槃木、唐蕺、黑水羌、白水羌、紫羌、冉、駹、大牂夷种、楼薄蛮、薄申、龙桥、迷吾、青羌、陇西、金城、西平、饿河、烧戈、汶山羌、马兰羌、关中羌、蜱蜯羌、黄石、北地、卢水胡成豚坚、安角、成明石、广柔、平康、文降、刘紫利、南安羌、前秦、后秦、茂州蛮、威州蛮、汶山夷、保蛮、霸蛮、白狗羌、邓至羌（白水羌）、党项羌、羯人、赤水羌、强川羌、枹罕羌、南羌、武始、洮阳、湟河、岭南、且昌、昂城羌、东亭卫、大赤水、寒宕、石河、薄陵、下习山、仓穰、覃水、冯翊、关西、上党、天水、蒲城、白水、宜君、同官、宜州、郭羌、黑羌、白羌、东女、白兰、松州、西叶、春桑、迷桑、紫祖、四邻、望方、涉题、千碉、小铁围山、白男王、弱水、洮州羌、涂羌、敛才羌、多弥、哥邻、平夏部、东山部、雪山党项、黑党项、弭药、北利莫徒羌、那鄂羌、悉董国、清远国、咄坝国、弱水国、南水国、白狗国、逋祖国、大小左封、昔卫、葛延、向人、望族、林台、利豆、婢药、大硖、当迷、渠步、桑吾、诺祚、三恭、布岚、欠马、让川、远南、阜庐、夔龙、曜川、金川、东嘉梁、西嘉梁、封羌、兰州诸羌、色目人、渭北羌、直荡族、绥州羌、洪德寨羌、唐龙镇羌、阴平、岷州羌、僰、白草羌、石泉、东路生羌、草坡羌、黑虎羌、罗打鼓羌、茂州诸羌、刁龙羌、鸡公羌、韩胡、黄草坪、水磨沟、崖立寨、吉草寨、三沟、小岐山、杨柳羌等。

(一) 最早的羌族姓氏

上文所引述范文澜《中国通史》中的"东""西""南""北""中"五大族群,有专家学者都认为与古羌人有关,或为古羌人、或为古羌之后裔。东方为"夷族"首领太皞伏羲氏,"所谓伏羲氏,也许就是羌族居于陇西的一个氏族部落"[①]。北方的"狄族"、西方的"戎族"实为"羌族远支"[②]。南方为"蛮族",其部落联盟首领蚩尤实为来自姜姓部落,"到了黄帝时代,姜姓部落联盟日益扩展,并大举向东发展。例如有名的'蚩尤'就是突出的代表之一。"[③] 居住在中部地区的为炎帝族,而炎帝姜姓是西戎羌族的一支。所以"伏羲氏""神农氏""轩辕氏""蚩尤氏"皆为羌人之姓氏。《羌族源流探索》也载:"我国古史传说的伏羲氏、神农氏、轩辕氏便是由猎食北进的羌族与杂食移进的华族在中原地面接触以后形成的三个强大的氏族。黄帝轩辕氏,揉合了羌族文化与神农文化而成中原文化。"[④] 四川地区最早出现的"蜀山氏""蚕丛氏""柏灌氏""鱼凫氏"皆是古羌人从松潘草原循岷江河谷南下迁徙而成。《四川上古史新探》载:"羌人从松潘草原循岷江河谷南下,找寻更好的耕地,大约要经过一万年时间的艰苦奋斗才能进入成都平原,形成蜀山氏。"[⑤]"蜀山氏"的出现在《世本》《蜀纪》都有记载:蜀之为国,始自人皇;《史记》里也有,黄帝为其子昌意娶蜀山氏女曰昌仆,生高阳,昌意生乾荒,亦娶蜀山氏,都说明了蜀山

---

① 任乃强:《四川上古史新探》,四川人民出版社,1986年,第7页。
② 任乃强:《羌族源流探索》,重庆出版社,1984年,第9页。
③ 冉光荣、李绍明、周锡银:《羌族史》,四川民族出版社,1985年,第4~5页。
④ 任乃强:《羌族源流探索》,重庆出版社,1984年,第9页。
⑤ 任乃强:《四川上古史新探》,四川人民出版社,1986年,第39页。

氏历史久远。

（二）羌族姓氏的来源

在（汉）王符的《潜夫论》里我们可以看到姓氏出于号、邑、谥、国、爵、官、字、事、居、志，十种来源。"或氏号邑谥，或氏于国，或氏于爵，或氏于官，或氏于字，或氏于事，或氏于居，或氏于志。"①（东汉）应劭《风俗通义校释》也载："盖姓有九，或氏于号，或氏于谥，或氏于爵，或氏于国，或氏于官，或氏于字，或氏于居，或氏于事，或氏于职。"②在（宋）郑樵《通志略·氏族略》里有以国为氏、以邑为氏、以乡为氏、以亭为氏、以地为氏等三十二类，"论得姓受氏者，有三十二类。"③羌人姓氏的来源也有很多种，主要如下：

以部落名称为氏。在《唐书》《唐会要》等文献称党项羌"以姓别部"。"党项在古析支之地。汉西羌之别种。魏晋已降。西羌微弱。自周灭宕昌邓至之后。党项始强。南杂春桑迷桑等羌。北连吐谷浑。其种每姓别自为部落。一姓之中。复分为小部落。大者万余骑。小者数千骑。不相统一。有细封氏。费听氏。往利氏。颇超氏。野辞氏。旁当氏。米擒氏。拓拔氏。最为强族。俗皆土著。"④所以羌人以部落名称为氏的有很多，如同蹄氏、当氏、氐氏、滇氏、牢姐氏、把利氏、弥氏、没藏氏等。同蹄氏源于古羌族，出自汉朝时期西羌族同蹄氏部落。当氏，出自烧当羌，"当：亦州，本羌地，周置同昌郡，隋改为嘉城镇，贞观中改为当州，盖取烧当羌以名之，又姓也。"⑤当州，唐贞观二十一年（647年）置，治通轨县（今四川黑水县北）。氐氏，"鼓延生灵恝，灵恝生氐人（见《山海经》）。氐羌为炎帝之后（见《姓氏考略》）。"⑥滇氏，出自滇吾羌，"《路史》云：滇吾羌，舜后有滇氏。澍按：《西羌传》爱剑之后有滇良、滇吾、滇岸、滇零、滇那，是滇为西羌姓也。"⑦弥氏，《宋本广韵》有"弥……羌复姓，后秦将军弥姐婆触"⑧。《宋史》载有弥羌部落⑨。马长寿先生所著《碑铭所见前秦至隋初的关中部族》里说弥氏本为西羌之大姓。"弥姐亦

---

① ［汉］王符：《潜夫论》，辽宁教育出版社，2001年，第69页。
② ［东汉］应劭：《风俗通义校释》，天津人民出版社，1980年，第455页。
③ ［宋］郑樵：《通志略》，上海古籍出版社，1990年，第1页。
④ ［宋］王溥：《唐会要》，中华书局，1955年，第1755页。
⑤ ［宋］陈彭年：《宋本广韵》，中国书店，1982年，第159页。
⑥ 慕容翊：《中国古今姓氏辞典》，黑龙江人民出版社，1985年，第38页。
⑦ ［清］张澍：《姓氏寻源》，岳麓书社，1992年，第162页。
⑧ ［宋］陈彭年：《宋本广韵》，中国书店，1982年，第28页。
⑨ ［元］脱脱等：《宋史》，中华书局，1985年，第14236页。

作'弥且'，为西羌大姓"[①]。没藏氏，西夏党项族没藏部，夏景宗李元昊宣穆惠文皇后就是没藏部的人，即没藏太后，夏毅宗李谅祚生母，其弟没藏讹庞，宋庆历七年（1047年）国相，掌政务。次年太子宁哥刺死元昊，没藏讹庞杀太子，拥立外甥谅祚。羌人以部落名称为姓氏的还有很多，如唐时党项羌的八大部落名称也为其八大姓氏：细封氏、费听氏、往利氏、颇超氏、野辞氏、房当氏、米禽氏、拓拔氏。那些最早的羌人姓氏如伏羲氏、神农氏、轩辕氏、蚩尤氏、蜀山氏、蚕丛氏、柏灌氏、鱼凫氏等都是以部落名称为姓氏的。其他民族也有以部落名称为氏的，如回族的"拔也氏"，《中国古今姓氏辞典》载："拔也氏，与斛律同祖，为拔也部，因氏焉。"[②]姚薇元《北朝胡姓考》记"万忸于氏"也是以部落名称为氏，"据此，可知此族原居万忸于山，因山为部，复以部为氏也。"[③]满族的"钮祜禄氏""萨克达氏""尼玛哈氏""绰罗氏"等古姓多为氏族或部落名称[④]。《中国古今姓氏辞典》有火拔氏，以部落名称为氏，"突厥有火拔部，以部为氏。"[⑤]同书有蒙古氏，"本部落名，遂以为氏。"[⑥]《金史·宗室表》中说："金人初起完颜十二部，其后皆以部为氏。"[⑦]可见，我国古代很多民族都有以部落名称为姓氏的。

以族名（种名）为氏。如西羌氏、羌氏、罕井氏、雷氏、荔菲氏、敏氏、虔仁氏等。马长寿《碑铭所见前秦至隋初的关中部族》一书中有"军主薄和戎西羌骑、世龙"[⑧]。有人认为西羌为姓，骑为名，世龙为字。羌，以族名为姓，商时"武丁时的祭祀官中，便有两个是羌人，即羌可、羌立"[⑨]。"晋石氏将羌迪。"[⑩]今羌族仍有羌姓，羌策是也。羌策（1935—），全国劳动模范，羌族，江苏南通人[⑪]。以族名为姓的还有羌丘氏、羌戎氏、羌师氏、羌宪氏。罕井氏，"天水罕井氏，本羌族罕种、井种之归汉者，以种名为氏。"[⑫]张澍在《姓氏寻源》里也说罕井本为羌之别种，"《汉书·赵充国传》注：苏林曰：罕、开

①　马长寿：《碑铭所见前秦至隋初的关中部族》，中华书局，1985年，第71页。
②　慕容翊：《中国古今姓氏辞典》，黑龙江人民出版社，1985年，第5页。
③　姚薇元：《北朝胡姓考（修订本）》，中华书局，2007年，第59页。
④　何星亮：《图腾名称与姓氏的起源》，载《民族研究》，1990年第3期，第33页。
⑤　慕容翊：《中国古今姓氏辞典》，黑龙江人民出版社，1985年，第89页。
⑥　慕容翊：《中国古今姓氏辞典》，黑龙江人民出版社，1985年，第133页。
⑦　[元]脱脱等：《金史》，中华书局，1975年，第1359页。
⑧　马长寿：《碑铭所见前秦至隋初的关中部族》，中华书局，1985年，第13页。
⑨　冉光荣、李绍明、周锡银：《羌族史》，四川民族出版社，1985年，第27页。
⑩　[宋]郑樵：《通志略》，上海古籍出版社，1990年，第32页。
⑪　张声作：《当代中国少数民族名人录》，华文出版社，1992年，第173页。
⑫　马长寿：《碑铭所见前秦至隋初的关中部族》，中华书局，1985年，第361页。

在金城南。颜师古曰：罕、开，羌之别种也。此下言遣开豪雕库宣天子至德，罕、开之属皆闻知明诏，其下又云河南大开、小开，则罕羌、开羌姓族别矣。开，音口坚反。而《地理志》天水有罕开县，盖以此二种羌来降，处之此地，因以名县也。而今之羌姓有罕开者，总是罕开之类，合而言之，因为姓耳。开讹为井，字之讹也。澍按：后又讹为函井。"① 雷氏，"南安雷氏，出自羌族累姐种，以种名首音为氏。"② 荔菲氏，"西羌种类也。"③ 敏氏，"见《姓苑》。澍按：汉敏勋碑在冀州。敏氏又出于西羌敏珠之后。《涑水纪闻》云：环原之间属羌，敏珠、密藏、康诺三种最强，抚之则骄不可制，攻之则险不可入。种世衡筑古细腰城，三种因而服从，故今甘肃多敏姓。"④ 虔仁氏，张澍《姓氏寻源》载有虔仁氏⑤，《后汉书·西羌传》里有虔人种羌，"是岁，虔人种羌与上郡胡反，攻谷罗城，度辽将军耿夔将诸郡兵及乌桓骑赴击破之。"⑥ 回纥族也有以族名为姓氏的，在《中国古今姓氏辞典》里有"回纥九姓，一曰回纥氏"⑦。

以国为氏。如淳于氏、房氏、纪氏、焦氏、莱氏、卢氏等。淳于氏，姜姓，"春秋时之小国也。桓五年不复其国。子孙以国为氏。"⑧ 房氏，"以国为氏。夏禹曾封尧的儿子丹朱于房，丹朱之子陵，后世以国为氏。"⑨ 范文澜《中国通史》载"尧是羌族庆都的儿子"⑩，所以尧及其后人皆为羌族。纪氏，"出自姜姓，炎帝之后，封纪侯，为齐所灭，因以国为氏。（见《元和姓纂》)"⑪ 焦氏，"周武王封神农之后于焦，后以国为氏。"⑫ 莱氏，"出自姜姓。以国为氏。"⑬ 卢氏，"姜姓之后封于卢，以国为氏。"⑭ 以国为氏的羌人之裔有很多，仅大禹之后，在《史记》里就有"有夏后氏、有扈氏、有男氏、斟寻

① ［清］张澍：《姓氏寻源》，岳麓书社，1992 年，第 157 页。
② 姚薇元：《北朝胡姓考（修订本）》，中华书局，2007 年，第 347 页。
③ ［宋］郑樵：《通志略》，上海古籍出版社，1990 年，第 87 页。
④ ［清］张澍：《姓氏寻源》，岳麓书社，1992 年，第 347。
⑤ ［清］张澍：《姓氏寻源》，岳麓书社，1992 年，第 160 页。
⑥ ［宋］范晔：《后汉书》，中华书局，1965 年，第 2893 页。
⑦ 慕容翊：《中国古今姓氏辞典》，黑龙江人民出版社，1985 年，第 88 页。
⑧ ［宋］郑樵：《通志略》，上海古籍出版社，1990 年，第 26 页。
⑨ 陈明远、汪宗虎：《中国姓氏辞典》，北京出版社，1995 年，第 98 页。
⑩ 范文澜：《中国通史（第二册）》，人民出版社，1978 年，第 239 页。
⑪ 慕容翊：《中国古今姓氏辞典》，黑龙江人民出版社，1985 年，第 92 页。
⑫ ［宋］陈彭年：《宋本广韵》，中国书店，1982 年，第 127 页。
⑬ 陈明远、汪宗虎：《中国姓氏辞典》，北京出版社，1995 年，第 234 页。
⑭ ［宋］陈彭年：《宋本广韵》，中国书店，1982 年，第 64 页。

氏、彤城氏、褒氏、费氏、杞氏、缯氏、辛氏、冥氏、斟氏、戈氏"①。其他民族也有以国为氏的，如姚薇元《北朝胡姓考》里西域诸姓的"支氏"，"支谦，大月支人也。祖父法度，以汉灵帝世率国人数百归化，拜率善中郎将。据此，可知支氏本西域月支人，汉时来归，以国为氏。"②

以食采（邑）为氏。如崔氏、大陆氏、丁若氏、聂氏、浦氏、同蹄氏、棠氏等。崔氏，"姜姓。出齐丁公嫡子。季子让国于叔乙。食采于崔。遂为崔氏。"③ 党项羌所建西夏国也有崔氏崔元佐④。大陆氏，"姜姓。齐太公之后。食邑陆乡。因号大陆氏。齐简公时有大陆子方。"⑤ 丁若氏，"原为姜姓。《风俗通》：齐丁公子懿伯食采于若，因以为氏。（见《通志·氏族略·以邑谥为氏》）"⑥ 聂氏，"出自姜姓。以邑名为氏。"⑦ 浦氏，"出自姜姓。以邑名为氏。《通志·氏族略》载，春秋时期，姜太公之后裔有奔于晋者，为晋国大夫，食采于浦邑。其后有浦氏。"⑧ 同蹄氏，"上党同蹄氏，本居铜鞮，以邑为氏，羌族人也。"⑨ 棠氏，"姜姓。齐桓公之后。邑于棠。曰棠公。其后为棠氏。又楚亦有棠邑。大夫伍尚之所封。曰棠君。其后亦为棠氏。"⑩

以身份（职业）、官名为氏。如无弋氏、差氏、麹氏、卜氏、节氏、司空氏等。无弋氏，"羌人谓奴为无弋，以爱剑尝为奴隶，故因名之。"⑪ 差氏，"据《路史》云：夏后有差氏。一曰，古代有差车之职，其后以职为氏。"⑫ 麹氏，以职官名命姓，曲（麹）是酿酒的主要原料，西周时，有官职名为"麹人"，即负责酿制酒类的官员，其后代子孙，以祖上职官为姓，称麹姓，在《羌族史》里有羌酋麹演⑬，魏晋南北朝时期西平还有羌人麹光、麹英。卜氏，出自姒姓，为上古夏禹的儿子夏启之后，以官名为氏。节氏，"姜姓后有节氏，炎帝居生节茎，节姓宜出此，或符节令，以官为氏。（见《姓氏寻源》）。"⑭ 司

---

① ［西汉］司马迁：《史记》，线装书局，2006 年，第 18 页。
② 姚薇元：《北朝胡姓考（修订本）》，中华书局，2007 年，第 405 页。
③ ［宋］郑樵：《通志略》，上海古籍出版社，1990 年，第 39 页。
④ 李范文：《李范文西夏学论文集》，中国社会科学出版社，2012 年，第 535 页。
⑤ ［宋］郑樵：《通志略》，上海古籍出版社，1990 年，第 43 页。
⑥ 慕容翊：《中国古今姓氏辞典》，黑龙江人民出版社，1985 年，第 40 页。
⑦ 陈明远、汪宗虎：《中国姓氏辞典》，北京出版社，1995 年，第 311 页。
⑧ 陈明远、汪宗虎：《中国姓氏辞典》，北京出版社，1995 年，第 329 页。
⑨ 姚薇元：《北朝胡姓考（修订本）》，中华书局，2007 年，第 358 页。
⑩ ［宋］郑樵：《通志略》，上海古籍出版社，1990 年，第 39 页。
⑪ ［宋］范晔：《后汉书》，中华书局，1965 年，第 2875 页。
⑫ 陈明远、汪宗虎：《中国姓氏辞典》，北京出版社，1995 年，第 37 页。
⑬ 冉光荣、李绍明、周锡银：《羌族史》，四川民族出版社，1985 年，第 113 页。
⑭ 慕容翊：《中国古今姓氏辞典》，黑龙江人民出版社，1985 年，第 100 页。

空氏，"禹为尧司空，支孙氏焉。……（见（通志·氏族略·以官为氏)"①

因父（先祖）名为氏。如零姓、桑氏、童氏、员氏、柴氏、昌氏、冻氏、岸氏等。零姓，"见《姓苑》。澍按：零为西羌姓，西羌传有零昌滇，零之子盖因父名为姓。如阁罗凤、凤迦异、异弁寻之类，明时安定有零姓"②。桑氏，源于神农氏，出自炎帝之妻桑氏，属于以先祖名字为氏，今汶川有此姓③。童氏，源于姬姓，出自黄帝之孙颛顼之子老童，属于以先祖名字为氏，在《羌族社会历史调查》中记汶川县雁门公社过街楼有寨盘业主"童家基"④。员氏，"音运。亦作郧。芈姓。楚伍员之后也。伍子胥名员"⑤，西夏有此姓，"员氏：《交聘表》有员元亨"⑥。柴氏，"姜姓。齐文公子高之后。高孙傒以王父名为氏。"⑦ 昌氏，源于有熊氏，出自远古黄帝之子昌意，属于以先祖名字为氏。冻氏，冻氏源于古羌族，出自唐朝时期西羌平阳族，属于以先祖名字为氏。岸氏，张澍《姓氏寻源》"澍按：岸，西羌姓。见《张奂传》。当是东岸之后，以名为姓。"⑧ 东汉时有羌人首领岸尾。

以父（先祖）字为氏。如帛氏、末羯氏、牙氏、成氏等。帛氏，"出自姜姓。以王父字为氏"⑨。末羯氏，"苏毗又译作孙波或森波，是一个古老的羌族部落。……'王姓苏毗，字末羯'之'末羯'……历史上，羌族多有以'末羯'为姓者"⑩。牙氏，"出自姜姓。《路史》云：齐太公后有牙氏。齐太公即周朝开国功臣姜子牙。其后以王父字为氏"⑪。《羌族社会历史调查》记茂汶县南兴公社白水寨有寨盘业主"牙质基"⑫。成氏，"出自芈姓。春秋时楚国君主若敖有公子字成虎，其支孙以王父（祖父）之字为氏，即成嘉、成熊、成得臣

---

① 慕容翊：《中国古今姓氏辞典》，黑龙江人民出版社，1985年，第188页。

② [清] 张澍：《姓氏寻源》，岳麓书社，1992年，第245页。

③ 《中国少数民族社会历史调查资料丛刊》修订编辑委员会：《羌族社会历史调查》，民族出版社，2009年，第69页。

④ 《中国少数民族社会历史调查资料丛刊》修订编辑委员会：《羌族社会历史调查》，民族出版社，2009年，第141页。

⑤ [宋] 郑樵：《通志略》，上海古籍出版社，1990年，第62页。

⑥ 李范文：《李范文西夏学论文集》，中国社会科学出版社，2012年，第535页。

⑦ [宋] 郑樵：《通志略》，上海古籍出版社，1990年，第61页。

⑧ [清] 张澍：《姓氏寻源》，岳麓书社，1992年，第444页。

⑨ 陈明远、汪宗虎：《中国姓氏辞典》，北京出版社，1995年，第28页。

⑩ 耿少将：《羌族通史》，上海人民出版社，2010年，第202页。

⑪ 陈明远、汪宗虎：《中国姓氏辞典》，北京出版社，1995年，第486页。

⑫ 《中国少数民族社会历史调查资料丛刊》修订编辑委员会：《羌族社会历史调查》，民族出版社，2009年，第141页。

之辈。"① 西夏有成姓，元昊时以"成逋"等主兵②。

以父（先祖）号为氏。如无弋氏、德氏等。无弋氏，"无弋，汉时西羌族祖之号，子孙以为氏。"③ 德氏，源于嬴姓，出自春秋时期秦德公，属于以谥号为氏。在《羌族社会历史调查》中记汶川雁门公社雁门关有寨盘业主"德博基"④。

以英雄人物的名为氏。如研氏、烧当氏、迷氏等。研氏、烧当氏，《后汉书·西羌传》载："研至豪健，故羌中号其后为研种。"⑤ "从爰剑种五世至研，研最豪健，自后以研为种号。十三世至烧当，复豪健，其子孙更以烧当为种号。"⑥ 迷氏，"汉代羌族酋豪有'迷唐''迷吾'等。"⑦ 其后或有以迷为氏，《路史》说迷氏为舜之后人，张澍在《姓氏寻源》里有"西羌迷吾即舜后"⑧。

以动物名为氏。如"白马、牦牛、参狼、黄羝、黄羊、黄牛等"⑨。白马氏，《宋史》党项羌有白马族，白马族应是党项羌的一个氏族部落，党项羌以姓别部，"白马"应为党项羌的姓氏之一。"苏家族屈尾、鼻家族都庆、白马族埋香、韦移族都香为安化郎将。"⑩ 牛羊氏，《宋史》党项羌有牛羊族部落，"邠宁部署言牛羊、苏家等族杀继迁族帐有功"⑪。犬戎氏，《国语·周语》有"犬戎氏"。《辩证》云：戎出自姜姓，四岳之后⑫。"犬戎氏"应为姜姓之一族，羌之部落。党项羌中也有以动物名称为姓的，"如读音为'能儿'的姓，意为'沙狐儿'"⑬。沙狐（学名：Vulpescorsac），是典型的狐属动物，为中国狐属中最小者，中国主要分布地区：新疆、青海、甘肃、宁夏、内蒙古、西藏。

以颜色为氏。如紫氏、青氏等。紫氏，"《广韵》云：紫出《姓苑》。澍按：

① 陈明远、汪宗虎：《中国姓氏辞典》，北京出版社，1995年，第49页。
② ［元］脱脱等：《宋史》，中华书局，1985年，第13994页。
③ 慕容翊：《中国古今姓氏辞典》，黑龙江人民出版社，1985年，第212页。
④ 《中国少数民族社会历史调查资料丛刊》修订编辑委员会：《羌族社会历史调查》，民族出版社，2009年，第148页。
⑤ ［宋］范晔：《后汉书》，中华书局，1965年，第2876页。
⑥ ［宋］范晔：《后汉书》，中华书局，1965年，第2877页。
⑦ 耿少将：《羌族通史》，上海人民出版社，2010年，第202页。
⑧ ［清］张澍：《姓氏寻源》，岳麓书社，1992年，第106页。
⑨ 冉光荣、李绍明、周锡银：《羌族史》，四川民族出版社，1985年，第53页。
⑩ ［元］脱脱等：《宋史》，中华书局，1985年，第14143页。
⑪ ［元］脱脱等：《宋史》，中华书局，1985年，第14144页。
⑫ ［清］张澍：《姓氏寻源》，岳麓书社，1992年，第9页。
⑬ 李蔚：《中国历史·西夏史》，人民出版社，2009年，第294页。

滇吾羌有此姓，即姐姓，音紫，亦或如红氏、赤氏、碧氏、黑氏，指色以为姓"①；青氏，"黄帝子少昊青阳后有青氏，亦或青乌子之后。西夏亦有青氏。（见《姓氏考略》）"②。

以水为氏。如湳氏、浪我氏（浪氏）、水氏、姜氏、姬氏、勒姐氏等。湳氏，"澍按：湳，奴感、乃感二切。见《纂要》。《水经注》云：湳水出西河郡美稷县，东南流，羌人因水以氏之。汉冲帝时，羌湳狐奴归化，盖其渠帅也。《东观记》亦云：羌人因水以氏之。又见《说文》。"③浪我氏，"生羌酋长之姓有浪我氏。见《唐书》。"④"澍按：浪即以水为姓，或浪我氏、庄浪氏所改。"⑤西夏有浪讹氏，或为浪我氏⑥。水氏，"共工氏，古代神话中人物，自称水德，因以水为水。相传为水姓之祖。古代水官亦称共工。"⑦史书记载最早的以水为氏的当为炎黄二帝，《宋本广韵》载，"姜：姓也，出天水，齐姓，本自炎帝居于姜水，因为氏，汉初以豪族徙关中，遂居天水也。"⑧而黄帝姬姓："《帝王世纪》载：黄帝……长于姬水，固以为姓。"⑨《说文解字》："姜，神农居姜水。因以为姓。从女。从声。姬，黄帝居姬水。因水为姓。从女。从声。"⑩勒姐氏，羌有勒姐羌，居勒姐溪，勒姐溪在今青海平安县沙沟。《羌族通史》载："勒姐溪、勒姐河当属同一条河流，与勒姐岭等地同为勒姐羌活动的腹心地带。"⑪

以地名为氏。有像氏、阪泉氏、褒氏、北郭氏、武都氏、乩氏等。像氏，"像，羌姓，邓至羌之别种有像舒治者，世为白水酋，因地名号，自称邓至，自舒治至十世孙舒彭附后魏"⑫；在《羌族通史》里记有白水羌酋像舒治、像屈耽、像舒彭、像览蹄、像檐桁⑬。阪泉氏，来源于古地名阪泉，相传黄帝与炎帝战于阪泉之野，而阪泉氏为"姜姓，炎帝之裔。（见《路史》）"⑭。褒氏，

① ［清］张澍：《姓氏寻源》，岳麓书社，1992年，第304页。
② 慕容翊：《中国古今姓氏辞典》，黑龙江人民出版社，1985年，第161页。
③ ［清］张澍：《姓氏寻源》，岳麓书社，1992年，第388~389页。
④ ［清］张澍：《姓氏寻源》，岳麓书社，1992年，第465页。
⑤ ［清］张澍：《姓氏寻源》，岳麓书社，1992年，第465页。
⑥ 李范文：《李范文西夏学论文集》，中国社会科学出版社，2012年，第533页。
⑦ 陈明远、汪宗虎：《中国姓氏辞典》，北京出版社，1995年，第395页。
⑧ ［宋］陈彭年：《宋本广韵》，中国书店，1982年，第154页。
⑨ 陈明远、汪宗虎：《中国姓氏辞典》，北京出版社，1995年，第186页。
⑩ ［汉］许慎：《说文解字注》，中州古籍出版社，2006年，第612页。
⑪ 耿少将：《羌族通史》，上海人民出版社，2010年，第55页。
⑫ ［清］张澍：《姓氏寻源》，岳麓书社，1992年，第465页。
⑬ 耿少将：《羌族通史》，上海人民出版社，2010年，第196页。
⑭ 慕容翊：《中国古今姓氏辞典》，黑龙江人民出版社，1985年，第7页。

"姒姓之国。禹之后也。今兴元府褒城是其地。"① 褒城为古代县名,位于现在的陕西汉中市,历来为羌人聚居之地。北郭氏,"出自姜姓。以居地为氏。"② 武都氏,"《广韵》云:武都氏,氏、羌姓。澍按:以郡名为姓也。"③ 乩氏,"西夏有乩姓。"④ 今在甘肃省积石山县有别(乩)藏镇。商、周时期就为羌、戎之地,乩姓应以地名为氏。其他民族也有以地名为氏的,如满族,其"爱浑""巴尔拉""褚库尔""宁古塔""钮祜禄""齐佳""萨克达""完颜""性佳""裕瑚鲁""佑祜鲁"等皆是以地名为氏的姓氏。

以山为氏。如同蹄氏(铜鞮氏)、东蒙氏等。同蹄氏(铜鞮氏),《太平御览·卷六十四·地部二十九》有"沁水源出铜堤山"⑤,同蹄氏或源于此。东蒙氏,"《路史》云:伏羲后有东蒙氏。澍按:东蒙在鲁费县西北七十五里,在蒙山之东,主其山之祀者,因以为氏。"⑥ 西域诸姓也有以山为氏,如白氏,"西域白氏,本龟兹族,原居白山,以山名为氏。"⑦《魏书官氏志所载诸胡姓》之"万忸于氏"也是以山为氏,"万忸于氏"后改为"于氏","阴山之北,有山号万纽于者,公之奕叶,居其原趾,遂以为姓"⑧。万纽于也即万忸于。

以草为氏。蓬氏、蒲氏等。蓬氏,"《辩证》云:蓬氏出自芈姓,蚡冒生王子章,字发钩(一作无钩),以草为氏,谓之蓬章。澍按:昭二十三年,蓬越缢于蓬隧,当是以邑为氏。芳、蓬本一字,故芳子冯亦称蓬子冯,是蓬、芳一姓,当时史册互易,分为两族耳。鲁亦有蓬氏,孟僖子宿于蓬氏。见《昭八年传》。"⑨ 芈姓皆楚族,"楚为羌人裔"⑩。蒲氏,"苻氏的祖先,初居武都,时人以其家池中生蒲草,长五丈,称之为'蒲家',因以为姓。"⑪ 党项羌中有的姓氏与植物名称有关,"如读音为'则磨'的姓,意为'茶尖'"⑫。

以器物为氏。如钭氏等。钭氏,"出自姜姓。以器物为氏。战国时,田氏代齐以后,原来的齐国君主康公被迁于海上,以钭(青铜酒器)当作釜锅,烹

---

① 〔宋〕郑樵:《通志略》,上海古籍出版社,1990年,第30页。
② 陈明远、汪宗虎:《中国姓氏辞典》,北京出版社,1995年,第17页。
③ 〔清〕张澍:《姓氏寻源》,岳麓书社,1992年,第330页。
④ 慕容翊:《中国古今姓氏辞典》,黑龙江人民出版社,1985年,第160页。
⑤ 〔宋〕李昉等:《太平御览》,中华书局,1960年,第306页。
⑥ 〔清〕张澍:《姓氏寻源》,岳麓书社,1992年,第4页。
⑦ 姚薇元:《北朝胡姓考(修订本)》,中华书局,2007年,第398页。
⑧ 姚薇元:《北朝胡姓考(修订本)》,中华书局,2007年,第59页。
⑨ 〔清〕张澍:《姓氏寻源》,岳麓书社,1992年,第297~298页。
⑩ 李范文:《李范文西夏学论文集》,中国社会科学出版社,2012年,第555页。
⑪ 马长寿:《氐与羌》,广西师范大学出版社,2006年,第45页。
⑫ 李蔚:《中国历史·西夏史》,人民出版社,2009年,第294页。

煮食物。其后以钭为氏。"①

以身体部位为姓。西夏党项羌有以身体部位为姓的，如"［令合］不"姓。《中国历史·西夏史》："作为主体民族的党项姓氏，大多为双音节，即两字一姓。如嵬名、野利、……有以身体部位为姓。如读音为'［令合］不'的姓。意为'大项'，即'大脖子'"②。

以地支为姓。党项羌"有和地支连在一起的姓。如耶巳、耶午等"③。

以数字为姓。党项羌"有以'讹'为第一音节，加上汉语数词为第二音节组成双音节的姓，如'讹一'……'讹八'等"④。

改姓。改姓又分避讳改姓、避仇改姓、赐姓、命姓、复姓改单姓、因婚改姓、过继改姓、合姓等。

（1）避讳改姓。如淳于氏，"淳于公子孙，以国为氏。唐贞观所定七姓，一曰淳于，至宪宗避御名，改为于氏。（见《古今姓氏书辨证》）"⑤ 贺氏，"即庆氏也。姜姓齐桓公之支庶也。……避安帝父讳改为贺氏。"⑥ 羌人不仅避讳改姓，还有避讳改名，在五代十国时期著名羌族将领折掘氏后裔折从远，因避后汉高祖刘知远之讳，改名为折从阮。避讳改姓在各民族都是较常见的，《通志·氏族略》中关于避讳改姓的记载如：籍氏避项羽讳，改为席氏；庄氏避汉明帝讳，改为严氏；师氏避晋景帝讳，改为帅氏……而《宋史》说"克睿初名光睿，避太宗讳改'光'为'克'"，也当为避讳改名之一例⑦。

（2）避仇改姓。如逿氏，"《姓纂》云：逿氏自云本铜鞮氏，避仇改焉，亦单姓蹄，今同州澄城多此姓。"⑧

（3）赐姓。如唐王朝赐党项羌首领拓跋氏、西羌苏毗国王子李姓。宋时党项羌首领拓跋氏被赐赵姓。《宋史》载："李彝兴，夏州人也，本姓拓跋氏。唐贞观初，有拓跋赤辞归唐，太宗赐姓李，置静边等州以处之。其后析居夏州者号平夏部。唐末，拓跋思恭镇夏州，统银、夏、绥、宥、静五州地，讨黄巢有功，复赐李姓。"⑨ "天宝十四年（公元755年）苏毗王没陵赞欲降唐，为吐蕃

① 陈明远、汪宗虎：《中国姓氏辞典》，北京出版社，1995年，第422页。
② 李蔚：《中国历史·西夏史》，人民出版社，2009年，第294页。
③ 李蔚：《中国历史·西夏史》，人民出版社，2009年，第294页。
④ 李蔚：《中国历史·西夏史》，人民出版社，2009年，第294页。
⑤ 慕容翎：《中国古姓氏辞典》，黑龙江人民出版社，1985年，第30页。
⑥ ［宋］郑樵：《通志略》，上海古籍出版社，1990年，第53页。
⑦ ［元］脱脱等：《宋史》，中华书局，1985年，第13983页。
⑧ ［清］张澍：《姓氏寻源》，岳麓书社，1992年，第107页。
⑨ ［元］脱脱等：《宋史》，中华书局，1985年，第13982页。

所杀，王子悉诺逻（曾为吐蕃大将，率军攻陷唐瓜州城。）率其首领数十人投降。唐王朝赐姓李，名忠信，封怀义王、右骁卫员外大将军。"[1] 西夏党项王族拓跋氏"因召赴阙，赐姓赵氏，更名保忠"[2]。赐姓不仅仅是少数民族被汉人赐予汉姓，汉人也有被赐少数民族姓氏的，如隋文帝的父亲杨忠，北周时，宇文泰赐杨忠鲜卑人的姓氏为普六茹氏。"公元 589 年隋朝统一南北，近三百年分裂局面结束了。隋文帝系汉人，其父亲杨忠是北周宇文泰初置府兵时的十二大将军之一，赐姓普六茹氏，后封隋国公，与鲜卑贵族集团的关系十分密切。"[3]《中国古今姓氏辞典》载："太平本姓贺氏，并赐姓蒙古氏。"[4]《中国历史·西夏史》载："耶律俨是汉人，本姓李，赐姓耶律，在辽朝官至参知政事，知枢密院事，监修国史。"[5]

（4）命姓。被上级命姓的，如何姓，嘉靖年间，茂州陇木长官司土司杨翔"随总兵何卿征讨白草羌人，'著有劳绩，命改何姓。'"[6]

（5）复姓改单姓。如同蹄氏（同琋氏）改为蹄氏，共工氏改洪氏。"洪：大也，亦姓，共工氏之后，本姓共工氏后改为洪氏"[7]《羌族史》载：在唐代以前，特别在西魏、北周时期，关中羌人和其他北方诸族一样，原封不动地保留着原来的复姓。到了唐代，虽然小部分复姓仍保留着，但有许多复姓，随着羌人与汉族之间的经济交往、婚姻相通以及共同生活等原因，已逐渐简化为汉式的单姓了。如屈男氏改为屈氏，昨和氏改为和氏，夫蒙氏改为蒙氏，同琋氏改为同氏等等[8]。羌人的复姓改单姓，并不完全是取复姓当中的一个字，有时改后的单音姓与原来的姓相差较大，如夫蒙氏改为马氏、同琋氏改为周氏、钳耳氏改为王氏等[9]。《通志略·氏族略第五》有夫蒙氏或改为凭姓，"夫蒙氏，西羌人。后秦建威将军夫蒙羌命。姓纂云。今同蒲二州多此姓。或改姓为凭。"

（6）因婚改姓。旧时羌族有因婚改姓习俗，《茂县民间文化集成·较场片区卷》载："上门的女婿必须改名换姓，子女取名以母亲姓氏为主。岳父母健

① 冉光荣、李绍明、周锡银：《羌族史》，四川民族出版社，1985 年，第 168 页。
② ［元］脱脱等：《宋史》，中华书局，1985 年，第 13984 页。
③ 冉光荣、李绍明、周锡银：《羌族史》，四川民族出版社，1985 年，第 148 页。
④ 慕容翊：《中国古今姓氏辞典》，黑龙江人民出版社，1985 年，第 133 页。
⑤ 李蔚：《中国历史·西夏史》，人民出版社，2009 年，第 47 页。
⑥ 耿少将：《羌族通史》，上海人民出版社，2010 年，第 296 页。
⑦ ［宋］陈彭年：《宋本广韵》，中国书店，1982 年，第 10 页。
⑧ 冉光荣、李绍明、周锡银：《羌族史》，四川民族出版社，1985 年，第 186 页。
⑨ 马长寿：《碑铭所见前秦至隋初的关中部族》，中华书局，1985 年，第 101 页。

在时，神龛上供的祖先不能有婿家的姓氏。"① 因婚改姓往往还要以契约或招书来预防女婿再改回本姓，有时招书里还要写上誓言和咒语。在《历代碑刻契文族谱》里"入赘契约"清楚地记录了因婚改姓的内容。该契约记录茂县白水寨夏青云，"青因孤身无依，无亲看照，自思晚年莫靠流落，自请媒证李培生向女家说合，甘愿入赘张府梓栋先生膝下承为子婿，以继烟祀。……自入赘张门之后，依排行更名曰增荣"②。夏青云之"入赘契约"是立于民国三十六年（1947 年），与之同时，汶川县龙溪乡羌人谷也有因入赘改姓之人，今当事人仍健在。入赘婚姻有些不仅要求女婿改姓女方姓氏，还要换名，取名也要与女方字辈相同，如果仅以姓名来看，还以为他们是兄妹关系。羌族地区入赘婚姻有时男方只改姓，不改名，有时只把女方的姓氏加在男方原来的姓名前，如《茂县民间文化集成·凤仪片区卷》载："唐孟兴（1880—1958），男，羌族，生于 1880 年，茂县凤仪镇人，本姓孟，到水西村给唐家上门（入赘）后，改姓唐，名孟兴。"③ 随着社会的发展，人们的观念也已更新，现代羌人虽仍有入赘婚姻，但因婚改姓几乎不存在，只是其子女多随母姓。

历史上改姓是一个比较普遍存在的现象，以姬姓为例，周王朝"初年分封诸侯时，所立的姬姓国就有五十多个。但这些姬姓国的后人大多改以国名、封邑名及祖父的名字为'氏'，所以到秦汉时代以'姬'为姓氏的反而不多了"④。改姓有时甚至以皇命的形式进行大面积的改姓。如北魏时期的孝文帝曾下令把鲜卑族人的姓氏（通常是复姓）改为单姓。

（7）过继改姓。史书上有对汉人过继改姓的记载，这里我们不再赘述。我们要谈的是在岷江上游羌族地区也有过继改姓的习俗。《茂县民间文化集成·凤仪片区卷》载："顾老王，男，羌族，1905 年生，茂县凤仪镇石鼓宗渠村沟内人，原名王次清，抱养给顾家，更名顾老王。1935 年 5 月任宗渠乡苏维埃政府秘书，后被当地团首押送凤仪镇马良坪杀害。"⑤ 汶川龙溪羌人谷也有过继改姓的，其子孙也随改后之姓，三代以后，有改回本姓的。

（8）合姓。合姓就是原来两个或两个以上不同的姓氏合在一起，构成一个

---

① 茂县民间文化集成收集整理出版编辑部：《茂县民间文化集成·较场片区卷》，中央民族大学出版社，2015 年，第 12 页。
② 《阿坝州文库》编委会：《历代碑刻契文族谱》，四川民族出版社，2013 年，第 96 页。
③ 茂县民间文化集成收集整理出版编辑部：《茂县民间文化集成·较场片区卷》，中央民族大学出版社，2015 年，第 417 页。
④ 陈明远、汪宗虎：《中国姓氏辞典》，北京出版社，1995 年，第 186 页。
⑤ 茂县民间文化集成收集整理出版编辑部：《茂县民间文化集成·凤仪片区卷》，开明出版社，2016 年，第 425 页。

新的姓氏。合姓在古代羌人社会中是比较常见的。（宋）范晔《后汉书·西羌传》说："西羌之本，出自三苗，……不立君臣，无相长一，强者分种为酋豪，弱则为人附落，更相抄暴，以力为雄。"① 西羌爰剑其后，"子孙支分凡百五十种。其九种在赐支河首以西，及在蜀、汉徼北，前史不载口数。唯参狼在武都，胜兵数千人。其五十二种衰少，不能自立，分散为附落，或绝灭无后，或引而远去。"② 羌人种落繁多，不相统一，部落与部落之间经常"更相抄暴"，一些小的部落通常会被大的部落歼灭。为了避免被大部落歼灭，一些小部落就会合而为一，组成一个新的部落，如罕开羌就是这样的。马长寿先生的《碑铭所见前秦至隋初的关中部族》载有罕开（仟）氏，"此姓在东汉时分为罕、开二姓，直至十六国前秦时尚未合而为一。至北周保定二年（公元 564 年）《圣母寺四面造像铭》，原来的罕开二氏已合为一。唐时颜师古的推论谓罕开是罕与开合而言之，完全是对的。"③ 很多文献都记载罕和开早期是两个不同的羌族种落，姚薇元的《北朝胡姓考（修订本）》言："天水罕井氏，本羌族罕种、井种之归汉者，以种名为氏。"④《汉书·赵充国传》载："罕羌未有所犯。"⑤同书载："……先零、罕、开（开）乃解仇作约。"⑥《后汉书·西羌传》载："罕种羌千余寇北地，北地太守贾福与赵冲击之，不利。"⑦ 清人张澍《姓氏寻源》记载，"澍按：《后汉书》云：罕开氏，西羌姓，开音坚。《氏族略》作开井氏，误。据颜师古说，后讹为罕井氏也，后又讹函井。"⑧ "澍按：颜师古曰：羌有姓罕开者，是罕开之类，合而言之，因为姓耳，开变为井，字之讹也。周四面像碑有函井姓六人，是罕开又变为函井矣。王兰泉侍郎作南井，误。"⑨ 函井、罕开、罕井当为同一姓氏的不同汉译写法。《羌族史》记："罕、开羌后来多徙居于陕西关中各地，至今这些地方尚有以'罕开'命名的村落。"⑩ "古代的羌村多为羌姓，村名与姓氏大体上是一致的。"⑪ 至今我们仍然能看到羌族地区存在一村一大姓的现象。冉、駹最初也是岷江上游地区两个独

---

① ［宋］范晔：《后汉书》，中华书局，1965 年，第 2869 页。
② ［宋］范晔：《后汉书》，中华书局，1965 年，第 2898 页。
③ 马长寿：《碑铭所见前秦至隋初的关中部族》，中华书局，1985 年，第 101 页。
④ 姚薇元：《北朝胡姓考（修订本）》，中华书局，2007 年，第 361 页。
⑤ ［汉］班固：《汉书》，中华书局，1962 年，第 2981 页。
⑥ ［汉］班固：《汉书》，中华书局，1962 年，第 2973 页。
⑦ ［宋］范晔：《后汉书》，中华书局，1965 年，第 2896 页。
⑧ ［清］张澍：《姓氏寻源》，岳麓书社，1992 年，第 352 页。
⑨ ［清］张澍：《姓氏寻源》，岳麓书社，1992 年，第 290～291 页。
⑩ 冉光荣、李绍明、周锡银：《羌族史》，四川民族出版社，1985 年，第 60 页。
⑪ 马长寿：《碑铭所见前秦至隋初的关中部族》，中华书局，1985 年，第 101 页。

立的羌人氏族部落，后合在一起建立了冉駹国，其后人被称之为冉駹族。《宋史·党项传》有庄浪昧克族，可能就是同书所载的"庄浪""昧克"两族合并一族。"此族在黄河北数万帐，或号庄浪昧克，常以马附藏才入贡"①。"又以黑山北庄郎族龙移为安远大将军，昧克为怀化将军。"②"六月，瓦窑、没剂、如罗、昧克等族济河击败继迁党，优诏抚问。"③

以火坟地名为姓。史书记载羌人历来有火葬的习俗，也非常重视火葬。《荀子·大略篇》载："氐、羌之虏也，不忧其系垒也，而忧其不焚也。"④《墨子·节葬篇》载："秦之西有仪渠之国者，其亲戚死，聚柴薪而焚之，熏上，谓之登遐，然后成为孝子。"⑤《后汉书·南蛮西南夷传》载："冉夷其山有六夷七羌九氐，各有部落……死则烧其尸。"⑥《旧唐书·党项传》载：党项羌人"死则焚尸，名为火葬"⑦。《唐会要·党项羌》云："党项在古析支之地。汉西羌之别种。……老死者。以为尽天年。亲戚不哭。少死者则云夭枉。悲哭之。死则焚尸。名为火葬。"⑧ 葛维汉也在其论著中说："羌族过去并不实行土葬，而是火葬。……每个村寨都有几个火坟场，每个火坟场由同姓家族的人使用。"⑨ 火坟场通常也是各家族的祖坟所在地，每逢清明、春节，各家上坟、祭祀都最先到火坟地。由于火坟在羌人心中的地位非常高，同时它具有家族符号的象征，有的羌人就以火坟场地的名称作为自己家族的姓氏。如理县增头上寨王子忠家族，这个家族以前是在"瓦布莫达"实行火葬，其启祖也因此叫"王步不得"。"瓦布莫达"与"王步不得"音近且系同一指向。"瓦布莫达"的"瓦"字，音近于"王"字，所以用"王"字作为姓氏⑩。

以房名为姓。羌人还有以房名为姓的。现居住于汶川羌人谷的有几大家族，他们的房名为"勉勿介""余若介""哭吾介""布基着""吾连布""何尔介"等。这些家族中很多根据房名的羌语音译或意译成汉语的首音，改为汉族人的姓氏，如"余若介"改为"余"姓，"何尔介"改为"何"姓，就是羌语

---

① ［元］脱脱等：《宋史》，中华书局，1985年，第14144页。
② ［元］脱脱等：《宋史》，中华书局，1985年，第14143～14144页。
③ ［元］脱脱等：《宋史》，中华书局，1985年，第14145页。
④ ［战国］荀况：《荀子（全4册）》，西安交通大学出版社，2015年，第273页。
⑤ ［战国］墨子：《墨子》，2016年，第105页。
⑥ ［宋］范晔：《后汉书》，中华书局，1965年，第2858页。
⑦ ［后晋］刘昫等：《旧唐书》，中华书局，1975年，第5291页。
⑧ ［宋］王溥：《唐会要》，中华书局，1955年，第1755～1756页。
⑨ 李绍明、周蜀蓉：《葛维汉民族学考古学论著》，巴蜀书社，2004年，第42页。
⑩ 王永安：《羌族地区祖先与汉姓来源探析》，载《阿坝师范高等专科学校学报》，2015年第3期，第6页。

音译；"哭吾介"改为"苟"姓，就是羌语的意译改为汉姓，"哭吾"在羌语中意思为"狗碗"，"狗"谐音为"苟"。虽然有了汉姓，但是这些家族仍然以房名作为家族的区别标志。因为同一汉姓有可能不是同一房名，不同的汉姓却可能为同一房名（或同一宗族），如同为汉姓的"余"，却有不同的五六家房名。"余若介"和"勉勿介"都为余姓，他们有姻亲关系。龙溪寨的赵姓、周姓和"勉勿介"的余姓，虽然他们的汉姓是不相同的，并且也有各自的房名，但他们实为同宗一族。凡此三姓之中哪家哪户有何大事，都会一起操办。在三姓中辈分之间的称呼也是一致的，如余姓的"在"字辈与周姓的"兴"字辈，为同一辈分，他们之间互称兄弟，而他们的下一辈分别为"武"字辈和"文"字辈，余姓的"武"字辈呼称余姓的"在"字辈时，男的通常都叫大爸、二爸、三爸……么爸，对应的称他们的媳妇为大妈、二妈、三妈……么妈，女的为大孃、二孃、三孃……小孃，对应的称她们的丈夫为大姨爹、二姨爹、三姨爹……么姨爹，在称呼周姓的"兴"字辈时也是这样称呼。同样，周姓的"文"字辈也是这样称呼周姓的"兴"字辈和余姓的"在"字辈，且三姓之间禁止通婚。与羌族同源的藏族也有以房名为姓的。如岷江上游地区的松潘、黑水的藏族，以及青海等地的藏族等都有房名，他们将房名改为汉姓时，同样是有的采用房名的音译首字，有的采用房名的意译首字。钱传仓在《我国少数民族姓氏初探》一文中说："青海省境内靠近汉族聚居地的藏族人民，有的将房名，改成为汉字姓，如有个家族名叫'卓仓'，意为'麦家'，他们就用'麦'的近音汉字'梅'来做姓，仍叫藏族的名字，如'梅多吉'、梅托米'等。"[1]

羌人姓氏特点。羌人姓氏有一个特点，正如汤开建所说的党项人姓氏特点："党项民族的姓为多缀语，也就是多音节，而绝大部分是双音节。"[2] 如：把利、野利、细封、费听、往利、颇超、野辞、房当、米禽、拓拔等，李范文的《西夏姓氏新录》所列的西夏文《杂字》"番族姓"中共244姓，其中双音节姓氏为241个；羌人的姓氏大多为双音节姓氏，即使有些单音节姓氏也是来源于双音节姓氏的省略，有少量的三音节、四音节姓氏。仅以姚薇元著的《北朝胡姓考（修订本）》为例，该书列出了十二种羌人姓氏，其中不蒙、莫折、同蹄、荔非、弥姐、罕井、屈男七种为双音节姓氏，还有单音节姓氏"王"姓也是由双音节姓氏"钳耳"氏所改。从今天岷江上游地区的羌人房名和寨盘业主名来看，也多是双音节，是符合这一特点的。如羌族房名有何俄、毛耳、丫

① 钱传仓：《我国少数民族姓氏初探》，载《中央民族学院学报》，1989年第6期，第14页。
② 汤开建：《党项西夏史探微》，商务印书馆，2013年，第174页。

时、溜拔、客孜、勉伍、莫羯、赖宝、余若、何尔、哭吾等。《羌族社会历史调查》载，羌族地区的寨盘业主名有：日补基、如的基、学家基、立家基、彭凿基、文家基、如苏基、热阿足基、于巴基、牙质基、岳家基、熊家基、勿兹基、土立基、默尔古基、易国基、勿纳基、白枯基、循家基、渴家基、于必基、若不西、且知基、助谷基、继国基、默尔补基、忽昔西、黑苏、瓦学基、博立基、次忽基、录古基、不不基、岳家基、徐拉西、秋家基、凿子基、童家基、德博基、龙家基、如古都、日不基、日博基、如古都基、察根基、克必基、博兹基、许拉基、勿辟基、吉希基、珍英基、德博基、董家基、凿子基、苦勒吉、喜夸吉、孔不、如阿木塔、苦塔维、必补齐、至亦吉、外吉、禾夏维、卡木树、补立吉、必亚昔吉、日作补、苦四吉、务吉、湟木吉、拉母吉、几娘黑、格里华、不迫及、陆五吉、巴士已、察布吉等①，大多为双音节。其中房名中的"介"，有写作"节""志"，及上面所列寨盘业主名中的"基""吉""及""西""已"等都应是羌语音汉译中的不同写法，它们都是这些房名或寨盘业主名的后缀音，去掉后仍不会影响其本意，如"勉勿介"可以省为"勉勿"，"余若介"可以省为"余若"。有学者将这些名称称之为"节"名，"当地羌人也存在类似姓的称呼，羌语叫'节'，是一种以血缘关系为纽带的集团。……一般情况下，当地羌人都以'节'名的第一个音节作为汉姓"②。今岷江上游黑水县，曾经也是党项羌的故地，这里的人被称作操羌语的藏族人，其朱坝村的藏族房名和汶、理、茂三县的羌族房名一样，也多为双音节，如：故布格仑、泽尕格仑、热基格仑、瓦硕格仑、克拉格仑、罗尔格仑、扁达格仑、赤布格仑、拉瓦格仑、依慕格仑、么德格仑、格西格仑、吉格格伦、擦嘎格仑、枯么格仑、德巴格仑、嘉德格仑等，而格仑是房名的后缀，加了该后缀有家族的意思。如：么德格仑就是么德家③。如此说来，"格仑"就是家的意思。羌族房名中的"介""节""志"，寨盘业主名中的"基""吉""及""西""已"，可以看出也是家的意思。在《宋史》等历史典籍中也有很多党项羌是以"某家"相称的，如"旺家""呆家""慕家""苏家""折家""媚家""宗家""封家"等④。其实岷江上游地区的羌人在取名上习惯于取双音节名，我们在

---

① 《中国少数民族社会历史调查资料丛刊》修订编辑委员会：《羌族社会历史调查》，民族出版社，2009 年。

② 《羌族历史文化文集》编委会：《羌族历史文化文集》，1990 年（阿州临字第 024 号），第 130～131 页。

③ 罗泽龙：《阿坝藏族羌族自治州黑水县朱坝村房名调查报告》，载《西藏民族学院学报（哲学社会科学版）》，2014 年第 4 期，第 75～76 页。

④ 汤开建：《党项西夏史探微》，商务印书馆，2013 年，第 113 页。

《羌族社会历史调查》一书中还可以看到，羌族地区的众多神灵之名也是双音节，后面多加缀语"西"字，如雪哈西、赤格西、学勿西、热窝西、于巴西、牙赤西、独女西、土主西、勿勒西、白苦西、莫勒西、克必西、若不西、索业西、出祖西、易国西……

第二章　羌族姓氏的发展

羌族的姓氏发展主要经历了以下几个阶段：起源阶段、发展阶段、汉化阶段。

一、羌族姓氏的起源阶段

很多典籍都记载羌族和早期的华夏族有着密切的关系，他们的姓氏起源有着共同的时间点，大致在母系氏族晚期、父系氏族早期。这个阶段的姓氏主要与图腾崇拜有关。《羌族释比文化研究》指出："从母系氏族公社时期开始，各氏族就用某种植物或动物作为本氏族的名称，并且认为它与本氏族有血缘关系，这就是图腾。每一个氏族都有自己的图腾，而且把图腾作为自己的保护神或始祖，这一图腾就成为该氏族的标志或象征。"[1] 此书还列举了羌人的图腾有"析"——一种植物图腾，"龙""羊""猴""狗""马"等几种动物图腾[2]。图腾最早是氏族的标志或象征，后来演化为该氏族的姓氏。在图腾崇拜时期，各氏族部落都将自己所崇拜的图腾或画在高高的图腾柱上，或画在居住房子的墙上，或放在屋顶，或放在大门顶上。今天，我们仍然可以看到岷江上游地区羌村藏寨大都有这样的图腾物，如羌族有崇拜白石的历史风俗，羌族各家各户的屋顶都放有白石，而作为羌寨的地标建筑——碉楼，其最高处也放着白石。图腾有植物，有动物，也有自然现象，当然还有一些人们想象的东西，如龙就是一种想象的图腾物。在《山海经》里关于图腾的记载有很多，其中多数都是在现实生活中不存在的事物，如："有赤兽，马状无首，名曰戎宣王尸。"[3] "有神，人面兽身，名曰犬戎。"[4] "又有黑人，虎首鸟足，两手持蛇，方啖

---

① 陈兴龙：《羌族释比文化研究》，四川民族出版社，2007年，第75页。
② 陈兴龙：《羌族释比文化研究》，四川民族出版社，2007年，第72~79页。
③ 张越：《图解山海经》，吉林出版集团有限责任公司，2011年，第512页。
④ 张越：《图解山海经》，吉林出版集团有限责任公司，2011年，第514页。

之。"① 又如："共工之臣名曰相繇，九首蛇身，自环，食于九土。"② 指的是相繇这个部落的图腾是一个长了九个头的蛇，盘旋自绕成一团，而非相繇长成这样。《资治通鉴外纪》有："天皇氏，……有神人一身十二头。号天灵。或云一姓十二人。"③（唐）司马贞《三皇本纪》曰："天地初立，有天皇氏，十二头。澹泊无所施为，而俗自化。木德王，岁起摄提。兄弟十二人。立各一万八千岁。"并注："盖天地初立，神人首出行化，故其年世长久也。然言十二头者，非谓一人之身有十二头"④。这就是说天皇氏并非一个人有十二个脑袋，而是说他们这个部落由十二个兄弟家族构成。《资治通鉴外纪》里还有"地皇氏。代天皇。一姓十一头。……人皇氏。代地皇。九头。兄弟九人"⑤。由此可推，相繇也是一个由九个兄弟组成的部落联盟。在《史记》里有："轩辕乃修德振兵，治五气，艺五种，抚万民，度四方，教熊、罴、貔、貅、䝙、虎，以与炎帝战于阪泉之野，三战，然后得其志。"⑥ 非黄帝教熊、罴、貔、貅、䝙、虎这些动物与炎帝作战，而是黄帝率领以熊、罴、貔、貅、䝙、虎为图腾的几大部落与以龙为图腾的炎帝部落作战。

姓起源于图腾，说的是姓的作用最早与图腾的作用相同，都是不同氏族或部落之间的区别或标志，具有"明血缘""别婚姻"的功能，只是图腾的出现早于姓氏的出现。图腾是在母系氏族社会时期产生的，最初的图腾都是自然中存在的事物或现象，后来发展成为一些想象的事物，即《山海经》中所见的各种奇形怪状的半人半兽物。有些姓氏与氏族的图腾名称一致，如有熊氏，就是以熊为图腾物的部落，阪泉之战时，黄帝率此族与炎帝大战，其后为有熊氏、熊氏，即今天的熊姓；以龙为图腾的部落，后来就以龙为姓氏；以虎为图腾的氏族，后来以虎为姓氏。《百家姓》中的马、凤、羊、龙、牛、鱼、熊等姓氏都来自动物图腾；云、雷、水、江等姓氏来自自然现象或自然物图腾；有以五行"金、木、水、火、土"为图腾的，后来也就有了金姓、木姓、水姓、火姓、土姓；有以四季"春、夏、秋、冬"为图腾的，后来就有了春姓、夏姓、秋姓、冬姓。古代羌人分布范围广，人口比重也大，他们的图腾也是多种多样的，有以植物为图腾的，如：析支、春桑、迷桑、白草、杨柳、吉草等；有以

---

① 张越：《图解山海经》，吉林出版集团有限责任公司，2011年，第524页。
② 张越：《图解山海经》，吉林出版集团有限责任公司，2011年，第508页。
③ [宋] 刘恕：《资治通鉴外纪》，上海古籍出版社，1987年，第3页。
④ [汉] 司马迁：《中国史学要籍丛刊·史记（四）》，上海古籍出版社，2016年，第2532页。
⑤ [宋] 刘恕：《资治通鉴外纪》，上海古籍出版社，1987年，第3页。
⑥ [西汉] 司马迁：《史记》，线装书局，2006年，第1页。

动物为图腾的，如：犬戎（猃狁）、牦牛、白马、参狼、黄羝、黄羊、黄牛、白狼、白狗、鸡公、黑虎、猕猴、大牛、冉、駹、蚕丛、鱼凫、蟒蛔、狐奴、狼莫等；有以山为图腾的，如：东蒙、蜀山、铜堤、东山、雪山、岐山、南山、铁围山、汶山等；有以水为图腾的，如：卑湳、五溪、黑水、白水、赤水、罩水、南水、曜川、金川、让川、弱水、强川、卢水、湟河、石河等；有以颜色为图腾的，如：黑羌、白羌、青羌、紫羌等；还有以白石为图腾的，等等。这些图腾后来大多成了他们的姓氏。如羌族中的析氏，就是来自一种植物图腾。《后汉书·西羌传》中有"析支羌"，就是以"析"这种植物为图腾的古羌部落。《羌族释比文化研究》中说："古时，河曲一带生长有属颗粒性的野燕麦，成熟之时，稃壳裂开露出子实，就像斧斤析木材一样分开来，故称这种野燕麦为'析'，以后加草头为'蓢'……所以，这种采集蓢实的羌人，便以'析'为图腾，并当作氏族、部落的名称，称作'析支羌'。"[1] 白马氏，来自以白马为图腾的羌族部落。《宋史》载党项羌有白马族，即以白马图腾的部落，党项羌以姓别部，显然有白马作为姓氏的党项羌人。犬戎氏，就是来自以犬为图腾的古羌氏族部落，这支羌很可能就是隋唐时期生活在岷江上游地区白狗羌的祖先。东蒙氏，乃居住于蒙山之东的羌人，以蒙山为图腾，也称东蒙氏。张澍《姓氏寻源》有"《路史》云：伏羲后有东蒙氏。澍按：东蒙在鲁费县西北七十五里，在蒙山之东，主其山之祀者，因以为氏"[2]。"主其山之祀者"说的就是以山为图腾，并"因以为氏"。"紫"姓，很多重要姓氏学典籍都认为是羌人姓氏，而"紫"姓就是一个来自以颜色为图腾的姓氏。《姓氏寻源》记载，"《广韵》云：紫出《姓苑》。澍按：滇吾羌有此姓，即姐姓，音紫，亦或如红氏、赤氏、碧氏、黑氏，指色以为姓。"[3] 姓氏起源于图腾，并不是说姓氏就是图腾，事实上多数姓氏与图腾名称是不一致的，如神农氏，以龙为图腾，居姜水，以姜为姓；黄帝以熊为图腾，本姓公孙，后改姬姓；伏羲氏，以蛇为图腾，风姓……

二、羌族姓氏的发展阶段

随着社会的发展和人类认知的提高，母系氏族社会过渡到父系氏族社会，图腾崇拜也开始没落，人们开始转向崇拜祖先。此时产生了大量的姓氏，有名

---

① 陈兴龙：《羌族释比文化研究》，四川民族出版社，2007年，第72页。
② ［清］张澍：《姓氏寻源》，岳麓书社，1992年，第4页。
③ ［清］张澍：《姓氏寻源》，岳麓书社，1992年，第304页。

的上古八大姓氏就是这一时期产生的，而后世的很多姓氏都出自这八大姓氏。姓氏的发展也与氏族内部人员壮大有关。这就是说，氏族壮大后，其子孙后代又从母族分离出去，成立一个新的氏族部落，新的氏族部落又有了自己新的氏族部落称号，而这些氏族部落的称号后来自然就成为新的姓氏。《后汉书·西羌传》言羌人："其俗氏族无定，或以父名母姓为种号，十二世后，相与婚姻，父没则妻后母，兄亡则纳釐嫂，故国无鳏寡，种类繁炽。"① 在经过十二世后，这些从母族分离出来的氏族部落之间就可以相互配婚，即成为新的独立的氏族部落。《国语·晋语》："凡黄帝之子，二十五宗，其得姓者十四人，为十二姓。姬、酉、祁、己、滕、箴、任、荀、僖、姞、儇、依是也。唯青阳与苍林氏同于黄帝，故皆为姬姓。"② 是说从黄帝部落分离出来的氏族部落有二十五个，暨二十五宗，也就是说，黄帝有二十五个儿子。"赐姓命氏，因彰德功"，其中有十四个儿子得到了黄帝赐姓，另十一人虽没有得到黄帝赐姓，但他们后来也应当有自己的氏族称号，只是史书上没有记载。也就是说，由黄帝姬姓直接发展的姓氏至少在十二个以上，而这十二个姓氏后来又发展了更多的姓氏。《后汉书·西羌传》说西羌的祖先无弋爰剑的后人"忍生九子为九种，舞生十七子为十七种，羌之兴盛，从此起矣"③。又"自爰剑后，子孙支分，凡百五十种"④。《新唐书·吐蕃传》也载："吐蕃本西羌属。盖百有五十种，散处河、湟、江、岷间，有发羌、唐旄等。"⑤ 马长寿先生所著《氐与羌》载：西羌祖先无弋爰剑后人有"凡一百几十种。这一百几十种羌民部落分散在中国西北各地"⑥。

姓氏因祖先崇拜得到了很快发展。后人为了纪念自己的先人，很多与先人有关的都成了姓氏的来源。上面所说的姓氏，有以祖先的名为姓氏的，有以祖先的字为姓氏的，有以祖先的号为姓氏的，有以祖先的封地为姓氏的，有以祖先的谥号为姓氏的，有以祖先的官职为姓氏，有以祖先的职业为姓氏的，有以祖先的爵为姓氏的……《后汉书·西羌传》中也有很多羌种都是以祖先名称命名的，如研、烧当、滇吾、滇零、当煎、勒姐、零昌等。

羌族的姓氏在祖先崇拜中，不仅与父亲有关，还与母亲有关。《后汉书·

---

① ［宋］范晔：《后汉书》，中华书局，1965 年，第 2869 页。
② ［春秋］左丘明：《国语》，时代文艺出版社，2008 年，第 82 页。
③ ［宋］范晔：《后汉书》，中华书局，1965 年，第 2876 页。
④ ［宋］范晔：《后汉书》，中华书局，1965 年，第 2898 页。
⑤ ［宋］欧阳修、宋祁：《新唐书》，中华书局，1975 年，第 6071 页。
⑥ 马长寿：《氐与羌》，广西师范大学出版社，2006 年，第 95 页。

西羌传》说："其俗氏族无定，或以父名母姓为种号"①。有很多学者对这句话是这样理解的，羌族的种号是由父亲的名字和母亲的姓氏合在一起的命名方式，即"父名母姓"的命名制度②。笔者认为这样的理解还值得商榷。若以"父名母姓"的命名制度来讲，那么羌人的种号应当都是双音节或双音节以上，即父亲名，母亲姓，两者合在一起自然应是双音节及以上。而事实上有很多羌人的种号就只有一个音，如研、东、罕、发、牢、开、青、冉、駹、阿、涂、白、紫……因此，"或以父名母姓为种号"这句话，笔者认为应当这样理解，即羌人或以父名为种号，或以母姓为种号。以父名为种号的，如：研，为无弋爱剑五世之孙，是忍的儿子，羌人习惯以英雄人物的名字为种号，而研为当世之豪杰，故其后自称为研种羌。在《后汉书·西羌传》中有明确记载："及忍子研立，时秦孝公雄强，威服羌戎。孝公使太子驷率戎狄九十二国朝周显王。研至豪健，故羌中号其后为研种。"③还有烧当，为爱剑十三世孙，"从爱剑种五世至研，研最豪健，自后以研为种号。十三世至烧当，复豪健，其子孙更以烧当为种号。"④以母姓为种号的，如：汤滂氏，既东女国国王之姓，《新唐书·西域》载东女国为"子从母姓"⑤。

羌族姓氏的大发展主要是从西周时期开始，这也是中华姓氏大发展时期。《新唐书·宗室世系》载："昔者周有天下，封国七十，而同姓居五十三焉"⑥。其中周王室分封了姜姓国、齐国、吕国、申国、许国、纪国、莱国等。《国语·周语》中有"齐、许、申、吕由大姜"⑦。马长寿先生《氏与羌》记载："到了殷周，姜姓之国越分衍越多，例如申国又分衍出来一个缯国；在今河南方城；吕国又分衍出来一个齐国，都营邱，在今山东临淄；又分衍出来一个纪国，在今山东寿光南。"⑧而后由这些姜姓国衍生出了一百多个姓氏：朱、许、吕、姜、谢、章、方、雷、贺、齐、穆、纪、路、邱（丘）、骆、高、卢、丁、崔、龚、左、焦、谷、景、赖、申、桑、向、易、文、聂、尚、柴、连、彭、罗、祝、程、黎、廖、淳于、东郭、高堂、子雅、雍门、公牛……

① ［宋］范晔：《后汉书》，中华书局，1965 年，第 2869 页。
② 汤惠生：《青藏高原青铜时代的酋邦社会结构与生活方式》，载《青海民族大学学报（社会科学版）》，2013 年第 7 期，第 30 页。
③ ［宋］范晔：《后汉书》，中华书局，1965 年，第 2876 页。
④ ［宋］范晔：《后汉书》，中华书局，1965 年，第 2877 页。
⑤ ［宋］欧阳修、宋祁：《新唐书》，中华书局，1975 年，第 6219 页。
⑥ ［宋］欧阳修、宋祁：《新唐书》，中华书局，1975 年，第 1955 页。
⑦ ［春秋］左丘明：《国语》，时代文艺出版社，2008 年，第 10 页。
⑧ 马长寿：《氏与羌》，广西师范大学出版社，2006 年，第 82 页。

羌族姓氏快速发展主要有几个原因：第一，人口增长。前文所述，先羌族群为中华大地上最强大的族群之一，他们的人口自然不少。在当时的社会环境下，越是强大的部族，人口越是增长较快，特别是以羌人为中心建立的夏王朝，羌人自然也就成了当时社会的主体民族。直至两汉，羌人都在历史发展的舞台上起着重要的作用。第二，部落分化。人口的增长为部落的分化创造了积极条件。《中国通史》言："所谓得姓，大概是子孙繁衍，建立起新的氏族来。"[①] 如早期的黄帝生二十五子，就分出了十二个姓氏。史书《文献通考》引《广志》云："羌与北狄同，其人鲁钝，饶妻妾，多子姓，一人生子数十，或至百人。"[②] 西羌的祖先无弋爰剑也发展了"凡一百几十种"[③]。第三，不断迁徙。早期羌人为游牧民族，不断迁徙是他们的生活特点，即便是后来过着定居生活，也因一些社会原因进行了多次的迁徙。迁徙到新的地方，便又产生了新的羌人族群，也就有了新的羌族姓氏。第四，民族融合。《羌族史》记载："羌人与其他民族的融合，在一定程度也表现在他们种类的称呼的增多，如青羌、黑羌、白羌、紫羌、黑白水羌，如此等等。"[④] 这些称呼后来就成了这些羌人的姓，如：白姓，《氏与羌》有"屯聚白城（今陕西三原东北）一带的是羌酋白犊"[⑤]，"佳山寨还有一种比较普遍的传说，康藏某一地区有兄弟三人，最幼弟名白拉拉，留居康藏；长兄名白安安，迁到佳山寨西面白孔寺；次兄名白西西，迁到西山寨"[⑥]；据《羌族社会历史调查》，新中国成立前夕羌族地区茂县黑虎乡有白姓，白清顺、白玉成等[⑦]。又如：紫姓，清张澍《姓氏寻源》有"《广韵》云：紫出《姓苑》。澍按：滇吾羌有此姓"[⑧]。

三、羌族姓氏的汉化阶段

早期羌人的姓氏和汉人的姓氏没有多大区别，由姜姓衍生出的一百多个姓氏现在仍然还在各民族中使用，而人们也分不清到底是羌人姓氏还是汉人姓氏。自西羌人无弋爰剑之后，羌人的姓氏开始具有自己民族特色。以"父名母

---

①　范文澜：《中国通史》，人民出版社，1978年，第17页。

②　［元］马端临：《文献通考》，中华书局，1986年，第2613页。

③　马长寿：《氏与羌》，广西师范大学出版社，2006年，第95页。

④　冉光荣、李绍明、周锡银：《羌族史》，四川民族出版社，1985年，第146页。

⑤　马长寿：《氏与羌》，广西师范大学出版社，2006年，第46页。

⑥　马长寿：《氏与羌》，广西师范大学出版社，2006年，第154页。

⑦　《中国少数民族社会历史调查资料丛刊》修订编委委员会：《羌族社会历史调查》，民族出版社，2009年，第100页。

⑧　［清］张澍：《姓氏寻源》，岳麓书社，1992年，第304页。

姓为种号",指以父亲的名字或母亲的姓氏作部落称号即新部落的姓氏,且姓氏的稳定性已减弱。《后汉书·西羌传》有"十二世后,相与婚姻"[①],事实上羌人的姓氏还没有等到十二世后就更换为新的姓氏。该书载:"从爱剑种五世至研,研最豪健,自后以研为种号。十三世至烧当,复豪健,其子孙更以烧当为种号。"[②] 种号即为西羌人的姓氏,即所谓的"以姓别部",沿袭至后来建立了西夏王朝的党项羌人。

今天生活在岷江上游的无论是羌族还是藏族,他们多数都有自己的房名,而房名通常被当作家族的标志,即所谓的姓。这些房名音译为汉语如"勉勿介""余若介""哭吾介""布基着""吾连布""何尔介"等。虽然今天他们仍然以房名来"明血缘""别婚姻",但在外宣称自己的姓为"余""苟""何""耿"……即通常房名首字的汉字谐音。现今有些羌人的姓氏也直接来源于其先祖名字的汉译谐音,如《茂县民间文化集成·赤不苏片区卷》记载:"调查发现,有些姓氏是以祖先的名字而得来,如:以余基塔的羌名为例,取名时此人应属鸡〔羌语 jy〕而取此名,到后来定姓氏时就以第一字的汉语谐音定位其余姓。"[③] 有些羌人在定姓氏时,直接把汉族人的姓氏加在自己的羌名前。在《茂县民间文化集成·沙坝片区卷》的"土司苏蟒达耳墓葬"中记有"明故始祖考妣苏公讳蟒达耳、罗氏老大孺人之墓"[④],而《道光茂州志》记载:"水草坪巡检土司苏国光,其先蟒达儿(姓名以碑刻为准)明时随剿黑水、三齐生番有功"[⑤]。蟒达儿"卒于明朝永历四年(1649)七月三日"[⑥],而此墓葬及碑立于清咸丰八年(1858)七月二十四日,可以推测蟒达儿的苏姓为清朝年间后人加上的姓,因为在《茂州志·道光》都称其为"蟒达儿",而没有称其为"苏蟒达儿"。《羌族史》注释引《茂州乡土志》(卷1)载:蟒达儿"初本由黑水苏木外徙,……因本来自苏木,故取为苏姓。"[⑦] 蟒达儿为明朝末年人,其后人,应当为清朝年间开始使用汉姓,其汉姓的来源就是以蟒达儿来自黑水苏

① [宋]范晔:《后汉书》,中华书局,1965年,第2869页。

② [宋]范晔:《后汉书》,中华书局,1965年,第2877页。

③ 茂县民间文化集成收集整理出版编辑部:《茂县民间文化集成·赤不苏片区卷》,中央民族大学出版社,2015年,第23页。

④ 茂县民间文化集成收集整理出版编辑部:《茂县民间文化集成·沙坝片区卷》,中央民族大学出版社,2015年,第419页。

⑤ 茂县民间文化集成收集整理出版编辑部:《茂县民间文化集成·沙坝片区卷》,中央民族大学出版社,2015年,第419页。

⑥ 茂县民间文化集成收集整理出版编辑部:《茂县民间文化集成·沙坝片区卷》,中央民族大学出版社,2015年,第419页。

⑦ 冉光荣、李绍明、周锡银:《羌族史》,四川民族出版社,1985年,第222页。

木，而取苏姓，苏家排行"归、进、廷、天、文，尚、永、国、全、朝，……"1830 年前后苏家排行有全、朝字辈，由此推测，苏家归字辈出现在清初，应为蟒达儿的儿子辈。

　　羌人为什么不再以房名为姓，而要改为汉族人的姓，这可能有一定的历史原因。《汶川县志》载："羌族的家族是以原始部族为基础派生的，在明末清初'改土归流'后，随着经济文化的发展以及受汉民族的影响，形成了'姓氏'符号，有的大族也写了族谱，尤其是与汉族通婚后，录写了'宗支簿'者颇多。……这些族谱时间较汉族短，一般在清代始。羌人原来代表本房本氏族的是以房名为标准。如哭吾基、勒吾基、恩波、但别、夕底、咪毕、甲日谷等等。至今虽有姓氏，一说房名代称。"① 由此可知，现代岷江上游地区羌人大规模改用汉姓是在清朝年间。

　　生活在岷江上游的羌人在姓氏汉化过程中经历了两个阶段。

　　第一个阶段，把房名改为汉姓，取名上仍保留羌族人自己的特点。《茂县民间文化集成·赤不苏片区卷》记有茂县曲谷乡河西村热尔寨佘氏墓葬碑，碑文中有："皇清故显考、妣佘公（讳）瓜鸩、罗氏老大人之墓。……孝男：日记佰、什朱一、六寿、老五；媳：罗氏、殷氏血立。"② 其中佘、罗、殷都为姓氏，瓜鸩、日记佰、什朱一、六寿、老五都为名。这些名字都具有羌人习惯上的取名特点，也是羌语的汉译音。"理蕃县第三区独立捐修路碑"碑文记："今我陈姓字鉴于此，……记间工程修姓于立后，陈版尔甲捐银壹百两正。"③"陈版尔甲"，"陈"为姓氏，"版尔甲"应为羌名的汉译音。该书记有羌人的取名特点："羌民的取名大都与天文地理、花草、属相、五行和自然现象有一定的联系。"④ 羌人虽然有使用汉姓，但取名通常都是以羌语来取名，如"与大自然的山川树木相联系，取名为：日沃布基，羌语中'日沃布'为'大山'之意，'基'为'男子'或'儿子'之意，意思为大山的儿子。拉巴子，羌语中'拉巴'为'花'之意，'子'为'女子'或'女儿'之意，意思是花的女儿。日达木（云）基、日达木（云）子、无素（羊角花）子、热古德（大石包）

　　① 四川省阿坝藏族羌族自治州汶川县地方志编纂委员会：《汶川县志》，民族出版社，1992 年，第 769~770 页。
　　② 茂县民间文化集成收集整理出版编辑部：《茂县民间文化集成·赤不苏片区卷》，中央民族大学出版社，2015 年，第 23~24 页。
　　③ 茂县民间文化集成收集整理出版编辑部：《茂县民间文化集成·赤不苏片区卷》，中央民族大学出版社，2015 年，第 359 页。
　　④ 茂县民间文化集成收集整理出版编辑部：《茂县民间文化集成·赤不苏片区卷》，中央民族大学出版社，2015 年，第 63 页。

基、热古德（大石包）子、露须（白石）基、露须（白石）子、美思（太阳）子";"与数字或出生时的斤数相联系，取名为：五斤、六斤、七斤、八斤、九斤，二妹、四妹、五妹、六妹、七妹、八妹、九妹，二元、三元、四元、七元、九元";"与父母的年龄相联系，取名为：三十宝、四十宝、五十宝";还有"与十二属相联系，取名为热基（属兔）宝、热基（属兔）子、布意（属蛇）基、布意（属蛇）子、无木（属马）基、无木（属马）子、策木（属羊）基、策木（属羊）子、玉木（属鸡）基、玉木（属鸡）子、苦木（属狗）基、苦木（属狗）子、别木（属猪）基、别木（属猪）子";"与五行（金、木、水、火、土）相联系，取名为：金宝、金生、木生、土宝、水生、水宝、水长宝、水英子、火生、火娃";"与修建的塔子和庙宇等相联系，取名为：拉寺（塔子）基、拉寺（塔子）子、观音基、观音子、观音保";"与金银珠宝及金属相联系，取名为：别珠（珊瑚）基、别珠（珊瑚）子、金子、银子、金宝、银宝、铁宝、钢宝、铜宝、铁全、铁钢";"如婴儿出生当年遇闰月，取名为：闰英子、闰英长、闰英、闰英基、闰基塔"①。现代羌人的取名习惯已基本和汉人相同，但取羌名的仍然有。在《茂县民间文化集成》一书中就有这些人取汉姓，用羌名：乔三子、贝子、杨宝生、王幺妹、王二子满、余伍子满、罗扎妹、余新保、陈妹妹初、罗妹姐、九斤太等。

第二个阶段，用汉姓、取汉名，并实行字辈。有人说："新中国成立后，为了上户口的需要，就按照父亲名第一个字的汉语谐音定为陈姓，并给五人取了汉名"②。其实现在岷江上游地区的羌人改用汉姓的年代已较久远。《羌族通史》载"彻州（贞观六年以西羌董洞贵部落置，领文彻、俄耳、文进三县）"，"蓬鲁州（永徽二年，特浪生羌董悉奉求、辟惠生羌卜檐莫等种落万余户内附）"③，这董姓可能算是比较早的汉姓羌用。这些较早的汉姓羌用，或是本为汉族人后融合到羌人中，如南宋时期的羌族宰相谢方叔。谢方叔，威州（今理县桃坪乡谢溪沟）人，《羌族宰相谢方叔》载："唐开元年间，谢方叔先祖应征入伍到维州屯垦戍边，后与当地的羌族女子成婚，并在维州安家落户。"④ 由于汉人的融合和汉文化的输入，岷江上游地区的羌人也越来越多地使用汉姓，

---

① 茂县民间文化集成收集整理出版编辑部：《茂县民间文化集成·赤不苏片区卷》，中央民族大学出版社，2015年，第64页。

② 茂县民间文化集成收集整理出版编辑部：《茂县民间文化集成·赤不苏片区卷》，中央民族大学出版社，2015年，第24页。

③ 耿少将：《羌族通史》，上海人民出版社，2010年，第215页。

④ 耿少将：《羌族宰相谢方叔》，载《阿坝师范高等专科学校学报》，2007年第4期，第7页。

并取汉名，也用汉族人的字辈。《羌族史》载北方的羌人使用汉姓年代更早（北魏时期），也更普遍。"在北方羌人之中采用汉姓，如姚、董、邓、梁、彭、舍、雷等更加普遍。"[①] 岷江上游的羌人地区何时开始大规模使用汉姓，取汉名，用字辈，由于缺少文献资料难以考证。据调查，今天羌族地区几乎没有家谱，即使是村中大姓家族也很少有，纵使有，其记录的年代也不久远。以汶川县龙溪乡羌人谷为例，现今整个乡各家各户几乎都使用汉姓，但都说不清祖上何时改为汉姓，为什么要改为现在的汉姓。虽说是以家族的房名谐音来取姓，但并非完全是这样的，如房名为"勉勿介"的，本为羌人谷之大姓，现该宗族下使用了三个汉姓"余""周""赵"，"余"又是三姓中的大姓。在使用汉姓的同时，羌人谷的各大家族都取汉名，用字辈。通过调查和推算，各大家族取字辈大致在清朝乾隆至道光年间。汶川县龙溪乡羌人谷"勉勿介"这一余姓人家的排行字辈为"文国廷金在，武朝玉满堂。社稷安邦友，光宗耀祖荣"，其中现在世最老的字辈为"在"字辈，不到 5 人，都已年近 80 岁。笔者也是"勉勿介"余姓人氏，为"武"字辈。该余氏家族最初只有前十个字辈，即"文国廷金在，武朝玉满堂"，后十个字辈是在 20 世纪末才续的，因为当时家族中"满"字辈的都已出生，现有的字辈即将用完。后经当时健在的几大"在"字辈的老人提议，召集全族人后，商议续了后面的 10 个字辈。推测"文"字辈大概出现在清朝同治年间。现在世的"在"字辈老人讲，"文"字辈以前没有使用汉姓，也没有取汉名和字辈，"文"字辈的父亲叫"革鲁刮"，是地地道道的一个羌名，当然"革鲁刮"是什么意思，说不清楚。正如《羌族释比经典》所载，现存的一些羌族释比经文，如"凶魔""尔一部""夺"等部经的部分经文，不知是什么意思，无法翻译成汉语。同取汉姓的"余若介"家族，也有字辈，"恒德泽国"等，现在世的最高字辈为"恒"字辈，仅有 1 人，90 高龄。据此推测"余若介"家族实行汉姓和字辈与"勉勿介"的时间不相上下，此两个家族也有姻亲关系，"余若介"家族曾有姑娘嫁到"勉勿介"家族，"勉勿介"的"在"字辈通常称"余若介"的"恒"字辈为舅舅，"在"字辈的人去世了，第一时间也要告知"余若介"家族，并由"余若介"家族来作母舅。需要指出的是，虽同为"勉勿介"余姓家族，但由于后代出现了分支，有时字辈也会有所不同，如同为"在"字辈的下一代，有一支取了"得"字辈，而其他的取"武"字辈，"得"字辈的下一代又取回了家族的"朝"字辈。理县、茂县的羌人也是从清代嘉庆年间约公元 1800 年开始使用汉姓、字辈。《羌族地区

---

① 冉光荣、李绍明、周锡银：《羌族史》，四川民族出版社，1985 年，第 144 页。

祖先与汉姓来源探析》一文中说：理县增头中、上寨的杨家字辈为"'秀天玉福正，先志步登光……'现在，他们家族的后辈已在'光'字辈上了，正好十代人。从'秀'字辈……约在雍正十三年（1735）。"① 此文作者推算秀字辈为雍正十三年出现，既每28岁为一代，有点不合当时的结婚年龄；同样，文中说理县增头中寨周家："'荣天世德光庆朝，觐烈祥开道义超……'现在的后代已到'开'字辈上，大约十代，也在二百八十年左右。"② 按当时结婚年龄来算，以每20年为一代人，应比较合理，所以他们的字辈出现大概在公元1800年。茂县胃门乡大族肖家也有字辈"天地同久长"等，现在也有"长"字辈的后代了。由于没有家谱，有些家族连字辈都记不全了。以上汶、理、茂三县的几大羌族姓氏字辈都不约而同地到了第10个字辈，都没有家谱记录比此更早的字辈，现在世最老的各家族人也说不出更早的字辈。同时，一些虽使用了汉姓，但到清光绪年间都还在用羌名，更说不上用字辈了。我们可以看出汶、理、茂三县很多羌族都是在1800年以后才使用汉姓和字辈。这与清中叶封建王朝在羌族地区推行"里甲制"的统治政策有关。"里甲制"就是一种强迫性的民族同化政策。《羌族史》载，清政府"在组编里甲的时候，将一部分靠近汉族居住的羌族人民，强迫划入'汉民里'，即所谓'纳粮编里即成为汉民'，强行改变他们的民族成份（分）"③，为了避免遭受民族歧视，当地羌族同胞被迫改变原有的风俗习惯，包括使用汉人的姓氏。

清朝年间在羌族地区实行"改土归流"和"里甲制"，加快了当地羌民风俗习惯汉化的步伐。到了清中叶，更多的羌民开始读书识字，原本羌族地区最为传统的火葬习俗也被改变，更多的当地民众开始接受汉人的土葬习俗。也是在这个时候，更多的羌民开始自愿地采用汉族人的姓氏。《羌族史》载："这种自愿改变姓名的现象在茂州也时有发生，如在茂汶县三龙乡勒依寨发现的一块清仁宗嘉庆十三年（公元1808年）立的名为《世代宗枝》的石碑上说：'凡我本族，身居山地，未有定姓名。从来水有源头，木有根枝，天下人各有宗支，其姓不同，遵依五伦。我等会同一处，商议言定：派行尊卑上下，勿得紊乱，依字取名。自定之后，凡我纳儿、勿勒、亦之、竹多、木利寸等系是同宗，恐后人不知启祖之名，并列于碑，万世不朽……'全寨以习惯法的形式确立汉族

---

① 王永安：《羌族地区祖先与汉姓来源探析》，载《阿坝师范高等专科学校学报》，2015年第3期，第6页。

② 王永安：《羌族地区祖先与汉姓来源探析》，载《阿坝师范高等专科学校学报》，2015年第3期，第6页。

③ 冉光荣、李绍明、周锡银：《羌族史》，四川民族出版社，1985年，第270页。

式的姓氏及宗族关系。"① 从此碑文中可以看出，三龙乡勒依寨的羌民是在
1808 年以后才开始采用汉族人的姓氏和字辈的，这与上文所讲的汶、理、茂
几大家族采用汉族姓氏和字辈的时间是一致的。从碑文中还可以看出勒依寨本
为"纳儿、勿勒、亦之、竹多、木利寸"几大房族组成的一个寨子，"纳儿、
勿勒、亦之、竹多、木利寸"应当就是他们的房名。

　　同时岷江上游地区的羌人，大都说自己的祖上是从"湖广填四川"来的，
而其中更多的又说是"湖广麻城孝感乡"的。如民国三十三年（1944 年）祝
世德著《汶川县县志》"赵氏家谱序"中赵姓，"小寨子袁姓墓碑（火坟）"中
袁姓，"重建索桥村外三圣宫庙宇碑序"的朱、陈两姓，都为"湖广麻城孝感
乡"人氏；《汶川县志》载"威州茨里沟毛姓家谱碑"，碑文记"该氏为明清末
由湖广麻城县孝感乡入川来威州"②。同样，在《茂县民间文化集成·沙坝片
区卷》中也有很多这样的说法，如："龙窝王氏家族宗族碑刻"，碑文有"昔吾
先祖自三楚黄州府麻城县人氏……"③。《茂县民间文化集成·凤仪片区卷》
中，"南新镇文镇村袁氏宗族谱"有"袁家祖籍湖北省孝感市麻城县孝感乡倒
石桥"，"南新镇文镇村晏氏宗族谱"有"晏家祖籍湖广黄州府麻城县孝感乡倒
石桥"，"南新镇安乡村陈氏族谱"也说其"祖籍是湖广燕山人"，"余昭穆墓
葬"有"先祖身产荆楚籍入蜀川"。《茂县民间文化集成·土门片区卷》载茂县
东兴乡亚坪村"任氏宗族碑"，记有"先祖原系湖广黄州府麻城县孝感乡倒石
桥人氏"④ 等。这些说法值得思考，令人怀疑。怀疑一，岷江上游羌人居住地
区，在西汉武帝元鼎六年（前 111），以冉駹部落之地就置汶山郡，自古也为
兵家必争之地，"蚕丛重镇""大禹故里"，其历史久远自不必说，他们的后人
应当生生不息、绵绵不绝。怀疑二，这些从"湖广填四川"来的汉人若占当地
之民的绝大多数，那他们为什么都同时有了羌人独有的房名，并取羌名，为什
么他们不保留原来的汉姓，如龙溪羌人谷的"勉勿介家族传说是湖广填到四川
宜宾，由宜宾到龙溪沟。余若介家族传说是四川大邑县来的，何尔介家族传说

　　① 冉光荣、李绍明、周锡银：《羌族史》，四川民族出版社，1985 年，第 264 页。

　　② 四川省阿坝藏族羌族自治州汶川县地方志编纂委员会：《汶川县志》，民族出版社，1992 年，
第 726 页。

　　③ 茂县民间文化集成收集整理出版编辑部：《茂县民间文化集成·沙坝片区卷》，开明出版社，
2016 年，第 426 页。

　　④ 茂县民间文化集成收集整理出版编辑部：《茂县民间文化集成·土门片区卷》，中央民族大学
出版社，2015 年，第 515 页。

是湖广麻城孝感来的"①。而作为更早来羌人地区居住的谢方叔的祖上，虽已入赘羌人家为婿，但为什么能继续沿用汉人姓氏。这些说自己祖上来自湖广麻城的羌族人，大多都如顾颉刚先生所说的"申、吕、齐、许诸国是羌族里最先进中原的，他们做了诸侯，做了贵族，就把自己的出身忘了，也许故意忌讳了，不再说自己是羌人"②。羌族学者耿少将老师也在其《羌族通史》中指出："所谓其先'楚麻城人'的记载，乃明清时期静州土司为刻意掩盖其羌族血统，伪托其血缘和文化与'大朝'（明朝）及统治民族（汉族）同根同源的结果。是被征服的民族上层在强势的征服民族面前，竭力攀附对方的一种外在反映，也是羌人汉化的一个活生生的实例。"③

---

① 王永安：《羌族地区祖先与汉姓来源探析》，载《阿坝师范高等专科学校学报》，2015 第 3 期，第 6 页。

② 顾颉刚：《从古籍中探索我国的西部民族——羌族》，载《社会科学战线》，1980 年第 1 期，第 123 页。

③ 耿少将：《羌族通史》，上海人民出版社，2010 年，第 296 页。

第三章 羌族姓氏的衰亡

羌族姓氏衰亡的主要原因就是羌族的人口极度减少，而羌族人口减少的原因一是自然因素，二是社会因素。

自然因素有地震、洪灾、瘟疫、蝗灾、旱灾等。

地震：羌族生活的地区自古就是灾难多发区。以笔者亲身经历的 2008 年"5·12"汶川特大地震来说，震源就在羌族居住地，而羌族生活的几个县都是重灾区。在此次地震遇难和失踪的同胞中，羌人占据了较大的比例，一些羌族村寨遭到毁灭性的打击。20 世纪岷江上游羌族居住地的核心区也发生了较大的两次大地震。1933 年 8 月 25 日 15 时 50 分，在四川松潘和茂县之间的叠溪镇发生了 7.5 级强烈地震，震源深度为 6.1 公里。这次地震造成叠溪城及附近21 个羌寨全部覆灭，死亡 6800 多人，震后 45 天又引发了我国地震史上罕见的次生水灾，造成了 2500 多人丧生。1976 年 8 月 16 日和 23 日，在四川省北部松潘、平武之间相继发生了两次 7.2 级的强烈地震，使松潘、平武、南坪、文县等县遭到破坏，而这些地方历史上均为羌人聚居区。2017 年 8 月 8 日，九寨沟县发生了 7.0 级地震，造成人员伤亡数百人。据统计，《后汉书·志》载有 59 次地震，其中关于地震中有人员伤亡的记载：一、"世祖建武二十二年九月，郡国四十二地震，南阳尤甚，地裂压杀人。"二、"元初""六年二月乙巳，京都、郡国四十二地震，或地坼裂，涌水，坏败城郭、民室屋，压人。"三、"建光元年九月己丑，郡国三十五地震，或地坼裂，坏城郭室屋，压杀人。"四、"顺帝永建三年正月丙子，京都、汉阳地震。汉阳屋坏杀人，地坼涌水出。"五、"永和""三年二月乙亥，京都、金城、陇西地震裂，城郭、室屋多坏，压杀人。"六、"建康元年正月，凉州部郡六，地震。从去年九月以来至四月，凡百八十地震，山谷坼裂，坏败城寺，伤害人物。"[①] 地震是世界上经常发生的一种自然灾害。《太平御览》记录了我国最早的地震，发生在大约公

---

① ［宋］范晔：《后汉书》，中华书局，1965 年，第 3327～3332 页。

元前 23 世纪。"墨子曰：三苗欲灭时，地震泉涌"①。在《中国地震历史资料汇编》中，我们总能看到敦煌、酒泉、张掖、武威、金城、陇西、武都、广汉、蜀、越巂、安定、北地、上郡、三辅等古羌人聚居的地区时有地震发生和人员伤亡的记载。

洪灾：水灾、泥石流也是羌族地区经常遭受的大灾难。以岷江上游来讲，几乎每年都会有水灾、泥石流的发生。如近几年发生的：2010 年汶川"8·14 映秀特大山洪泥石流"、2011 年茂县"7·3 南新镇特大泥石流"、2011 年汶川"7·3 罗圈湾特大山洪泥石流"、2013 年"7·10 汶川特大山洪泥石流"等。这些特大水灾、泥石流自然灾害也会给羌村乡寨给予毁灭性的破坏。如 2013 年"7·10 汶川特大山洪泥石流"，草坡全乡各村房屋绝大部分受损，其中克充、两河两村 90％以上房屋被掩埋、冲毁，码头村 80％以上农房进水，金波村沿河农房损毁严重。据四川省人民政府川府民政〔2014〕9 号文件，汶川县已撤销草坡乡，将草坡乡所属行政区域划归绵虒镇管辖，当地村民几乎都分流到汶川其他乡镇。2017 年 6 月 24 日凌晨 5 点，灾难再一次降临羌族地区。经过几天连绵不断的雨水冲刷，山体高位坍塌，茂县叠溪镇一个羌族村庄 40 余户，近 100 人，顷刻被掩埋，几乎无人生还。水灾、泥石流不是"伤稼"，就是"漂害人、物"。《后汉书·志》载，从和帝永元元年到献帝建安二十四年，发生的水灾有数十次之多，有时连续五六年都发大水。其中记有"伤稼"的水灾：一、"和帝永元元年七月，郡国九大水，伤稼"；二、"永元""十二年六月，颍川大水，伤稼"；三、"殇帝延平元年五月，郡国三十七大水，伤稼"；四、"延光三年，大水，流杀民人，伤苗稼"；五、"熹平""四年夏，郡国三水，伤害秋稼"。记有"漂害人物"的：一、"安帝永初元年冬十月辛酉，河南新城山水蘬出，突坏民田，坏处泉水出，深三丈。是时司空周章等以邓太后不立皇太子胜而立清河王子，故谋欲废置。十一月，事觉，章等被诛。是年郡国四十一水出，漂没民人"；二、"质帝本初元年五月，海水溢乐安、北海，溺杀人物"；三"永兴元年秋，河水溢，漂害人物"；四、"永寿元年六月，雒水溢至津阳城门，漂流人物"；五、"永康元年八月，六州大水，勃海海溢，没杀人"；六、"灵帝建宁四年二月，河水清。五月，山水大出，漂坏庐舍五百余家"；七、"熹平二年六月，东莱、北海海水溢出，漂没人物"；八、"献帝建安二年九月，汉水流，害民人。是时，天下大乱"；九、"建安""二十四年八月，汉水溢流，害民人"。记连年大水："安帝永初""二年，大水。三年，大水。

---

① 王会安、闻黎明：《中国地震历史资料汇编·第一卷》，科学出版社，1983 年，第 1 页。

四年，大水。五年，大水。六年，河东池水变色，皆赤如血"，还有"桓帝建和二年七月，京师大水""三年八月，京都大水"，"永兴""二年六月，彭城泗水增长，逆流"，"熹平""三年秋，雒水出"，"光和六年秋，金城河溢，水出二十余里"，"中平五年，郡国六水大出"，"献帝建安""十八年六月，大水"①。

瘟疫：《周礼·天官·冢宰》《吕氏春秋·季春纪》《黄帝内经》《伤寒杂病论》《肘后备急方》《千金要方·卷九·伤寒》等重要典籍都对瘟疫有重要论述。从古至今，人类遭遇了无数的瘟疫，鼠疫、天花、流感、艾滋病、肺结核、疟疾、狂犬病、黑死病、登革热、西尼罗河病毒、埃博拉病毒等皆让人胆寒。1347 年至 1353 年，黑死病席卷整个欧罗巴，夺走了 2500 万欧洲人的性命，占当时欧洲总人口的 1/3。肆虐三百年的黑死病，造成人口死亡近两亿。雅典大瘟疫，公元前 430 至前 427 年雅典发生大瘟疫，近 1/2 人口死亡，整个雅典几乎被摧毁。雅典大瘟疫是一场毁灭性的传染病，人类像羊群一样的死亡。瘟疫历来都让人类感到恐惧，正如《后汉书·志》所载："死有灭户。人人恐惧，朝廷燋心，以为至忧。"② 该书也载有重大瘟疫达十余次："安帝元初六年夏四月，会稽大疫""延光四年冬，京都大疫""桓帝元嘉元年正月，京都大疫，二月，九江、庐江又疫""延熹四年正月，大疫""灵帝建宁四年三月，大疫""熹平二年正月，大疫""光和二年春，大疫。五年二月，大疫""中平二年正月，大疫""献帝建安二十二年，大疫"③。史书记载两汉时期为我国的瘟疫高发期，有学者统计两汉时期的瘟疫流行次数为 50 次，"其中西汉（含新朝）17 次，东汉 33 次，汉代平均约 8.52 年发生一次疫情。"④《后汉书·五行五·疫》注引《魏陈思王常说疫气》："家家有强尸之痛，室室有号泣之哀，或阖门而殪，或举族而丧者。"⑤

蝗灾：我国史书对蝗灾的发生也有翔实的记载，因蝗灾而死去的人也不计其数。《后汉书·志》："和帝永元四年，蝗。"有注："臣昭案：……二十九年四月，武威、酒泉、清河、京兆、魏郡、弘农蝗。……谢沈书钟离意讯起北宫表云：'未数年，豫章遭蝗，谷不收。民饥死，县数千百人。'"⑥

---

①　[宋] 范晔：《后汉书》，中华书局，1965 年，第 3308~3312 页。

②　[宋] 范晔：《后汉书》，中华书局，1965 年，第 3351 页。

③　[宋] 范晔：《后汉书》，中华书局，1965 年，第 3350~3351 页。

④　王文涛：《汉代的抗疫救灾措施与疫病的影响》，载《社会科学战线》，2007 年第 6 期，第 266 页。

⑤　[宋] 范晔：《后汉书》，中华书局，1965 年，第 3351 页。

⑥　[宋] 范晔：《后汉书》，中华书局，1965 年，第 3318 页。

旱灾、山崩、地裂也是造成人口减少的自然因素。《后汉书·志》载"延光""四年十月丙午,蜀郡越嶲山崩,杀四百余人","桓帝建和元年四月,郡国六地裂,水涌出,井溢,坏寺屋,杀人"①。

社会因素有战争、迁徙、民族同化。

战争:战争是造成人口锐减的主要社会因素之一。以第二次世界大战为例,直接死于战争及与战争相关原因(如因战争导致的灾害、饥馑、缺医少药、传染病蔓延、征兵、征募劳工、屠杀等)的人约为7000万。在中国几千年的历史进程中,与羌族有关的战争不计其数,历史上有名的"涿鹿之战""阪泉之战""牧野大战""犬戎灭西周之战"都是以羌人为主体的战争,还有后来的羌汉百年战争,都是造成原本强大的羌族逐渐走向衰亡的重要因素,也是众多古羌人姓氏泯灭的主要原因。

《后汉书·西羌传》里有很多自夏朝以后有关"征戎""伐羌"的记载。"后相即位,乃征畎夷"②,畎夷即犬戎,古戎人的一支,在殷周时居于我国西北部,即为古羌人聚居地。成汤、武丁时期,"成汤既兴,伐而攘之。及殷室中衰,诸夷皆叛。至于武丁,征西戎、鬼方,三年乃克。"③周人季历"伐西落鬼戎""复伐燕京之戎""克余无之戎""更伐始呼、翳徒之戎,皆克"④。而周文王、武王乃率西羌之众"征殷""伐商",终建大周帝国。"穆王时,戎狄不贡,王乃西征犬戎,获其五王,又得四白鹿,四白狼,王遂迁戎于太原。"⑤穆王西征犬戎,虏其五个王,同时又占有八个以白鹿、白狼为图腾的犬戎部落,并把这些戎人迁于太原。之后,夷王、厉王、宣王数年次伐太原戎。王"伐条戎、奔戎,王师败绩","征申戎,破之"⑥。幽王"伐六济之戎"并"废申后而立褒姒",终招杀身之祸,周王都被迫东迁洛邑。后"秦襄公攻戎救周。后二年,邢侯大破北戎"⑦。春秋时期"鲁庄公伐秦,取邽、冀之戎"。"晋灭骊戎"。"秦、晋伐戎以救周"。"楚、晋强盛,威服诸戎"。"陆浑叛晋,晋令荀吴灭之"。"楚执蛮氏而尽囚其人"。至周贞王时,"秦厉公分灭大荔"并"取其地"。赵"灭代戎"。韩、魏灭"伊、洛、阴戎"。秦昭王起兵灭

---

① [宋]范晔:《后汉书》,中华书局,1965年,第3333页。
② [宋]范晔:《后汉书》,中华书局,1965年,第2870页。
③ [宋]范晔:《后汉书》,中华书局,1965年,第2870页。
④ [宋]范晔:《后汉书》,中华书局,1965年,第2870页。
⑤ [宋]范晔:《后汉书》,中华书局,1965年,第2871页。
⑥ [宋]范晔:《后汉书》,中华书局,1965年,第2871~2872页。
⑦ [宋]范晔:《后汉书》,中华书局,1965年,第2872页。

义渠戎，"自是中国无戎寇"①。秦献公"灭狄戎"。秦孝公"威服羌戎"。秦始皇使蒙恬"西逐诸戎，北却众狄"。汉时，匈奴在冒顿的带领下，"破东胡，走月氏，威震百蛮，臣服诸羌。"②汉武帝"北却匈奴，西逐诸羌"。宣帝时，遣义渠安国"召先零豪四十余人斩之，因放兵击其种，斩首千余级"③。元帝时，遣右将军冯奉世击破彡姐等七种羌，并降之。光武帝先后遣中郎将来歙、陇西太守马援大破先零、武都参狼及诸羌，并降之。汉景帝中元元年，辛都、李苞率五千人赴武都，与参狼羌作战，"斩其酋豪，首虏千余人。时，武都兵亦更破之，斩首千余级，余悉降。"④汉明帝永平元年，窦固、马武等攻击滇吾羌于西邯，大破之。汉章帝建初元年，"陇西太守孙纯遣从事李睦及金城兵会和罗谷，与卑湳等战，斩首虏数百人。"⑤章和元年，张纡诛杀酋豪一千二百余人，其首领迷吾也被诛杀。后有寇盱、邓训、聂尚、贯友、史充、吴祉、周鲔、侯霸等太守相继与迷唐羌部作战，致使"迷唐遂弱，其种众不满千人"⑥。安帝永初年间，先零别种滇零羌数次与汉作战，滇零曾率数万之众与任尚、司马钧大战于平襄，而"尚军大败，死者八千余人"⑦。滇零还自称"天子"，可见滇零羌的强大。安帝元初元年，零昌、号多、当煎、勒姐诸种遭程信、侯霸、马贤、皮杨的攻击。元初年间，汉用兵击零昌羌："斩首二百余级""刺杀叔都""斩首四百余级""斩首八百余级""斩首七百余级""刺杀零昌""击狼莫""斩首五千级，还得所略人男女千余人"⑧，"斩号良及种人数百级"。而汉也损失惨重，"自羌叛十余年间，兵连师老，不暂宁息。军旅之费，转运委输，用二百四十余亿，府帑空竭。延及内郡，边民死者不可胜数，并、凉二州，遂至虚耗。"⑨安帝永宁元年，马贤攻击上郡沈氏羌，"斩首千八百级，获生口千余人"，又攻击当煎羌，"斩首数千级"。安帝建光元年，马贤又战当煎羌，"首虏二千余人"。顺帝永建元年，校尉马贤与陇西钟羌战于临洮，"斩首千余级"。顺帝阳嘉三年，攻击钟羌良封，"斩首数百级"；四年，再"斩首千八百级"。顺帝永和二年，马贤攻击白马羌，"斩其渠帅饥指累祖等三百级"；三年冬，又

①　[宋]范晔：《后汉书》，中华书局，1965年，第2874页。
②　[宋]范晔：《后汉书》，中华书局，1965年，第2876页。
③　[宋]范晔：《后汉书》，中华书局，1965年，第2877页。
④　[宋]范晔：《后汉书》，中华书局，1965年，第2879页。
⑤　[宋]范晔：《后汉书》，中华书局，1965年，第2881页。
⑥　[宋]范晔：《后汉书》，中华书局，1965年，第2884页。
⑦　[宋]范晔：《后汉书》，中华书局，1965年，第2886页。
⑧　[宋]范晔：《后汉书》，中华书局，1965年，第2891页。
⑨　[宋]范晔：《后汉书》，中华书局，1965年，第2891页。

攻击烧当羌，"斩首四百余级"；四年，再破烧当羌，"获首虏千二百余级"，并斩其酋豪那离。顺帝永和五年，赵冲攻击巩唐羌，"斩首四百余级"。顺帝汉安元年，赵冲等攻击烧何羌，"斩首千五百级"，又攻击诸种，"斩首四千余级"，在阿阳，又"斩首八百级"。桓帝建和二年，益州刺史率板楯蛮破西羌及湟中胡，"斩首招降二十万人。"桓帝永寿六年，陇西太守孙羌攻击滇那部，"斩首溺死三千余人"。献帝兴平元年，郭汜、樊稠攻击冯翊，降羌，"斩首数千级"，等等。汉时羌人部落之间的战争也时有发生，如：世居河北大允谷的烧当羌因种小人贫，屡次三番受到先零、卑湳的侵犯，烧当羌首领滇良父子"集会附落及诸杂种，乃从大榆入，掩击先零、卑湳，大破之，杀三千人，掠取财畜，夺居其地大榆中，由是始强"[1]。累姐羌与迷唐羌也曾有过战争，"累姐种附汉，迷唐怨之，遂击杀其酋豪，由是与诸种为仇，党援益疏。"[2]

《后汉书》之《歙传》《援传》《规传》《奂传》《颎传》《董卓传》皆有羌汉作战的具述，仅《颎传》中就说到段颎与东西诸羌作战"凡百八十战，斩三万八千六百余级"[3]。在《羌族史》一书中，我们可以看到汉代甘肃、青海地区十几个羌人大部落都遭到了严重的打击或削弱，甚至灭亡。先零羌"多次遭受东汉王朝的血腥镇压，牺牲极为惨重"，烧当羌"余胜兵者不过数百"，勒姐羌"败于安故，部众降散"，卑湳羌"死亡数百人"，当煎羌"余悉降散"，罕开羌"五千余户降"，沈氐羌"十余万降"，虔人羌"一万一千口降"，牢姐羌"投降，被征服兵役"，封养羌"所剩无几"，彡姐羌"余部散亡塞外"，烧何羌"被迁徙于汉阳、安定、陇西等郡"，巩唐羌"大为削弱，遂散四方"。一百多年的羌汉之战，给东西诸羌带来了巨大的创伤，古羌人口和汉族人口都严重下降。生活在那个年代的曹操、王粲都作诗描述了战争中的社会现象。

曹操的《蒿里行》诗："关东有义士，兴兵讨群凶。初期会盟津，乃心在咸阳。军合力不齐，踌躇而雁行。势利使人争，嗣还自相戕。淮南弟称号，刻玺于北方。铠甲生虮虱，万姓以死亡。白骨露于野，千里无鸡鸣。生民百遗一，念之断人肠。"[4]

王粲的《七哀诗·其一》："西京乱无象，豺虎方遘患。复弃中国去，委身适荆蛮。亲戚对我悲，朋友相追攀。出门无所见，白骨蔽平原。路有

① [宋] 范晔：《后汉书》，中华书局，1965 年，第 2879 页。
② [宋] 范晔：《后汉书》，中华书局，1965 年，第 2884 页。
③ [宋] 范晔：《后汉书》，中华书局，1965 年，第 2153 页。
④ 罗宗强、陈洪：《中国古代文学作品选（第 2 卷）》，高等教育出版社，2004 年，第 5 页。

饥妇人，抱子弃草间。顾闻号泣声，挥涕独不还。未知身死处，何能两相完。驱马弃之去，不忍听此言。南登霸陵岸，回首望长安，悟彼下泉人，喟然伤心肝。"①

羌汉一百多年的战争，人口和财产的损失都是空前的。频繁持久的战争使得士兵们的铠甲都生了虮虱，战争带来的是成千上万的家族部落都灭亡了。"铠甲生虮虱，万姓以死亡。白骨露于野，千里无鸡鸣"便是真实的写照。《氐与羌》记载：古羌人的主要聚居区凉州，在经过羌汉战争后，以公元 2 年与公元 140 年进行人口比较，"以户数计，北地郡的户数只及西汉时的 5％，金城郡和陇西郡只及 10％，安定郡只及 14％，汉阳郡只及 4.5％"②。《羌族史》载，东汉时期，西北羌人起义频繁，历史也长，其中有三次影响较大的起义，在这三次起义中东汉王朝"用费达三百六十余亿之巨（第一次二百四十亿；第二次八十余亿；第三次四十四余亿）府帑空竭到极点"③。羌、汉可谓两败俱伤，东汉王朝从此也走向覆灭。

以党项羌为主体建立的西夏国，在宋辽、宋金的夹缝中立国近两百年（1038—1227）。其间，夏与宋、辽、金经历了不计其数的大小战争。相对于宋、辽、金而言，作为一个弱国，在战争中人员受到的损失可谓巨大。特别是蒙古二十多年的战争入侵，直接致使西夏国灭亡，同时西夏国民数以万计遭到屠杀。《羌族通史》载："西夏军队伤亡惨重、尸骨遍野，血流成河。铁木真攻破灵州后，纵火焚城。……将大军驻扎在盐川，四面搜杀军民。西夏军民纷纷逃散，以致'穿凿土石避之，免者百无一二，白骨蔽野，数千里几成赤地'"④。蒙古大军最高统帅铁木真在入侵西夏的战争中受伤而亡故，因此，西夏国民也遭到了报复性的屠杀。

三国、两晋、北魏、南北朝、隋唐及至清末，历朝各代，皆有羌人对统治阶级的反抗。在统治阶级与其他地方政权的争夺中，羌人也时常成为战争中的受害者。如：唐与吐蕃的长期战争消耗了大量的西羌人口。《羌族史》记载，"吐蕃的东进，羌人首当其冲，……吐蕃和唐规模既大、时间又长的战争多是在羌人地区进行的，例如白狗羌居住的维州（今四川理县）便是个重要战场。……吐蕃和唐王朝之间，这样反反复复的争夺战，历时达二百年之久。规

---

① 罗宗强、陈洪：《中国古代文学作品选（第 2 卷）》，高等教育出版社，2004 年，第 15 页。
② 马长寿：《氐与羌》，广西师范大学出版社，2006 年，第 118 页。
③ 冉光荣、李绍明、周锡银：《羌族史》，四川民族出版社，1985 年，第 83 页。
④ 耿少将：《羌族通史》，上海人民出版社，2010 年，第 286 页。

模既大，战斗尤烈；攻城毁堡，劫村焚寨。为挽运军需，征集粮饷，羌人当然成为了牺牲的对象。生命没有保障，生产活动亦难正常进行。这样，即是（使）幸免于被杀害，也难逃脱饿死的命运。羌人遭到了极大的苦难。"①

迁徙：历史上羌人遭受到无数次的被迫迁徙，这也是造成羌人人口下降的原因。殷商时期，中原地区的羌人迫于长期遭受商王朝的军事压力，逐渐向西迁徙；西北地区的羌人在秦穆公以后也迫于秦的军事压力进行了更大规模、更远距离的迁徙。《后汉书·西羌传》载："羌既转盛，而二千石、令、长多内郡人，并无守战意，皆争上徙郡县以避寇难。朝廷从之，遂移陇西徙襄武，安定徙美阳，北地徙池阳，上郡徙衙。百姓恋土，不乐去旧，遂乃刈（yì）其禾稼，发彻室屋，夷营壁，破积聚。时连旱蝗饥荒，而驱蹙践劫略，流离分散，随道死亡，或弃捐老弱，或为人仆妾，丧其太半。"②

民族同化：著名社会学家费孝通指出，羌是一个不断向外输血的民族。在历史的长河里，古羌人不断地融合到其他民族中或发展成为新的民族。《氐与羌》记载："在中国漫长的历史发展过程中，氐族基本上融合到汉族之中，羌族的大部分也融合于汉族。即是说，现代占全国人口百分之九十多的汉族内有一部分是由原来的氐、羌族融合而来的。而现代中国三百多万的藏族内也有一部分是原来的羌族融合而来的，例如今甘南藏族自治州及青海的一部分藏族就是如此。"③《羌族史》载：春秋时期"齐、晋、楚、秦相继称霸，诸戎屡遭征伐，大部分始渐次融合于华夏族中"④。"唐后期，甘青地区的羌人，他们……受吐蕃、吐谷浑的统治、同化"⑤；在五代后"部分党项羌人受到辽国的统治，常被镇压和虏掠，……故不少羌人又被契丹化"⑥。"终明之世，青海地区基本上是为蒙古人所控制。因此羌人一部份（分）后裔便逐渐融合到蒙古人当中了。"⑦ 当然在民族同化中，除了被迫同化的，也有自愿同化的，顾颉刚先生在《从古籍中探索我国的西部民族——羌族》中讲道："申、吕、齐、许诸国是羌族里最先进中原的，他们做了诸侯，做了贵族，就把自己的出身忘了，也许故意忌讳了，不再说自己是羌人而说是华夏；至于留在原地方的呢，当然还

---

① 冉光荣、李绍明、周锡银：《羌族史》，四川民族出版社，1985 年，第 165~167 页。
② ［宋］范晔：《后汉书》，中华书局，1965 年，第 2887~2888 页。
③ 马长寿：《氐与羌》，广西师范大学出版社，2006 年，第 4 页。
④ 冉光荣、李绍明、周锡银：《羌族史》，四川民族出版社，1985 年，第 45 页。
⑤ 冉光荣、李绍明、周锡银：《羌族史》，四川民族出版社，1985 年，第 186 页。
⑥ 冉光荣、李绍明、周锡银：《羌族史》，四川民族出版社，1985 年，第 187 页。
⑦ 冉光荣、李绍明、周锡银：《羌族史》，四川民族出版社，1985 年，第 192 页。

是羌，还是戎。"① 《羌族史》载："在漫长的历史发展进程中，古代羌人由于自然条件的差异、经济文化水平的不平，以及受其他民族影响程度等因素，迄今已分别发展为汉藏语系的藏缅语族中的各族。作为古代羌人的后裔，除一支继续留在岷江上游，得以保存至今以外，大多数自隋唐以来，已为羌人各支成长起来的民族所代替。"② 《羌族通史》载："元代以后，西夏人（唐兀人）通过汉化、藏化、蒙化、土族化、伊斯兰化等方式，逐步融入其他民族之中，党项羌人作为羌族的重要组成部分已经不复存在。"③ 战争是造成羌人融合到其他民族的重要因素之一，统治阶级有时出台的政策也会迫使他们改变民族身份，如清朝年间在羌族地区实行的"改土归流"政策。《羌族史》记载："宣宗道光六年（公元 1826 年）大姓寨土百户郁廷栋、小姓寨土百户郁成龙、大黑水寨土百户郁铃、小黑水寨土百户郁启相……要求改土归流。……而希望准予将五土百户所管五十八寨土地人民拨归附近之茂州管辖，编入汉甲。"④ 由于民族歧视等原因，当地羌民为免于歧视而自愿编入"汉甲"。"清宣宗道光六年（公元 1826 年）茂州所辖大姓、小姓、松坪等土百户声称'久沐天朝声教，言语衣服悉与汉民相同，亦多读书识字之人，是以一心向化，愿作盛世良民'。要求成为编户。"⑤

天灾、人祸，造成羌族人口急剧下降，也是古代羌族姓氏衰亡的主要因素。

① 顾颉刚：《从古籍中探索我国的西部民族——羌族》，载《社会科学战线》，1980 年第 1 期，第 123 页。

② 冉光荣、李绍明、周锡银：《羌族史》，四川民族出版社，1985 年，第 196 页。

③ 耿少将：《羌族通史》，上海人民出版社，2010 年，第 278 页。

④ 冉光荣、李绍明、周锡银：《羌族史》，四川民族出版社，1985 年，第 254 页。

⑤ 冉光荣、李绍明、周锡银：《羌族史》，四川民族出版社，1985 年，第 264 页。

第四章 羌族姓氏集

A

阿 [ā]

党项羌有阿氏，阿剌恍，《辽史·圣宗纪》载："党项太保阿剌恍来朝，贡方物。"①

阿尔 [ā ěr]

党项羌有阿尔族，既阿尔氏。《续资治通鉴长编（457 卷）》记载："辛亥，河东路蕃官如京副使高永年特迁一官为庄宅副使，充麟州阿尔族都巡检，仍赐庄宅讫，更赐钱五十贯。"② 同书又载："昷以教练使从折继闵破拉旺、阿儿两族，射杀数十人，斩伪军主鄂博，以功补下班殿侍、三班差使。"③ "阿儿"或与"阿尔"同族。

阿里 [ā lǐ]

党项羌有阿里氏，《辽史·耶律勃古哲传》记载："保宁中，为天德军节度使，……以讨平党项羌阿里撒米、仆里鳖米，迁南院大王。"④

阿埋 [ā mái]

党项羌有阿埋族，《旧五代史·党项传》记载："明宗遣灵武康福、邠州药彦稠等出兵讨之，福等击破阿埋、韦悉、褒勒、强赖、埋厮骨尾及其大首领连香、李八萨王，都统悉那、埋摩，侍御乞埋、嵬悉逋等族。"⑤《五代会要·党项羌》也载"奏诛党项阿埋三族韦悉褒勒彊赖埋厮骨尾屈悉保等七族。七百余

---

① ［元］脱脱等：《辽史》，中华书局，1974 年，第 131 页。
② ［宋］李焘：《续资治通鉴长编》，中华书局，2004 年，第 10944 页。
③ ［宋］李焘：《续资治通鉴长编》，中华书局，2004 年，第 3180 页。
④ ［元］脱脱等：《辽史》，中华书局，1974 年，第 1293 页。
⑤ ［宋］薛居正：《旧五代史》，中华书局，1976 年，第 1845 页。

人"①。《册府元龟》（卷九百八十七）载："阿埋族"作"河埋族"，"是月乐彦稠奏诛党项河埋三族韦悉褒勒疆赖埋厮骨尾各一族屈悉保三族计十族。得七百馀人。黑玉一团。"②

喹悉逋 [ái xī bū]

党项羌有喹悉逋族，《太平寰宇记》（卷之三十六）载："临河镇，管蕃部三：小父儿义征使喹悉逋一族。"③

艾 [ài]

艾姓，最早起源于夏朝少康帝中兴大臣汝艾，其后人以艾为姓；汝艾祖籍天水，故天水为艾姓发扬之郡。《古今姓氏书辩证》载："《晏子春秋》齐大夫艾孔之后。"④《中国古今姓氏辞典》载："艾氏，《晏子春秋》：大夫艾孔之后，即左传中裔欸。亦谓之艾陵，齐鲁境上山。望出陇西、河南、天水。"⑤《晏子春秋》载：艾氏，望出陇西、天水，应当是西羌人。

安 [ān]

《中国古今姓氏辞典》记载，安姓"出自姬姓。黄帝生昌意，昌意次子安，居于西方，自号安息国，复入中国以安为姓"⑥。西夏有安姓，《李范文西夏学论文集》记有"安氏：《交聘表》有安德信"⑦。《金史·交聘表》有宣德郎安世，"正月丙午朔，夏武功大夫高遵义、宣德郎安世等贺正旦。"⑧《宋史·吐蕃传》记载秦州有安家族，"太平兴国二年，秦州安家族寇长山，巡检使韦韬击走之。"⑨今西羌有此姓，如安登榜。《松潘县志》记载：安登榜（1895—1935），羌族，松潘县镇坪乡呷竹寺村人，出生于当地世袭土司家庭。通藏、汉、羌三种语言。民国二十二年（1933年）承袭土司职务。后参加红军，为羌族近代史上第一个率部参加革命的民族上层人物。1935年5月29日，红军建立番民游击大队，安登榜任大队长，队员六十多名。8月初，番民游击大队奉命为右路红军北上筹粮，安登榜与十多名战士在这次任务中被害身亡。1986

---

① ［宋］王溥：《五代会要》，中华书局，1998年，第354页。

② ［宋］王钦若等：《册府元龟》，中华书局，1960年，第11595页。

③ ［宋］乐史：《太平寰宇记》，中华书局，2007年，第767~768页。

④ ［宋］邓名世：《古今姓氏书辩证》，江西人民出版社，2006年，第468页。

⑤ 慕容翊：《中国古今姓氏辞典》，黑龙江人民出版社，1985年，第3页。

⑥ 慕容翊：《中国古今姓氏辞典》，黑龙江人民出版社，1985年，第3页。

⑦ 李范文：《李范文西夏学论文集》，中国社会科学出版社，2012年，第534页。

⑧ ［元］脱脱等：《金史》，中华书局，1975年，第1422页。

⑨ ［元］脱脱等：《宋史》，中华书局，1985年，第14153页。

年，四川省人民政府批准，追认安登榜为革命烈士。①

岸 [àn]

东汉时期羌人有岸姓。《姓氏寻源》记载："澍按：岸，西羌姓。见《张奂传》。当是东岸之后，以名为姓。"②《后汉书》（卷八十七）有东羌岸尾，"永康元年，东羌岸尾等胁同种连寇三辅，中郎将张奂追破斩之"③。《中国少数民族名人辞典·古代》载，"岸尾：（？—167），东汉时羌人首领。羌族（东羌）。东汉桓帝间，羌人经两次大起义失败……岸尾等复率种人攻击三辅，被中郎将张奂遣司马尹端、董卓击败被杀。部众万余人亦被俘、被杀。"④

岸逋 [àn　bū]

党项羌有岸逋族。《宋史·党项传》载："七月，睡泥族首领你乜逋令男诣灵州，言族内七百余帐为李继迁劫略，首领岸逋一族奔往萧关，你乜逋一族乞赐救助，诏赐以资粮。"⑤

昂 [áng]

党项羌所建西夏国有昂氏。《姓氏寻源》载："按：今合肥有昂氏，宜为西夏昂星之后。否则元人昂吉儿之后，星与吉儿皆河西人，其子孙迁徙于南也。"⑥《宋史·夏国传》有"夏西南都统、昂星嵬名济乃移书刘昌祚曰"⑦。昂氏或以地名为氏，《宋书（卷96）》有南界昂城，"自桴罕以东千余里，暨甘松，西至河南，南界昂城、龙涸"⑧。《羌族史》有羌酋姜聪为昂城人氏⑨。《羌族通史》载有党项羌后裔唐兀人昂吉尔，"在安徽境内，也有唐兀人那木翰、昂吉尔以及余氏等定居在庐州等地。"⑩ 又载"昂城在今四川之阿坝县"⑪。汤开建在《张澍〈西夏姓氏录〉订误》中认为"昂星"是西夏的番号官名而不是

---

① 松潘县志编纂委员会：《松潘县志》，民族出版社，1999年，第931~933页。
② ［清］张澍：《姓氏寻源》，岳麓书社，1992年，第444页。
③ ［宋］范晔：《后汉书》，中华书局，1965年，第2898页。
④ 刘德仁：《中国少数民族名人辞典·古代》，四川辞书出版社，1989年，第351页。
⑤ ［元］脱脱等：《宋史》，中华书局，1985年，第14142页。
⑥ ［清］张澍：《姓氏寻源》，岳麓书社，1992年，第226页。
⑦ ［元］脱脱等：《宋史》，中华书局，1985年，第14012页。
⑧ 梁沈约：《宋书》，中华书局，1974年，第2370页。
⑨ 冉光荣、李绍明、周锡银：《羌族史》，四川民族出版社，1985年，第129页。
⑩ 耿少将：《羌族通史》，上海人民出版社，2010年，第284页。
⑪ 耿少将：《羌族通史》，上海人民出版社，2010年，第198页。

人名，故"昂"也非西夏姓氏①。《李范文西夏学论文集》载："昂氏：昂星即夏西南都统昂星嵬名济乃。《长编》有茂星威明叶云等。昂星、茂星均为西夏官阶号，非姓氏。"②"都统""昂星"都是"嵬名济"的官职。

敖［áo］

敖氏，《中国姓氏辞典》载："出自芈姓，据《左传·昭公十三年》所载，春秋时楚国国君凡被废弑而未有谥号者，称为'敖'，其后有敖氏。"③《世本》有芈姓，楚其后也。越亦芈姓，与楚同祖。《李范文西夏学论文集》载：而楚乃芈之裔也。④ 楚为东迁的羌族之一。在楚辞文化中，我们能看到一些诗句用"羌"字作为发语词，如《离骚》："曰黄昏以为期兮，羌中道而改路。""羌内恕己以量人兮，各兴心而嫉妒。""余以兰为可恃兮，羌无实而容长。"《九章》："吾谊先君而后身兮，羌众人之所仇也。""壹心而不豫兮，羌无可保也。""羌灵魂之欲归兮，何须臾而忘反。""羌中道而回畔兮，反既有此他志。""夫惟党人之鄙固兮，羌不知余之所臧。""因归鸟而致辞兮，羌迅高而难当。""独历年而离愍兮，羌凭心犹未化。""芳与泽其杂糅兮，羌芳华自中出。""情与质信可保兮，羌居蔽而闻章。"正如一些学者所说："楚辞是一首如怨如诉的羌曲。"⑤今天生活在岷江上游地区的羌族释比在一些祭祀活动中所唱的经文也常用"羌"作为发语词。今汶川县龙溪乡羌人谷有此姓。

B

八笸［bā　chí］

党项羌有八笸族，《太平寰宇记》（卷之三十六）载："怀远镇：管蕃部六：罗悉逋族巡检使八笸一族"⑥。

巴［bā］

巴氏，《世本八种·张澍稡集补注本》："巴子国，子孙以国为氏。"⑦《姓

---

① 汤开建：《张澍〈西夏姓氏录〉订误》，载《兰州大学学报（社会科学版）》，1982年第4期，第68页。

② 李范文：《李范文西夏学论文集》，中国社会科学出版社，2012年，第538页。

③ 陈明远、汪宗虎：《中国姓氏辞典》，北京出版社，1995年，第6页。

④ 李范文：《李范文西夏学论文集》，中国社会科学出版社，2012年，第555页。

⑤ 朱良志：《楚辞的美学价值四题》，http://blog.sina.com.cn/s/blog_a6eb92f00101nugm.html

⑥ ［宋］乐史：《太平寰宇记》，中华书局，2007年，第768页。

⑦ ［汉］宋衷注，［清］秦嘉谟等辑：《世本八种·张澍稡集补注本》，商务印书馆，1957年，第50页。

氏寻源》记载，"《路史》云：本伏羲之后，或以为出春秋巴子。"①"巴子国"即为巴国。《华阳国志》云："武王克殷，以其宗姬封于巴，爵之以子。古者，远国虽大，爵不过子，故吴、楚及巴皆曰'子'。"②"巴国远世则黄、炎之支封，在周则宗姬之戚亲"③。《羌族社会历史调查》记汶川龙溪乡马灯寨有寨盘业主"巴士已"④，或来源于巴氏。

巴泌 [bā bì]

党项羌西夏有巴泌氏。《李范文西夏学论文集》记载，"巴泌氏：《续通志》作巴沁师。"⑤

捌 [bā]

羌有人捌姓。《中国古今姓氏辞典》载："捌，羌人，以己为捌。（见《万姓统谱》）"⑥

芨村 [bá cūn]

党项羌有芨村族。《宋史·李继福传》："李继福者，亦与继周同时归顺，授永平砦芨村军主，以战功历归德将军，领顺州刺史，至内殿崇班、新归明诸族都巡检。"⑦"芨"古同"跋"。

拔新 [bá xīn]

党项羌有拔新族。《宋史·史方传》载："先是，磨娟（媚）、浪□、托校、拔新、兀二、兀三六族内寇，方谕以恩信，乃传箭牵羊乞和。"⑧

把里 [bǎ lǐ]

党项羌西夏有把里氏。《李范文西夏学论文集》载："把里氏：《元史》作芭里或作巴里。"⑨《金史·交聘表》载：太宗天会二年，"三月，夏使把里公亮等来上誓表。"⑩同书，世宗大定二年，"夏武功大夫芭里昌祖、宣德郎杨彦

---

① [清] 张澍：《姓氏寻源》，岳麓书社，1992年，第194页。
② [东晋] 常璩：《华阳国志》，时代文艺出版社，2008年，第2页。
③ [东晋] 常璩：《华阳国志》，时代文艺出版社，2008年，第14页。
④ 《中国少数民族社会历史调查资料丛刊》修订编辑委员会：《羌族社会历史调查》，民族出版社，2009年，第162页。
⑤ 李范文：《李范文西夏学论文集》，中国社会科学出版社，2012年，第533页。
⑥ 慕容翊：《中国古今姓氏辞典》，黑龙江人民出版社，1985年，第4页。
⑦ [元] 脱脱等：《宋史》，中华书局，1985年，第8871页。
⑧ [元] 脱脱等：《宋史》，中华书局，1985年，第10527页。
⑨ 李范文：《李范文西夏学论文集》，中国社会科学出版社，2012年，第533页。
⑩ [元] 脱脱等：《金史》，中华书局，1975年，第1391页。

敬等贺正旦。"①

把利 [bǎ lì]

把利氏，《姓氏寻源》载："《唐书》党项部庆州有把利氏族一。澍按：《广韵》作爬利。"②"把里""芭里""巴里""把利""爬利"或都为同一姓氏的音译之误。史籍《新唐书·党项传》中的记载："庆州有破丑氏族三，野利氏族五，把利氏族一，与吐蕃姻援，赞普悉王之，因是扰边凡十年。"③唐时有把利步利，羌族首领，诺州刺史，贞观十二年（638年）八月举州降蕃。《资治通鉴》（第一百九十五卷）载："吐蕃进破党项、白兰诸羌，帅众二十余万屯松州西境，……寻进攻松州，败都督韩威；羌酋阎州刺史别丛卧施、诺州刺史把利步利并以州叛归之。"④诺州应为唐朝时在松州诸羌设置的二十五羁縻州之一，诺州刺史属正四品下。《旧唐书·地理志》记载："松州都督府，督羁縻二十五州，旧督一百四州，领州，无县户口，惟二十五有名额，皆招生羌置也。"⑤二十五州为崌、懿、嵯、阔、麟、雅、丛、可、远、奉、严、诺、蛾、彭、轨、盖、直、肆、位、玉、璋、佑、台、桥、序州。诺州，《旧唐书》载："贞观五年，处降羌置，领县三，与州同置。"⑥

白 [bái]

白氏，《通志略·氏族略第三》载："芈姓。楚白公胜之后也。楚有白邑。其地在蔡州褒信。"⑦《后汉书·西羌传》有白马羌种，后或有以白为姓。⑧ 西夏有白氏，《金史·交聘表》载："正月，夏武功大夫李嗣卿、宣德郎白庆嗣等贺正旦。"⑨《唐会要·党项羌》载："又有白狗春桑白兰等诸羌。"⑩ 白狗羌、白兰羌其后或有以白为氏。《氏与羌》载："屯聚白城（今陕西三原东北）一带的是羌酋白犊，三人各拥众数万，至此皆降于苻健。"⑪《羌族社会历史调查》

---

① ［元］脱脱等：《金史》，中华书局，1975年，第1419页。
② ［清］张澍：《姓氏寻源》，岳麓书社，1992年，第371页。
③ ［宋］欧阳修、宋祁：《新唐书》，中华书局，1975年，第6217页。
④ ［宋］司马光：《资治通鉴》，上海古籍出版社，1987年，第3157页。
⑤ ［后晋］刘昫等：《旧唐书》，中华书局，1975年，第1706页。
⑥ ［后晋］刘昫等：《旧唐书》，中华书局，1975年，第1708页。
⑦ ［宋］郑樵：《通志略》，上海古籍出版社，1990年，第41页。
⑧ ［宋］范晔：《后汉书》，中华书局，1965年，第2898页。
⑨ ［元］脱脱等：《金史》，中华书局，1975年，第1434页。
⑩ ［宋］王溥：《唐会要》，中华书局，1955年，第1756页。
⑪ 马长寿：《氏与羌》，广西师范大学出版社，2006年，第46页。

一书中记有茂汶县城外有寨盘业主"白枯基"①。同书又载,中华人民共和国成立前夕茂县黑虎乡有白姓,白清顺、白玉成等。②

白马 [bái mǎ]

党项羌有白马族。白马族应是党项羌的一个氏族部落,党项羌以姓别部,"白马"应为党项羌的姓氏之一。《宋史·党项传》载:"苏家族屈尾、鼻家族都庆、白马族埋香、韦移族都香为安化郎将。"③ 羌地环州有白马族,《续资治通鉴长编》载:"环州白马族与李继迁拒斗,族帐屡徙,乏食。"④

白马鼻 [bái mǎ bí]

党项羌有白马鼻族。《续资治通鉴长编》载:"洪德寨白马鼻族巡检、顺州刺史庆香领蕃部者龙等十八人给称西贼寇边"⑤。洪德寨:北宋置,即今甘肃省环县西北洪德城。宋真宗咸平六年(1003年),折可适败西夏兵于洪德寨。

白马虑 [bái mǎ lù]

党项羌有白马虑家族。《五代会要·党项羌》载:"又率兵自牛儿族入白鱼谷。追及背叛党白马虑家六族。"⑥ "白马虑家六族"在《册府元龟》(卷三九八)作"白马卢家六族","裴彦稠长兴中与康福率师自牛儿族入白鱼谷追及皆叛党项白马卢家六族"⑦。

柏灌 [bǎi guàn]

柏灌氏,《四川上古史新探》有"蜀族曾更迭为蜀山氏、蚕丛氏、柏灌氏、鱼凫氏四个氏族称号"⑧。蜀族实为古羌人一支。

班 [bān]

班氏,《通志略·氏族略第四》载:"芈姓。楚若敖生鬬伯比。伯比生令尹子文。为虎所乳。谓虎有班文。因以为氏。"⑨

———————————————

① 《中国少数民族社会历史调查资料丛刊》修订编辑委员会:《羌族社会历史调查》,民族出版社,2009年,第140页。

② 《中国少数民族社会历史调查资料丛刊》修订编辑委员会:《羌族社会历史调查》,民族出版社,2009年,第100页。

③ [元]脱脱等:《宋史》,中华书局,1985年,第14143页。

④ [宋]李焘:《续资治通鉴长编》,中华书局,2004年,第1193页。

⑤ [宋]李焘:《续资治通鉴长编》,中华书局,2004年,第2296页。

⑥ [宋]王溥:《五代会要》,中华书局,1998年,第354页。

⑦ [宋]王钦若等:《册府元龟》,中华书局,1960年,第4739页。

⑧ 任乃强:《四川上古史新探》,四川人民出版社,1986年,第64页。

⑨ [宋]郑樵:《通志略》,上海古籍出版社,1990年,第62页。

阪泉 〔bǎn quán〕

阪泉氏，《中国古今姓氏辞典》载阪泉为"姜姓，炎帝之裔。（见《路史》）"①。阪泉为古地名，相传黄帝与炎帝战于阪泉之野。

邦 〔bāng〕

邦氏，源于子姓，出自殷商时期的上大夫邦伯，属于以官职为氏。西羌有此姓。《茂县民间文化集成·赤不苏片区卷》载：茂县曲谷乡河坝村四组有邦氏、沙格合墓葬，该墓葬修建于清咸丰四年（1854 年）。②

傍 〔bàng〕

羌有傍姓，《宋本广韵》云："傍，亦作旁侧也，说文近也，又羌姓。"③《中国姓氏辞典》载："唐代有傍企本，为北地羌豪，为薛举将。""为唐代北方羌族人姓氏。"④ 北地郡，秦昭襄王三十六年（前 271 年）灭义渠后所置，为秦初三十六郡之一。东汉（25—220）时期，北地郡为羌族的主要居住地。《太平寰宇记》（卷之三十六）有党项羌傍家外生族，"城下管蕃部三，傍家外生族巡检司使移香一族，媚家族巡检使保尾一族，越邦族巡检使罗香一族。"⑤《太平寰宇记》（卷之三十七）也载党项羌有傍家族，"西北至蕃部傍家族一十五里"⑥。

包 〔bāo〕

包氏，《中国姓氏辞典》载："出自芈姓。据《通志·氏族略·以字为氏》所载，包氏为战国时期楚国大夫申包胥之后，以王父字'包'为氏。"⑦《姓氏寻源》载："《路史》云：包牺氏后有包氏。澍按：王符云：夏封伏羲之后，地在襄阳，汉之平有包羲陵。"⑧ 今茂县凤仪镇有包姓，羌族。

褒 〔bāo〕

褒氏，《通志略·氏族略第二》载："姒姓之国。禹之后也。今兴元府褒城

① 慕容翊：《中国古今姓氏辞典》，黑龙江人民出版社，1985 年，第 7 页。
② 茂县民间文化集成收集整理出版编辑部：《茂县民间文化集成·赤不苏片区卷》，中央民族大学出版社，2015 年，第 336 页。
③ 〔宋〕陈彭年：《宋本广韵》，中国书店，1982 年，第 163 页。
④ 陈明远、汪宗虎：《中国姓氏辞典》，北京出版社，1995 年，第 13 页。
⑤ 〔宋〕乐史：《太平寰宇记》，中华书局，2007 年，第 766 页。
⑥ 〔宋〕乐史：《太平寰宇记》，中华书局，2007 年，第 788 页。
⑦ 陈明远、汪宗虎：《中国姓氏辞典》，北京出版社，1995 年，第 13 页。
⑧ 〔清〕张澍：《姓氏寻源》，岳麓书社，1992 年，第 174 页。

是其地。"① 褒城为古代县名，位于现在的陕西汉中市。东汉永初四年（110年），西羌滇零入侵汉中，汉中太守郑勤移屯褒中，羌人攻褒中。《后汉书·西羌传》载："明年春，滇零遣人寇褒中，燔烧邮亭，大掠百姓。"② 其"褒中"注："县名，属汉中郡。"③《中国姓氏辞典》载："以国名为氏。据《史记》所载，夏禹分封之国有褒氏。"④

褒勒 ［bāo lè］

党项羌有褒勒族。《旧五代史·党项传》载："明宗遣灵武康福、邠州药彦稠等出兵讨之，福等击破阿埋、韦悉、褒勒、强赖、埋厮骨尾及其大首领连香、李八萨王，都统悉那、埋摩，侍御乞埋、嵬悉逋等族。"⑤《五代会要·党项羌》也记有褒勒族，"奏诛党项阿埋三族韦悉褒勒彊赖埋厮骨尾屈悉保等七族。七百余人。"⑥

保 ［bǎo］

党项羌有保族，应是党项羌的一个氏族部落。党项羌以姓别部，"保"应为党项羌的姓氏之一。《宋史·党项传》载："又破保、洗两族，俘三千人，降五十五族，获牛羊八千计。"⑦《宋史·太宗纪》也记有保族，"辛丑，夏州行营破西蕃息利族，斩其代州刺史折罗遇并弟埋乞，又破保、洗两族，降五十余族。"⑧《续资治通鉴长编》载党项有保家族，"招马之处，秦、渭、阶、文之吐蕃、回纥，麟、府之党项，丰州之藏才族，环州之白马、鼻家、保家、名市族、泾仪延鄜、火山保德保安军、唐龙镇、制胜关之诸蕃。"⑨

保寺 ［bǎo sì］

党项羌有保寺族。《宋史·党项传》载："五月，又于开光谷西杏子平破保寺、保香族。"⑩

保尾 ［bǎo wěi］

党项羌有保尾一族。《太平寰宇记》（卷之三十六）载："城下管蕃部三，

---

① ［宋］郑樵：《通志略》，上海古籍出版社，1990年，第30页。
② ［宋］范晔：《后汉书》，中华书局，1965年，第2887页。
③ ［宋］范晔：《后汉书》，中华书局，1965年，第2887页。
④ 陈明远、汪宗虎：《中国姓氏辞典》，北京出版社，1995年，第14页。
⑤ ［宋］薛居正：《旧五代史》，中华书局，1976年，第1845页。
⑥ ［宋］王溥：《五代会要》，中华书局，1998年，第354页。
⑦ ［元］脱脱等：《宋史》，中华书局，1985年，第14139页。
⑧ ［元］脱脱等：《宋史》，中华书局，1985年，第76页。
⑨ ［宋］李焘：《续资治通鉴长编》，中华书局，2004年，第922页。
⑩ ［元］脱脱等：《宋史》，中华书局，1985年，第14139页。

傍家外生族巡检司使移香一族，媚家族巡检使保尾一族，越邦族巡检使罗香一族。"①

保细 ［bǎo xì］

党项羌有保细族。《宋史·党项传》载："又保细族结集扇动诸部，夏州巡检使梁迥率兵讨平之。"②

保香 ［bǎo xiāng］

党项羌有保香族。《宋史·党项传》载："五月，又于开光谷西杏子平破保寺、保香族。"③

鲍 ［bào］

鲍氏，《通志略·氏族略第三》载："姒姓。不知所出。或云。夏禹之后。有鲍叔仕齐。食采於鲍。因以为氏。鲍叔字叔牙。进管仲於齐桓公。遂霸诸侯。"④

卑湳 ［bēi nǎn］

东汉有卑湳种羌，其后或有卑湳氏。《后汉书·西羌传》载："肃宗建初元年，安夷县吏略妻卑湳种羌妇，吏为其夫所杀，安夷长宗延追之出塞，种人恐见诛，遂共杀延，而与勒姐及吾良二种相结为寇。"⑤

卑宁 ［bēi níng］

党项羌有卑宁族。《宋史·党项传》载："其年，卑宁族首领喝邻半祝贡名马，自称有精骑三万，愿备驱策。"⑥《续资治通鉴长编》也载："戊子，镇戎军言凉州卑宁族首领喝邻半祝归附"⑦。

北郭 ［běi guō］

北郭氏，《中国姓氏辞典》载："出自姜姓。以居地为氏。据《通志·氏族略·以地为氏》所载，春秋时齐国大夫有世代居于北郭者，其后有北郭氏。"⑧

① ［宋］乐史：《太平寰宇记》，中华书局，2007 年，第 766 页。
② ［元］脱脱等：《宋史》，中华书局，1985 年，第 14138~14139 页。
③ ［元］脱脱等：《宋史》，中华书局，1985 年，第 14139 页。
④ ［宋］郑樵：《通志略》，上海古籍出版社，1990 年，第 39 页。
⑤ ［宋］范晔：《后汉书》，中华书局，1965 年，第 2881 页。
⑥ ［元］脱脱等：《宋史》，中华书局，1985 年，第 14143 页。
⑦ ［宋］李焘：《续资治通鉴长编》，中华书局，2004 年，第 1102 页。
⑧ 陈明远、汪宗虎：《中国姓氏辞典》，北京出版社，1995 年，第 17 页。

悖〔bèi〕

党项羌有悖家族。《续资治通鉴长编》（卷137）载："壬辰，以延州厥屯族军主香埋、归娘族军主阿讹并为副都军主，厥屯副军主吃埋、揭家族副军主李朝政并为军主，悖家族都虞候迥讹、苏尾族都虞候拓德遇、李文信并为副军主，鄜延部署司言其击贼有功也。"[1] 延州，今陕西延安。西夏天授礼法延祚三年，宋夏之间发生过延州之战。延州是宋边防要地，北面门户金明寨地形险要，周围有36寨依托，易守难攻，由李士彬率10万番兵驻守。

鼻〔bí〕

白马羌有鼻家族。《宋史·党项传》载："苏家族屈尾、鼻家族都庆、白马族埋香、韦移族都香为安化郎将。"[2]《续资治通鉴长编》载："招马之处，秦、渭、阶、文之吐蕃、回纥，麟、府之党项，丰州之藏才族，环州之白马、鼻家、保家、名市族，泾仪延鄜、火山保德保安军、唐龙镇、制胜关之诸蕃。"[3]《太平寰宇记》（卷之三十七）党项羌有鼻家族，"东北至蕃部鼻家族一十五里"[4]。"白马鼻族""鼻家族"或为同一族。

比〔bǐ〕

西羌有比姓，《姓氏寻源》载："《姓解》云：商有少师比干。澍按：《世本》云：比，子姓。又按：比干于四月四日生，偃师有比干墓石铭云：大夫比干之墓，相传为孔子书，汾之西河有比干山，黎阳西北枉人山云：比干杀于此，是比干非姓比也。宜云比为比干之后。又烧何种有此姓，比铜钳是也。见《西羌传》。又鄯善国王比姓。见《十六国春秋》。"[5] 比铜钳，《后汉书·西羌传》载："时烧何豪有妇人比铜钳者，年百余岁，多智算，为种人所信向，皆从取计策。"[6]《中国少数民族名人辞典·古代》载："比铜钳，东汉时羌人部落女头领。羌族（烧当种）。其年百余岁，多智算，为种人所信向，皆从取计策。时为卢水胡攻击，乃率其部众投依汉郡县。后羌人有犯法者，临羌长收禁比铜钳，而诛杀羌人六七百人。东汉明帝诏责官吏妄杀，令比铜钳医治，招其种人。"[7]

---

① 〔宋〕李焘：《续资治通鉴长编》，中华书局，2004年，第3278~3279页。
② 〔元〕脱脱等：《宋史》，中华书局，1985年，第14143页。
③ 〔宋〕李焘：《续资治通鉴长编》，中华书局，2004年，第922页。
④ 〔宋〕乐史：《太平寰宇记》，中华书局，2007年，第788页。
⑤ 〔清〕张澍：《姓氏寻源》，岳麓书社，1992年，第302页。
⑥ 〔宋〕范晔：《后汉书》，中华书局，1965年，第2880页。
⑦ 刘德仁：《中国少数民族名人辞典·古代》，四川辞书出版社，1989年，第348页。

边［biān］

后秦姚兴时有边氏，《晋书·载记》载："兵部郎金城边熙上陈军令烦苛，宜遵简约。"①

卞［biàn］

卞氏，今茂县土门乡有此姓。②

卞移［biàn yí］

西北边羌戎有卞移族。《宋史·兵志》载："肃戎军，卞移等八族，兵七百四十八、马一百二十三。"③

别丛［bié cóng］

别丛氏，唐时有羌酋阎州刺史别丛氏，别丛卧施。"阎州"：《旧唐书》作"阔州"，为唐时松州都督府设置二十五个羁縻州之一。《资治通鉴》（第一百九十五卷）载："吐蕃进破党项、白兰诸羌，帅众二十余万屯松州西境，遣使贡金帛，云来迎公主。寻进攻松州，败都督韩威；羌酋阎州刺史别丛卧施、诺州刺史把利步利并以州叛归之。"④

宾［bīn］

西羌有宾氏，《唐会要·东女国》载："东女。西羌之别种。……女王号为宾就。"⑤

拨臧［bō zāng］

党项羌有拨臧族。《宋史·曹玮传》载："复为泾原路都钤辖兼知渭州，与秦翰破章埋族于武延川，分兵灭拨臧于平凉，于是陇山诸族皆来献地。"⑥

伯［bó］

伯氏，《中国古今姓氏辞典》载伯为"姜姓，伯夷之后，望出河东。（见《古今姓氏辩证》）"⑦。河东：在古代指山西西南部，位于秦晋大峡谷中黄河段乾坤湾，壶口瀑布及禹门口（古龙门）至鹳雀楼以东的地区。上古尧、舜、禹

---

① ［唐］房玄龄等：《晋书》，中华书局，1974 年，第 2980 页。
② 《中国少数民族社会历史调查资料丛刊》修订编辑委员会：《羌族社会历史调查》，民族出版社，2009 年，第 125 页。
③ ［元］脱脱等：《宋史》，中华书局，1985 年，第 4753 页。
④ ［宋］司马光：《资治通鉴》，上海古籍出版社，1987 年，第 3157 页。
⑤ ［宋］王溥：《唐会要》，中华书局，1955 年，第 1756 页。
⑥ ［元］脱脱等：《宋史》，中华书局，1985 年，第 8985 页。
⑦ 慕容翊：《中国古今姓氏辞典》，黑龙江人民出版社，1985 年，第 14 页。

时代的都城皆在河东。

伯比 ［bó bǐ］

伯比氏，《通志略·氏族略第三》载："伯比氏，芈姓，楚若敖之后也。怀王时有大夫伯比仲华。"①

帛 ［bó］

帛氏，《中国姓氏辞典》载："出自姜姓。以王父字为氏。"②

勃窣野 ［bó sū yě］

勃窣野氏为发羌之祖。《中国古今姓氏辞典》载："勃窣野氏，其先发羌之祖曰勃窣野氏，健武多智，稍并诸羌，据其地。蕃发声近，故其子孙曰吐蕃，而姓勃窣野。（见《姓氏考略》）"③《新唐书·吐蕃传》中说："吐蕃本西羌属，盖有百五十种，散处河、湟、江、岷间，有发羌、唐旄等，……居析支水西。……而姓勃窣野"④《旧唐书》（卷一百九十六上）载："吐蕃，在长安之西八千里，本汉西羌之地也。其种落莫知所出也，或云南凉秃发利鹿孤之后也。利鹿孤有子曰樊尼，及利鹿孤卒，樊尼尚幼，弟傉檀嗣位，以樊尼为安西将军。后魏神瑞元年，傉檀为西秦乞佛炽盘所灭，樊尼招集余众，以投沮渠蒙逊，蒙逊以为临松太守。及蒙逊灭，樊尼乃率众西奔，济黄河，逾积石，于羌中建国，开地千里。樊尼威惠夙著，为群羌所怀，皆抚以恩信，归之如市。遂改姓为勃窣野，以秃发为国号，语讹谓之吐蕃。"⑤

僰 ［bó］

僰氏，《中国古今姓氏辞典》载："侯国，今戎州之道，盖以地为氏。（见《姓氏考略》）"⑥僰侯国，战国时期为蜀国附庸，古羌人的一支。僰人祖先很可能是来自楚国。

薄 ［bó］

薄氏，《姓氏寻源》载："《潜夫论》云：姜姓后有薄氏。……薄，《五行志》作亳。蜀郡徼外羌有薄氏，薄申是也。见《东观记》。晋世北羌有薄姓，

---

① ［宋］郑樵：《通志略》，上海古籍出版社，1990年，第55页。

② 陈明远、汪宗虎：《中国姓氏辞典》，北京出版社，1995年，第28页。

③ 慕容翊：《中国古今姓氏辞典》，黑龙江人民出版社，1985年，第14。

④ ［宋］欧阳修、宋祁：《新唐书》，中华书局，1975年，第6071页。

⑤ ［后晋］刘昫等：《旧唐书》，中华书局，1975年，第5219页。

⑥ 慕容翊：《中国古今姓氏辞典》，黑龙江人民出版社，1985年，第14页。

薄白大是也。见《晋书》。《官氏志》云：薄奚氏改为薄氏。"①《潜夫论》载：
"州、薄、甘、戏、露、怡，及齐之国氏、高氏、襄氏、隰氏、士氏、强氏、
东郭氏、雍门氏、子雅氏、子尾氏、子襄氏、子渊氏、子乾氏、公旗氏、翰公
氏、贺氏、卢氏，皆姜姓也。"②《后汉书·西羌传》载："蜀郡徼外羌薄申等
八种三万六千九百口复举土内属。"③《羌族社会历史调查》记汶川七盘沟有寨
盘业主"博立基"④、汶川娘子巅有寨盘业主"博兹基"⑤，或与薄同为一氏。
北羌四角王有薄句大，《中国少数民族名人辞典·古代》载："薄句大：十六国
时北羌四角王。羌族。后赵延熙二年（334年）率羌族与后赵对抗，进攻北地
（郡治在今陕西大荔）、冯翊（今陕西耀县、富平）等地。"⑥

薄备 ［bó bèi］

党项羌有薄备家族。《五代会要·党项羌》载："薄备家族都督。薄备撒
罗。检校工部尚书。"⑦《册府元龟》（卷九百七十二）载："十二月党项薄备香
来贡良马其妻韩氏进驰马。"⑧

卜 ［bǔ］

卜氏，出自姒姓，为上古夏禹的儿子夏启之后，以官名为氏。羌酋有卜
氏，《姓氏寻源》载："并州胡酋卜田谋、北燕屠各帅卜胜、唐辟惠羌酋卜檐莫
皆夷姓。"⑨生羌有卜楼，《唐会要·白狗羌》载："永徽二年十一月。特浪生
羌卜楼莫，各率众万余户诣茂州归附。"⑩今茂县有卜姓，《茂县民间文化集
成·赤不苏片区卷》载：雅都乡九龙村碉楼群"共有三座，有两座已垮塌，现
只剩下遗迹，为朱明空人家、卜珍花人家碉楼；另外一座为现保存较好的王国
龙人家碉楼"⑪。《羌族社会历史调查》记汶川县龙溪乡直台寨有寨盘业主"补

① ［清］张澍：《姓氏寻源》，岳麓书社，1992年，第537~538页。
② ［汉］王符：《潜夫论》，辽宁教育出版社，2001年，第70页。
③ ［宋］范晔：《后汉书》，中华书局，1965年，第2899页。
④ 《中国少数民族社会历史调查资料丛刊》修订编辑委员会：《羌族社会历史调查》，民族出版社，2009年，第141页。
⑤ 《中国少数民族社会历史调查资料丛刊》修订编辑委员会：《羌族社会历史调查》，民族出版社，2009年，第148页。
⑥ 刘德仁：《中国少数民族名人辞典·古代》，四川辞书出版社，1989年，第358页。
⑦ ［宋］王溥：《五代会要》，中华书局，1998年，第354页。
⑧ ［宋］王钦若等：《册府元龟》，中华书局，1960年，第11421页。
⑨ ［清］张澍：《姓氏寻源》，岳麓书社，1992年，第495页。
⑩ ［宋］王溥：《唐会要》，中华书局，1955年，第1753页。
⑪ 茂县民间文化集成收集整理出版编辑部：《茂县民间文化集成·赤不苏片区卷》，中央民族大学出版社，2015年，第343页。

立吉"①。"补"与"卜"可能为羌语一音之转。

布 [bù]

布姓，西羌有此姓。《姓氏寻源》载："澍按：《马防传》羌豪布桥等围南部都尉于临洮，是布西羌姓也。《姓苑》云：布姓出江夏。又按：唐龟兹王姓布名失毕。"②《后汉书·西羌传》载："迷吾又与封养种豪布桥等五万余人共寇陇西、汉阳，于是遣行车骑将军马防，长水校尉耿恭副，讨破之。"③《中国姓氏辞典》载："据《姓氏考略》所载：西羌有此姓。故战国时布子为西北羌族人。"④《中国少数民族名人辞典·古代》记载，"布桥：东汉时羌人首领。羌族（封养种）。建初三年（78 年）与烧当种豪迷吾联合，出兵 5 万余众攻陇西、汉阳（今甘肃甘谷县南），东汉王朝遣行车骑将军马防、长水校尉耿龚率兵征讨，布桥与迷吾等被击败，于是临洮、索西、迷吾等悉降。"⑤《羌族社会历史调查》记汶川上白水有寨盘业主"不不基"⑥、汶川龙溪乡鹅步寨有寨盘业主"不迫及"⑦ 可能是西羌布姓的后裔，"不不基""不迫及"应是在羌语汉译中出现的不同译法。

部道 [bù dào]

党项羌有部道族。《续资治通鉴长编》载："补延州部道族朗阿为侍禁，赐名忠顺。"⑧

C

擦父 [cā fù]

西羌有擦父族。《宋史·吐蕃传》载："是年，宗家、当宗、章迷族来贡，移通、擦父族归附。"⑨

---

① 《中国少数民族社会历史调查资料丛刊》修订编辑委员会：《羌族社会历史调查》，民族出版社，2009 年，第 162 页。

② [清] 张澍：《姓氏寻源》，岳麓书社，1992 年，第 412 页。

③ [宋] 范晔：《后汉书》，中华书局，1965 年，第 2881 页。

④ 陈明远、汪宗虎：《中国姓氏辞典》，北京出版社，1995 年，第 29 页。

⑤ 刘德仁：《中国少数民族名人辞典·古代》，四川辞书出版社，1989 年，第 348 页。

⑥ 《中国少数民族社会历史调查资料丛刊》修订编辑委员会：《羌族社会历史调查》，民族出版社，2009 年，第 141 页。

⑦ 《中国少数民族社会历史调查资料丛刊》修订编辑委员会：《羌族社会历史调查》，民族出版社，2009 年，第 162 页。

⑧ [宋] 李焘：《续资治通鉴长编》，中华书局，2004 年，第 1850 页。

⑨ [元] 脱脱等：《宋史》，中华书局，1985 年，第 14158 页。

参 [cān]

参氏,《世本》云:"参氏,董姓,陆终第二子参胡后。"[1]《姓氏寻源》载:"又参狼羌种,后必有以为氏者。"[2] 参狼羌:古羌人的一支,主要分布在今甘肃省南部武都地区,尤其是白龙江一带。白龙江古称羌水,以其上源有参狼谷而得名,陇西地区亦有其种。《后汉书·西羌传》载:"冬,广汉塞外参狼种羌二千四百口复来内属。"[3]

蚕丛 [cán cóng]

古蜀之国有蚕丛氏。《四川上古史新探》指出,古蜀为羌人,"盖其时蜀族仍为羌之一支,群羌称之如此。"[4]《羌族源流探索》载:"冉、陇(駹)所居,即古'蜀山氏'之地,今岷江上游的汶川、理县、茂汶羌族自治县地。蜀山氏与黄帝轩辕氏同时,并通婚。其后发展为'蚕丛氏'。"[5]《历代碑刻契文族谱》记,今茂县叠溪镇有石刻"蚕丛重镇"[6]。《茂州志·人物志·道光》注 37 说:"后世传说的蚕丛事迹多在今岷江上游,如茂州之叠溪有蚕陵山,灌县至汶川有蚕崖关、蚕崖石等。"[7]

曹 [cáo]

曹氏,《世本》云:"其五曰安,是为曹姓。曹姓者,邾是也。"[8] 安为陆终第五子。西夏有曹氏。《李范文西夏学论文集》记载,"曹氏:《金史·交聘表》有曹公达。"[9]《金史》载:曹公达为夏武功大夫。[10]《宋史·夏国传》载:"仁孝,崇宗长子也。绍兴九年六月,崇宗殂,即位,时年十六。十月,诏还王枢及夏国之俘百九十人。十一月,仁孝尊其母曹氏为国母。十二月,纳后罔氏。"[11] 后秦姚兴时有流人曹氏。《晋书·载记》载:"遣狄伯支迎流人曹会、牛寿万余户于汉中。"[12]

---

① [东汉] 宋衷:《世本》,时代文艺出版社,2008 年,第 32 页。
② [清] 张澍:《姓氏寻源》,岳麓书社,1992 年,第 278 页。
③ [宋] 范晔:《后汉书》,中华书局,1965 年,第 2899 页。
④ 任乃强:《四川上古史新探》,四川人民出版社,1986 年,第 51 页。
⑤ 任乃强:《羌族源流探索》,重庆出版社,1984 年,第 102 页。
⑥ 《阿坝州文库》编委会:《历代碑刻契文族谱》,四川民族出版社,2013 年,第 86 页。
⑦ 《阿坝州文库》编委会:《茂州志》,四川民族出版社,2013 年,第 126 页。
⑧ [东汉] 宋衷:《世本》,时代文艺出版社,2008 年,第 3 页。
⑨ 李范文:《李范文西夏学论文集》,中国社会科学出版社,2012 年,第 533 页。
⑩ [元] 脱脱等:《金史》,中华书局,1975 年,第 1422 页。
⑪ [元] 脱脱等:《宋史》,中华书局,1985 年,第 14024 页。
⑫ [唐] 房玄龄等:《晋书》,中华书局,1974 年,第 2979 页。

策木多 ［cè mù duō］

党项羌有策木多部族。《续资治通鉴长编》载："如实灾伤，其新投降蕃部香叶、策木多二族，竝仍旧给口食。"①

岑移 ［cén yí］

党项羌有岑移族部落。《宋史·党项传》载："招降岑移等三十二族，又至分水岭降麻谋等二十一族，柔远镇降巢迷等二十族。"② 《续资治通鉴长编》载："臣领兵离木波镇，由新开路径至八州原下寨，招降得岑移等三十三族。"③

察 ［chá］

察氏，《羌族社会历史调查》记，汶川江石坝有寨盘业主"察根基"④、汶川龙溪乡白家朵寨有寨盘业主"察布吉"⑤。

差 ［chāi］

差氏，《中国姓氏辞典》记载，"据《路史》云：夏后有差氏。一曰，古代有差车之职，其后以职为氏。"⑥

柴 ［chái］

柴氏，《通志略·氏族略第四》载："柴氏，姜姓。齐文公子高之后。高孙傒以王父名为氏。"⑦

毚 ［chán］

西夏有毚氏，《金史·交聘表》载："正月癸卯朔，夏武功大夫毚德昭、宣德郎索遵德贺正旦。"⑧ "八月甲子，夏武节大夫毚德元、宣德郎高大亨贺天寿节。"⑨

---

① ［宋］李焘：《续资治通鉴长编》，中华书局，2004 年，第 5601 页。
② ［元］脱脱等：《宋史》，中华书局，1985 年，第 14145 页。
③ ［宋］李焘：《续资治通鉴长编》，中华书局，2004 年，第 1186 页。
④ 《中国少数民族社会历史调查资料丛刊》修订编辑委员会：《羌族社会历史调查》，民族出版社，2009 年，第 148 页。
⑤ 《中国少数民族社会历史调查资料丛刊》修订编辑委员会：《羌族社会历史调查》，民族出版社，2009 年，第 162 页。
⑥ 陈明远、汪宗虎：《中国姓氏辞典》，北京出版社，1995 年，第 37 页。
⑦ ［宋］郑樵：《通志略》，上海古籍出版社，1990 年，第 61 页。
⑧ ［元］脱脱等：《金史》，中华书局，1975 年，第 1466 页。
⑨ ［元］脱脱等：《金史》，中华书局，1975 年，第 1472 页。

昌［chāng］

昌源于有熊氏，出自远古黄帝之子昌意，属于以先祖名字为氏。

昌里［chāng lǐ］

西夏有昌里氏。《宋史·夏国传》载：元昊"遣潘七布、昌里马乞点兵集蓬子山，自诣西凉府祠神"①。

常寿［cháng shòu］

常寿氏，《姓氏寻源》载："《世本》云：有熊氏之后有常寿氏。"②《世本》记载，"常寿氏：宋大夫，景公时有常寿邦。"③

畅［chàng］

畅氏，《中国古今姓氏辞典》载："畅出姜姓，齐后。（见《风俗通》）畅氏出齐，唐有畅当。（见《陈留风俗传》)"④　《风俗通义校释》载："出姜姓，齐后。"⑤

晁［cháo］

西夏有晁氏，《金史·交聘表》载："三月庚寅朔，夏武功大夫晁直信、宣德郎王庭彦等贺万春节。"⑥

巢迷［cháo mí］

党项羌有巢迷族部落，《宋史·党项传》载："招降岑移等三十二族，又至分水岭降麻谋等二十一族，柔远镇降巢迷等二十族"⑦。《续资治通鉴长编》载："又至柔远镇，招降得巢迷等二十族"⑧。

车门［chē mén］

车门氏，《中国姓氏辞典》载："出自姜姓。'车门'氏或作车氏。"⑨

郴［chēn］

郴氏，《通志略·氏族略第二》载："芈姓。楚怀王孙心号义帝。都郴。子

---

① ［元］脱脱等：《宋史》，中华书局，1985 年，第 13995 页。
② ［清］张澍：《姓氏寻源》，岳麓书社，1992 年，第 211 页。
③ ［东汉］宋衷：《世本》，时代文艺出版社，2008 年，第 35 页。
④ 慕容翊：《中国古今姓氏辞典》，黑龙江人民出版社，1985 年，第 21 页。
⑤ ［东汉］应劭：《风俗通义校释》，天津人民出版社，1980 年，第 493 页。
⑥ ［元］脱脱等：《金史》，中华书局，1975 年，第 1443～1444 页。
⑦ ［元］脱脱等：《宋史》，中华书局，1985 年，第 14145 页。
⑧ ［宋］李焘：《续资治通鉴长编》，中华书局，2004 年，第 1186 页。
⑨ 陈明远、汪宗虎：《中国姓氏辞典》，北京出版社，1995 年，第 45 页。

孙氏郴。"①

陈［chén］

羌有陈姓，《茂县民间文化集成·赤不苏片区卷》记茂县曲谷乡河西村二组有陈氏墓葬，为大清光绪二十四年（1898 年）立，墓葬主人为陈宗佑。② 羌族陈氏或来源于陈丰氏。

陈丰［chén fēng］

陈丰氏，《姓氏寻源》载："《姓谱》云：尧母庆都母家也。"③ 庆都为古羌人④。

成［chéng］

成氏，《中国姓氏辞典》载："出自芈姓。春秋时楚国君主若敖有公子字成虎，其支孙以王父（祖父）之字为氏，即成嘉、成熊、成得臣之辈。"⑤ 西夏有成姓。《宋史·夏国传》载：元昊时以"成逋"等主兵。⑥

成功［chéng góng］

成功氏，《中国古今姓氏辞典》载："禹治水告成功，后人以为氏。（见《姓苑》）禹治水告成功，而少子遂以为姓。（见《万姓统谱》）"⑦

成王［chéng wáng］

成王氏，《中国古今姓氏辞典》载："成王氏，楚成王之后。（见《通志·氏族略·以爵谥为氏》）"⑧《通志略·氏族略第五》载："芈姓。楚成王之后。"⑨ 党项羌有成王族，《宋史·党项传》载："九月，镇戎军言，先叛去熟魏族酋长茄罗、兀赃、成王等三族应诏抚谕，各率属来归。"⑩

成悉逋［chéng xī bū］

党项羌有成悉逋一族。《太平寰宇记》（卷之三十六）载："保静镇，管蕃

---

① ［宋］郑樵：《通志略》，上海古籍出版社，1990 年，第 33 页。
② 茂县民间文化集成收集整理出版编辑部：《茂县民间文化集成·赤不苏片区卷》，中央民族大学出版社，2015 年，第 324 页。
③ ［清］张澍：《姓氏寻源》，岳麓书社，1992 年，第 119 页。
④ 范文澜：《中国通史（第二册）》，人民出版社，1978 年，第 239 页。
⑤ 陈明远、汪宗虎：《中国姓氏辞典》，北京出版社，1995 年，第 49 页。
⑥ ［元］脱脱等：《宋史》，中华书局，1985 年，第 13994 页。
⑦ 慕容翊：《中国古今姓氏辞典》，黑龙江人民出版社，1985 年，第 23 页。
⑧ 慕容翊：《中国古今姓氏辞典》，黑龙江人民出版社，1985 年，第 23 页。
⑨ ［宋］郑樵：《通志略》，上海古籍出版社，1990 年，第 82 页。
⑩ ［元］脱脱等：《宋史》，中华书局，1985 年，第 14146 页。

部六：吐蕃村巡检使委尾一族，右厢巡检使成悉逋等一族。"①

程［chéng］

程氏，《羌族史》载："《汉龟兹左将军刘平国作亭颂》石刻载：'龟兹左将军刘平国，……从秦人孟伯山、狄虎贲、赵当卑、夏羌、石当卑、程阿羌等六人共作列亭。……'此中的夏羌、程阿羌应系羌人。"②

逞［chěng］

逞氏，《中国古今姓氏辞典》载："楚鬻熊后有逞氏。（见《路史》）"③

蚩［chī］

蚩氏为蚩尤氏所改。《姓氏寻源》记载，"《路史》：蚩氏，蚩尤之后。澍按：蚩尤姜姓诸侯"④。《中国古今姓氏辞典》载："蚩尤之后。（见《路史》）蚩氏，蚩尤氏之后也。（见《通志·氏族略·以名为氏》）。"⑤

蚩尤［chī　yóu］

蚩尤氏，姜姓部落。《羌族史》载："到了黄帝时代，姜姓部落联盟日益扩展，并大举向东发展。例如有名的'蚩尤'就是突出的代表之一。"⑥

次［chí］

次，古音读作"qí"，亦可读作"chí"。源于风姓，出自伏羲氏之子十日，属于以先祖名字为氏。源于芈姓，出自春秋时期楚国君主楚顷王襄之后裔，属于以封邑名称为氏。《羌族社会历史调查》记汶川牛脑寨有寨盘业主"次忽基"⑦。

笡逋［chí　bū］

党项羌有笡逋一族。《太平寰宇记》（卷之三十六）记载，"怀远镇：管蕃部六……小父儿族巡检笡逋一族"⑧。

笡浪［chí　làng］

党项羌有笡浪族，《太平寰宇记》（卷之三十六）记载，"定远镇，管蕃部

---

① ［宋］乐史：《太平寰宇记》，中华书局，2007年，第767页。
② 冉光荣、李绍明、周锡银：《羌族史》，四川民族出版社，1985年，第87页。
③ 慕容翊：《中国古今姓氏辞典》，黑龙江人民出版社，1985年，第24页。
④ ［清］张澍：《姓氏寻源》，岳麓书社，1992年，第58页。
⑤ 慕容翊：《中国古今姓氏辞典》，黑龙江人民出版社，1985年，第24页。
⑥ 冉光荣、李绍明、周锡银：《羌族史》，四川民族出版社，1985年，第4~5页。
⑦ 《中国少数民族社会历史调查资料丛刊》修订编辑委员会：《羌族社会历史调查》，民族出版社，2009年，第141页。
⑧ ［宋］乐史：《太平寰宇记》，中华书局，2007年，第768页。

四：……笆浪族巡检使西逋等一务"①。

充［chōng］

充氏，《中国姓氏辞典》载："以名为氏。出自姜姓。春秋时齐国公族有大夫名充闾，其后亦有'充'氏。"②

种［chóng］

种氏，《宋本广韵》记载，"种：稚也，或作冲，亦姓，后汉司徒河南种暠。"③《姓氏寻源》载："见《姓苑》。澍按：宜为齐田种首之后。……《续汉书》种羌九千余户在陇西临洮谷冀县，属天水郡。《安帝纪》车骑将军邓骘为种羌败于冀西，种羌之后，亦必有为氏者。"④《羌族通史》载："钟存羌。又叫钟羌或种羌。"⑤ 可知钟存羌、钟羌、种羌实为同一羌人部落。

丑［chǒu］

丑氏，出自芈姓。《中国姓氏辞典》载："见《通志·氏族略》所载，出自芈姓。春秋战国时楚国公子食采于南阳丑豆亭，以地名为氏。"⑥《册府元龟》卷三百五十八载，河西党项有丑氏，"刘师立为岷州都督。贞观中。河西党项丑氏。常为边患。又阻新附奉诏击破之。丑氏大惧。遁於山谷。"⑦ 党项丑氏，或出于党项破丑氏。

丑奴庄［chǒu nú zhuāng］

党项羌有丑奴庄族。《宋史·尹宪传》载："杀戮三汊、丑奴庄、岌伽罗腻叶十四族，及诱其渠帅。"⑧

钮丘［chú qiū］

钮丘氏，《中国古今姓氏辞典》载："炎帝后有钮丘氏。（见《路史》）以附庸为氏。（见《元和姓纂》）"⑨

楚［chǔ］

楚氏，《姓氏寻源》记载，"澍按：楚子爵，芈姓后。熊绎初封居丹阳，今

---

① ［宋］乐史：《太平寰宇记》，中华书局，2007年，第768页。
② 陈明远、汪宗虎：《中国姓氏辞典》，北京出版社，1995年，第55页。
③ ［宋］陈彭年：《宋本广韵》，中国书店，1982年，第4页。
④ ［清］张澍：《姓氏寻源》，岳麓书社，1992年，第294～295页。
⑤ 耿少将：《羌族通史》，上海人民出版社，2010年，第53页。
⑥ 陈明远、汪宗虎：《中国姓氏辞典》，北京出版社，1995年，第56页。
⑦ ［宋］王钦若等：《册府元龟》，中华书局，1960年，第4204页。
⑧ ［元］脱脱等：《宋史》，中华书局，1985年，第9409页。
⑨ 慕容翊：《中国古今姓氏辞典》，黑龙江人民出版社，1985年，第28页。

秭县，本曰西楚；武王徙枝江，亦曰丹阳，为南楚，后以国为氏。许慎云：尧以楚伯受命，子孙必有以为氏者。《辩证》云：晋赵孟襄子家臣楚隆，其先或以地若字为氏也。或云鲁有楚丘，又有林楚，必林楚之后以名为氏。"①《通志略·氏族略第二》记载，"楚氏：芈姓，始居于丹阳。今江陵枝江是也。后迁于郢。今江陵县北有旧郢城。本国号荆。迁郢。始改楚。"②《风俗通义校释》载："芈姓。鬻熊封楚，以国为姓。左传，鲁有楚尹、楚邱，赵襄子家臣楚隆。"③

楚季［chǔ jì］

楚季氏，《通志略·氏族略第四》载："芈姓。世本。楚若敖生楚季。因氏焉。"④《世本》载："楚若敖生楚季。因氏焉，陈大夫有楚季融。"⑤

褚［chǔ］

西羌有褚氏，《宋史·吐蕃传》有褚下箕，"六族首领褚下箕等三人为怀化将军。"⑥

啜娘［chuài niáng］

党项羌有啜娘族。《太平寰宇记》（卷之三十八）载："北至二十六府、勒浪、尾马、直荡、啜娘等蕃族四百八十里"⑦。

吹同［chuī tóng］

吹同氏，西羌有吹同乞砂、吹同山乞。《续资治通鉴长编》载："时西蕃首领吹同乞砂、吹同山乞自唃厮罗界各称伪将相来降，诏补三班奉职、借职，羁置湖南。"⑧

纯［chún］

纯氏，《姓氏寻源》载："是纯又西羌姓。"⑨

淳于［chún yú］

淳于氏，《通志略·氏族略第二》载："亦曰州公。姜姓。风俗通曰。春秋

① ［清］张澍：《姓氏寻源》，岳麓书社，1992年，第325页。
② ［宋］郑樵：《通志略》，上海古籍出版社，1990年，第20页。
③ ［东汉］应劭：《风俗通义校释》，天津人民出版社，1980年，第488页。
④ ［宋］郑樵：《通志略》，上海古籍出版社，1990年，第63页。
⑤ ［东汉］宋衷：《世本》，时代文艺出版社，2008年，第36页。
⑥ ［元］脱脱等：《宋史》，中华书局，1985年，第14155页。
⑦ ［宋］乐史：《太平寰宇记》，中华书局，2007年，第813页。
⑧ ［宋］李焘：《续资治通鉴长编》，中华书局，2004年，第2975页。
⑨ ［清］张澍：《姓氏寻源》，岳麓书社，1992年，第121页。

时之小国也。桓五年不复其国。子孙以国为氏。"① 《中国古今姓氏辞典》载："淳于公子孙，以国为氏。唐贞观所定七姓，一曰淳于，至宪宗避御名，改为于氏。（见《古今姓氏书辨证》）"② 羌人、后秦国主姚兴尊崇儒学，重用儒者，其中就有东平的淳于岐。《晋书·载记》载："天水姜龛、东平淳于岐、冯翊郭高等皆耆儒硕德，经明修行，各门徒数百，教授长安，诸生自远而至者万数千人。"③ 《羌族社会历史调查》记中华人民共和国成立前茂县黑虎乡有于姓青年参加红军。④ 该书又载，茂汶南兴公社七星关七溪等有寨盘业主"于巴基"、梭波（水磨沟）有寨盘业主"于必基"⑤。

賨 [cóng]

賨氏，《中国古今姓氏辞典》载："楚熊绎之后有賨氏。（见《路史》）江流县东北有古賨国，灭于楚。（见《太平寰宇记》）"⑥

崔 [cuī]

崔氏，《中国古今姓氏辞典》载："崔氏，出自姜姓，齐丁公伋嫡子季子让国叔乙，食采于崔，遂为崔氏。（见《唐书·宰相世系表》）"⑦ 《通志略·氏族略第三》也载，"姜姓。出齐丁公嫡子。季子让国于叔乙。食采于崔。遂为崔氏。"⑧ 西夏有崔氏。《李范文西夏学论文集》记载，"崔氏：《交聘表》有崔元佐。"⑨

翠 [cuì]

翠氏，《通志略·氏族略第四》载："芈姓。急就章有翠鸳鸯。其先楚景翠之后。因避难。以祖名为氏。"⑩ 《中国古今姓氏辞典》载："翠氏，楚晨之后也，避入关，三迁，怀王逃匿，改姓为翠。（见《姓氏急就篇注》）"⑪

---

① ［宋］郑樵：《通志略》，上海古籍出版社，1990年，第26页。

② 慕容翊：《中国古今姓氏辞典》，黑龙江人民出版社，1985年，第30页。

③ ［唐］房玄龄等：《晋书》，中华书局，1974年，第2979页。

④ 《中国少数民族社会历史调查资料丛刊》修订编辑委员会：《羌族社会历史调查》，民族出版社，2009年，第104页。

⑤ 《中国少数民族社会历史调查资料丛刊》修订编辑委员会：《羌族社会历史调查》，民族出版社，2009年，第140页。

⑥ 慕容翊：《中国古今姓氏辞典》，黑龙江人民出版社，1985年，第32页。

⑦ 慕容翊：《中国古今姓氏辞典》，黑龙江人民出版社，1985年，第32页。

⑧ ［宋］郑樵：《通志略》，上海古籍出版社，1990年，第39页。

⑨ 李范文：《李范文西夏学论文集》，中国社会科学出版社，2012年，第535页。

⑩ ［宋］郑樵：《通志略》，上海古籍出版社，1990年，第63页。

⑪ 慕容翊：《中国古今姓氏辞典》，黑龙江人民出版社，1985年，第32页。

D

达 ［dá］

达氏，《中国古今姓氏辞典》载："八凯叔达之后。（见《姓苑》）颛帝后有达氏、叔达氏。（见《路史》）齐大夫有达子。（见《吕氏春秋》）"[①]《羌族史》载："据吐蕃历史文书记载，当六世纪中叶苏毗女王达甲瓦（义为白虎）时，推行政治改革，强化奴隶制度，遭到以年纪颂纳波为首的大贵族集团的反对。"[②] 其后或有以达为氏。

大虫 ［dà chóng］

西羌有大虫族。《续资治通鉴长编》载："先是，李继隆援送灵武军储，康奴族辄出抄掠，居迫萧关，与大虫、巉诸族为唇齿，恃险及众，桀黠难制。"[③]该书又载："且羌人贪而无亲，胜不相下，徒耗金帛，终误指挥。如泾原康奴、灭臧、大虫数族，久居内地，常有翻覆之情，傥不剪除，恐终为患。"[④]《资治通鉴》卷第二百七十六载有大虫族，"康福行至方渠。羌胡出兵邀福。福击走之。至青刚峡。遇吐蕃野利大虫二族数千帐。"[⑤]

大陆 ［dà lù］

大陆氏，《通志略·氏族略第三》载："姜姓。齐太公之后。食邑陆乡。因号大陆氏。齐简公时有大陆子方。"[⑥]

大门 ［dà mén］

党项羌有大门族部落。《宋史·真宗纪》载："及骨咩、大门等族来归。"[⑦]

大石 ［dà shí］

西羌有大石族。《宋史·吐蕃传》载："八年，秦州大石、小石族寇土门，略居民，知州张炳击走之。"[⑧]

大庭 ［dà tíng］

大庭氏，《中国古今姓氏辞典》载："大庭氏，古天子之国名也，先儒旧说

---

① 慕容翊：《中国古今姓氏辞典》，黑龙江人民出版社，1985年，第33页。
② 冉光荣、李绍明、周锡银：《羌族史》，四川民族出版社，1985年，第162页。
③ ［宋］李焘：《续资治通鉴长编》，中华书局，2004年，第1230页。
④ ［宋］李焘：《续资治通鉴长编》，中华书局，2004年，第2983页。
⑤ ［宋］司马光：《资治通鉴》，上海古籍出版社，1987年，第1923页。
⑥ ［宋］郑樵：《通志略》，上海古籍出版社，1990年，第43页。
⑦ ［元］脱脱等：《宋史》，中华书局，1985年，第14148页。
⑧ ［元］脱脱等：《宋史》，中华书局，1985年，第14153页。

皆云炎帝号神农氏，一曰大庭氏。（见《左传疏》）大庭氏，古天子号。（见《英贤传》）"①

大隗 [dà wěi]

大隗氏，《中国古今姓氏辞典》载："天水有隗氏，出于大隗氏。（见《姓源韵谱》）"② 出自炎帝魁隗氏，华夏族最古老的姓之一。魁隗氏是即神农氏之后的第二位炎帝。其后人又有大隗氏建都具茨之山，又称大隗山，在今天的河南省新密市大隗镇境内。隗氏（wěi 音委），也可以念成（kuí 音葵）。隗氏在湖北枣阳一带读音为"yǔ"。

大心 [dà xīn]

大心氏，《通志略·氏族略第四》记载，出自"芈姓。英贤传。楚有大心。令尹得臣之子。因氏焉"③。

呆儿 [dāi ér]

党项羌西夏有呆儿族。《宋史·夏国传》载："是岁，辽夹山部落呆儿族八百户归元昊，兴宗责还，元昊不遣。"④《续资治通鉴长编》载："皆称契丹大发兵马，讨伐呆儿族并夹山部落，及称亦与元昊兵马相杀。"⑤

啖 [dàn]

啖氏，《中国古今姓氏辞典》载："啖青，羌氏名将。（见《晋书·载记》）啖氏，前秦将有啖铁。又啖助，治春秋。（见《通志·氏族略》）。"⑥《晋书·载记》载："武都氏屠飞、啖铁等杀陇东太守姚迥，略三千余家，据方山以叛。"⑦《羌族史》载："屠飞、啖铁等杀陇东太守姚迥，掳掠三千余家，据方山叛乱。"⑧

当 [dāng]

当姓，《姓氏寻源》载："《广韵》云：当，姓也。亦见《姓苑》。澍按：匈奴官有当户，或改为当氏。苻秦时，宁戎有当姓，羌族也。见苻秦重修魏太尉

---

① 慕容翊：《中国古今姓氏辞典》，黑龙江人民出版社，1985年，第34页。
② 慕容翊：《中国古今姓氏辞典》，黑龙江人民出版社，1985年，第35页。
③ [宋] 郑樵：《通志略》，上海古籍出版社，1990年，第63页。
④ [元] 脱脱等：《宋史》，中华书局，1985年，第13999页。
⑤ [宋] 李焘：《续资治通鉴长编》，中华书局，2004年，第3636页。
⑥ 慕容翊：《中国古今姓氏辞典》，黑龙江人民出版社，1985年，第36页。
⑦ [唐] 房玄龄等：《晋书》，中华书局，1974年，第2978页。
⑧ 冉光荣、李绍明、周锡银：《羌族史》，四川民族出版社，1985年，第121页。

邓艾祠碑。"①《宋本广韵》载："当：亦州，本羌地，周置同昌郡，隋改为嘉城镇，贞观中改为当州，盖取烧当羌以名之，又姓也。"② 当州，唐贞观二十一年（647 年）置，治通轨县（今四川黑水县北）。烧当羌，古羌人一部。以无弋爱剑的十八世孙烧当为名。在烧当羌的后裔中，有以先民族称谓为姓氏者，称烧当氏，后汉化省文为单姓烧氏、当氏。

当煎 [dāng jiān]

东汉有当煎种羌。《后汉书·西羌传》载："当煎、勒姐种攻没破羌县，钟羌又没临洮县，生得陇西南部都尉。"③

当宗 [dāng zōng]

西羌有当宗族。《宋史·吐蕃传》载："是年，宗家、当宗、章迷族来贡，移逋、擦父族归附。"④

当尊 [dāng zūn]

西羌有当尊部。《宋史·吐蕃传》载："凉州蕃部当尊以良马来贡，引对慰抚，加赐当尊虎皮一，欢呼致谢。"⑤

党 [dǎng]

党氏，《姓氏寻源》记载，"澍按：宕昌白狼羌，夏禹之后，故姚秦将党耐虎曰祖本夏后氏，后为羌豪。《隋书》以宕昌党项白狼为三苗后，失之。《路史》云：拓拔氏之后有党氏。孙俪云：党，去声，今人呼为上声。本西羌姓，姚秦有将军党耐虎自云夏后氏之后，为羌豪。又按：党氏世居同州，后徙华阴，党，《集韵》作觉。"⑥《古今姓氏书辩证》记载，"党：后秦将军党删。又姚兴将党志隆，以东乡降大夏赫连勃勃，用为光禄勋。"⑦《北朝胡姓考（修订本）》载："冯翊党氏，本出党项，羌族人也。"⑧《魏书》（卷三）载："六月，司马德文建威将军、河西太守、冯翊羌酋党道子遣使内属。"⑨《通志略·氏族略第四》载："党氏，党去声。今人呼为上声。本出西羌。姚秦录有将军党耐

① [清] 张澍：《姓氏寻源》，岳麓书社，1992 年，第 221 页。
② [宋] 陈彭年：《宋本广韵》，中国书店，1982 年，第 159 页。
③ [宋] 范晔：《后汉书》，中华书局，1965 年，第 2887 页。
④ [元] 脱脱等：《宋史》，中华书局，1985 年，第 14158 页。
⑤ [元] 脱脱等：《宋史》，中华书局，1985 年，第 14154 页。
⑥ [清] 张澍：《姓氏寻源》，岳麓书社，1992 年，第 374 页。
⑦ [宋] 邓名世：《古今姓氏书辩证》，江西人民出版社，2006 年，第 410~411 页。
⑧ 姚薇元：《北朝胡姓考（修订本）》，中华书局，2007 年，第 353 页。
⑨ [北齐] 魏收：《魏书》，中华书局，1974 年，第 59 页。

虎。自云夏后氏之后。世为羌豪。"① 西夏也有党氏，《李范文西夏学论文集》记载，"党氏：《交聘表》有党得敬。"② 《金史·交聘表》西夏也有党氏，"三月己巳朔，夏武功大夫党得敬、宣德郎田公懿贺万春节。"③

党儿［dǎng ér］

党项羌有党儿族。《宋史·张岊传》载："元昊犯鄜延，诏麟府进兵。岊以都教练使从折继闵破浪黄、党儿两族，射杀数十人，斩伪军主敖保，以功补下班殿侍、三班差使。"④

党平［dǎng píng］

西夏党项羌有党平族。《宋史·武英传》载："元昊寇延州，英主兵攻后桥，以分敌势。擢内殿承制、环庆路驻泊都监。破党平族，又从任福破白豹城，迁礼宾副使，寻兼泾原行营都监。"⑤

党宗［dǎng zōng］

党项有党宗族。《宋史·吐蕃传》载："三年，又以者龙族合穷波、党宗族业罗等为本族首领、检校太子宾客，皆铎督外姻也。"⑥ "当宗""当尊""党宗"或为同一族为音译。

鐺［dàng］

鐺氏，《姓氏寻源》载："《集韵》作鐺，丁浪反。澍按：鐺姓出西羌，华同州多此姓。"⑦ 《碑铭所见前秦至隋初的关中部族》书中记有前秦《邓太尉祠碑》，碑文有："军录事和戎鐺陆、道陆。""军主薄宁戎鐺共、永长。""军录事宁戎鐺投、钦详。"⑧ 同书所载《邑主儁蒙□娥合邑子卅一人等造像记》也有鐺氏：鐺姬娥、鐺姬香。⑨ 《中国古今姓氏辞典》载："后秦姚弋仲将鐺耐虎；唐有鐺金毗，金有鐺怀英，善篆书。（见《万姓统谱》）"⑩

———————————

① ［宋］郑樵：《通志略》，上海古籍出版社，1990年，第69页。
② 李范文：《李范文西夏学论文集》，中国社会科学出版社，2012年，第534页。
③ ［元］脱脱等：《金史》，中华书局，1975年，第1430页。
④ ［元］脱脱等：《宋史》，中华书局，1985年，第10523页。
⑤ ［元］脱脱等：《宋史》，中华书局，1985年，第10509页。
⑥ ［元］脱脱等：《宋史》，中华书局，1985年，第14158页。
⑦ ［清］张澍：《姓氏寻源》，岳麓书社，1992年，第465页。
⑧ 马长寿：《碑铭所见前秦至隋初的关中部族》，中华书局，1985年，第13～14页。
⑨ 马长寿：《碑铭所见前秦至隋初的关中部族》，中华书局，1985年，第92页。
⑩ 慕容翀：《中国古今姓氏辞典》，黑龙江人民出版社，1985年，第36页。

德　[dé]

德源于嬴姓，出自春秋时期秦德公，属于以谥号为氏。在《羌族社会历史调查》中记汶川雁门公社雁门关有寨盘业主"德博基"①。

邓　[dèng]

西羌逋祖国有邓氏，《羌族史》载："关于逋祖羌。《旧唐书·东女国传》谓：有逋祖国王弟邓吉知曾随东女国王汤立悉于贞元中入朝于唐，唐授为'太府少卿兼丹州长史'。"② 逋祖国在今四川省小金县。《旧唐书》（卷一百九十七）载："贞元九年七月，其王汤立悉与哥隣国王董卧庭、白狗国王罗陀忽、逋租国王弟邓吉知、南水国王侄薛尚悉曩、弱水国王董辟和、悉董国王汤息赞、清远国王苏唐磨、咄霸国王董藐蓬，各率其种落诣剑南西川内附。"③ 东女国，《旧唐书·东女国传》载："东女国，西羌之别种，以西海中复有女国，故称东女焉。俗以女为王。东与茂州、党项接，东南与雅州接，界隔罗女蛮及白狼夷。"④ 白狗羌酋有邓氏，《羌族史》载："如白狗羌所在的维州，武德七年（公元 624 年）白狗羌酋邓贤佐内附，因于姜维城置维州，领金川、定廉二县。"⑤ 今茂县凤仪镇有邓姓羌族传统舞蹈代表性传承人⑥。

邓陵　[dèng　líng]

邓陵氏，《通志略·氏族略第三》载：出自"芈姓。楚公子食邑邓陵。因氏焉"⑦。

氏　[dī]

氏氏，《姓氏寻源》记载，"《氏族略》云：氏，夷姓也。澍按：《山海经》云：鼓延生灵恝，灵恝生氏人，氏人能上下于天。是氏羌为炎帝之后。又按，玄氏，乞姓，与此氏不同。《白氏六帖》云。汤革夏伐氏，氏人来朝，其后为青、白、蚼之三氏"⑧。《山海经》有"炎帝之孙名曰灵恝"⑨。《中国古今姓氏

①《中国少数民族社会历史调查资料丛刊》修订编辑委员会：《羌族社会历史调查（修订本）》，民族出版社，2009 年，第 141 页。

② 冉光荣、李绍明、周锡银：《羌族史》，四川民族出版社，1985 年，第 177~178 页。

③ [后晋] 刘昫等：《旧唐书》，中华书局，1975 年，第 5278~5279 页。

④ [后晋] 刘昫等：《旧唐书》，中华书局，1975 年，第 5277 页。

⑤ 冉光荣、李绍明、周锡银：《羌族史》，四川民族出版社，1985 年，第 156 页。

⑥ 四川省音乐舞蹈研究所：《羌族文化传承人纪实录》，四川科学技术出版社，2012 年，第 84 页。

⑦ [宋] 郑樵：《通志略》，上海古籍出版社，1990 年，第 41 页。

⑧ [清] 张澍：《姓氏寻源》，岳麓书社，1992 年，第 107 页。

⑨ 张越：《图解山海经》，吉林出版集团有限责任公司，2011 年，第 498 页。

辞典》载："鼓延生灵恝，灵恝生氏人。（见《山海经》）氏羌为炎帝之后。（见《姓氏考略》）"①

狄〔dí〕

后秦姚兴时有狄氏，狄伯支是也。《古今姓氏书辩证》记载，"狄：后秦乐平侯伯文裔孙恭，居太原，生湛，东魏帐内正都督。"② 《晋书·载记》载："兴自称大将军，以尹纬为长史，狄伯支为司马，率众伐苻登。"③ 《魏书·羌姚苌传》又载，狄伯支为姚兴尚书右仆射，"兴安远将军不蒙世、扬武将军雷重等将士四千余人……擒兴尚书右仆射狄伯支，越骑校尉唐小方"④。杏城羌酋有狄氏，《魏书》（卷三）记载："十有二月丁亥，杏城羌酋狄温子帅三千余家内附。"⑤ 杏城，古城名，在今陕西黄陵西南（陕西黄陵县侯庄乡故城村）。相传汉将韩信伐杏木为栅，以抗北狄故名。

地连〔dì lián〕

地连氏，《碑铭所见前秦至隋初的关中部族》载：《圣母寺四面造像碑》有西羌姓氏地连一人，"地连一姓不见前人著录，疑即汉代滇零羌后裔"⑥。同书又有"复音的羌姓，例如夫蒙、同蹄、荔非、弥姐、罕开、屈男、傉蒙、昨和、钳尔、地连等等"⑦。《古今姓氏书辩证》记载，"地连：《广韵》曰：后魏虏复姓有地连氏。"⑧ 《中国古今姓氏辞典》载："后魏有地连氏，又地伦氏，代北人复姓。（见《古今姓氏书辩证》）"⑨

弟〔dì〕

羌族有弟氏，《二十六史大辞典（人物卷）》载有弟泽，"宣帝时羌豪。因率四千余人降汉，封为帅众王。"⑩

遰〔dì〕

遰氏，《姓氏寻源》记载，"《姓纂》云：遰氏自云本铜鞮氏，避仇改焉，

---

① 慕容翊：《中国古今姓氏辞典》，黑龙江人民出版社，1985年，第38页。
② 〔宋〕邓名世：《古今姓氏书辩证》，江西人民出版社，2006年，第623页。
③ 〔唐〕房玄龄等：《晋书》，中华书局，1974年，第2975页。
④ 〔北齐〕魏收：《魏书》，中华书局，1974年，第2083～2084页。
⑤ 〔北齐〕魏收：《魏书》，中华书局，1974年，第60页。
⑥ 马长寿：《碑铭所见前秦至隋初的关中部族》，中华书局，1985年，第71～72页。
⑦ 马长寿：《碑铭所见前秦至隋初的关中部族》，中华书局，1985年，第101页。
⑧ 〔宋〕邓名世：《古今姓氏书辩证》，江西人民出版社，2006年，第438页。
⑨ 慕容翊：《中国古今姓氏辞典》，黑龙江人民出版社，1985年，第39页。
⑩ 王和：《二十六史大辞典（人物卷）》，吉林人民出版社，1993年，第96页。

亦单姓蹄，今同州澄城多此姓。澍按：涿州亦有遆姓。"①《通志略·氏族略第二》记载，"遆氏：音帝。今同州澄城多此姓。本铜鞮氏。避事改焉。"②

蹄 [dì]

蹄姓，《姓氏寻源》记载，"何承天《纂文》云：蹄，姓也。《路史》云：蹄姓出于铜鞮。澍按：周同蹄氏，《造像记》同蹄皆作同琋，是蹄氏即同蹄氏改者。"③

滇 [diān]

滇氏，《姓氏寻源》记载，"《路史》云：滇吾羌，舜后有滇氏。澍按：《西羌传》爱剑之后有滇良、滇吾、滇岸、滇零、滇那，是滇为西羌姓也。《通鉴集览》云：滇音颠，楚庄跻为国于此，汉武时滇王降，以其地为益州，后因以滇为氏。"④烧当羌有滇良、滇吾、滇岸。⑤《中国古今姓氏辞典》载："西羌姓。(见《后汉书·西羌传》)"⑥《后汉书》(卷87)载："滇良者，烧当之玄孙也。时王莽未，四夷内侵，及莽败，众羌遂还据 [西海] 为寇。"⑦《羌族史》载："延熹七年 (公元164年) 春，封缪、良多、滇那等羌酋豪三百五十五人被迫率三千落投降。"⑧

滇零 [diān líng]

《后汉书·西羌传》有滇零种羌，"先零别种滇零与钟羌诸种大为寇掠，断陇道。"⑨

刁 [diāo]

《中国姓氏辞典》载："刁氏，出自姜姓。以名为氏。据《通志·氏族略》所载，为春秋时齐国大夫竖刁之后。"⑩

凋 [diāo]

凋氏，《中国古今姓氏辞典》载："夏禹之后，有凋氏。(见《路史》)"⑪

---

① [清] 张澍：《姓氏寻源》，岳麓书社，1992年，第107页。
② [宋] 郑樵：《通志略》，上海古籍出版社，1990年，第37页。
③ [清] 张澍：《姓氏寻源》，岳麓书社，1992年，第107页。
④ [清] 张澍：《姓氏寻源》，岳麓书社，1992年，第162页。
⑤ 王和：《二十六史大辞典·人物卷》，吉林人民出版社，1993年，第209页。
⑥ 慕容翊：《中国古今姓氏辞典》，黑龙江人民出版社，1985年，第39页。
⑦ [宋] 范晔：《后汉书》，中华书局，1965年，第2878页。
⑧ 冉光荣、李绍明、周锡银：《羌族史》，四川民族出版社，1985年，第80页。
⑨ [宋] 范晔：《后汉书》，中华书局，1965年，第2886页。
⑩ 陈明远、汪宗虎：《中国姓氏辞典》，北京出版社，1995年，第75页。
⑪ 慕容翊：《中国古今姓氏辞典》，黑龙江人民出版社，1985年，第39页。

雕 ［diāo］

雕氏，《姓氏寻源》记载，"《路史》云：夏后异姓有雕氏。"① 东汉羌有雕姓。《中国少数民族名人辞典·古代》载："雕何：东汉时羌人头领。羌族（全无种）。元初五年（118 年）上郡全无种羌雕何等被度辽将军邓遵收买，将起兵反抗东汉王朝的重要头领狼莫刺杀。东汉王朝赐雕何为羌侯。"② 《后汉书·西羌传》有全无种羌雕何，"五年，邓遵募上郡全无种羌雕何等刺杀狼莫，赐雕何为羌侯，封遵武阳侯，三千户。"③ 《羌族史》载："邓遵募上郡全无种羌雕何等刺杀狼莫，封雕何为羌侯。"④

丁 ［dīng］

丁氏，《中国古今姓氏辞典》载："丁氏，姜氏，齐太公生丁公伋，支孙以丁为氏。（见《通志·氏族略·以次为氏》）"⑤ 《宋本广韵》载："又姓，本自姜姓，齐太公子伋，谥丁公，因以命族。"⑥ 《通志略·氏族略第四》载："姜姓。齐太公生丁公伋。支孙以丁为氏。"⑦ 中华人民共和国成立前茂县有此姓⑧。

丁若 ［dīng ruò］

丁若氏，《中国古今姓氏辞典》载："原为姜姓。《风俗通》：齐丁公子懿伯食采于若，因以为氏。（见《通志·氏族略·以邑谥为氏》）"⑨ 《通志略·氏族略第五》载："姜姓。风俗通。齐丁公子懿伯食采于若。因氏焉。"⑩

鼎 ［dǐng］

清人张澍在《西夏姓氏录》中认为西夏有鼎氏，即《宋史·夏国传》有鼎利，"元祐元年二月，始遣使入贡。五月，遣鼎利、罔豫章来贺哲宗即位。"⑪ 汤开建认为鼎利为西夏使臣的番号，"鼎氏：汤文认为鼎利为西夏使臣之番号，

---

① ［清］张澍：《姓氏寻源》，岳麓书社，1992 年，第 166 页。
② 刘德仁：《中国少数民族名人辞典·古代》，四川辞书出版社，1989 年，第 358 页。
③ ［宋］范晔：《后汉书》，中华书局，1965 年，第 2891 页。
④ 冉光荣、李绍明、周锡银：《羌族史》，四川民族出版社，1985 年，第 78 页。
⑤ 慕容翊：《中国古今姓氏辞典》，黑龙江人民出版社，1985 年，第 40 页。
⑥ ［宋］陈彭年：《宋本广韵》，中国书店，1982 年，第 174 页。
⑦ ［宋］郑樵：《通志略》，上海古籍出版社，1990 年，第 67 页。
⑧ 《中国少数民族社会历史调查资料丛刊》修订编辑委员会：《羌族社会历史调查》，民族出版社，2009 年，第 39 页。
⑨ 慕容翊：《中国古今姓氏辞典》，黑龙江人民出版社，1985 年，第 40 页。
⑩ ［宋］郑樵：《通志略》，上海古籍出版社，1990 年，第 81 页。
⑪ ［元］脱脱等：《宋史》，中华书局，1985 年，第 14015 页。

非姓氏。"① 即鼎利为罔豫章的官职名。

东［dōng］

羌有东氏，《宋本广韵》载："夏禹之后东楼公被封于杞，后以为氏。"②《姓氏寻源》记载，"《路史》云：东氏，伏羲氏后。澍按：舜时有东姓，东不识是也。见《尸子》。汉西羌勒姐当煎大豪，亦有东姓，东岸是也。见《西羌传》。魏恭帝时，有羌东念姐。见《周书·商州志》。元时鞏昌有东良会守商州，后徙华州朝邑，为关中华胄。《章丘县志》邑有东姓。又按：东姓改练者，唐河内人，练何是也。见《练氏谱》。金时东永昌赐姓为温敦氏。见《金史》。"③《后汉书·西羌传》载："于是勒姐、当煎大豪东岸等愈惊，遂同时奔溃。麻奴兄弟因此遂与种人俱西出塞。"④ 又载"东吾子东号立"⑤。东吾：东汉时羌族首领，羌族（烧当种）。滇吾子。继父统领羌众。以父降汉，乃入居塞内，谨愿自守。由是羌人与汉王朝的冲突开始减少。

东方［dōng fāng］

东方氏，《风俗通义校释》载："伏羲之后，帝出于震，位主东方，子孙因氏焉。"⑥

东郭［dōng guō］

东郭氏，《中国古今姓氏辞典》载："出姜姓，齐公族大夫居东郭、西郭、北郭者，以地为氏。（见《姓谱》)"⑦《古今姓氏书辩证》记载，"东郭：出自姜姓，齐公族大夫居东郭、南郭、北郭者，皆以地为氏。"⑧《通志略·氏族略第三》载："姜姓。齐公族桓公之后也。"⑨

东苃［dōng jiāo］

党项羌有东苃族。《宋史·赵振传》载："于是东苃、金明、万刘诸族胜兵数万，悉为贼所有。"⑩《续资治通鉴长编》有东苃族，"于是东苃、金明万刘

① 李范文：《李范文西夏学论文集》，中国社会科学出版社，2012年，第536页。
② ［宋］陈彭年：《宋本广韵》，中国书店，1982年，第2页。
③ ［清］张澍：《姓氏寻源》，岳麓书社，1992年，第1页。
④ ［宋］范晔：《后汉书》，中华书局，1965年，第2886页。
⑤ ［宋］范晔：《后汉书》，中华书局，1965年，第2883页。
⑥ ［东汉］应劭：《风俗通义校释》，天津人民出版社，1980年，第469页。
⑦ 慕容翊：《中国古今姓氏辞典》，黑龙江人民出版社，1985年，第41页。
⑧ ［宋］邓名世：《古今姓氏书辩证》，江西人民出版社，2006年，第13页。
⑨ ［宋］郑樵：《通志略》，上海古籍出版社，1990年，第46页。
⑩ ［元］脱脱等：《宋史》，中华书局，1985年，第10462页。

诸族胜兵数万,一旦不战,悉为贼所有,延州几殆,唯环庆独无患。"①

东楼 [dōng lóu]

东楼氏,《姓氏寻源》记载,"《姓纂》云:夏禹后,东楼公封于杞,因以为氏。《氏族略》云:夏禹裔,东楼公之后。澍按:《史记》武王求禹后,得东楼公,封之杞。"②

东蒙 [dōng méng]

东蒙氏,《姓氏寻源》记载,"《路史》云:伏羲后有东蒙氏。澍按:东蒙在鲁费县西北七十五里,在蒙山之东,主其山之祀者,因以为氏。"③

董 [dǒng]

董氏,黄帝之后,祝融之孙。《潜夫论》载:"己姓之嗣飂叔安,其裔子曰董父,实甚好龙,能求其嗜欲以饮食之,龙多归焉。乃学扰龙,以事帝舜。赐姓曰董,氏曰豢龙"④。《宋本广韵》云:董姓,望出陇西⑤。《旧唐书》(卷一百九十七)载:"贞元九年七月,其王汤立悉与哥隣国王董卧庭、白狗国王罗陀忽、逋租国王弟邓吉知、南水国王侄薛尚悉曩、弱水国王董辟和、悉董国王汤息赞、清远国王苏唐磨、咄霸国王董藐蓬,各率其种落诣剑南西川内附。"⑥"董卧庭行至绵州卒,赠武德州刺史,命其子利啰为保宁都督府长史,袭哥邻王。"⑦ 自唐以来董氏就是西羌的一大豪族。"彻州:贞观六年以西羌董洞贵部落置,领文彻、俄耳、文进三县。""蓬鲁州:永徽二年,特浪生羌董悉奉求、辟惠生羌卜檐莫等种落万余户内附。"⑧ 唐朝董氏羌酋还有董屈占、董系比射、哥邻羌国王董卧庭、粘信部落主董梦葱、龙诺部落主董忽辟、咄霸国王董藐蓬等,宋朝董氏羌酋有董喦、董忠义、董仕喆、董廷早、董永锡董绍重等。《羌族史》载:"静州长官司董怀德在顺治初年,'赵贼屠茂州',督率士兵捍御有功。至世祖顺治九年(公元1652年),董应诏降,颁给印信号纸,住静州。"⑨ 太平兴国六年:"保州刺史董奇死,以其子绍重继之。"⑩《宋史》载霸州还有

① [宋] 李焘:《续资治通鉴长编》,中华书局,2004年,第2981页。
② [清] 张澍:《姓氏寻源》,岳麓书社,1992年,第4页
③ [清] 张澍:《姓氏寻源》,岳麓书社,1992年,第4页。
④ [汉] 王符:《潜夫论》,辽宁教育出版社,2001年,第71页。
⑤ [宋] 陈彭年:《宋本广韵》,中国书店,1982年,第215页。
⑥ [后晋] 刘昫等:《旧唐书》,中华书局,1975年,第5278~5279页。
⑦ [后晋] 刘昫等:《旧唐书》,中华书局,1975年,第5279页。
⑧ 耿少将:《羌族通史》,上海人民出版社,2010年,第215页。
⑨ 冉光荣、李绍明、周锡银:《羌族史》,四川民族出版社,1985年,第248页。
⑩ [元] 脱脱等:《宋史》,中华书局,1985年,第14224页。

董喆、董延早。董彦博：宋代威州保霸蛮霸州（霸州今属汶川县龙溪乡东门口）首领。政和三年（1113年），宋于保霸蛮地置官吏，以彦博所居霸州为亨州，授团练使，命为节度使。[①] 董舜咨：宋代威州保霸蛮保州首领。政和三年（1113年），宋于保霸蛮地置官吏，以舜咨所居保州地为祺州，授州刺史，不久升观察使。[②]《宋史》载："威州保霸蛮者，唐保、霸二州也。天宝中所置，后陷没。酋董氏，世有其地，与威州相错，因羁縻焉。保州有董仲元、霸州有董永锡者，嘉祐及熙宁中皆尝请命于朝。……政和三年，……于是以董舜咨保州地为祺州，董彦博霸州地为亨州，授舜咨刺史，彦博团练使。舜咨寻迁观察使；彦博留后，遂为节度使。"[③] 又载："茂州诸部落，盖、涂、静、当、直、时、飞、宕、恭等九州蛮也。蛮自推一人为州将，治其众，而常诣茂州受约束。……政和五年，有直州将郅永寿、汤延俊、董承有等各以地内属，诏以永寿地建寿宁军，延俊、承有地置延宁军。"[④] 理县通化乡董氏宗谱记："应辅公者，以文职自楚督粮入川，扎营维州通化县。迨平，而公留守，遂家于是焉。一传至闲公，乃入籍于理。厥后瓜绵衍庆，子孙散处崇、郫、彭、灌、茂、松、汶、理间，俱以耕读为业。"[⑤]《羌族社会历史调查》记汶川过街楼有寨盘业主"董家基"[⑥]。今茂县太平乡牛尾村有董姓羌族语言代表性传承人。[⑦]

冻 ［dòng］

冻氏，《姓氏寻源》记载，"《姓苑》云：人姓有冻氏。澍按：冻系且冻羌之后。"[⑧] 冻氏源于古羌族，出自唐朝时期西羌平阳族，属于以先祖名字为氏。据史籍《通志·氏族略》，冻氏一族源于剑州地区。《册府元龟》（卷九七七）的记载："五年正月，生羌大首领冻就率部落内附，以其地置剑州。"冻就，就是生息于剑州地区的西羌族一个分支白狗羌部落的酋长，在唐高宗李治永徽五年（654年）一月率所部归附于唐王朝，唐高宗在其居住地设置了剑州，而后将白狗羌族人迁居于平阳地区（今山西临汾）生息繁衍。这在史籍《唐会要》《新唐书·地理志》中都有相同的记载："松州都督府所属羁縻州剑州下注称：

---

① 刘德仁：《中国少数民族名人辞典·古代》，四川辞书出版社，1989年，第351页。

② 刘德仁：《中国少数民族名人辞典·古代》，四川辞书出版社，1989年，第351页。

③ ［元］脱脱等：《宋史》，中华书局，1985年，第14238～14239页。

④ ［元］脱脱等：《宋史》，中华书局，1985年，第14239页。

⑤ 《阿坝州文库》编委会：《历代碑刻契文族谱》，四川民族出版社，2013年，第120页。

⑥ 《中国少数民族社会历史调查资料丛刊》修订编辑委员会：《羌族社会历史调查》，民族出版社，2009年，第148页。

⑦ 四川省音乐舞蹈研究所：《羌族文化传承人纪实录》，四川科学技术出版社，2012年，第4页。

⑧ ［清］张澍：《姓氏寻源》，岳麓书社，1992年，第393页。

'永徽五年以大首领冻就部落置。'"此后,中原地区遂有冻氏一族。白狗羌,在唐朝时期是西南地区西羌的别名,亦称"生羌",属于唐朝史籍记载的"四夷部"之一,居地与会州(今甘肃靖远)连接,拥兵一千余,生活风俗习性与党项民族相同,但以白狗为图腾旗帜,因称"白狗羌"。《新唐书》(卷二百二十一)载:"永徽时,特浪生羌卜楼大首领冻就率众来属,以其地为剑州。"①《唐会要·白狗羌》也载:"生羌大首领冻就。率部落内附。"②

钭〔dǒu〕

钭氏,《中国古今姓氏辞典》载:"斗,宫音,辽西郡,系出姜姓,田和篡齐,迁康公于海上,穴居野食,以钭为釜,支孙别姓钭氏。(见《百家姓考略》)"③

斗耆〔dòu qí〕

斗耆氏,《姓氏寻源》记载,"《世本》云:芈姓矣。《英贤传》云:斗伯比之孙斗耆仕晋,因氏焉。"④

窦〔dòu〕

窦氏出处有五种说法,一说出自姒姓,为夏帝少康之后,以地名为氏,羌人也有窦氏。《晋书》(卷一百十六)载:"南羌窦耷率户五千来降,拜安西将军。"⑤又载后秦姚兴时有窦氏,"安南强熙、镇远杨多叛,推窦冲为盟主,所在扰乱。"⑥《茂州志·选举志·道光》康熙庚子有举人窦璁。⑦

鬬〔dòu〕

鬬氏,《通志略·氏族略第三》载:"芈姓。若敖之后。"⑧"鬬"同"斗"。

鬬班〔dòu bān〕

鬬班氏,《通志略·氏族略第五》载:"芈姓。世本。鬬缰生班。因氏焉。"⑨《世本》:"芈姓,鬬缰生班,因氏焉。"⑩

---

① 〔宋〕欧阳修、宋祁:《新唐书》,中华书局,1975年,第6216页。
② 〔宋〕王溥:《唐会要》,中华书局,1955年,第1753页。
③ 慕容翊:《中国古今姓氏辞典》,黑龙江人民出版社,1985年,第43页。
④ 〔清〕张澍:《姓氏寻源》,岳麓书社,1992年,第478页。
⑤ 〔唐〕房玄龄等:《晋书》,中华书局,1974年,第2970页。
⑥ 〔唐〕房玄龄等:《晋书》,中华书局,1974年,第2976页。
⑦ 《阿坝州文库》编委会:《茂州志》,四川民族出版社,2013年,第103页。
⑧ 〔宋〕郑樵:《通志略》,上海古籍出版社,1990年,第40页。
⑨ 〔宋〕郑樵:《通志略》,上海古籍出版社,1990年,第80页。
⑩ 〔东汉〕宋衷:《世本》,时代文艺出版社,2008年,第41页。

鬭缰 [dòu jiāng]

鬭缰氏,《通志略·氏族略第五》载:"芈姓。世本。若敖生鬭缰。因氏焉。"①《世本》:"芈姓,若敖生鬭缰,因氏焉。"②

鬭耆 [dòu qí]

鬭耆氏,《通志略·氏族略第五》载:"芈姓。英贤传云。鬭伯比之孙鬭耆仕晋。因氏焉。"③

都罗 [dū luó]

党项羌有都罗氏,《宋史·夏国传》有都罗重进,"秉常果不奉诏,遣都罗重进来言曰:'上方以孝治天下,奈何反教小国之臣叛其君哉!'"④《续资治通鉴长编》载:"泾原路经略使章楶言投来部落子都啰漫丁、都罗漫娘昌并为三班奉职,优给路费,伴押赴阙。"⑤

独 [dú]

党项羌有独家族,《太平寰宇记》(卷之三十七)载:"东南至蕃部独家族一十五里"⑥。

独孤 [dú gū]

羌人李继捧祖母独为孤氏,《宋史·夏国传》载:"继捧立,以太平兴国七年率族人入朝。……祖母独孤氏亦献玉盘一、金盘三,皆厚赉之。"⑦

杜 [dù]

后秦姚兴时有杜氏,《晋书·载记》载:"京兆杜瑾、冯翊吉默、始平周宝等上陈时事,皆擢处美官。"⑧

杜庆 [dù qìng]

党项羌有杜庆族部落。《宋史·党项传》载:"二年六月,麟府钤辖言杜庆族依援唐龙镇,数侵别帐,请发熟户兵击之。"⑨《宋史·真宗纪》"杜庆族"

---

① [宋]郑樵:《通志略》,上海古籍出版社,1990年,第80页。
② [东汉]宋衷:《世本》,时代文艺出版社,2008年,第41页。
③ [宋]郑樵:《通志略》,上海古籍出版社,1990年,第80页。
④ [元]脱脱等:《宋史》,中华书局,1985年,第14008页。
⑤ [宋]李焘:《续资治通鉴长编》,中华书局,2004年,第11809页。
⑥ [宋]乐史:《太平寰宇记》,中华书局,2007年,第788页。
⑦ [元]脱脱等:《宋史》,中华书局,1985年,第13984页。
⑧ [唐]房玄龄等:《晋书》,中华书局,1974年,第2979页。
⑨ [元]脱脱等:《宋史》,中华书局,1985年,第14147页。

为"社庆族","麟府言社庆族依唐龙镇为援,数扰别部,请出兵击之。"①

多多 [duō duō]

党项羌有多多氏,《李范文西夏学论文集》记载,"多多氏:《宋史》有元昊以多多马定主兵马。"②《宋史·夏国传》载:"多多马窦、惟吉主兵马,野利仁荣主蕃学。"③

多弥 [duō mí]

《新唐书·西域》载有多弥羌部落,"多弥,亦西羌族,役属吐蕃,号难磨。"④

朵藏 [duǒ zàng]

羌戎有朵藏部落。《宋史·温仲舒传》载:"先是,俗杂羌、戎,有两马家、朵藏、枭波等部"⑤。

敦善 [dūn shàn]

《唐会要·党项羌》载有黑党项敦善部落,"其黑党项首领号敦善王。因贡方物。"⑥《太平御览》(卷七百九十五)记载,"又曰:有黑党项,在於赤水之西。李靖之击吐谷浑也,浑主伏允奔于黑党项,居以空闲之地。及吐谷浑举国内属,黑党项酋长号敦善王,因贡方物。又有雪山之下,及白狗、春桑、白兰等诸羌"⑦。

E

讹 [é]

讹氏,《姓氏寻源》记载,"澍按:讹,蛮姓也。《唐书·南蛮传》巂州新安城傍有六姓蛮,三曰讹蛮。又按:西夏有讹氏。"⑧《新唐书》(卷二百二十二)载:"巂州新安城傍有六姓蛮:一曰蒙蛮、二曰夷蛮、三曰讹蛮、四曰狼蛮,余勿邓及白蛮也。"⑨ 汤开建认为:讹庞,非以"讹"为姓。乃没藏讹庞

---

① [元] 脱脱等:《宋史》,中华书局,1985年,第141页。
② 李范文:《李范文西夏学论文集》,中国社会科学出版社,2012年,第538页。
③ [元] 脱脱等:《宋史》,中华书局,1985年,第13954页。
④ [宋] 欧阳修、宋祁:《新唐书》,中华书局,1975年,第6257页。
⑤ [元] 脱脱等:《宋史》,中华书局,1985年,第9182页。
⑥ [宋] 王溥:《唐会要》,中华书局,1955年,第1756页。
⑦ [宋] 李昉等:《太平御览》,中华书局,1960年,第3529页。
⑧ [清] 张澍:《姓氏寻源》,岳麓书社,1992年,第183页。
⑨ [宋] 欧阳修、宋祁:《新唐书》,中华书局,1975年,第6324页。

之名①。"讹庞氏：讹庞非姓，为名也。没藏为姓，见《西夏书事》卷十七：'谅祚，本名宁令西岌，养于没藏讹庞家'"②。"元昊五月五日生，国人以其日相庆贺，又以四孟朔为节。凡五娶，一曰大辽兴平公主，二曰宣穆惠文皇后没藏氏"③。"谅祚幼养于母族讹庞，讹庞因专国政。"④ "讹氏：《通志》作额伊，西夏文《杂志》有其姓。"⑤《宋史·党项传》载："又继迁诸羌族明叶示及扑咩、讹猪等首领率属内附，并令给善地处之。"⑥ "咸平二年（公元 999 年）被李继迁所虏掠的羌人嵬逋等徙帐来归，曾依附西夏的羌人明叶示及扑咩、讹猪等首领亦降宋。"⑦《宋史·夏国传》有讹氏，讹啰聿，"六月，复遣讹啰聿来求所侵兰州、米脂等五砦。"⑧《宋史·李浩传》载："韩绛城啰兀，领兵战赏堡岭川，杀大首领讹革多移，斩首千三百余级。"⑨

讹藏屈怀〔é cáng qū huái〕

西夏党项羌有讹藏屈怀氏，《宋史·夏国传》载："仁宗即位，加尚书令。德明娶三姓。卫慕氏生元昊，咩迷氏生成遇，讹藏屈怀氏生成嵬。"⑩

讹罗〔é luó〕

党项羌有讹罗氏，《金史·交聘表》载："正月辛亥朔，夏开武功大夫讹罗世、……"⑪《金史》又载："殿前马步军太尉讹罗绍甫、枢密直学士吕子温、押进瓯匣使芭里直信等贺加上尊号。"⑫

讹嗦〔é yí〕

《金史·交聘表》西夏有讹嗦，"正月壬寅朔，夏武功大夫讹嗦德昌、宣德郎杨彦和等贺正旦。"⑬《续资治通鉴长编》有讹嗦（李讹嗦），"本路帅臣言讹

① 汤开建：《张澍〈西夏姓氏录〉订误》，载《兰州大学学报（社会科学版）》，1982 年第 4 期，第 70 页。
② 李范文：《李范文西夏学论文集》，中国社会科学出版社，2012 年，第 538 页。
③ ［元］脱脱等：《宋史》，中华书局，1985 年，第 14000 页。
④ ［元］脱脱等：《宋史》，中华书局，1985 年，第 14001 页。
⑤ 李范文：《李范文西夏学论文集》，中国社会科学出版社，2012 年，第 534 页。
⑥ ［元］脱脱等：《宋史》，中华书局，1985 年，第 14143 页。
⑦ 冉光荣、李绍明、周锡银：《羌族史》，四川民族出版社，1985 年，第 187 页。
⑧ ［元］脱脱等：《宋史》，中华书局，1985 年，第 14015 页。
⑨ ［元］脱脱等：《宋史》，中华书局，1985 年，第 11078 页。
⑩ ［元］脱脱等：《宋史》，中华书局，1985 年，第 13992 页。
⑪ ［元］脱脱等：《金史》，中华书局，1975 年，第 1421 页。
⑫ ［元］脱脱等：《金史》，中华书局，1975 年，第 1430 页。
⑬ ［元］脱脱等：《金史》，中华书局，1975 年，第 1437 页。

哆新附，未宜遽统诸蕃官，恐於蕃情未安，故有是命。"①

讹遇 [é yù]

党项羌有讹遇族。《宋史·真宗纪》载："戊寅，李继迁蕃族讹遇等归顺"②。

讹猪 [é zhū]

党项羌有讹猪族。《宋史·真宗纪》载："乙酉，李继迁部族讹猪等率属来附。"③

额 [é]

额氏，《李范文西夏学论文集》记载，"额氏：《宋史》有额博罗。"④

额罗爱克 [é luó ài kè]

党项羌有额罗爱克率族，《续资治通鉴长编》载："乙亥，环庆部署张凝言，河西蕃部额罗爱克率族归顺。"⑤"额罗"或是"讹罗"之音异。

谔 [è]

谔氏，《姓氏寻源》记载，"澍按：即鄂氏，汉鄂千秋亦作谔。西夏有谔氏。"⑥《李范文西夏学论文集》记载，"谔氏：《宋史》有谔德臣。"⑦汤开建认为："额、讹、卧、谔四姓，《夏录》分列其实一姓。"⑧《续资治通鉴长编》有鄂博，"岊以教练使从折继闵破拉旺、阿儿两族，射杀数十人，斩伪军主鄂博，以功补下班殿侍、三班差使。"⑨

F

发 [fā]

《后汉书·西羌传》记有发羌种，其后或以发为氏⑩。

---

① [宋]李焘：《续资治通鉴长编》，中华书局，2004年，第11811页。
② [元]脱脱等：《宋史》，中华书局，1985年，第116页。
③ [元]脱脱等：《宋史》，中华书局，1985年，第116页。
④ 李范文：《李范文西夏学论文集》，中国社会科学出版社，2012年，第536页。
⑤ [宋]李焘：《续资治通鉴长编》，中华书局，2004年，第1240页。
⑥ [清]张澍：《姓氏寻源》，岳麓书社，1992年，第544页。
⑦ 李范文：《李范文西夏学论文集》，中国社会科学出版社，2012年，第537页。
⑧ 汤开建：《张澍〈西夏姓氏录〉订误》，载《兰州大学学报（社会科学版）》，1982年第4期，第73页。
⑨ [宋]李焘：《续资治通鉴长编》，中华书局，2004年，第3180页。
⑩ [宋]范晔：《后汉书》，中华书局，1965年，第2898页。

法 [fǎ]

法氏，《通志略·氏族略第四》载："姜姓。田氏之裔也。齐襄王名法章，支孙以名为氏。"①

樊家 [fán jiā]

党项羌有樊家族部落。《宋史·党项传》载："二年，泾原路言樊家族九门都首领客厮铎内属，以厮铎为军主。"②

范 [fàn]

后秦姚兴时有范氏。《晋书·载记》载："与其中舍人梁喜、洗马范勖等讲论经籍，不以兵难废业，时人咸化之。"③《中国古今姓氏辞典》载："帝尧刘累之后，在周为唐杜氏，周宣王灭杜，杜伯之子温叔奔晋为士师，曾孙士会，食采于范，遂为范氏。（见《元和姓纂》）"④《茂州志·选举志·道光》载，明，茂州以范氏，范宣，列贡，彰德通判。⑤

防 [fáng]

防氏，《世本》载："豕韦，防姓。……案防姓出篯"⑥。

房 [fáng]

房氏，《中国姓氏辞典》载："以国为氏……夏禹曾封尧的儿子丹朱于房（今河南省遂平县），丹朱之子陵，后世以国为氏。"⑦

房当 [fáng dāng]

党项羌有房当氏，《古今姓氏书辩证》记载，"房当：唐时党项以姓别为部，有房当氏。"⑧《姓氏寻源》记载，"澍按：拓拔八姓之一有房当氏，唐党项以姓别为部，有房当氏。见《唐书》。作旁当者，讹。"⑨《新唐书》（卷二百二十一）载："党项，汉西羌别种，……有细封氏、费听氏、往利氏、颇超氏、野辞氏、房当氏、米禽氏、拓拔氏。"⑩

①　[宋] 郑樵：《通志略》，上海古籍出版社，1990年，第62页。
②　[元] 脱脱等：《宋史》，中华书局，1985年，第14148页。
③　[唐] 房玄龄等：《晋书》，中华书局，1974年，第2975页。
④　慕容翊：《中国古今姓氏辞典》，黑龙江人民出版社，1985年，第49页。
⑤　《阿坝州文库》编委会：《茂州志》，四川民族出版社，2013年，第104页。
⑥　[东汉] 宋衷：《世本》，时代文艺出版社，2008年，第32页。
⑦　陈明远、汪宗虎：《中国姓氏辞典》，北京出版社，1995年，第98页。
⑧　[宋] 邓名世：《古今姓氏书辩证》，江西人民出版社，2006年，第209页。
⑨　[清] 张澍：《姓氏寻源》，岳麓书社，1992年，第204页。
⑩　[宋] 欧阳修、宋祁：《新唐书》，中华书局，1975年，第6214页。

费 ［fèi］

费氏，《通志略·氏族略第三》载："纣幸臣费仲夏禹之后也。"①《中国古今姓氏辞典》载："系出姒姓，禹后。（见《元和姓纂》）"②今茂县有费姓。费玉珍（1934—1991），女，羌族，茂县凤仪镇第五村人。松潘县妇幼卫生事业开拓者之一。③

费听 ［fèi tīng］

费听氏，《姓氏寻源》载："《姓纂》云：党项以部为姓，有费听氏，八姓之一也。"④《中国古今姓氏辞典》载："党项以部为姓，有费听氏。（见《元和姓纂》）"⑤《新唐书》（卷二百二十一）载："党项，汉西羌别种，……有细封氏、费听氏、往利氏、颇超氏、野辞氏、房当氏、米禽氏、拓拔氏。"⑥

风 ［fēng］

风姓，《姓氏寻源》载："《姓纂》云：风姓，伏羲氏之后。"⑦《古今姓氏书辩证》记载，"风：太皞伏羲氏之姓也。三皇以来，有天下者，异德则异号，异号则异姓，异号者，如伏羲，或曰庖羲。"⑧

封 ［fēng］

封姓，《宋本广韵》记载，"封：大也，国也，厚也，爵也，亦姓，望出渤海，本姜姓，炎帝之后。"⑨《通志略·氏族略第二》载："姜姓。炎帝裔孙钜。为黄帝师。胙土命氏。至夏后氏之世。封父列为诸侯。"⑩《羌族史》载："延熹七年（公元164年）春，封缪、良多、滇那等羌酋豪三百五十五人被迫率三千落投降。"⑪《汉书·卷六十九·赵充国传》有："至征和五年，先零豪封煎等通使匈奴，匈奴使人至小月氏……"⑫《太平寰宇记》（卷之三十六）党项羌有封家一族，"清远镇，管蕃部九：青天门一族，泥悉逋一族，罗泥一族，罗

① ［宋］郑樵：《通志略》，上海古籍出版社，1990年，第35页。
② 慕容翊：《中国古今姓氏辞典》，黑龙江人民出版社，1985年，第50页。
③ 松潘县志编纂委员会：《松潘县志》，民族出版社，1999年，第957~958页。
④ ［清］张澍：《姓氏寻源》，岳麓书社，1992年，第407页。
⑤ 慕容翊：《中国古今姓氏辞典》，黑龙江人民出版社，1985年，第51页。
⑥ ［宋］欧阳修、宋祁：《新唐书》，中华书局，1975年，第6214页。
⑦ ［清］张澍：《姓氏寻源》，岳麓书社，1992年，第15页。
⑧ ［宋］邓名世：《古今姓氏书辩证》，江西人民出版社，2006年，第8页。
⑨ ［宋］陈彭年：《宋本广韵》，中国书店，1982年，第15页。
⑩ ［宋］郑樵：《通志略》，上海古籍出版社，1990年，第27~28页。
⑪ 冉光荣、李绍明、周锡银：《羌族史》，四川民族出版社，1985年，第80页。
⑫ ［宋］范晔：《后汉书》，中华书局，1965年，第2973页。

泥磨庆一族，嗫埋一族，嗓你也移一族，封家一族，宗家一族，越邦一族。"①
西汉时期有先零羌首领封煎。武帝征和五年（前 88 年），封煎联络诸羌匈奴等
起兵夺汉张掖、酒泉，终末果。

封父［fēng fǔ］

封父氏，《姓氏寻源》记载，"《路史》云：炎帝裔孙封钜，后有封父
氏。"②《世本》载："郑大夫封父弥真然。"③

封何［fēng hé］

先零羌有封何种。《后汉书》（卷二十三）载："初，更始时，先零羌封何
诸种杀金城太守，居其郡"④。

不蒙［fū mèng］

不梦氏，《姓氏寻源》记载，"《姓纂》云：蒙，音梦。澍按：不蒙即夫蒙，
一作不梦，西羌姓也。同州有之。《王维集》有《送不蒙都护诗》，注云：不
蒙，蕃官姓。"⑤ 同州，即今陕西省渭南市大荔县。《北朝胡姓考（修订本）》
载："冯翊不蒙氏，羌族人也。"⑥《通志略·氏族略第五》记载不蒙氏："音
梦。西羌人。"⑦《魏书》（卷三）载："河西屠各帅黄大虎、羌酋不蒙娥遣使内
附。"⑧《魏书·羌姚苌传》载，姚兴有安远将军不蒙世，"兴安远将军不蒙世、
扬武将军雷重等将士四千余人……"⑨（唐）王维《奉和圣制送不蒙都护兼鸿
胪卿归安西应制》诗：上卿增命服，都护扬归旃。杂虏尽朝周，诸胡皆自郐。
鸣笳瀚海曲，按节阳关外。落日下河源，寒山静秋塞。万方氛祲息，六合乾坤
大。无战是天心，天心同覆载。

夫蒙［fū méng］

夫蒙氏，《姓氏寻源》记载，"《广韵》云：羌姓，后秦建威将军夫蒙大羌。
《姓纂》云：今同、蒲二州多此姓，或改姓为凭。澍按：一作不蒙，夫、不，

① ［宋］乐史：《太平寰宇记》，中华书局，2007 年，第 766 页。
② ［清］张澍：《姓氏寻源》，岳麓书社，1992 年，第 31 页。
③ ［东汉］宋衷：《世本》，时代文艺出版社，2008 年，第 45 页。
④ ［宋］范晔：《后汉书》，中华书局，1965 年，第 804 页。
⑤ ［清］张澍：《姓氏寻源》，岳麓书社，1992 年，第 259 页。
⑥ 姚薇元：《北朝胡姓考（修订本）》，中华书局，2007 年，第 355 页。
⑦ ［宋］郑樵：《通志略》，上海古籍出版社，1990 年，第 87 页。
⑧ ［北齐］魏收：《魏书》，中华书局，1974 年，第 60 页。
⑨ ［北齐］魏收：《魏书》，中华书局，1974 年，第 2083~2084 页。

古字通。"① 《宋本广韵》载："羌复姓，后秦建威将军夫蒙大羌。"② 《通志略·氏族略第五》载："夫蒙氏，西羌人。后秦建威将军夫蒙羌命。姓纂云。今同蒲二州多此姓。或改姓为凭。"③ 关中北魏北周隋初未著录的羌村十种造像碑铭中有《夫蒙文庆造像铭》。④

弗 ［fú］

弗氏，《中国古今姓氏辞典》载："禹后有弗氏。（见《史记》）"⑤ 《史记》记载，"太史公曰：禹为姒姓，其后分封，用国为姓，故有夏后氏、有扈氏、有男氏、斟寻氏、彤城氏、褒氏、费氏、杞氏、缯氏、辛氏、冥氏、斟氏、戈氏。"⑥

伏羲 ［fú xī］

伏羲氏，《四川上古史新探》载："所谓伏羲氏，也许就是羌族居于陇西的一个氏族部落"⑦。

甫 ［fǔ］

甫氏，《中国古今姓氏辞典》载："出自炎帝裔孙伯夷，为尧太岳，封基后为甫侯，子孙以国为氏。（见《风俗通》）"⑧

阜 ［fù］

炎帝大庭氏后有阜氏，《中国古今姓氏辞典》载："大庭氏居曲阜，后有阜氏，曲阜氏。（见《元和姓纂》）"⑨

傅 ［fù］

《中国古今姓氏辞典》载："出自姬姓，黄帝裔孙大由封于傅邑，因以为氏。（见《唐书·宰相世系表》）"⑩ 西羌有此姓，东汉傅幡是也。至西汉末东汉初，居住在陇西（今甘肃省临洮县）、金城（今甘肃省永清县西北惶水南岸）二郡及其塞外的羌支部落中就有傅难等部落。《二十六史大辞典·人物卷》载，

① ［清］张澍：《姓氏寻源》，岳麓书社，1992年，第86页。
② ［宋］陈彭年：《宋本广韵》，中国书店，1982年，第59页。
③ ［宋］郑樵：《通志略》，上海古籍出版社，1990年，第87页。
④ 马长寿：《碑铭所见前秦至隋初的关中部族》，中华书局，1985年，第89页。
⑤ 慕容翊：《中国古今姓氏辞典》，黑龙江人民出版社，1985年，第54页。
⑥ ［西汉］司马迁：《史记》，线装书局，2006年，第18页。
⑦ 任乃强：《四川上古史新探》，四川人民出版社，1986年，第7页。
⑧ 慕容翊：《中国古今姓氏辞典》，黑龙江人民出版社，1985年，第54页。
⑨ 慕容翊：《中国古今姓氏辞典》，黑龙江人民出版社，1985年，第56页。
⑩ 慕容翊：《中国古今姓氏辞典》，黑龙江人民出版社，1985年，第55页。

傅幡："西羌人。居摄元年（公元 6 年），因怨王莽夺其地以为西海郡，遂起事逐西海太守程永。次年，为护羌校尉窦况等平定。"①

富难［fù nán］

东汉有傅难种羌，《后汉书·西羌传》载："五年夏，且冻、傅难种羌等遂反叛，攻金城，与西塞及湟中杂种羌胡大寇三辅，杀害长吏。"②

富儿［fù ér］

党项羌有富儿族。《太平寰宇记》（卷之三十六）载："定远镇，管蕃部四：……富儿族巡检使越嗳等一务，小阿父儿族巡检使遇悉逋等一务。"③

富父［fù fǔ］

富父氏，《中国古今姓氏辞典》载："炎帝后有富父氏。（见《路史》）"④

G

甘［gān］

甘氏，《姓氏寻源》记载，"司马贞《三皇纪》云：甘，姜姓。"⑤

高［gāo］

高氏，《通志略·氏族略第四》载："姜姓。齐太公六代孙文公之子公子高之孙傒。以王父名为氏。"⑥ 西夏有高姓。西夏有高文岅，《宋史·夏国传》载："继迁徙绥州民于平夏，部将高文岅等因众不乐反，攻败之。"⑦ 史载，明清时期西羌地区有高姓土司。《汶川县县志》载："寒水土巡检高银儿者，直隶霸州人（今汶川县之龙溪乡人），洪武七年（1374 年），授本司世袭巡检。正统七年（1442 年），高茂林被草坡番杀死，却去印信。"⑧ 《茂县民间文化集成·赤不苏片区卷》茂县雅都乡中村珍珠寨有高氏墓葬，该墓葬为清道光九年（1829 年）修建。⑨ 今汶川县绵虒镇羌锋村有高姓羌族传统编织技艺代表性传

① 王和：《二十六史大辞典·人物卷》，吉林人民出版社，1993 年，第 131 页。
② ［宋］范晔：《后汉书》，中华书局，1965 年，第 2895 页。
③ ［宋］乐史：《太平寰宇记》，中华书局，2007 年，第 768 页。
④ 慕容翊：《中国古今姓氏辞典》，黑龙江人民出版社，1985 年，第 55 页。
⑤ ［清］张澍：《姓氏寻源》，岳麓书社，1992 年，第 283 页。
⑥ ［宋］郑樵：《通志略》，上海古籍出版社，1990 年，第 61 页。
⑦ ［元］脱脱等：《宋史》，中华书局，1985 年，第 13987 页。
⑧ 祝世德：《汶川县县志》，阿坝州地方志编纂委员会出版，1997 年，第 56~57 页。
⑨ 茂县民间文化集成收集整理出版编辑部：《茂县民间文化集成·赤不苏片区卷》，中央民族大学出版社，2015 年，第 331 页。

承人。①

皋 [gāo]

环州党项有皋家族,《册府元龟》载:"十一月环州党项皋家族首领越斯七移并授怀化将军"②。

皋落 [gāo luò]

皋落氏,《姓氏寻源》记载,"《路史》云:炎帝参卢之后,东山皋落氏,赤狄别种。"③

戈 [gē]

戈氏,《中国古今姓氏辞典》载:"禹之后,分封于戈,以国为姓。(见《姓谱》)。"④

曷 [gē]

党项羌有曷氏,《辽史·属国表》载:"党项酋长曷鲁来贡。"⑤

曷党 [gē dǎng]

党项有曷党部。《辽史·圣宗纪》载:"党项诸部叛者皆遁黄河北模赧山,其不叛者曷党、乌迷两部因据其地,今复西迁"⑥。

革 [gé]

革氏,《姓氏寻源》记载,"澍按:革与棘同姓,棘子成《人表》作革子成。是革出于棘也。或汤臣夏革之后。《宋史》夏国有革氏。"⑦《李范文西夏学论文集》记载,"革氏:《宋史》有革瓦娘。"⑧《茂县民间文化集成·赤不苏片区卷》红军名录中有革新猛,羌族雅都乡中心村小瓜子人,1935年5月参加红军,后失踪。⑨

---

① 四川省音乐舞蹈研究所:《羌族文化传承人纪实录》,四川科学技术出版社,2012年,第115页。

② [宋] 王钦若等:《册府元龟》,中华书局,1960年,第2059页。

③ [清] 张澍:《姓氏寻源》,岳麓书社,1992年,第178页。

④ 慕容翊:《中国古今姓氏辞典》,黑龙江人民出版社,1985年,第59页。

⑤ [元] 脱脱等:《辽史》,中华书局,1974年,第1156页。

⑥ [元] 脱脱等:《辽史》,中华书局,1974年,第173页。

⑦ [清] 张澍:《姓氏寻源》,岳麓书社,1992年,第556页。

⑧ 李范文:《李范文西夏学论文集》,中国社会科学出版社,2012年,第537页。

⑨ 茂县民间文化集成收集整理出版编辑部:《茂县民间文化集成·赤不苏片区卷》,中央民族大学出版社,2015年,第312页。

盖 [gě]

盖氏，《中国姓氏辞典》载："出自姜姓。据《通志·氏族略》所载，春秋时有齐国大夫食采于盖邑，在今山东沂水县西北。其后以邑名'盖'为氏。"[1]《历代碑刻契文族谱》载："盖氏之先，起于神农时姜姓，封于齐，是为襄公之裔。"[2]

弓 [gōng]

弓氏，《姓氏寻源》记载，"澍按：黄帝子挥造弧矢受封于张为弓氏"[3]。

公干 [gōng gàn]

公干氏，《中国古今姓氏辞典》载："神龙之后有公干，仁齐为大夫，其后氏焉。(见《姓源》)"[4]

公旗 [gōng qí]

公旗氏，《姓氏寻源》载："《潜夫论》齐之公旗氏，姜姓，唐卢若虚《录》云：太公之后有公旗氏。"[5]《世本》载："齐威王时有左执法公旗藩。"[6]

公牵 [gōng qiān]

公牵氏，《世本》载："齐公子牵之后有公牵氏。"[7]

公孙 [gōng sūn]

公孙氏，《中国古今姓氏辞典》载："轩辕氏初姓公孙，后改姓姬。(见《路史》)"[8]《姓氏寻源》记载，"澍按：周制五等诸侯后乃有公孙姓，轩辕、黄帝长于姬水，以姬为姓，所谓黄帝以姬水成也。而《黄帝传》云：帝姓公孙。不知古史何据。而《路史》云：神龙之同母弟勖，其嗣少典国君，世为诸侯，后有公孙为姓。九传至启昆，北迁于熊，妻附宝产子于轩辕之丘，号曰轩辕，名伯荼，姓公孙。又云：初姓公孙，后改姬。是公孙之姓尚矣。"[9] 义渠戎有公孙贺、公孙敬声，此二人都是北地义渠（今甘肃合水西南）人[10]。《后

① 陈明远、汪宗虎：《中国姓氏辞典》，北京出版社，1995年，第114页。
② 《阿坝州文库》编委会：《历代碑刻契文族谱》，四川民族出版社，2013年，第3页。
③ [清] 张澍：《姓氏寻源》，岳麓书社，1992年，第10页。
④ 慕容翊：《中国古今姓氏辞典》，黑龙江人民出版社，1985年，第62页。
⑤ [清] 张澍：《姓氏寻源》，岳麓书社，1992年，第19页。
⑥ [东汉] 宋衷：《世本》，时代文艺出版社，2008年，第41页。
⑦ [东汉] 宋衷：《世本》，时代文艺出版社，2008年，第41页。
⑧ 慕容翊：《中国古今姓氏辞典》，黑龙江人民出版社，1985年，第63页。
⑨ [清] 张澍：《姓氏寻源》，岳麓书社，1992年，第22～23页。
⑩ 刘德仁：《中国少数民族名人辞典·古代》，四川辞书出版社，1989年，第364页。

汉书·西羌传》概述:"及平王之末,周遂陵迟,戎逼诸夏,自陇山以东,及乎伊、洛,往往有戎。於是渭首有狄、獂、邦、冀之戎,泾北有义渠之戎,洛川有大荔之戎,渭南有骊戎,伊、洛间有杨拒、泉皋之戎,颍首以西有蛮氏之戎。"① 义渠戎实为西羌部落。

龚 [gōng]

炎帝后裔共氏之后为龚氏,《古今姓氏书辩证》记载,"龚:其先共氏,避难,加龙为龚。"②《中国古今姓氏辞典》载:"共工后有共、龚二氏。(见《元和姓纂》)"③《图解山海经》载:"炎帝之妻,赤水之子听訞生炎居,炎居生节并,节并生戏器,戏器生祝融。祝融降处于江水,生共工。"④ 茂县雅都乡有羌族龚姓羌族民间乐器与器乐代表性传承人⑤。

巩 [gǒng]

巩姓源于姬姓,是以地名命名的姓氏。巩即鞏也。《氏与羌》载:"巩更是一个羌酋,东汉时有羌什长巩傁,巩更大概是他的后裔。"⑥《中国少数民族名人辞典·古代》载:西晋时有羌族酋长巩更,西晋元康六年(296年)齐万年起义,他率众响应,为秦陇地区义军的主要首领之一⑦。

巩唐 [gǒng táng]

东汉西羌有巩唐种。《后汉书·西羌传》载:"巩唐种三千余骑寇陇西,又烧园陵,掠关中,杀伤长吏"⑧。

鞏 [gǒng]

鞏氏,《姓氏寻源》载:"澍按:周大夫食采于鞏者,以地为氏,有鞏简。今河南鞏县西周故居。晋大夫亦有鞏姓,鞏朔是也。《潜夫论》云:鞏姓,周之世家公卿。又按:生羌有鞏姓,鞏廉玉是也。见《魏书》。"⑨《潜夫论》载:"周氏、邵氏、毕氏、荣氏、单氏、尹氏、镏氏、富氏、巩(鞏)氏、苌氏,

---

① [宋] 范晔:《后汉书》,中华书局,1965年,第2872页。
② [宋] 邓名世:《古今姓氏书辩证》,江西人民出版社,2006年,第34页。
③ 慕容翊:《中国古今姓氏辞典》,黑龙江人民出版社,1985年,第61页。
④ 张越:《图解山海经》,吉林出版集团有限责任公司,2011年,第534页。
⑤ 四川省音乐舞蹈研究所:《羌族文化传承人纪实录》,四川科学技术出版社,2012年,第40页。
⑥ 马长寿:《氏与羌》,广西师范大学出版社,2006年,第44页。
⑦ 刘德仁:《中国少数民族名人辞典·古代》,四川辞书出版社,1989年,第349页。
⑧ [宋] 范晔:《后汉书》,中华书局,1965年,第2896页。
⑨ [清] 张澍:《姓氏寻源》,岳麓书社,1992年,第295页。

此皆周室之世公卿家也。"① 《后汉书·西羌传》有巩（鞏）唐种羌："武威太守赵冲追击巩唐羌，斩首四百余级，得马牛羊驴万八千余头，羌二千余人降。"②

共工 ［gòng　gōng］

共工氏，《图解山海经》载："炎帝之妻，赤水之子听𬣞生炎居，炎居生节并，节并生戏器，戏器生祝融。祝融降处于江水，生共工。"③ 《羌族通史》载："羌人先祖共工的从孙四岳因帮助大禹治水有功，被赐以姜姓，出现了传说时代的'一王四伯'"④。

句龙 ［gōu　lóng］

句龙氏，《中国古今姓氏辞典》载："炎帝十一世孙句龙，为颛顼土正，其后为氏。（见《姓氏考略》)"⑤ 《潜夫论》载："共工氏有子曰勾龙，能平九土，故号后土。死而为社，天下祀之"⑥。"句"同"勾"。

苟 ［gǒu］

后秦姚兴时有苟氏，苟林是也。《晋书·载记》载："兴乃遣前将军苟林率骑会之。"⑦ 今汶川羌人谷龙溪乡有以"哭吾介"为房名的，以房名改姓为"苟"姓。

孤竹 ［gū　zhú］

孤竹氏，《古今姓氏书辩证》记载，"孤竹：《元和姓纂》曰：辽西竹氏，出自孤竹君，本姜姓，成汤封之辽西，今支县竹城是也。裔孙伯夷、叔齐，辞国饿死首阳山，子孙以国为孤竹氏。亦单称竹氏。"⑧

古成 ［gǔ　chéng］

后秦姚兴时有古成氏，黄门侍郎古成诜是也。《晋书·载记》载："给事黄门侍郎古成诜、中书侍郎王尚、尚书郎马岱等，以文章雅正，参管机密。诜风韵秀举，确然不群，每以天下是非为己任。"⑨

① ［汉］王符：《潜夫论》，辽宁教育出版社，2001年，第76页。
② ［宋］范晔：《后汉书》，中华书局，1965年，第2896页。
③ 张越：《图解山海经》，吉林出版集团有限责任公司，2011年，第534页。
④ 耿少将：《羌族通史》，上海人民出版社，2010年，第37页。
⑤ 慕容翊：《中国古今姓氏辞典》，黑龙江人民出版社，1985年，第67页。
⑥ ［汉］王符：《潜夫论》，辽宁教育出版社，2001年，第68页。
⑦ ［唐］房玄龄等：《晋书》，中华书局，1974年，第2993页。
⑧ ［宋］邓名世：《古今姓氏书辩证》，江西人民出版社，2006年，第61页。
⑨ ［唐］房玄龄等：《晋书》，中华书局，1974年，第2977页。

古沁　[gǔ　qìn]

党项羌西夏有古沁氏，《姓氏寻源》记载，"澍按：《官氏志》有古沁氏，是北魏姓也，西夏亦有之。"①

谷　[gǔ]

谷氏，《羌族社会历史调查》载今茂县有谷姓。②

骨勒　[gǔ　lè]

《中国少数民族名人辞典·古代》载：西夏党项族有骨勒氏。其中骨勒茂才是西夏著名学者、文学家，于绍熙元年（1190年）编成夏汉字典《番汉合时掌中珠》，成为考古学家翻译西夏文的依据。③《李范文西夏学论文集》记载，"骨勒氏：《续通志》作古沁氏。《掌中珠》作者骨勒茂才。《杂字》中有其姓。"④ 西夏有骨勒氏，如骨勒文昌，《金史·交聘表》载："三年丙午朔，夏武功大夫骨勒文昌、宣德郎王禹珪贺万春节。"⑤

骨咩　[gǔ　miē]

党项羌有骨咩族。《宋史·曹玮传》载："天禧三年，德明寇柔远砦，……委乞、骨咩、大门等族闻玮至，归附者甚众。"⑥

关　[guān]

中华人民共和国成立前茂县黑虎乡有关姓青年参加红军。⑦

官　[guān]

官氏，《羌族史》载："实大关副长官司官士铨，其先官之保自明时归附授职，圣祖康熙十年（公元1671年）降，颁给号纸，无印信，住实大关。辖七十一户，并未赋纳粮石。"⑧

---

① ［清］张澍：《姓氏寻源》，岳麓书社，1992年，第336页。

② 《中国少数民族社会历史调查资料丛刊》修订编辑委员会：《羌族社会历史调查》，民族出版社，2009年，第45页。

③ 刘德仁：《中国少数民族名人辞典·古代》，四川辞书出版社，1989年，第64页。

④ 李范文：《李范文西夏学论文集》，中国社会科学出版社，2012年，第534页

⑤ ［元］脱脱等：《金史》，中华书局，1975年，第1436页。

⑥ ［元］脱脱等：《宋史》，中华书局，1985年，第8987页。

⑦ 《中国少数民族社会历史调查资料丛刊》修订编辑委员会：《羌族社会历史调查》，民族出版社，2009年，第104页。

⑧ 冉光荣、李绍明、周锡银：《羌族史》，四川民族出版社，1985年，第249页。

灌〔guàn〕

灌氏，《风俗通义校释》载："斟灌氏，夏同姓诸侯，子孙以国为氏。"[1]

归孃〔guī niáng〕

党项羌有归孃族。《宋史·夏国传》载："又遣贺永年赍嫚书，纳旄节及所授敕告壹神明匣，留归孃族而去。"[2]《续资治通鉴长编》（卷137）载："壬辰，以延州厥屯族军主香埋、归娘族军主阿讹并为副都军主，厥屯副军主吃埋、揭家族副军主李朝政并为军主，悖家族都虞候迥讹、苏尾族都虞候拓德遇、李文信并为副军主，鄜延部署司言其击贼有功也。"[3]

癸〔guǐ〕

癸氏，《中国古今姓氏辞典》载："出姜姓，齐癸公之后。（见《姓苑》）"[4]《通志略·氏族略第四》载："姜姓。齐癸公之后。见姓苑。"[5]《古今姓氏书辩证》记载，"癸：出自姜姓，齐癸公之后氏焉。"[6]

鬼〔guǐ〕

鬼氏，《世本》云："陆终娶鬼方氏之妹，谓之女。……注：鬼方于汉，则先零戎是也。"[7]《姓氏寻源》记载，"《史记·郊祀志》黄帝得宝鼎，冕侯问于鬼臾区。注：黄帝臣。澍按：一作鬼容区，或曰即雷伯，非是，宜即车区也，亦曰大鸿。又按：商有鬼侯，即九侯，今漳浦有鬼侯山，亦曰九侯山。纣取其女，女不善淫，纣杀之。鬼姓或出于此。西夏有鬼姓，鬼章是也。"[8] 党项羌有鬼啜尾、鬼逋，《宋史·党项传》载："十二月，诏直荡族大首领鬼啜尾于金家堡置渡，令诸族互市。"[9]"继迁所掠羌族鬼逋等徙帐来归"[10]。《李范文西夏学论文集》记载，"鬼氏：汤文认为鬼章非西夏人，乃角厮罗第三子董毡下面的一员大将，为吐蕃将，非西夏将领。"[11]"角厮罗"应为"唃厮啰"。

① ［东汉］应劭：《风俗通义校释》，天津人民出版社，1980年，第503页。
② ［元］脱脱等：《宋史》，中华书局，1985年，第13996页。
③ ［宋］李焘：《续资治通鉴长编》，中华书局，2004年，第3278～3279页。
④ 慕容翊：《中国古今姓氏辞典》，黑龙江人民出版社，1985年，第72页。
⑤ ［宋］郑樵：《通志略》，上海古籍出版社，1990年，第67页。
⑥ ［宋］邓名世：《古今姓氏书辩证》，江西人民出版社，2006年，第310页。
⑦ ［东汉］宋衷：《世本》，时代文艺出版社，2008年，第3页。
⑧ ［清］张澍：《姓氏寻源》，岳麓书社，1992年，第321页。
⑨ ［元］脱脱等：《宋史》，中华书局，1985年，第14143页。
⑩ ［元］脱脱等：《宋史》，中华书局，1985年，第14143页。
⑪ 李范文：《李范文西夏学论文集》，中国社会科学出版社，2012年，第537页。

鬼方 ［guǐ fāng］

鬼方氏，《姓氏寻源》记载，"《世本》云：陆终娶鬼方女嬇，生六子。《易》高宗伐鬼方即此。澍按：宋衷《世本注》鬼方于汉则先零羌也，非是，盖荆蛮之地，《诗》所云覃及鬼方者。"[1] 嬇（kuì）：古女子人名用字。

鬼魁 ［guǐ kuí］

党项羌有鬼魁族。《宋史·兵志》载："龙安砦、鬼魁等九族，兵五百九十九、马一百二十九。"[2]

鬼留 ［guǐ liú］

党项羌有鬼留家族。《宋史·吐蕃传》载："十月，秦州部署言鬼留家族累岁违命，讨平之。"[3]

鬼章 ［guǐ zhāng］

西羌有鬼章氏，《宋史·刘舜卿传》载："夏人聚兵天都，连西羌鬼章青宜结，先城洮州，将大举入寇，舜卿欲乘其未集击之，会诸将议方略。使姚兕部洮西，领武胜兵合河州熟羌捣讲珠城，遣人间道焚河桥以绝西援；种谊部洮东，由哥龙谷宵济邦金川，黎明，至临洮城下，一鼓克之，俘鬼章并首领九人，斩馘数千计。"[4]《宋史·赵隆传》载："师讨鬼章，外河诸羌皆以兵应之。隆率众先至，斧其桥，鬼章失援，乃成擒。"[5]《姓氏寻源》载："鬼章"以"鬼"为姓，误也。

会稽 ［guì jī］

会稽氏，《中国古今姓氏辞典》载："夏少康封子于会稽，遂为会稽氏。（见《元和姓纂》）"[6]

郭 ［guō］

羌人、后秦国主姚兴尊崇儒学，重用儒者，其中就有冯翊的郭高。《晋书·载记》载："天水姜龛、东平淳于岐、冯翊郭高等皆著儒硕德，经明修行，各门徒数百，教授长安，诸生自远而至者万数千人。"[7]《宋史·吐蕃传》有郭

---

① ［清］张澍：《姓氏寻源》，岳麓书社，1992年，第321~322页。
② ［元］脱脱等：《宋史》，中华书局，1985年，第4753页。
③ ［元］脱脱等：《宋史》，中华书局，1985年，第14160页。
④ ［元］脱脱等：《宋史》，中华书局，1985年，第11063页。
⑤ ［元］脱脱等：《宋史》，中华书局，1985年，第11090页。
⑥ 慕容翊：《中国古今姓氏辞典》，黑龙江人民出版社，1985年，第72页。
⑦ ［唐］房玄龄等：《晋书》，中华书局，1974年，第2979页。

氏，"三月，秦州曹玮言熟户郭厮敦、赏样丹皆大族，样丹辄作文法谋叛，厮敦密以告，约半月杀之，至是，果携样丹首来。"① 《羌族史》有郭羌，"北朝末年的郭羌，他的家族既与氐姓的蒲氏为婚，又与羌姓的雷氏为婚。"②

郭莽 ［guō mǎng］

西羌有郭莽族。《续资治通鉴长编》（卷 67）载："府州又言唐龙镇略夺芦子塞郭莽族人马，诏转运司理还之。"③

国 ［guó］

国氏，《通志略·氏族略第三》载："齐有国氏姜姓。其先共伯。齐之公族也。"④ 《潜夫论》载："轩氏、驷氏、丰氏、游氏、国氏、然氏、孔氏、羽氏、良氏、大李氏。十族之祖，穆公之子也，各以字为氏。"⑤

H

韩 ［hán］

韩氏，《潜夫论》载："凡桓叔之后，有韩氏、言氏、婴氏、祸余氏、公族氏、张氏，此皆韩后，姬姓也。"⑥ 党项羌有韩氏，《册府元龟》卷九百七十二载："十二月党项薄备香来贡良马其妻韩氏进驰马。"⑦ 《羌族通史》载："松坪沟土百户，其先韩腾，明末征河西诸番有功授职。"⑧ 《茂州志·选举志·道光》有韩姓，为建平丙午状元。⑨ 《茂县民间文化集成·赤不苏片区卷》载茂县雅都乡雅都村嘻嘻寨有韩氏墓葬，该墓葬大约修建于清朝年间。⑩ 今理县蒲溪村有韩姓羌族民歌代表性传承人⑪。

韩玉 ［hán yù］

党项羌西夏有韩玉氏，《李范文西夏学论文集》记载，"韩玉氏：《书史荟

① ［元］脱脱等：《宋史》，中华书局，1985 年，第 14159 页。
② 冉光荣、李绍明、周锡银：《羌族史》，四川民族出版社，1985 年，第 146 页。
③ ［宋］李焘：《续资治通鉴长编》，中华书局，2004 年，第 1505 页。
④ ［宋］郑樵：《通志略》，上海古籍出版社，1990 年，第 52 页。
⑤ ［汉］王符：《潜夫论》，辽宁教育出版社，2001 年，第 75 页。
⑥ ［汉］王符：《潜夫论》，辽宁教育出版社，2001 年，第 75 页。
⑦ ［宋］王钦若等：《册府元龟》，中华书局，1960 年，第 11421 页。
⑧ 耿少将：《羌族通史》，上海人民出版社，2010 年，第 297 页。
⑨ 《阿坝州文库》编委会：《茂州志》，四川民族出版社，2013 年，第 102 页。
⑩ 茂县民间文化集成收集整理出版编辑部：《茂县民间文化集成·赤不苏片区卷》，中央民族大学出版社，2015 年，第 333 页。
⑪ 四川省音乐舞蹈研究所：《羌族文化传承人纪实录》，四川科学技术出版社，2012 年，第 45 页。

要》有韩玉伦都，字克庄，西夏人。"①

函井 [hán jǐng]

函井氏，《姓氏寻源》记载，"澍按：颜师古曰：羌有姓罕开者，是罕开之类，合而言之，因为姓耳，开变为井，字之讹也。周四面像碑有函井姓六人，是罕开又变为函井矣。王兰泉侍郎作南井，误。"②《宋本广韵》载："又羌复姓有罕井氏"③。《汉书·赵充国传》有罕羌，"罕羌未有所犯。"④《中国古今姓氏辞典》载："羌姓。《周四面像碑》有函井姓六人。"⑤

罕开 [hǎn jiān]

罕开氏，《姓氏寻源》记载，"澍按：《后汉书》云：罕开氏，西羌姓，开音坚。《氏族略》作开井氏，误。据颜师古说，后讹为罕井氏也，后又讹函井。"⑥《后汉书·西羌传》有罕种羌，"罕种羌千余寇北地，北地太守贾福与赵冲击之，不利。"⑦《羌族史》载："罕、开羌后来多徙居于陕西关中各地，至今这些地方尚有以'罕开'命名的村落。"⑧ "北魏时期有不少羌人散居北方，有些是著名的大姓，比如南安姚氏和雷氏、枹罕彭氏、冯翊王氏、党氏和不蒙氏、关西屈男氏与莫折氏、上党同琄氏、宁州荔非氏、夏州弥姐氏、天水罕开氏等等。"⑨

罕井 [hǎn jǐng]

罕井氏，《北朝胡姓考（修订本）》载："天水罕井氏，本羌族罕种、井种之归汉者，以种名为氏。"⑩《通志略·氏族略第五》有罕井氏⑪。函井、罕开、罕井当为同一姓氏的不同汉译写法。

郝 [hǎo]

郝氏，《古今姓氏书辩证》云："唐有三王蛮，白马氏之遗种，杨、刘、郝

① 李范文：《李范文西夏学论文集》，中国社会科学出版社，2012年，第537页。
② [清] 张澍：《姓氏寻源》，岳麓书社，1992年，第290~291页。
③ [宋] 陈彭年：《宋本广韵》，中国书店，1982年，第264页。
④ [汉] 班固：《汉书》，中华书局，1962年，第2981页。
⑤ 慕容翊：《中国古今姓氏辞典》，黑龙江人民出版社，1985年，第75页。
⑥ [清] 张澍：《姓氏寻源》，岳麓书社，1992年，第352页。
⑦ [宋] 范晔：《后汉书》，中华书局，1965年，第2896页。
⑧ 冉光荣、李绍明、周锡银：《羌族史》，四川民族出版社，1985年，第60页。
⑨ 冉光荣、李绍明、周锡银：《羌族史》，四川民族出版社，1985年，第134页。
⑩ 姚薇元：《北朝胡姓考（修订本）》，中华书局，2007年，第361页。
⑪ [宋] 郑樵：《通志略》，上海古籍出版社，1990年，第87页。

三族，世袭为王。"①白马氏即白马羌。

号 [hào]

号氏，《姓氏寻源》记载，"澍按：号，西羌姓也。见《汉书》。"②《后汉书·西羌传》有"号吾"、效功种羌"号封"、陇西种羌"号良"。"至元和三年，迷吾复与弟号吾诸杂种反叛。秋，号吾先轻入寇陇西界，郡督烽掾李章追之，生得号吾，将诣郡。号吾曰：'独杀我，无损于羌。诚得生归，必悉罢兵，不复犯塞。'"③"秋，任尚复募效功种号封刺杀零昌，封号封为羌王。"④"六年春，勒姐种与陇西种羌号良等通谋欲反，马贤逆击之于安故，斩号良及种人数百级，皆降散。"⑤"六年春，勒姐种与陇西种羌号良等通谋欲反，马贤逆击之于安故，斩号良及种人数百级，皆降散。"⑥《氏与羌》载："同年，金城郡的烧当羌首领号多与参加零昌政权的当煎、勒姐大豪，共约众羌南下，分兵攻打武都和汉中两郡。"⑦《二十六史大辞典·人物卷》载先零羌有号封、号良、号多⑧。

何 [hé]

西羌有何氏，《茂州志·土司》载："陇木长官司何棠之，其先杨文贵，于宋时随剿罗打鼓有功授职。明洪武四年（1371）颁给印信，嘉靖年间土司杨翱随总兵何卿征白草生番，著有劳绩，命改何姓。"⑨《羌族史》载："陇木长官司何棠之，世祖顺治九年（公元 1652 年）降，圣祖康熙二十四年（公元 1685年）颁给印信号纸，住陇木。辖二百六十七户，年纳麦粮十三石一斗八升，黄豆三十六石五斗，黄蜡三十六斤。"⑩《茂县民间文化集成·赤不苏片区卷》载茂县曲谷乡河东村牙娃寨有何氏墓葬碑，该墓修建于清光绪十四年（1888年）。⑪《茂县志》载有何雨农（1920—1996），茂县凤仪镇水西村人。1935 年

①　[宋] 邓名世：《古今姓氏书辩证》，江西人民出版社，2006 年，第 187 页。
②　[清] 张澍：《姓氏寻源》，岳麓书社，1992 年，第 454 页。
③　[宋] 范晔：《后汉书》，中华书局，1965 年，第 2881 页。
④　[宋] 范晔：《后汉书》，中华书局，1965 年，第 2891 页。
⑤　[宋] 范晔：《后汉书》，中华书局，1965 年，第 2891 页。
⑥　[宋] 范晔：《后汉书》，中华书局，1965 年，第 2891 页。
⑦　马长寿：《氏与羌》，广西师范大学出版社，2006 年，第 114 页。
⑧　王和：《二十六史大辞典·人物卷》，吉林人民出版社，1993 年，第 210 页。
⑨　《阿坝州文库》编委会：《茂州志·道光》，四川民族出版社，2013 年，第 87 页。
⑩　冉光荣、李绍明、周锡银：《羌族史》，四川民族出版社，1985 年，第 248 页。
⑪　茂县民间文化集成收集整理出版编辑部：《茂县民间文化集成·赤不苏片区卷》，中央民族大学出版社，2015 年，第 327 页。

5月参加红军。获中华人民共和国三级八一勋章、二级独立自由勋章、二级解放勋章。① 何永康（1908—1988）别名何天寿，茂县凤仪镇甘青村人。1935年5月参加红军。② 今茂县松坪沟乡岩窝村有何姓羌族民间歌曲代表性传承人③。

何郎 [hé láng]

有河州羌何郎氏，《宋史·唃厮啰传》载："河州羌何郎业贤客高昌"④。《续资治通鉴长编》载："河州羌何郎业贤客高昌，见厮啰貌奇伟，挈以归"⑤。

河壖 [hé ruán]

党项有河壖部，《辽史·太宗纪》载："及从太祖破于厥里诸部，定河壖党项下山西诸镇，取回鹘单于城，东平渤海，破达卢古部，东西万里，所向皆有功。"⑥

河西 [hé xī]

党项羌有河西羌部，《宋史·党项传》载："端拱元年三月，火山军言河西羌部直荡族内附。"⑦

曷鲁 [hé lǔ]

党项有曷鲁氏，《辽史·圣宗纪》载："党项长曷鲁来贡。"⑧

贺 [hè]

姜姓后有贺氏，《中国古今姓氏辞典》载："贺氏即庆氏也。姜姓，齐桓公之支庶也；汉时避安帝讳改为贺氏。（见《通志·氏族略·以字为氏》）。贺兰氏、贺赖氏、贺敦氏，后俱改为贺氏。（见《魏书·官氏志》）"⑨《通志略·氏族略第三》载："即庆氏也。姜姓齐桓公之支庶也。……避安帝父讳改为贺

① 四川省茂县地方志编纂委员会：《茂县志：1988—2005》，方志出版社，2010年，第751~752页。
② 四川省茂县地方志编纂委员会：《茂县志：1988—2005》，方志出版社，2010年，第748页。
③ 四川省音乐舞蹈研究所：《羌族文化传承人纪实录》，四川科学技术出版社，2012年，第40页。
④ [元]脱脱等：《宋史》，中华书局，1985年，第14160页。
⑤ [宋]李焘：《续资治通鉴长编》，中华书局，2004年，第1877页。
⑥ [元]脱脱等：《辽史》，中华书局，1974年，第27页。
⑦ [元]脱脱等：《宋史》，中华书局，1985年，第14140页。
⑧ [元]脱脱等：《辽史》，中华书局，1974年，第189页。
⑨ 慕容翊：《中国古今姓氏辞典》，黑龙江人民出版社，1985年，第79页。

氏。"① 今茂县松坪沟乡岩窝村有贺姓羌族民间乐器与器乐代表性传承人②。

鹤剌 [hè cì]

鹤剌氏,《辽史·营卫志》载:"鹤剌唐古部。与南唐古部。节度使属西南面招讨司。"③"唐古"即为"唐古特""唐古忒"。元朝时蒙古人称党项人及其所建立的西夏政权为唐兀或唐兀惕,为党项别称。

黑肱 [hēi gōng]

黑肱氏,《通志略·氏族略第四》载:"芈姓。楚共王之子公子黑肱之后也。黑肱字子晰。"④《潜夫论》载:"田公氏、舒坚氏、鲁阳氏、黑肱氏,皆芈姓也。"⑤《羌族社会历史调查》记汶川绵池公社有寨盘业主"黑苏"⑥。

红 [hóng]

红氏,《中国姓氏辞典》载:"出自芈姓。春秋时,楚国公族有熊渠,其长子熊挚,字红,受封于鄂,其支孙以王父(祖父)之字'红'为氏。"⑦

洪 [hóng]

洪氏,《宋本广韵》记载,"洪:大也,亦姓,共工氏之后,本姓共工氏后改为洪氏"⑧。《中国古今姓氏辞典》载:"共工氏之后,本姓共氏,因避仇改为洪氏。(见《元和姓纂》)"⑨

侯 [hóu]

侯氏。中华人民共和国成立前茂县黑虎乡有侯姓农民。⑩

后 [hòu]

后氏,《中国古今姓氏辞典》载:"共工氏之子句龙为后土。子孙以为氏。

---

① [宋] 郑樵:《通志略》,上海古籍出版社,1990 年,第 53 页。
② 四川省音乐舞蹈研究所:《羌族文化传承人纪实录》,四川科学技术出版社,2012 年,第 53 页。
③ [元] 脱脱等:《辽史》,中华书局,1974 年,第 391 页。
④ [宋] 郑樵:《通志略》,上海古籍出版社,1990 年,第 63 页。
⑤ [汉] 王符:《潜夫论》,辽宁教育出版社,2001 年,第 71 页。
⑥ 《中国少数民族社会历史调查资料丛刊》修订编辑委员会:《羌族社会历史调查》,民族出版社,2009 年,第 141 页。
⑦ 陈明远、汪宗虎:《中国姓氏辞典》,北京出版社,1995 年,第 166 页。
⑧ [宋] 陈彭年:《宋本广韵》,中国书店,1982 年,第 10 页。
⑨ 慕容翊:《中国古今姓氏辞典》,黑龙江人民出版社,1985 年,第 81 页。
⑩ 《中国少数民族社会历史调查资料丛刊》修订编辑委员会:《羌族社会历史调查》,民族出版社,2009 年,第 98 页。

（见《风俗通》）（按：后土，迷信称为土神，即灶神）"①

忽 ［hū］

忽氏，属稀少姓氏，多见于云南、河南等地，蒙古族、回族、汉族均有忽姓。忽姓在云南，以巍山彝族回族自治县最为集中。《羌族社会历史调查》记汶川县绵池公社有寨盘业主"忽昔西"②。

呼 ［hū］

西夏党项羌有呼氏，《李范文西夏学论文集》记载，"呼氏：《宋史》有呼珍。"③

胡 ［hú］

胡氏，《中国古今姓氏辞典》载："帝舜之后胡公封陈，子孙以谥为姓。（见《元和姓纂》)"④ 据《茂州志·选举志·道光》载：明代年间，茂州有胡姓，胡钰，列贡。⑤ 今茂县有胡姓⑥。

胡家门 ［hú jiā mén］

党项有胡家门族。《宋史·张凝传》载："庆州蕃族胡家门等桀黠难制，凝因袭破之。"⑦

鹘 ［hú］

党项羌有鹘氏，《册府元龟》（卷九百七十五）载："外臣部褒异第三六月丁未。党项鹘揽支来降。"⑧

华胥 ［huá xū］

《潜夫论·五德志》载："大人迹出雷泽，华胥履之生伏羲。"⑨《三皇五帝时代（上册）》载："伏羲的母亲……住在现在的甘肃华亭、华池、合水一带的

① 慕容翊：《中国古今姓氏辞典》，黑龙江人民出版社，1985年，第82页。
② 《中国少数民族社会历史调查资料丛刊》修订编辑委员会：《羌族社会历史调查》，民族出版社，2009年，第141页。
③ 李范文：《李范文西夏学论文集》，中国社会科学出版社，2012年，第536页。
④ 慕容翊：《中国古今姓氏辞典》，黑龙江人民出版社，1985年，第83页。
⑤ 《阿坝州文库》编委会：《茂州志》，四川民族出版社，2013年，第104页。
⑥ 《中国少数民族社会历史调查资料丛刊》修订编辑委员会：《羌族社会历史调查》，民族出版社，2009年，第45页。
⑦ ［元］脱脱等：《宋史》，中华书局，1985年，第9480页。
⑧ ［宋］王钦若等：《册府元龟》，中华书局，1960年，第11456页。
⑨ ［汉］王符：《潜夫论》，辽宁教育出版社，2001年，第66页。

河边，被称为'华胥氏'。"① 而那时这些地方正是先羌族人居住之地。

邧 [huán]

邧氏，《姓氏寻源》载："《潜夫论》云：帝尧之后有邧氏。"②

桓 [huán]

桓氏，《通志略·氏族略第四》载："姜姓。齐桓公之后。以谥为氏。"③

黄 [huáng]

党项羌有黄族。《续资治通鉴长编》载："鄜延经略司言，西界先掠过黄族军主黄移都等四十九人，今投本族住坐。"④ 今岷江上游地区羌族也有黄姓。

黄罗 [huáng luó]

党项羌有黄罗部族。《续资治通鉴长编》载："又破庞青、黄罗部，再战于伺候峰，前后斩首三百八十七级"⑤。

黄乜 [huáng niè]

党项羌有黄乜族。《宋史·党项传》："二年七月，以黄乜族降户七百余散于银、夏州旧地处之。"⑥

黄女 [huáng nǔ]

党项羌有黄女族。《宋史·折御卿传》载："咸平二年，河西黄女族长蒙异保及惟昌所部啜讹引赵保吉之众入寇麟州万户谷，进至松花砦，惟昌与从叔同巡检使海超、弟供奉官惟信率兵赴战。"⑦

浑 [hún]

浑氏，《姓氏寻源》记载，"澍按：路岩义昌军节度使浑侐公神道碑云：其先姜姓之后，汉浑邪五之裔。"⑧ 西夏有浑氏。"浑氏：《交聘表》有浑进忠、浑光中。"⑨《金史·交聘表》载："三月丁巳朔，夏武功大夫浑进忠、宣德郎

① 王大有：《三皇五帝时代（上册）》，中国时代经济出版社，2005年，第96页。
② ［清］张澍：《姓氏寻源》，岳麓书社，1992年，第122页。
③ ［宋］郑樵：《通志略》，上海古籍出版社，1990年，第77页。
④ ［宋］李焘：《续资治通鉴长编》，中华书局，2004年，第3813页。
⑤ ［宋］李焘：《续资治通鉴长编》，中华书局，2004年，第3179页。
⑥ ［元］脱脱等：《宋史》，中华书局，1985年，第14140页。
⑦ ［元］脱脱等：《宋史》，中华书局，1985年，第8863页。
⑧ ［清］张澍：《姓氏寻源》，岳麓书社，1992年，第133页。
⑨ 李范文：《李范文西夏学论文集》，中国社会科学出版社，2012年，第533页。

王德昌等贺万春节。"①

J

稽 [jī]

稽氏，《中国姓氏辞典》记载，"据《元和姓纂》所载：夏少康封子季杼于会稽，遂有会稽氏，简为单姓稽氏。"②

嵇 [jī]

嵇氏，《中国姓氏辞典》载："由稽氏而来。"③

饥 [jī]

饥氏，《姓氏寻源》记载，"《潜夫论》云：饥，殷旧族。《广韵》云：《左传》殷民七族有饥民。澍按：《史记》西伯伐饥国，本作阢，音祁，即耆黎也。《左传》作饥。又按：汉西羌沈氏大豪有饥姓，饥恬是也。又当煎种大豪有饥姓，饥五是也。均见《汉书》。"④《潜夫论》载："及徐氏、萧氏、索氏、长勺氏、陶氏、繁氏、骑氏、饥氏、樊氏、荼氏，皆殷氏旧姓也。"⑤《后汉书·西羌传》有饥五、饥指累祖，"时当煎种大豪饥五等，以贤兵在张掖，乃乘虚寇金城，贤还军追之出塞，斩首数千级而还。"⑥ "二年春，广汉属国都尉击破之，斩首六百余级，马贤又击斩其渠帅饥指累祖等三百级，于是陇右复平。"⑦饥五，"当煎羌大豪。安帝永宁元年，以骑都尉马贤兵在张张掖，乃乘虚寇金城，贤还军追之出塞，斩首数千级"⑧。饥指累祖：（？—137）东汉时羌人首领。羌族（白马羌）。武都塞上白马羌攻破屯官，连年反抗东汉王朝。永和二年（137 年）春，先广汉属国都尉率兵击败白马羌造反部众，接着校尉马贤又率兵将白马羌渠帅饥指累祖等三百余人杀死⑨。

吉 [jī]

后秦姚兴时有吉氏，《晋书·载记》载："京兆杜瑾、冯翊吉默、始平周宝

---

① [元] 脱脱等：《金史》，中华书局，1975 年，第 1425 页。
② 陈明远、汪宗虎：《中国姓氏辞典》，北京出版社，1995 年，第 187 页。
③ 陈明远、汪宗虎：《中国姓氏辞典》，北京出版社，1995 年，第 187 页。
④ [清] 张澍：《姓氏寻源》，岳麓书社，1992 年，第 44 页。
⑤ [汉] 王符：《潜夫论》，辽宁教育出版社，2001 年，第 76 页。
⑥ [宋] 范晔：《后汉书》，中华书局，1965 年，第 2892 页。
⑦ [宋] 范晔：《后汉书》，中华书局，1965 年，第 2894 页。
⑧ 王和：《二十六史大辞典·人物卷》，吉林人民出版社，1993 年，第 210 页。
⑨ 刘德仁：《中国少数民族名人辞典·古代》，四川辞书出版社，1989 年，第 349 页。

等上陈时事，皆擢处美官。"①

岌伽罗腻 [jí jiā luó nì]

党项羌有岌伽罗腻族。《宋史·党项传》载："岌伽罗腻十四族拒命，宪等纵兵斩首千余级，俘擒百人，焚千余帐，获马牛羊七千计。"② 《宋史·尹宪传》作"岌伽罗腻叶"，"岌伽罗腻叶十四族，及诱其渠帅。"③ 《宋史·太宗纪》有："六月甲戌朔，河西行营言，获岌罗赋等十四族，焚千余帐。"④ 《宋史·郭守文传》又作"岌罗腻"，"破夏州盐城镇岌罗腻等十四族，斩首数千级，俘获生畜万计。"⑤

岌拖 [jí tuō]

党项羌有岌拖族。《宋史·周仁美传》载："时牛耶泥族累岁为寇，……又与思恭讨募窟泉岌拖族，格斗斩八十余级。"⑥

籍辣 [jí là]

西夏籍辣氏，《中国少数民族名人辞典·古代》记载，"籍辣思义：西夏将领。党项族。宝庆二年（1226年）成吉思汗率蒙古军攻西夏，时思义守沙州。蒙古大将阿答赤派忽都铁穆尔招抚，思义伪降，设伏突袭，几乎擒阿答赤。蒙古军怒，全力攻城，思义率军坚守之。敌军夜掘穴攻城，他识破敌计，以火攻，蒙兵多死。相持一月余，城破。"⑦ 西夏又有天籍辣氏，《金史·交聘表》载："八月庚子，夏武节大夫天籍辣忠毅、宣德郎王安道贺天寿节"⑧。"籍辣氏"与"天籍辣氏"或为一氏之异也。《李范文西夏学论文集》记载，"天籍辣氏：《续通志》作台楚噜氏。"⑨

己 [jǐ]

己氏，《姓氏寻源》记载，"《九州要记》云：己氏本戎君之姓。"⑩《世本》云："己姓，出自少皞。"⑪

---

① [唐] 房玄龄等：《晋书》，中华书局，1974年，第2979页。
② [元] 脱脱等：《宋史》，中华书局，1985年，第14139~14140页。
③ [元] 脱脱等：《宋史》，中华书局，1985年，第9409页。
④ [元] 脱脱等：《宋史》，中华书局，1985年，第76页。
⑤ [元] 脱脱等：《宋史》，中华书局，1985年，第8995页。
⑥ [元] 脱脱等：《宋史》，中华书局，1985年，第9491页。
⑦ 刘德仁：《中国少数民族名人辞典·古代》，四川辞书出版社，1989年，第67页。
⑧ [元] 脱脱等：《金史》，中华书局，1975年，第1471页。
⑨ 李范文：《李范文西夏学论文集》，中国社会科学出版社，2012年，第535页。
⑩ [清] 张澍：《姓氏寻源》，岳麓书社，1992年，第300页。
⑪ [东汉] 宋衷：《世本》，时代文艺出版社，2008年，第30页。

纪 [jǐ]

纪氏，《中国古今姓氏辞典》载："出自姜姓，炎帝之后，封纪侯，为齐所灭，因以国为氏。（见《元和姓纂》)"①《通志略·氏族略第二》载："炎帝之后。侯爵。姜姓。"②《古今姓氏书辩证》记载，"纪：出自姜姓炎帝之后，封为纪侯，其地东莞剧县是也。纪侯尝谮齐哀公于周，周烹之。《春秋》鲁庄公四年，齐襄公复九世之仇，灭纪，纪侯义不下齐，大去其国，君子善之。子孙以国为氏。"③

计 [jì]

计氏，《中国古今姓氏辞典》载："禹后有计氏。（见《路史》)"④

季连 [jì lián]

季连氏，《世本》载："六曰季连，是为芈姓者。芈姓者，楚是也。"⑤《通志略·氏族略第四》载："芈姓。鬼方氏。陆终第六子季连。因氏焉。"⑥

季融 [jì róng]

季融氏，《通志略·氏族略第四》载："芈姓。世本。楚鬭廉生季融。子孙氏焉。"⑦《世本》载："楚斗廉生季融。子孙氏焉。"⑧

乩 [jiā]

乩氏，《姓氏寻源》记载，"澍按：乩音伽，西夏有乩姓，字亦作皂，《字汇补》罕东卫姓也。盖以地为氏。"⑨《李范文西夏学论文集》记载，"乩姓：《宋史·真宗纪》有蕃将官乩庆。"⑩《宋史·党项传》有乩遇，"环州熟仓族乩遇略夺继迁牛马三十余，继迁令人招抚之"⑪。

乩剟庆 [jiā zhé qìng]

党项羌有乩剟庆族。《宋史·党项传》载："四月，继迁寇洪德砦，酋长庆

① 慕容翊：《中国古今姓氏辞典》，黑龙江人民出版社，1985年，第92页。
② [宋] 郑樵：《通志略》，上海古籍出版社，1990年，第24页。
③ [宋] 邓名世：《古今姓氏书辩证》，江西人民出版社，2006年，第311页。
④ 慕容翊：《中国古今姓氏辞典》，黑龙江人民出版社，1985年，第92页。
⑤ [东汉] 宋衷：《世本》，时代文艺出版社，2008年，第3页。
⑥ [宋] 郑樵：《通志略》，上海古籍出版社，1990年，第58页。
⑦ [宋] 郑樵：《通志略》，上海古籍出版社，1990年，第63页。
⑧ [东汉] 宋衷：《世本》，时代文艺出版社，2008年，第37页。
⑨ [清] 张澍：《姓氏寻源》，岳麓书社，1992年，第197页。
⑩ 李范文：《李范文西夏学论文集》，中国社会科学出版社，2012年，第538页。
⑪ [元] 脱脱等：《宋史》，中华书局，1985年，第14142页。

香与乩鉖庆族合势击之，以砦兵策援，大败继迁"①。《续资治通鉴长编》载："李继迁入寇，蕃官庆香、乩鉖庆等族相与角斗。"②

茄罗［jiā luó］

茄罗氏，《姓氏寻源》记载，"《广韵》云：夷，复姓也。澍按：西夏有茄罗姓，或作茹罗。"③ "茄罗、兀赃、成王是三个族名，收入《吐蕃传》中，应为三吐蕃部族，故不应收入西夏姓氏之中。"④ 《李范文西夏学论文集》载："茄罗氏、兀贼氏、成三氏：均非西夏姓氏，而为吐蕃部族。"⑤ "兀贼氏"应为"兀赃氏"，"成三氏"应为"成王氏"。《宋史·党项传》载："九月，镇戎军言，先叛去熟魏族酋长茄罗、兀赃、成王等三族应诏抚谕，各率属来归。"⑥另春秋时淮河流域有一小国叫茄（音 jiā）国，是楚国的附庸，后被楚国所灭，或有茄国人以茄为姓。

家口［jiā kǒu］

党项羌有家口族。《宋史·狄青传》载："宝元初，赵元昊反，……破金汤城，略宥州，屠庞咩、岁香、毛奴、尚罗、庆七、家口等族，燔积聚数万，收其帐二千三百，生口五千七百。"⑦

嘉舒［jiā shū］

党项羌有嘉舒族。《续资治通鉴长编》载："西界唐龙镇嘉舒、克顺等七族去汉界不远，可因西北交争之际，量援以兵马，而预为招纳之。"⑧

贾［jiǎ］

贾氏，《历代碑刻契文族谱》中"入赘契约"记有茂县白水寨有贾姓人氏。⑨

开［jiān］

开氏，《姓氏寻源》记载，"《汉书·赵充国传》注：苏林曰：罕、开在金

---

① ［元］脱脱等：《宋史》，中华书局，1985 年，第 14145 页。

② ［宋］李焘：《续资治通鉴长编》，中华书局，2004 年，第 1188 页。

③ ［清］张澍：《姓氏寻源》，岳麓书社，1992 年，第 194 页。

④ 汤开建：《张澍〈西夏姓氏录〉订误》，载《兰州大学学报（社会科学版）》，1982 年第 4 期，第 67 页。

⑤ 汤开建：《张澍〈西夏姓氏录〉订误》，载《兰州大学学报（社会科学版）》，1982 年第 4 期，第 538 页。

⑥ ［元］脱脱等：《宋史》，中华书局，1985 年，第 14146 页。

⑦ ［元］脱脱等：《宋史》，中华书局，1985 年，第 9718 页。

⑧ ［宋］李焘：《续资治通鉴长编》，中华书局，2004 年，第 3709 页。

⑨ 《阿坝州文库》编委会：《历代碑刻契文族谱》，四川民族出版社，2013 年，第 94 页。

城南。颜师古曰：罕、开羌之别种也。此下言遣开豪雕库宣天子至德，罕、开之属皆闻知明诏，其下又云河南大开、小开，则罕羌、开羌姓族别矣。开，音口坚反。而《地理志》天水有罕开县，盖以此二种羌来降，处之此地，因以名县也。而今之羌姓有罕开者，总是罕开之类，合而言之，因为姓耳。开讹为井，字之讹也。澍按：后又讹为函井。"①《汉书·赵充国传》载："……先零、罕、开（开）乃解仇作约。"②

寋［jiǎn］

寋氏，今茂县土门有此姓。③

籛［jiǎn］

籛氏，《世本》云：陆终第三子籛铿。"籛铿，是为彭祖。彭祖者，彭城是也。姓籛，名铿。"④《宋史·苗履传》载："诏同王赡取青唐，与姚雄合兵讨岷羌籛罗结。赡将李忠战败，罗结大集众，宣言欲围青唐。"⑤

建［jiàn］

建氏，《通志略·氏族略第四》载："芈姓。风俗通楚太子建之后。"⑥

贱遇［jiàn yù］

党项羌有贱遇族。《续资治通鉴长编》载："镇戎军为泾、原、仪、渭北面扞蔽，又为环、庆、原、渭、仪、秦熟户所依，正当回鹘、西凉六谷、咩逋、贱遇、马臧梁家诸族之路。"⑦

姜［jiāng］

姜氏，《世本》载："炎帝，姜姓，炎帝即神农氏。"⑧《国语·周语》有"姜氏之戎"，"王不听。三十九年，战于千亩，王师败绩于姜氏之戎。"⑨《后汉书·西羌传》载："西羌之本，出自三苗，姜姓之别种也。"⑩《宋本广韵》

---

① ［清］张澍：《姓氏寻源》，岳麓书社，1992年，第157页。
② ［汉］班固：《汉书》，中华书局，1962年，第2973页。
③ 《中国少数民族社会历史调查资料丛刊》修订编辑委员会：《羌族社会历史调查》，民族出版社，2009年，第20页。
④ ［东汉］宋衷：《世本》，时代文艺出版社，2008年，第3页。
⑤ ［元］脱脱等：《宋史》，中华书局，1985年，第11069页。
⑥ ［宋］郑樵：《通志略》，上海古籍出版社，1990年，第62页。
⑦ ［宋］李焘：《续资治通鉴长编》，中华书局，2004年，第1090～1091页。
⑧ ［东汉］宋衷：《世本》，时代文艺出版社，2008年，第29页。
⑨ ［春秋］左丘明：《国语》，时代文艺出版社，2008年，第4页。
⑩ ［宋］范晔：《后汉书》，中华书局，1965年，第2869页。

记载，"姜：姓也，出天水，齐姓，本自炎帝居于姜水，因为氏，汉初以豪族徙关中，遂居天水也。"①《姓氏寻源》记载，"澍按：《说文》云：神龙居于姜水，因以为姓，《晋语》司空季子曰：炎帝以姜水成，故炎帝为姜姓。《水经·渭水注》云：岐水又东，迳姜水城南为姜水。引《帝王世纪》炎帝，神农氏姜姓，母女登游华阳，感神而生炎帝于姜水，是其地。汉初以豪族徙关中，遂居天水。《古史考》云：吕尚姓姜，名牙，炎帝之裔，伯夷之后，掌四岳有功，封之于吕。子孙从其封姓。《荒史》云：姜子牙之长子名灶，后改曰伋，封于营丘，次子寿封甫，成王时以少子姜容为虎贲氏。又按：羌有姜姓，羌酋姜聪刺河南王吐延者。见《后秦录》。周宣皇齐天元改姓高者，为姜氏。唐桓廷昌上元中准制改为姜氏。"②《羌族社会历史调查》载：羌人信奉姜子牙，今天羌族释比唱经中还有关于向姜太公还鸡愿经段③。《中国古今姓氏辞典》载："姓也，出天水，本自炎帝，居于姜水，因为氏。……〈三国蜀汉〉姜维，天水人，征西将军。"④《通志略·氏族略第三》载："姓也。炎帝生于姜水。因生以为姓。其后太公封于齐。"⑤《古今姓氏书辩证》载："后秦天水姜训，为姚苌大将军掾。姜虬，为抚军东曹掾。姜纪为威将军。"⑥《羌族通史》载："吐谷浑死后，长子吐延即位，'为昂城羌酋姜聪所刺，剑犹在体呼子叶延语其大将……'"⑦《中国少数民族名人辞典·古代》载：姜维（202—264），字伯约，羌族。⑧ 天水冀县（今甘肃甘谷东南）人。三国时蜀汉名将，官至大将军。少年时和母亲住在一起，喜欢儒家大师郑玄的学说。因为父亲姜冏战死，姜维被郡里任命为中郎。

姜葛 [jiāng gě]

姜葛氏，《羌族通史》载："羊同部落兴起于南北朝时期，于隋唐之交建立奴隶制国家，是吐蕃统一青藏高原前西藏地区的一个强大羌族部落，南北朝时期一度领有西藏大部分地区。"⑨《通典·边防》（卷一百九十）载："大羊同东

---

① ［宋］陈彭年：《宋本广韵》，中国书店，1982年，第154页。
② ［清］张澍：《姓氏寻源》，岳麓书社，1992年，第207~208页。
③ 《中国少数民族社会历史调查资料丛刊》修订编辑委员会：《羌族社会历史调查》，民族出版社，2009年，第172页。
④ 慕容翊：《中国古今姓氏辞典》，黑龙江人民出版社，1985年，第97页。
⑤ ［宋］郑樵：《通志略》，上海古籍出版社，1990年，第47页。
⑥ ［宋］邓名世：《古今姓氏书辩证》，江西人民出版社，2006年，第192页。
⑦ 耿少将：《羌族通史》，上海人民出版社，2010年，第202页。
⑧ 刘德仁：《中国少数民族名人辞典·古代》，四川辞书出版社，1989年，第53页。
⑨ 耿少将：《羌族通史》，上海人民出版社，2010年，第207页。

接吐蕃西接小羊同……其王姓姜葛有四大臣分掌国事自古未通。大唐贞观十五年遣使来朝。"①《羌族史》记载，"羊同，《唐会要》载：'大羊同，东接吐蕃，西接小羊同，北直于阗，东西千里，胜兵八九万，辫发毡裘，畜牧为业。……其王姓姜葛，有四大臣，分掌国事……'"②

将具 〔jiāng jù〕

将具氏，《通志略·氏族略第四》载：姜姓。英贤传。齐太公子将具之后。见国语。"③

将钜 〔jiāng jù〕

将钜氏，《通志略·氏族略第四》载："即将具氏之讹也。"④

疆 〔jiāng〕

疆氏，《姓氏寻源》载："《潜夫论》疆氏，姜姓。"⑤

蒋 〔jiǎng〕

蒋氏为姬姓，出自周王族，乃周公旦第三子伯龄之后，以国名为氏。《茂州志·选举志·道光》载：康熙庚午举人蒋复隽任陕西崇信县。⑥

焦 〔jiāo〕

焦氏，《宋本广韵》记载，"焦：周武王封神农之后于焦，后以国为氏。"⑦《姓氏寻源》记载，"澍按：神农之后，乃姜姓，其所封，当别是一焦。"⑧ 西夏有焦氏，《宋史·夏国传》载："三十一年，立翰林学士院，以焦景颜、王金等为学士，俾修实录。"⑨《历代碑刻契文族谱》记理县薛城镇有"焦氏族谱"，该族谱载："盖焦姓出广平郡，其族以陕西极茂，唐宋以后，徙居川、滇、黔省最多。……是时，理番布衣焦瑛者起，愤举义师"⑩。今理县朴头梁子有唐摩崖碑，碑文有朝散大夫检校维州刺史上柱国焦淑。

① ［唐］杜佑：《通典》，中华书局，1984年，第1024页。
② 冉光荣、李绍明、周锡银：《羌族史》，四川民族出版社，1985年，第164页。
③ ［宋］郑樵：《通志略》，上海古籍出版社，1990年，第62页。
④ ［宋］郑樵：《通志略》，上海古籍出版社，1990年，第62页。
⑤ ［清］张澍：《姓氏寻源》，岳麓书社，1992年，第218页。
⑥ 《阿坝州文库》编委会：《茂州志》，四川民族出版社，2013年，第103页。
⑦ ［宋］陈彭年：《宋本广韵》，中国书店，1982年，第127页。
⑧ ［清］张澍：《姓氏寻源》，岳麓书社，1992年，第169页。
⑨ ［元］脱脱等：《宋史》，中华书局，1985年，第14025页。
⑩ 《阿坝州文库》编委会：《历代碑刻契文族谱》，四川民族出版社，2013年，第113页。

茭村 [jiāo cūn]

党项有茭村族。《续资治通鉴长编》载："壬戌，茭村族三班殿侍折马山为三班奉职。"①

结当 [jiē dāng]

党项羌有结当族。《续资治通鉴长编》329 卷载："照应葭芦川版筑，至葭芦故城及新寨等处逢贼，杀贼有功蕃官左侍禁、神木寨结当族巡检楚默亲斩六级。"②

结河 [jiē hé]

党项羌结河族。《宋史·王韶传》载："乃直扣定羌城，破结河族，断夏国通路，进临宁河，分命偏将入南山。"③

揭 [jiē]

西北边羌戎揭家族。《宋史·兵志》载："西路德靖砦，同都巡检所领揭家等八族，兵一千一百一十四、马一百五十。"④《续资治通鉴长编》（卷 137）载党项羌也有揭家族，"壬辰，以延州厥屯族军主香埋、归娘族军主阿讹并为副都军主，厥屯副军主吃埋、揭家族副军主李朝政并为军主，悖家族都虞候逈讹、苏尾族都虞候拓德遇、李文信并为副军主，鄜延部署司言其击贼有功也。"⑤

节 [jié]

节氏，《中国古今姓氏辞典》载："姜姓后有节氏，炎帝居生节茎，节姓宜出此，或符节令，以官为氏。（见《姓氏寻源》）"⑥《羌族通史》载："正德八年，土官节贵同子节孝引领羌人'攻围茂城七昼夜城中乏水，官军渴甚'。"⑦

撷利 [jié lì]

西羌有撷利族。《太平寰宇记》（卷之三十七）载："西南至蕃部撷利族一十五里"⑧。

---

① ［宋］李焘：《续资治通鉴长编》，中华书局，2004 年，第 3228 页。
② ［宋］李焘：《续资治通鉴长编》，中华书局，2004 年，第 793 页。
③ ［元］脱脱等：《宋史》，中华书局，1985 年，第 10581 页。
④ ［元］脱脱等：《宋史》，中华书局，1985 年，第 4753 页。
⑤ ［宋］李焘：《续资治通鉴长编》，中华书局，2004 年，第 3278~3279 页。
⑥ 慕容翊：《中国古今姓氏辞典》，黑龙江人民出版社，1985 年，第 100 页。
⑦ 耿少将：《羌族通史》，上海人民出版社，2010 年，第 198 页。
⑧ ［宋］乐史：《太平寰宇记》，中华书局，2007 年，第 788 页。

姐［jiě］

姐氏，又写作“姊”，中国姓氏，古读“zǐ”，今读作“jiě”。《中国古今姓氏辞典》载：“汉时西羌有姐姓。（见《汉书·冯奉世传注》）。《西魏》姐巩，羌人酋长。”①《汉书·冯奉世传》记载，“师古曰：彡，所廉反，又音先廉反，姐音紫。今西羌尚有此姓。而彡音先冉反。”②《新唐书·南蛮传》有姐羌，其后或有以姐为姓。“亦有姐羌，古白马氏之裔。”③

介［jiè］

介氏，《李范文西夏学论文集》记载，“介氏：汤文认为张氏将‘令介讹遇’误为‘介氏’，无‘介氏’，而有‘令介’氏”④。

金［jīn］

金氏，《姓氏寻源》记载，“澍按：《群辅录》云：伏羲臣金提靖繇俗。此金姓之始。《风俗通》云：少昊金天氏之后。《广韵》云：古金天氏之后。又汉休屠王太子曰磾字翁叔，事武帝，著忠孝节，帝以休屠作金人祭天，赐姓金氏，封秺侯。又按：东方朔本姓金氏，改为张。见《论衡》。苻秦时羌酋有金姓，金大黑、金洛生等是也。见《前秦录》。新罗国王姓金氏。见《唐书》。吴越避钱镠讳改刘为金氏。见《吴越备史》。元金履祥其先本刘氏，避钱镠嫌名改金氏。见《元史·儒学传》。又明末金声本程姓改。”⑤《晋书·载记》载：“纂遣师奴攻上郡羌酋金大黑、金洛生，大黑等逆战，大败之，斩首五千八百。”⑥《世本》载：“少昊，黄帝之子，名契，字青阳。黄帝没，契立，王以金德，号金天氏。”⑦

金明［jīn míng］

党项羌有金明族。《宋史·赵振传》载：“于是东茭、金明、万刘诸族胜兵数万，悉为贼所有。”⑧《续资治通鉴长编》有金明族，“于是东茭、金明万刘诸族胜兵数万，一旦不战，悉为贼所有，延州几殆，唯环庆独无患。”⑨

---

① 慕容翊：《中国古今姓氏辞典》，黑龙江人民出版社，1985年，第100页。
② ［汉］班固：《汉书》，中华书局，1962年，第3297页。
③ ［宋］欧阳修、宋祁：《新唐书》，中华书局，1975年，第6324页。
④ 李范文：《李范文西夏学论文集》，中国社会科学出版社，2012年，第537页。
⑤ ［清］张澍：《姓氏寻源》，岳麓书社，1992年，第277页。
⑥ ［唐］房玄龄等：《晋书》，中华书局，1974年，第2949页。
⑦ ［东汉］宋衷：《世本》，时代文艺出版社，2008年，第2页。
⑧ ［元］脱脱等：《宋史》，中华书局，1985年，第10462页。
⑨ ［宋］李焘：《续资治通鉴长编》，中华书局，2004年，第2981页。

金汤 〔jīn tāng〕

党项羌有金汤族,《宋史·赵振传》载:"时,金汤李钦、白豹神木马儿、高罗跛臧三族尤悍难制,振募降羌,啖以利,令相攻,破十余堡。"①

靳 〔jìn〕

靳氏,《中国姓氏辞典》记载,"出自芈性。据《古今姓氏书辨证》云:春秋时楚国有大夫靳尚,食采于靳,以邑名为氏。"②

噤埋 〔jìn mái〕

党项羌有噤埋一族。《太平寰宇记》(卷之三十六)载:"清远镇,管蕃部九:青天门一族,泥悉遄一族,罗泥一族,罗泥磨庆一族,噤埋一族,嗓你也移一族,封家一族,宗家一族,越邦一族。"③

荆 〔jīng〕

荆氏,《通志略·氏族略第二》载:"芈性。楚国旧号荆。此未号楚之前受氏也。燕有荆轲。望出广陵。"④《姓氏寻源》记载,"《辨证》云:荆氏,芈姓,鬻熊之后。季连封漫,其处亦曰荆,其后为氏。郑樵云:楚旧号,此未改国号之前受氏。澍按:庆姓改荆者,荆卿是也。《索隐》曰:荆轲先齐人,齐有庆氏。则或本姓庆。春秋庆封其后改姓贺,此亦至卫而改姓庆耳。庆荆声相近,故随所在国而异其姓也。"⑤

井 〔jǐng〕

井氏,《中国姓氏辞典》载:"出自姜姓。以邑名为氏。"⑥《羌族通史》载:"罕开合写为'井',其人便以井为姓,而其居住地也多以带'井'字为村落为名。"⑦ 罕、开,即罕羌和开羌,开羌也作开羌。

井坑 〔jǐng kēng〕

党项羌有井坑族。《宋史·崔峄传》载:"羌井坑族乱,潜兵讨平。"⑧

---

① 〔元〕脱脱等:《宋史》,中华书局,1985年,第10461页。
② 陈明远、汪宗虎:《中国姓氏辞典》,北京出版社,1995年,第211页。
③ 〔宋〕乐史:《太平寰宇记》,中华书局,2007年,第766页。
④ 〔宋〕郑樵:《通志略》,上海古籍出版社,1990年,第22页。
⑤ 〔清〕张澍:《姓氏寻源》,岳麓书社,1992年,第232页。
⑥ 陈明远、汪宗虎:《中国姓氏辞典》,北京出版社,1995年,第214页。
⑦ 耿少将:《羌族通史》,上海人民出版社,2010年,第55页。
⑧ 〔元〕脱脱等:《宋史》,中华书局,1985年,第9947页。

景 [jǐng]

景氏,《姓氏寻源》记载,"《广韵》云:景出齐景公之后,以谥为氏。景丑、景春,其后裔也。《姓苑》云齐景公之后。胡三省曰:以春秋时言之,晋、宋皆有景公,何独齐哉。澍按:出自楚公族之后,有景翠、景鲤、景阳、景舍皆为相。汉初迁入关,好畤、郑县、华阴诸景是也。五代中书侍郎景范碑云:景氏之先出于芈氏。又云从楚王于梦泽,差为侍臣,画汉象于灵台丹推名将,是以景出于楚也。又按:蜀梓潼多景氏,有景姓冒元氏者,元载之父升是也。见《唐书》。耿姓改景者,明之景清是也。见《明史》。"①《通志略·氏族略第四》载:"芈姓。楚公族也。"②《历代碑刻契文族谱》景氏先人"术禹石纽,汶川之会"③。

久且 [jiǔ qiě]

久且,复姓。唐时党项羌有久且氏。《新唐书》(卷二百二十一)载:"廓州刺史久且洛生欲谕降之,辞曰:'浑主以腹心待我,不知其佗,若速去,且污吾刀。'洛生怒,引轻骑破之肃远山,斩首数百级,虏杂畜六千。"④

臼季 [jiù jì]

臼季氏,《中国古今姓氏辞典》载:"臼季,姜姓,齐公之后,(见《万姓统谱》)"⑤《通志略·氏族略第四》载:"姜姓。齐公子臼季之后。"⑥

圈 [juàn]

圈氏,《通志略·氏族略第五》载:"音倦。芈姓。"⑦《中国古今姓氏辞典》载:"圈氏,鬻熊之后,望出陈留。(见《风俗通》)"⑧《风俗通义校释》载:"楚鬻熊之后,一云本姓卷氏,郑穆公子后,秦末为博士,避难改为圈氏。"⑨

---

① [清] 张澍:《姓氏寻源》,岳麓书社,1992年,第378页。
② [宋] 郑樵:《通志略》,上海古籍出版社,1990年,第68页。
③ 《阿坝州文库》编委会:《历代碑刻契文族谱》,四川民族出版社,2013年,第2页。
④ [宋] 欧阳修、宋祁:《新唐书》,中华书局,1975年,第6215页。
⑤ 慕容翊:《中国古今姓氏辞典》,黑龙江人民出版社,1985年,第103页。
⑥ [宋] 郑樵:《通志略》,上海古籍出版社,1990年,第61页。
⑦ [宋] 郑樵:《通志略》,上海古籍出版社,1990年,第94页。
⑧ 慕容翊:《中国古今姓氏辞典》,黑龙江人民出版社,1985年,第105页。
⑨ [东汉] 应劭:《风俗通义校释》,天津人民出版社,1980年,第482页。

厥七［jué qī］

党项羌有厥七族。《宋史·兵志》载："保安军，北都巡检所领厥七等九族"①。

厥屯［jué tún］

党项羌有厥屯族。《续资治通鉴长编》（卷 137）载："壬辰，以延州厥屯族军主香埋、归娘族军主阿讹并为副都军主，厥屯副军主吃埋、揭家族副军主李朝政并为军主，悖家族都虞候迥讹、苏尾族都虞候拓德遇、李文信并为副军主，鄜延部署司言其击贼有功也。"②"厥七""厥屯"可能是笔误。

厥者多［jué zhě duō］

西羌有厥者多族。《太平寰宇记》（卷之三十七）载："东北至蕃部厥者多族一十里，至宥州八十里"③。

K

开［kāi］

《姓氏寻源》记载，"《韵会》云：开，姓也。《广韵》云：望出陇西。……澍按：蜀王开明氏之子孙当有开氏者。"④

龛谷［kān gǔ］

党项羌有龛谷家族。《宋史·吐蕃传》载："又渭州言龛谷、懒家族首领尊毡磨壁余龙及便嘱等献名马，愿率所部助讨不附者"⑤。

阚［kàn］

阚氏，《中国姓氏辞典》载："出自姜姓。以邑名为氏。……望出会稽，天水。"⑥

康［kāng］

羌有康官、康猥，《魏书·羌姚苌传》载："兴安远将军不蒙世、扬武将军

① ［元］脱脱等：《宋史》，中华书局，1985 年，第 4753 页。
② ［宋］李焘：《续资治通鉴长编》，中华书局，2004 年，第 3278～3279 页。
③ ［宋］乐史：《太平寰宇记》，中华书局，2007 年，第 790 页。
④ ［清］张澍：《姓氏寻源》，岳麓书社，1992 年，第 112 页。
⑤ ［元］脱脱等：《宋史》，中华书局，1985 年，第 14157 页。
⑥ 陈明远、汪宗虎：《中国姓氏辞典》，北京出版社，1995 年，第 221 页。

雷重等将士四千余人……建忠将军雷星、康官，北中郎将康猥"①。

康奴 [kāng nú]

党项羌有康奴族。《续资治通鉴长编》载："先是，李继隆援送灵武军储，康奴族辄出抄掠，居迫萧关，与大虫、巉诸族为唇齿，恃险及众，桀黠难制。"② 该书又载："且羌人贪而无亲，胜不相下，徒耗金帛，终误指挥。如泾原康奴、灭臧、大虫数族，久居内地，常有翻覆之情，傥不剪除，恐终为患。"③《宋史·曹玮传》载："李继迁虐用其国人，玮知其下多怨，即移书诸部，谕以朝廷恩信，抚养无所间，以动诸羌。由是康奴等族请内附。"④

康诺 [kāng nuò]

西羌有康诺种羌，或以康诺为氏，《姓氏寻源》记载，"《涑水纪闻》云：环原之间属羌，敏珠、密臧、康诺三种最强，抚之则骄不可制，攻之则险不可入。种世衡筑古细腰城，三种因而服从，故今甘肃多敏姓。"⑤ "康奴" "康诺" 可能为同一姓氏。

轲 [kē]

轲氏，《姓氏寻源》记载，"澍按：轲姓，羌酋轲比能之后。或云西秦轲弹即其裔，非也。轲弹系乞伏氏。"⑥ "《姓苑》云：柯，吴人也。《广韵》云：吴公子柯卢之后。《路史》云：齐太公后有柯氏。澍按：齐柯泽在郓之东阿，郑有柯陵，卫亦有柯，或有以地为氏者。又羌有柯姓，魏之柯吾是也。见《徐邈传》。鲜卑有柯姓，大人柯最是也。见《魏略》。后魏柯跋氏后改为柯氏。见《官氏志》。"⑦《中国古今姓氏辞典》载："羌及鲜卑俱有柯姓。（见《姓氏考略》）"⑧ "柯" 同 "轲"。

柯拔 [kē bá]

柯拔氏，《姓氏寻源》载："《后魏·官氏志》云：柯拔氏后改为柯氏。澍按：拔一引作跋。"⑨

---

① ［北齐］魏收：《魏书》，中华书局，1974 年，第 2083～2084 页。
② ［宋］李焘：《续资治通鉴长编》，中华书局，2004 年，第 1230 页。
③ ［宋］李焘：《续资治通鉴长编》，中华书局，2004 年，第 2983 页。
④ ［元］脱脱等：《宋史》，中华书局，1985 年，第 8984 页。
⑤ ［清］张澍：《姓氏寻源》，岳麓书社，1992 年，第 347 页。
⑥ ［清］张澍：《姓氏寻源》，岳麓书社，1992 年，第 186 页。
⑦ ［清］张澍：《姓氏寻源》，岳麓书社，1992 年，第 182 页。
⑧ 慕容翊：《中国古今姓氏辞典》，黑龙江人民出版社，1985 年，第 107 页。
⑨ ［清］张澍：《姓氏寻源》，岳麓书社，1992 年，第 182 页。

可 [kě]

党项羌有可氏,《辽史·景宗纪》载:"耶律沙以党项降酋可丑、买友来见。"①《辽史·属国表》载可丑买友为一人,"耶律沙以党项降酋可丑买友来,赐诏抚谕。"②

渴 [kě]

西羌有渴氏,《李范文西夏学论文集》载:"渴氏:渴哥之事,收入《宋史·吐蕃传》,为吐蕃部族,非西夏姓氏。"③《羌族社会历史调查》记茂汶南兴公社木(牟)托有寨盘业主"渴家基"④。

克 [kè]

克氏,《李范文西夏学论文集》记载,"克氏:汤文认为克氏、如氏,多多氏皆为西夏人名,非姓氏。"⑤《宋史·夏国传》有克信、克宪、克文,"授继捧彰德军节度使,并官其昆弟夏州蕃落指挥使克信等十二人有差,遂曲赦银、夏管内。"⑥"乃出为崇信军节度使,克宪为道州防御使,克文遣归博州,并选常参官为通判,以专郡政。"⑦元昊时以"克成赏、都卧、侬如定、多多马窦、惟吉主兵马,野利仁荣主蕃学"⑧。《羌族社会历史调查》记汶川绵池有寨盘业主"克必基"⑨。

克顺 [kè shùn]

党项羌有克顺族。《续资治通鉴长编》载:"西界唐龙镇嘉舒、克顺等七族去汉界不远,可因西北交争之际,量援以兵马,而预为招纳之。"⑩

峇 [kè zhé]

党项羌有峇 族,《宋史·张凝传》载:"又熟户与生羌错居,颇为诱胁,

① 〔元〕脱脱等:《辽史》,中华书局,1974年,第100页。
② 〔元〕脱脱等:《辽史》,中华书局,1974年,第1137~1138页。
③ 李范文:《李范文西夏学论文集》,中国社会科学出版社,2012年,第537页。
④ 《中国少数民族社会历史调查资料丛刊》修订编辑委员会:《羌族社会历史调查》,民族出版社,2009年,第140页。
⑤ 李范文:《李范文西夏学论文集》,中国社会科学出版社,2012年,第536页。
⑥ 〔元〕脱脱等:《宋史》,中华书局,1985年,第13984页。
⑦ 〔元〕脱脱等:《宋史》,中华书局,1985年,第13984页。
⑧ 〔元〕脱脱等:《宋史》,中华书局,1985年,第13984页。
⑨ 《中国少数民族社会历史调查资料丛刊》修订编辑委员会:《羌族社会历史调查》,民族出版社,2009年,第148页。
⑩ 〔宋〕李焘:《续资治通鉴长编》,中华书局,2004年,第3709页。

凝引兵至八州原、分水岭、柔远镇，降峇斝等百七十余族，合四千户，边境获安。"①

孔 [kǒng]

孔氏，《羌族社会历史调查》记汶川龙溪乡雪溜寨有寨盘业主"孔不"②。

口 [kǒu]

口氏，《姓氏寻源》记载，"《姓苑》云：口，羌姓也，今同州有之。澍按：或口引氏改为单姓。"③《通志略·氏族略第四》记载，"口氏：羌姓也。今同州有此姓。"④

口引 [kǒu yǐn]

口引氏，《姓氏寻源》记载，"《路史》云：口引氏，黄帝后。"⑤《通志略·氏族略第五》记载："口引氏：改为冠氏。"⑥

枯 [kū]

枯氏，《姓氏寻源》记载，"澍按：西羌有枯姓。见《南凉录》。又契丹酋长有枯莫离，则天时赐姓李氏。见《旧唐书·北狄传》。"⑦《羌族社会历史调查》记汶川龙溪乡比亚多寨有寨盘业主"苦勒吉"、软布寨有"苦塔维"、马房寨有"苦四吉"⑧。他们或为西羌枯姓的后裔。

夸 [kuā]

夸氏，《中国古今姓氏辞典》载："姜姓后有夸氏。（见《路史》）"⑨

魁 [kuí]

党项羌有魁氏，《辽史·属国表》载："叛命党项酋长魁可来降。"⑩

---

① ［元］脱脱等：《宋史》，中华书局，1985年，第9480页。

② 《中国少数民族社会历史调查资料丛刊》修订编辑委员会：《羌族社会历史调查》，民族出版社，2009年，第162页。

③ ［清］张澍：《姓氏寻源》，岳麓书社，1992年，第383页。

④ ［宋］郑樵：《通志略》，上海古籍出版社，1990年，第69页。

⑤ ［清］张澍：《姓氏寻源》，岳麓书社，1992年，第383页。

⑥ ［宋］郑樵：《通志略》，上海古籍出版社，1990年，第86页。

⑦ ［清］张澍：《姓氏寻源》，岳麓书社，1992年，第96页。

⑧ 《中国少数民族社会历史调查资料丛刊》修订编辑委员会：《羌族社会历史调查》，民族出版社，2009年，第162页。

⑨ 慕容翊：《中国古今姓氏辞典》，黑龙江人民出版社，1985年，第111页。

⑩ ［元］脱脱等：《辽史》，中华书局，1974年，第1154～1155页。

魁隗〔kuí wěi〕

炎帝神农氏又叫魁隗氏，《姓氏寻源》记载，"罗泌云：神农氏长八尺有七寸，生而牛首人身，怪异之相乃曰魁隗氏。"[1]

夔〔kuí〕

夔氏，《姓氏寻源》记载，"《姓谱》云：芈姓国熊绎六世孙熊挚，有疾自弃于夔，其子孙有功，王命为子，后以国为氏。《寰宇记》夔之巫山县，夔子熊挚治多熊姓，即秭归地，字与归同。《氏族略》云：今归州东二十里，故夔子城，是僖公二十六年楚灭之，子孙以国为氏。澍按：《尚书中侯》曰：伯禹稽首，让于益归。郑注：益归贤者，尧臣。归读曰夔，是归夔一姓也。又按：天竺有夔氏，自天竺徙辽东，石虎之太保夔安是矣。"[2]《通志略·氏族略第二》载："夔氏，子爵。芈姓。楚君熊挚之后。今归州东二十里故夔子城是。僖二十六年楚灭之。子孙以国为氏。"[3]

坤〔kūn〕

坤氏，明清时西羌有坤姓土司，《羌族史》载："洪武十五年（公元1382年）杨者七又叛，被扑杀，茂州城内的羌民亦因此而（被）强行迁出城外。为加强统治，开始建置土司。如董姓静州长官司、坤姓岳希长官司、何姓陇木长官司、温姓牟托土巡检、苏姓长宁安抚使司等。"[4] 又载："岳希长官司坤连，……世祖顺治九年（公元1652年）降，圣祖康熙二十四年（公元1666年）颁给长官司印信，高宗乾隆三十二年（公元1767年）给号纸，住岳希。辖一百五十户，年纳荞麦八石九斗六升三合。"[5] "光绪二十七年（公元1901年）十二月，茂州岳希土司坤世泰、坤东山统治下的黑虎地区霭紫关、莺嘴河台、耕读百吉三寨的一百七十余户羌族人民，不堪土司的奴役和压迫，愤起反抗。"[6]

L

拉旺〔lā wàng〕

党项羌有拉旺族。《续资治通鉴长编》载："岊以教练使从折继闵破拉旺、

---

[1] ［清］张澍：《姓氏寻源》，岳麓书社，1992年，第115页。
[2] ［清］张澍：《姓氏寻源》，岳麓书社，1992年，第57页。
[3] ［宋］郑樵：《通志略》，上海古籍出版社，1990年，第26页。
[4] 冉光荣、李绍明、周锡银：《羌族史》，四川民族出版社，1985年，第221页。
[5] 冉光荣、李绍明、周锡银：《羌族史》，四川民族出版社，1985年，第248页。
[6] 冉光荣、李绍明、周锡银：《羌族史》，四川民族出版社，1985年，第286页。

阿儿两族，射杀数十人，斩伪军主鄂博，以功补下班殿侍、三班差使。"①

腊儿〔là ér〕

宥州党项羌腊儿族。《宋史·党项传》载："宥州羌腊儿率众劫熟户咩魏族。"②《续资治通鉴长编》载："辛未，鄜延部署言宥州蕃族腊儿，率众劫熟户咩魏族"③。

来〔lái〕

西夏有来氏。《李范文西夏学论文集》记载，"来氏：《交聘表》有来子敬。"④《金史·交聘表》载："三月己未朔，夏遣武功大夫来子敬、宣德郎梁介等贺万春节。"⑤ 党项羌有来美、来璘，《宋史》载："四年，唐龙镇羌族来美与其叔璘不叶，召契丹破之，来依府州。"⑥《续资治通鉴长编》载："唐龙镇来璘与其族人怀三"⑦。

来离〔lái lí〕

党项羌有来离族。《宋史·党项传》载："十月，继迁寇会州熟仓族，为其首领咩率来离诸族击走之。"⑧《宋史·吐蕃传》载："来离等八族酋长越嵬等护送入界，敕书奖谕。"⑨

莱〔lái〕

莱氏，《中国姓氏辞典》载："出自姜姓。以国为氏。"⑩

赖〔lài〕

赖氏，出自姜姓，为炎帝神农氏的后裔，以国名为氏。《通志·氏族略》《文献通考》《中国史稿》《炎黄源流史》等资料载，炎帝后裔有四支，属于古羌族的四个氏族部落。其中一支是烈山氏。古时烈与厉通，又音赖，故烈山氏、厉山氏、赖山氏皆同。《宋史·夏国传》有赖氏，赖升聂。"十月，遣芭

---

① 〔宋〕李焘：《续资治通鉴长编》，中华书局，2004 年，第 3180 页。
② 〔元〕脱脱等：《宋史》，中华书局，1985 年，第 14148 页。
③ 〔宋〕李焘：《续资治通鉴长编》，中华书局，2004 年，第 2178 页。
④ 李范文：《李范文西夏学论文集》，中国社会科学出版社，2012 年，第 534 页。
⑤ 〔元〕脱脱等：《金史》，中华书局，1975 年，第 1439 页。
⑥ 〔元〕脱脱等：《宋史》，中华书局，1985 年，第 14146 页。
⑦ 〔宋〕李焘：《续资治通鉴长编》，中华书局，2004 年，第 1513 页。
⑧ 〔元〕脱脱等：《宋史》，中华书局，1985 年，第 14140 页。
⑨ 〔元〕脱脱等：《宋史》，中华书局，1985 年，第 14152 页。
⑩ 陈明远、汪宗虎：《中国姓氏辞典》，北京出版社，1995 年，第 234 页。

良、嵬名济、赖升聂、张聿正进助山陵礼物。"①

懒　[lǎn]

党项羌有懒家族。《宋史·吐蕃传》载："又渭州言龛谷、懒家族首领尊毡磨壁余龙及便嘱等献名马，愿率所部助讨不附者"②。

狼　[láng]

西羌有狼氏，《姓氏寻源》记载，"澍按：秦伯翳之后有狼氏。《左传》有狼瞫、狼蓬疏。《汉书·西羌传》先零羌有狼莫。是羌姓有狼氏。南夷亦有狼氏。见《蜀志》。又叱奴氏改为狼氏。见《魏·官氏志》。"③《后汉书·西羌传》载："滇零死，子零昌代立，年尚幼少，同种狼莫为其计策，以杜季贡为将军，别居丁奚城。"④《二十六史大辞典·人物卷》载狼莫，"先零羌大豪零昌谋士。安帝元初四年，率部众击败骑都尉马贤。旋为侍御史任尚击退，死五千余人，降千余人。次年，为度辽将军邓遵遣客刺杀。"⑤《汉书·赵充国传》载羌侯有狼何，"后月余，果遣使至匈奴借兵，欲击鄯善、敦煌以绝汉道。"⑥《宋史·刘仲武传》载吐蕃有狼阿章，吐蕃西羌之别种。"吐蕃赵怀德、狼阿章众数万叛命，仲武相持数日，潜遣二将领千骑扣其营，戒曰：'彼出，勿与战，亟还，伏兵道左。'二将还，羌果追之，遇伏大败，斩首三千级，复西宁州。未几，怀德、阿章降。累进客省使、荣州防御使。"⑦《羌族史》载："邓遵募上郡全无种羌雕何等刺杀狼莫，封雕何为羌侯。"⑧

浪　[làng]

浪氏，《姓氏寻源》记载，"澍按：浪即以水为姓，或浪我氏、庄浪氏所改。"⑨

浪黄　[làng huáng]

党项羌有浪黄族。《宋史·张岊传》载："元昊犯鄜延，诏麟府进兵。岊以都教练使从折继闵破浪黄、党儿两族，射杀数十人，斩伪军主敖保，以功补下

---

① [元]脱脱等：《宋史》，中华书局，1985年，第14014页。
② [元]脱脱等：《宋史》，中华书局，1985年，第14157页。
③ [清]张澍：《姓氏寻源》，岳麓书社，1992年，第221页。
④ [宋]范晔：《后汉书》，中华书局，1965年，第2888页。
⑤ 王和：《二十六史大辞典·人物卷》，吉林人民出版社，1993年，第210页。
⑥ [汉]班固：《汉书》，中华书局，1962年，第2973页。
⑦ [元]脱脱等：《宋史》，中华书局，1985年，第11081～11082页。
⑧ 冉光荣、李绍明、周锡银：《羌族史》，四川民族出版社，1985年，第78页。
⑨ [清]张澍：《姓氏寻源》，岳麓书社，1992年，第465页。

班殿侍、三班差使。"①

浪我 [làng wǒ]

浪我氏，《姓氏寻源》记载，"澍按：生羌酋长之姓有浪我氏。见《唐书》。"② 西夏有浪讹氏，或为浪我氏，《李范文西夏学论文集》记载，"浪讹氏：《续通志》作朗鄂特氏。"③《金史·交聘表》载西夏有浪讹氏，"十二月戊午，夏遣殿前太尉浪讹元智、翰林学士刘昭谢横赐。"④

浪斡 [làng wò]

羌熟户浪斡族，《续资治通鉴长编》载："乞移浪斡、臧嵬等于近里汉界熟户部内买地住坐耕种，应迁徙者作三等给修造价钱，仍委经略司计口贷粮，常加存附。"⑤

浪悉讹 [làng xī é]

党项羌有浪悉讹族。《宋史·党项传》载："五月，王侁、李继隆等又破银州杏子平东北山谷内没邸、浪悉讹等族，"⑥ "浪我""浪讹""浪悉讹"可能皆为一姓也。

浪崖 [làng yá]

党项羌有浪崖一族。《太平寰宇记》（卷之三十六）载："怀远镇：管蕃部六……罗悉逋族副巡检使浪崖一族"⑦。

浪壴 [làng zhù]

党项羌有浪壴族。《宋史·史方传》载："先是，磨娟（媚）、浪壴、托校、拔新、兀二、兀三六族内寇，方谕以恩信，乃传箭牵羊乞和。"⑧

牢姐 [láo jiě]

西羌有牢姐种。《后汉书·西羌传》载："又天水兵为牢姐种所败于白石，死者千余人。"⑨ "七年夏，骑都尉马贤与侯霸掩击零昌别部牢羌于安定，首虏

---

① ［元］脱脱等：《宋史》，中华书局，1985年，第10523页。
② ［宋］范晔：《后汉书》，中华书局，1965年，第2879页。
③ 李范文：《李范文西夏学论文集》，中国社会科学出版社，2012年，第533页。
④ ［元］脱脱等：《金史》，中华书局，1975年，第1438页。
⑤ ［宋］李焘：《续资治通鉴长编》，中华书局，2004年，第5635页。
⑥ ［元］脱脱等：《宋史》，中华书局，1985年，第14139页。
⑦ ［宋］乐史：《太平寰宇记》，中华书局，2007年，第768页。
⑧ ［元］脱脱等：《宋史》，中华书局，1985年，第10527页。
⑨ ［宋］范晔：《后汉书》，中华书局，1965年，第2888页。

千人，得驴骡骆喰马牛羊二万余头，以畀（bì）得者。"①

勒姐〔lè jiě〕

勒姐羌居勒姐溪，因以为种名。勒姐溪，今青海平安县沙沟。《后汉书·西羌传》载："六年春，勒姐种与陇西种羌号良等通谋从欲反，马贤逆击之于安故，斩号良及种人数百级，皆降散。"②

勒浪〔lè làng〕

党项羌有勒浪族。《宋史·党项传》载："十一月，以勒浪族十六府大首领屈遇、名波族十二府大首领浪买当丰州路最为忠顺，及兀泥三族首领佶移等、女女四族首领杀越都等归化，并赐敕书抚之。"③《宋史·真宗纪》载："是岁，溪峒、吐蕃诸族、勒浪十六府大首领、甘州回鹘、西南蕃黎州山后蛮来贡。"④《太平寰宇记》（卷之三十八）有勒浪族，"北至二十六府、勒浪、尾马、直荡、啜娘等蕃族四百八十里"⑤。

勒厥麻〔lè jué má〕

党项羌有勒厥麻族。《宋史·党项传》载："时勒厥麻等三族千五百帐以浊轮砦失守，越河内属，分处边境。"⑥

雷〔léi〕

雷氏，《通志略·氏族略第二》载："方雷氏之后。女为黄帝妃。……蜀有将军雷同。"⑦《姓氏寻源》记载，"《辩证》云：古诸侯国有方雷氏，后以国氏，单姓雷。澍按：黄帝臣有雷公，其出于方雷乎，后汉南郡潳山蛮有雷姓，雷迁是也。豫章有雷姓，后徙冯翊。又南安羌酋有雷氏，符秦丞相雷弱儿是也。见《前秦录》。"⑧《古今姓氏书辩证》载："雷：出自古诸侯万雷氏之后，以国为氏。后单姓雷。……前秦将雷恶地。姚秦将军雷奇。"⑨《北朝胡姓考（修订本）》载："南安雷氏，出自羌族累姐种，以种名首音为氏。"⑩又载：北

① 〔宋〕范晔：《后汉书》，中华书局，1965年，第2891页。
② 〔宋〕范晔：《后汉书》，中华书局，1965年，第2894页。
③ 〔元〕脱脱等：《宋史》，中华书局，1985年，第14140页。
④ 〔元〕脱脱等：《宋史》，中华书局，1985年，第108页。
⑤ 〔宋〕乐史：《太平寰宇记》，中华书局，2007年，第813页。
⑥ 〔元〕脱脱等：《宋史》，中华书局，1985年，第14144页。
⑦ 〔宋〕郑樵：《通志略》，上海古籍出版社，1990年，第30页。
⑧ 〔清〕张澍：《姓氏寻源》，岳麓书社，1992年，第465页。
⑨ 〔宋〕邓名世：《古今姓氏书辩证》，江西人民出版社，2006年，第72页。
⑩ 姚薇元：《北朝胡姓考（修订本）》，中华书局，2007年，第347页。

周《圣母寺四面造像碑》有雷姓二十七人，知北周时雷氏犹为羌中大姓①。《晋书·载记》载："又诛侍中、丞相雷弱儿及其九子、二十七孙。诸羌悉叛。弱儿，南安羌酋也，"②"新平羌雷恶地等尽应之，有众十余万。"③《羌族史》载："北朝末年的郭羌，他的家族既与氐姓的蒲氏为婚，又与羌姓的雷氏为婚。"④在马长寿先生所著《碑铭所见前秦至隋初的关中部族》前秦《邓太尉祠碑》记有雷氏七人：军主薄和戎雷夫龙、军主薄和戎雷道、军主薄和戎雷川、军主薄和戎雷永、军录事和戎雷颜、功曹书佐和戎雷陵、军主薄宁戎雷树⑤；前秦《广武将军□产碑》记有"雷丘耳"等氏四人⑥；同书中的《夫蒙文庆造像铭》《雷汉王等造像记》《雷标等五十人造像铭》《邑主雷惠祖合邑子弥姐显明等造像记》等十种造成像碑铭中几乎都有羌族雷氏人物的记载⑦。《魏书·羌姚苌传》载，姚兴有扬武将军雷重，建忠将军雷星，"兴安远将军不蒙世、扬武将军雷重等将士四千余人……擒兴尚书右仆射狄伯支，越骑校尉唐小方，……建忠将军雷星、康官，北中郎将康猥"⑧。

泪丁 ［lèi dīng］

泪丁氏，《李范文西夏学论文集》记载，"泪丁氏：《宋史》有泪丁讹遇。"⑨

离 ［lí］

《二十六史大辞典·人物卷》载离留，"宣帝时羌豪。因杀先零羌大豪犹非、杨玉，率四千余人降汉，封为侯。"⑩

离王 ［lí wáng］

西羌有离王族。《续资治通鉴长编》卷86载："秦州蕃部赏样丹者，唃厮罗之舅也，厮罗使与熟户廓厮敦谋立文法於离王族"⑪。

① 姚薇元：《北朝胡姓考（修订本）》，中华书局，2007年，第348页。
② ［唐］房玄龄等：《晋书》，中华书局，1974年，第2873页。
③ ［唐］房玄龄等：《晋书》，中华书局，1974年，第2949页。
④ 冉光荣、李绍明、周锡银：《羌族史》，四川民族出版社，1985年，第146页。
⑤ 马长寿：《碑铭所见前秦至隋初的关中部族》，中华书局，1985年，第14页。
⑥ 马长寿：《碑铭所见前秦至隋初的关中部族》，中华书局，1985年，第24~25页。
⑦ 马长寿：《碑铭所见前秦至隋初的关中部族》，中华书局，1985年，第89~99页。
⑧ ［北齐］魏收：《魏书》，中华书局，1974年，第2083~2084页。
⑨ 李范文：《李范文西夏学论文集》，中国社会科学出版社，2012年，第537页。
⑩ 王和：《二十六史大辞典·人物卷》，吉林人民出版社，1993年，第96页。
⑪ ［宋］李焘：《续资治通鉴长编》，中华书局，2004年，第1974页。

狸 [lí]

党项羌有狸家族。《续资治通鉴长编》载："泾原路言陇山外至王家、狸家、延家三族归顺。"①

李 [lǐ]

李氏，《中国少数民族名人辞典·古代》载：西夏皇族党项族李姓本姓拓拔，后因拓拔氏率众归属唐朝，被李氏王朝赐予国姓李氏。有西夏皇帝李元昊、李仁孝、李安全、李谅祚、李秉常等。西夏党项族首领有李仁福、李定、李光远、李克文、李思孝、李继冲等②。《新唐书》（卷二百二十一）载："以松州为都督府，擢赤辞西戎州都督，赐氏李，贡职遂不绝。"③ 拓拔氏裔孙思恭中和二年"兼太子太傅，封夏国公，赐姓李"④。《宋史·夏国传》载："李彝兴，夏州人也，本姓拓跋氏。唐贞观初，有拓跋涉赤辞归唐，太宗赐姓李，置静边等州以处之。其后析居夏州者号平夏部。唐末，拓跋思恭镇夏州，统银、夏、绥、宥、静五州地，讨黄巢有功，复赐李姓。"⑤ 羊同羌王子也姓李。《羌族通史》载："为控制羊同，稳住后方，全力解决苏毗问题，吐蕃王室将松赞干布的妹妹赞蒙赛玛噶许配给羊同王子李迷夏（又作李聂秀）为妃，联姻结好。"⑥《续资治通鉴长编》载党项羌有李士彬、李思之族，"藩篱熟户李士彬、米知顺、李思之族，亦为之降且虏矣。（米知顺，保安熟户，宝元二年十二月初见，其降虏月日未见。）"⑦ 党项族之后裔唐兀人有李恒、李桢等军事家。《历代碑刻契文族谱》载清光绪年的"出卖水田契"，契文里记有李、汪、任三姓人家。⑧《茂县志》载：李凤友（1917—2001），茂县富顺乡神溪沟村人，1935年5月参加红军。获中华人民共和国三级八一勋章、三级独立自由勋章、二级解放勋章、二级红星功勋荣誉章和解放华北、西北纪念章。⑨《羌族文化传承人纪实录》载：今北川羌族自治县禹里乡有李姓故事寓言代表性传

① ［宋］李焘：《续资治通鉴长编》，中华书局，2004年，第1225页。
② 刘德仁：《中国少数民族名人辞典·古代》，四川辞书出版社，1989年，第56~61页。
③ ［宋］欧阳修、宋祁：《新唐书》，中华书局，1975年，第6215页。
④ ［宋］欧阳修、宋祁：《新唐书》，中华书局，1975年，第6218页。
⑤ ［元］脱脱等：《宋史》，中华书局，1985年，第13982页。
⑥ 耿少将：《羌族通史》，上海人民出版社，2010年，第217页。
⑦ ［宋］李焘：《续资治通鉴长编》，中华书局，2004年，第2994页。
⑧ 《阿坝州文库》编委会：《历代碑刻契文族谱》，四川民族出版社，2013年，第97页。
⑨ 四川省茂县地方志编纂委员会：《茂县志：1988—2005》，方志出版社，2010年，第755页。

承人。①

哩鼎 ［lǐ dǐng］

哩鼎氏，《李范文西夏学论文集》记载，"哩鼎氏：《宋史》西夏首领哩鼎阿裕尔。"②

立 ［lì］

立氏，《羌族社会历史调查》记汶川雁门公社有寨盘业主"立家基"③。

厉 ［lì］

厉氏，《通志略·氏族略第四》载："姜姓。风俗通。齐厉公之后。"④

利 ［lì］

西夏有利氏。《李范文西夏学论文集》记载，"利氏：《交聘表》有利守信。"⑤《金史·交聘表》载："正月甲子朔，夏武功大夫利守信、宣德郎李穆贺正旦。"⑥

丽 ［lì］

丽氏，《中国古今姓氏辞典》载："姜姓后有丽氏。（见《路史》）"⑦

郦飞 ［lì fēi］

郦飞氏，《姓氏寻源》记载，"澍按：即荔菲氏，苻秦元统四年修魏邓太尉神祠碑作利非氏，盖西羌姓。"⑧

荔 ［lì］

荔氏，《中国古今姓氏辞典》载："出自荔非氏，改为荔氏"。（见《姓氏考略》）⑨

荔菲 ［lì fēi］

荔菲氏，《姓氏寻源》记载，"《广韵》云：羌复姓有荔菲氏。澍按：一作

---

① 四川省音乐舞蹈研究所：《羌族文化传承人纪实录》，四川科学技术出版社，2012年，第19页。

② 李范文：《李范文西夏学论文集》，中国社会科学出版社，2012年，第537页。

③ 《中国少数民族社会历史调查资料丛刊》修订编辑委员会：《羌族社会历史调查》，民族出版社，2009年，第140页。

④ ［宋］郑樵：《通志略》，上海古籍出版社，1990年，第78页。

⑤ 李范文：《李范文西夏学论文集》，中国社会科学出版社，2012年，第533页。

⑥ ［元］脱脱等：《金史》，中华书局，1975年，第1424页。

⑦ 慕容翊：《中国古今姓氏辞典》，黑龙江人民出版社，1985年，第117页。

⑧ ［清］张澍：《姓氏寻源》，岳麓书社，1992年，第111页。

⑨ 慕容翊：《中国古今姓氏辞典》，黑龙江人民出版社，1985年，第118页。

荔非，又作丽飞，或作利非，安定宁州羌也。"①《北朝胡姓考（修订本）》载："宁州荔非氏，羌族人也。"②《通志略·氏族略第五》载："丽飞氏，与荔菲同承。"③"西羌种类也。"④《中国姓氏辞典》载："［古音］古代羌语译音"⑤。《中国古今姓氏辞典》载："利飞""利非"与"荔非"同⑥。荔非元礼：（？—761），唐朝大将，羌族。宁州（今甘肃宁县）人。初为裨将，后升御史中丞。为李光弼部将。上元二年，随光弼进收洛阳，军败，元礼徙军翼成，为麾下所害。

骊　［lì］

骊氏，《姓氏寻源》记载，"《广韵》云：骊，戎国之后。《姓氏考》云：骊出自姬姓之戎，在骊山者，因山为氏。"⑦

连　［lián］

连氏，《中国姓氏辞典》载："出自姜姓。为春秋时齐国大夫连称之后。出自芈姓。春秋时楚国公族有连敖、连尹之官，其后遂为连氏。"⑧

连都　［lián　dū］

西夏有连都氏，《金史·交聘表》载："正月戊子朔，夏武节大夫连都敦信、宣德郎丁师周贺正旦，附奏为母疾求医。"⑨

连教　［lián　jiào］

西夏有连教氏，《李范文西夏学论文集》记载，"连教氏：《交聘表》有连都蔑信。《续通志》作连都敦信。"⑩

连尹　［lián　yǐn］

连尹氏，《通志略·氏族略第四》载："芈姓。楚屈氏之后也。"⑪ 古代楚官名。

---

① ［清］张澍：《姓氏寻源》，岳麓书社，1992 年，第 420 页。
② 姚薇元：《北朝胡姓考（修订本）》，中华书局，2007 年，第 359 页。
③ ［宋］郑樵：《通志略》，上海古籍出版社，1990 年，第 85 页。
④ ［宋］郑樵：《通志略》，上海古籍出版社，1990 年，第 87 页。
⑤ 陈明远、汪宗虎：《中国姓氏辞典》，北京出版社，1995 年，第 248 页。
⑥ 慕容翊：《中国古今姓氏辞典》，黑龙江人民出版社，1985 年，第 118 页。
⑦ ［清］张澍：《姓氏寻源》，岳麓书社，1992 年，第 425 页。
⑧ 陈明远、汪宗虎：《中国姓氏辞典》，北京出版社，1995 年，第 248 页。
⑨ ［元］脱脱等：《金史》，中华书局，1975 年，第 1468 页。
⑩ 李范文：《李范文西夏学论文集》，中国社会科学出版社，2012 年，第 535 页。
⑪ ［宋］郑樵：《通志略》，上海古籍出版社，1990 年，第 73 页。

敛 [liǎn]

敛氏,《姓氏寻源》记载,"《姓苑》云:敛,羌酋姓也。澍按:南安有此姓,姚兴时多显者。"① 《通志略·氏族略第四》敛氏:"姚秦录有将军敛宪敛方敛岐。并南安人。皆羌酋也。"② 《唐会要·东女国》载:"垂拱五年。其王敛臂遣大臣汤剑左来朝。"③ 《晋书·载记》后秦姚兴时有敛氏,敛俱是也。"使姚硕德及冠军徐洛生等伐仇池,又遣建武赵琨自宕昌而进,遣其将敛俱寇汉中。"④《羌族史》载:"姚兴遣后将军敛成、镇军彭白狼等镇压"⑤。

良 [liáng]

羌有良氏,良封、良多、良儿、良愿等。《后汉书》(卷八十六)载:"三年,钟羌良封等复寇陇西、汉阳,诏拜前校尉马贤为谒者,镇抚诸种。"⑥《羌族史》载:"延熹七年(公元164年)春,封缪、良多、滇那等羌酋豪三百五十五人被迫率三千落投降。"⑦《二十六史大辞典·人物卷》载良儿,"宣帝时羌豪。因率四千余人降汉,封为君。"⑧《后汉书》载:良封(?—135),东汉羌人钟羌种部落首领。到汉顺帝时,东汉与羌的战争,已经平定强大的先零羌和烧当羌。阳嘉三年(134年)七月,钟羌种首领良封等再次攻打汉朝的陇西郡(今甘肃省临洮县)和汉阳郡(原天水郡,今甘肃省甘谷县)。汉顺帝下诏任命前任护羌校尉马贤为谒者,负责镇压、安抚羌人诸种。十月,时任护羌校尉马续派兵攻打钟羌,将良封所部击破。四年(135年),马贤再发动陇西吏士和羌胡兵击杀良封,斩首千八百级,获马、牛、羊五万余头。良封的亲属投降马贤。⑨良愿,西汉时西羌卑禾部首领,羌族。世居西海(今青海湖)一带。

凉 [liáng]

党项羌有大凉、小凉族。《宋史·党项传》载:"上闻贺兰山有小凉、大凉族甚盛,常恐与继迁合势为患,近知互有疑隙,辄相攻掠,朝廷欲遂抚之。"⑩

---

① [清] 张澍:《姓氏寻源》,岳麓书社,1992年,第40页。
② [宋] 郑樵:《通志略》,上海古籍出版社,1990年,第69页。
③ [宋] 王溥:《唐会要》,中华书局,1955年,第1767页。
④ [唐] 房玄龄等:《晋书》,中华书局,1974年,第2985页。
⑤ 冉光荣、李绍明、周锡银:《羌族史》,四川民族出版社,1985年,第124页。
⑥ [宋] 范晔:《后汉书》,中华书局,1965年,第2894页。
⑦ 冉光荣、李绍明、周锡银:《羌族史》,四川民族出版社,1985年,第80页。
⑧ 王和:《二十六史大辞典·人物卷》,吉林人民出版社,1993年,第96页。
⑨ [宋] 范晔:《后汉书》,中华书局,1965年,第2888页。
⑩ [元] 脱脱等:《宋史》,中华书局,1985年,第14144页。

《续资治通鉴长编》有大凉、小凉族，"灵州河外贺兰山侧有大凉、小凉，部族甚盛"①。同书又有大梁、小梁族，或与大凉、小凉为一族，"族帐东接契丹，北邻达靼，南至河西，连大梁、小梁族，素不与迁贼合。"②

梁［liáng］

梁氏，《羌族通史》载："宕昌王族梁氏，或为安定梁氏一支流入羌中为酋豪者。"③ 又载："马长寿先生在《氐与羌》中认为，南羌梁弋介居于前秦皇后梁氏、梁氏贵族与宕梁氏之间，即为宕昌羌之祖。很显然，汉末的梁烧和十六国时期的梁弋，已是一个颇具羌族特色的姓名。"④ 宕昌王有梁勤、梁弥忽、梁虎子、梁弥治等八世十三人⑤。《晋书·载记》载后秦姚兴时有梁氏，"与其中舍人梁喜、洗马范勖等讲论经籍，不以兵难废业，时人咸化之。"⑥ 《水经注·河水》载，羌酋梁晖困于枹罕。《宋史·夏国传》载西夏有梁氏。"秉常，毅宗之长子，母曰恭肃章宪皇后梁氏。治平四年冬即位，时年七岁，梁太后摄政。"⑦《北朝胡姓考（修订本）》载："又氐羌亦有梁氏"⑧。《续资治通鉴长编》载西夏国有梁氏，"泾原路探报梁乙逋近犯麟、府界，为人杀死梁阿革，乙逋为夏国所诛。……夏国自梁氏兄弟用事以来，虐用其民"⑨。又有马臧梁家族，"镇戎军为泾、原、仪、渭北面扞蔽，又为环、庆、原、渭、仪、秦熟户所依，正当回鹘、西凉六谷、咩逋、贱遇、马臧梁家诸族之路。"⑩ 今北川羌族自治县有梁姓羌族民歌代表性传承人⑪。

列宗［liè zōng］

列宗氏，《姓氏寻源》记载，"《潜夫论》云：楚公族后有列宗氏，芈姓。"⑫《通志略·氏族略第四》载列宗氏："潜夫论。楚公族列宗氏。芈姓。"⑬

---

① ［宋］李焘：《续资治通鉴长编》，中华书局，2004 年，第 1170 页。
② ［宋］李焘：《续资治通鉴长编》，中华书局，2004 年，第 1178 页。
③ 耿少将：《羌族通史》，上海人民出版社，2010 年，第 190 页。
④ 耿少将：《羌族通史》，上海人民出版社，2010 年，第 191 页。
⑤ 耿少将：《羌族通史》，上海人民出版社，2010 年，第 195 页。
⑥ ［唐］房玄龄等：《晋书》，中华书局，1974 年，第 2975 页。
⑦ ［元］脱脱等：《宋史》，中华书局，1985 年，第 14007 页。
⑧ 姚薇元：《北朝胡姓考（修订本）》，中华书局，2007 年，第 66 页。
⑨ ［宋］李焘：《续资治通鉴长编》，中华书局，2004 年，第 11146 页。
⑩ ［宋］李焘：《续资治通鉴长编》，中华书局，2004 年，第 1090~1091 页。
⑪ 四川省音乐舞蹈研究所：《羌族文化传承人纪实录》，四川科学技术出版社，2012 年，第 45 页。
⑫ ［清］张澍：《姓氏寻源》，岳麓书社，1992 年，第 389 页。
⑬ ［宋］郑樵：《通志略》，上海古籍出版社，1990 年，第 68 页。

《潜夫论》载："公族有楚季氏、列宗氏、斗强氏、良臣氏、耆氏、门氏、侯氏、季融氏、仲熊氏、子季氏、阳氏、无钩氏、薳氏、善氏、阳氏、昭氏、景氏、严氏、婴齐氏、来氏、来纤氏、即氏、申氏、訽氏、沈氏、贺氏、减氏、吉白氏、伍氏、沈瀸氏、余推氏、公建氏、子南氏、子庚氏、子午氏、子西氏、王孙、田公氏、舒坚氏、鲁阳氏、黑肱氏，皆芈姓也。"①

烈山〔liè shān〕

烈山氏，《四川上古史新探》载："所谓烈山氏，即炎帝神农氏。"②《图解山海》有胡不与之国，烈姓，"有胡不与之国，烈姓，黍食。"③"'烈姓，盖炎帝神农之裔。今肃慎国去辽东三千余里。'胡不与国，就是《汉书》中记载的'挹娄国'。"④

裂〔liè〕

裂氏，《中国古今姓氏辞典》载："姜姓后有裂氏。（见《路史》）"⑤

獵〔liè〕

獵氏，《古今姓氏书辩证》记载，"獵：邵氏曰：音猎，犬戎之姓。谨案：唐贞观所定坻丘郡六姓，其一曰獵氏。"⑥

邻〔lín〕

邻氏，《中国古今姓氏辞典》载："西羌姓。（见《魏志·张既传》）纥突邻氏后改为邻氏。（见《魏书·官氏志》）"⑦

林〔lín〕

林氏，中华人民共和国成立前茂县土门乡有林姓地主。⑧

隣〔lín〕

隣氏，《姓氏寻源》记载，"澍按：隣西羌姓也。见《魏志·张既传》。《魏·官氏志》云：纥突隣氏后改为隣氏。然汉姓自有隣氏。见《隋书·经籍

---

① 〔汉〕王符：《潜夫论》，辽宁教育出版社，2001年，第71页。

② 任乃强：《四川上古史新探》，四川人民出版社，1986年，第7页。

③ 张越：《图解山海经》，吉林出版集团有限责任公司，2011年，第502页。

④ 张越：《图解山海经》，吉林出版集团有限责任公司，2011年，第503页。

⑤ 慕容翊：《中国古今姓氏辞典》，黑龙江人民出版社，1985年，第120页。

⑥ 〔宋〕邓名世：《古今姓氏书辩证》，江西人民出版社，2006年，第635页。

⑦ 慕容翊：《中国古今姓氏辞典》，黑龙江人民出版社，1985年，第121页。

⑧ 《中国少数民族社会历史调查资料丛刊》修订编辑委员会：《羌族社会历史调查》，民族出版社，2009年，第119页。

志》。"①

令介〔ling jiè〕

令介氏，《宋史·夏国传》载："十月，遂克米脂，降守将令分讹遇，进攻石州。"② 校勘记注 "令分讹遇"："分"作"介"③。

灵〔líng〕

灵氏，《姓氏寻源》记载，"《路史》云：姜姓后有灵氏。"④

泠〔líng〕

相传黄帝的乐官叫泠伦，是中国古代乐律的发明者。其后人以名为姓，称泠氏。后泠氏又分出两支：一支将泠误写为冷，成为冷氏，一支因"泠"与"伶"通用，写作伶。《宋史·苗授传》有羌酋冷（泠）鸡朴，"副李宪讨生羌于露骨山，斩首万级，获其大酋冷（泠）鸡朴，羌族十万七千帐内附，威震洮西。"⑤

零〔líng〕

零氏，源于羌族，出自古西羌先零昌氏族，属于以先祖名字为氏。史籍《五胡战史》记载："西羌族，西羌传有零昌，滇零之子，盖以父名为姓。"又据典籍《正字通》："零混，明成化举人。"东汉末期，西羌族首领、汉征南将军马腾的母亲就是先零昌氏族大酋长的女儿，后来马腾与征西将军韩遂结拜为兄弟，两家关系一直很好。先零氏后来因此而教训马超："在乱世之中，没有仇人也没有朋友。"多年以后，当马超在蜀汉国都城成都其骠骑将军府后花园踱步时，总会想起数十年前祖母先零氏的这段话。他感叹地对别人说："先祖慈之训，惑也，玉也！"西羌族先零昌氏一族后来大多随马超依附于刘备，成为蜀汉国的重要力量，后均融合于汉族，多取汉姓为零氏、昌氏，皆世代相传至今。该支零氏的正确姓氏读音作"lián"。《姓氏寻源》载："见《姓苑》。澍按：零为西羌姓，西羌传有零昌，滇零之子盖因父名为姓。如阁罗凤、凤迦异、异牟寻之类，明时安定有零姓。"⑥《后汉书·西羌传》有滇零之子零昌："滇零死，子零昌代立，年尚幼少，……七年夏，骑都尉马贤与侯霸掩击零昌

① 〔清〕张澍：《姓氏寻源》，岳麓书社，1992年，第532页。
② 〔元〕脱脱等：《宋史》，中华书局，1985年，第14010～14011页。
③ 〔元〕脱脱等：《宋史》，中华书局，1985年，第14031页。
④ 〔清〕张澍：《姓氏寻源》，岳麓书社，1992年，第120页。
⑤ 〔元〕脱脱等：《宋史》，中华书局，1985年，第11068页。
⑥ 〔清〕张澍：《姓氏寻源》，岳麓书社，1992年，第244页。

别部牢羌于安定，首虏千人，得驴骡骆駝马牛羊二万余头，以畀得者。"① 零昌，"先零羌大豪滇零子。安帝永初六年，继天子位。屡攻掠内地，先后为骑都尉马贤等所败。元初四年，为侍御史任尚遣客刺杀。"②

凌结 [líng jiē]

羌有凌结氏，《续资治通鉴长编》载："方命济师於延州，羌领凌结阿约勒以八万人南袭绥德，属羌三百人欲翻城应之，阿约勒之弟兴嫩以告括。"③ "凌结"或为"令介"的音异。

刘 [liú]

刘氏，《新唐书》（卷七十一）载："刘氏出自祁姓。帝尧陶唐氏子孙生子有文在手曰'刘累'，因以为名。"④《宋史·夏国传》中西夏有刘姓。"三年，复遣牙将刘仁勖奉誓表请藏盟府，且言父有遗命。"⑤《古今姓氏书辩证》云："唐有三王蛮，白马氏之遗种，杨、刘、郝三族，世袭为王。"⑥ 白马氏即白马羌。《晋书·载记》载后秦姚兴时有刘氏，刘羌是也。"兴疾瘳，朝其群臣，征虏刘羌泣谓兴曰：'陛下寝疾数旬，奈何忽有斯事！'"⑦《历代碑刻契文族谱》记有汶川三江羌民"刘氏家谱碑"，该碑立于嘉庆八年，记录了"三江羌民刘氏宗族从明隆庆四年（1570）至清嘉庆八年共233年间九代人的班辈姓氏"⑧。民国期间，茂县有刘姓地主兼商人⑨。

留 [liú]

留氏，《宋本广韵》记载，"留：亦姓，出会稽，本自卫大夫留封人之后，后汉末年避地会稽，遂居东阳为郡，豪族，吴志有左将留赞。"⑩《后汉书·西羌传》载："景帝时，研种留何率种人求守陇西塞，于是徙留何等于狄道、安故，至临洮、氐道、羌道县。"⑪ 汉族也有此姓。留正，谥忠宣，南宋永春昭

---

① ［宋］范晔：《后汉书》，中华书局，1965年，第2876页。
② 王和：《二十六史大辞典·人物卷》，吉林人民出版社，1993年，第210页。
③ ［宋］李焘：《续资治通鉴长编》，中华书局，2004年，第7932页。
④ ［宋］欧阳修、宋祁：《新唐书》，中华书局，1975年，第2244页。
⑤ ［元］脱脱等：《宋史》，中华书局，1985年，第13989页。
⑥ ［宋］邓名世：《古今姓氏书辩证》，江西人民出版社，2006年，第187页。
⑦ ［唐］房玄龄等：《晋书》，中华书局，1974年，第2999页。
⑧《阿坝州文库》编委会：《历代碑刻契文族谱》，四川民族出版社，2013年，第108页。
⑨《中国少数民族社会历史调查资料丛刊》修订编辑委员会：《羌族社会历史调查》，民族出版社，2009年，第40页。
⑩ ［宋］陈彭年：《宋本广韵》，中国书店，1982年，第183页。
⑪ ［宋］范晔：《后汉书》，中华书局，1965年，第2876页。

善里留湾（今福建省永春县桃城镇留安村）人，乃五代清源军节度使留从效六世孙。生于宋高宗建炎三年，卒于宁宗开禧二年，年七十八岁。历孝宗、光宗、宁宗三朝，是名副其实的"三朝元老"。留正，即为宋时灭青羌之人。《宋史·蛮夷传》载："青羌奴儿结为边害者十余年，其后制置使留正以计禽杀之，尽歼其党。"①

龙［lóng］

龙氏，《后汉书·西羌传》载："安帝永初元年蜀郡徼外羌龙桥等六种万七千二百八十口内属。明年蜀郡徼外羌薄申等八种三万六千九百口复举土内属。"② 《羌族社会历史调查》记汶川县雁门公社毛月岭有寨盘业主"龙家基"③。今松潘县小姓乡大尔边村有龙姓羌族民间歌曲代表性传承人④。

龙诺［lóng nuò］

西山松州有生羌龙诺部落。《唐会要·东女国》载："其年。西山松州生羌等二万余户。相率内附。其粘信部落主董梦葱。龙诺部落主董辟忽。皆授试卫尉卿。"⑤

龙移［lóng yí］

党项有龙移族。《续资治通鉴长编》载："龙移、昧克，一云庄郎、昧克，其地在黄河北，广袤数千里。族帐东接契丹，北邻达靼，南至河西，连大梁、小梁族，素不与迁贼合。"⑥

隆益答［lóng yì dá］

党项有隆益答部。《辽史·韩德凝传》载："改西南路招讨使，党项隆益答叛，平之。"⑦

陇［lǒng］

陇氏，《姓氏寻源》记载，"澍按：《宋史》陇栘，盖以陇连部为姓。《夷坚志》云：青唐羌唃氏之孙陇栘，崇宁中归京都，赐姓名曰赵怀德，拜节度使，

① ［元］脱脱等：《宋史》，中华书局，1985年，第14237页。
② ［宋］范晔：《后汉书》，中华书局，1965年，第2898～2899页。
③ 《中国少数民族社会历史调查资料丛刊》修订编辑委员会：《羌族社会历史调查》，民族出版社，2009年，第141页。
④ 四川省音乐舞蹈研究所：《羌族文化传承人纪实录》，四川科学技术出版社，2012年，第42页。
⑤ ［宋］王溥：《唐会要》，中华书局，1955年，第1768页。
⑥ ［宋］李焘：《续资治通鉴长编》，中华书局，2004年，第1178页。
⑦ ［元］脱脱等：《辽史》，中华书局，1974年，第1235页。

封安化郡王，其孙袭爵，后入蜀，常为成都路兵马铃，辖今成都，有陇清桉之后。"① 《宋史·王厚传》有羌酋陇桉，"会羌酋瞎征、陇桉争国，河州守将王赡与厚同献议复故地。"② 同传有："诏赐陇桉姓名曰赵怀德，进厚东上阁门副使、知湟州。"③ 《宋史·王赡传》有陇桉："时瞎征已来降，青唐戎将惟心牟钦毡父子百余人在。赡不即取，二羌遂迎溪巴温之子陇桉入守。"④

陇波 ［lǒng bō］

党项羌有陇波族。《宋史·吐蕃传》载："玮又言永宁砦陇波、他厮麻二族召纳质不从命，率兵击之，斩首二百级。"⑤

楼 ［lóu］

楼氏，《宋本广韵》记载，"楼：亦作娄，重屋也，姓，夏少康之裔，周封为东楼公，子孙因氏焉。"⑥ 《通志略·氏族略第二》载楼氏："亦为东楼氏。姒姓。夏少康之后。周封杞东楼公。支孙以楼为氏。城阳诸县有娄乡。是其地。"⑦ 《姓氏寻源》记载，"澍按：楼出姒姓，周武王封夏禹裔孙东楼公于杞，生西楼公，西楼公生题公，题公生谋娶公，子孙以为氏。……后汉白马羌豪有楼氏，楼登是也。"⑧ 《后汉书》（卷八十六）载："建武十三年，广汉塞外白马羌豪楼登等率种人五千余户内属，光武封楼登为归义君长。"⑨

卢 ［lú］

卢氏，《宋本广韵》记载，"卢：亦姓，姜姓之后封于卢，以国为氏"⑩。《后汉书·卷八十六》载："初，饥五同种大豪卢忽、忍良等千余户别留允街，而首施两端。"⑪ 《中国古今姓氏辞典》载："姜太公之后，至文公子高，高孙傒，食采于卢，今卢县也，因姓卢氏。（见《元和姓纂》）"⑫ 《通志略·氏族略第三》载："姜姓。齐大公之后也。齐文公之子高。高之孙傒食采於卢。今齐

---

① ［清］张澍：《姓氏寻源》，岳麓书社，1992 年，第 295 页。
② ［元］脱脱等：《宋史》，中华书局，1985 年，第 10583 页。
③ ［元］脱脱等：《宋史》，中华书局，1985 年，第 10583 页。
④ ［元］脱脱等：《宋史》，中华书局，1985 年，第 11071 页。
⑤ ［元］脱脱等：《宋史》，中华书局，1985 年，第 14159 页。
⑥ ［宋］陈彭年：《宋本广韵》，中国书店，1982 年，第 193 页。
⑦ ［宋］郑樵：《通志略》，上海古籍出版社，1990 年，第 24 页。
⑧ ［清］张澍：《姓氏寻源》，岳麓书社，1992 年，第 270 页。
⑨ ［宋］范晔：《后汉书》，中华书局，1965 年，第 2898 页。
⑩ ［宋］陈彭年：《宋本广韵》，中国书店，1982 年，第 64 页。
⑪ ［宋］范晔：《后汉书》，中华书局，1965 年，第 2892 页。
⑫ 慕容翊：《中国古今姓氏辞典》，黑龙江人民出版社，1985 年，第 124 页。

州卢城是也。因邑为氏。"①《续资治通鉴长编》党项羌有大卢、小卢族，"延州言钤辖张崇贵等破蕃贼大卢、小卢等十族，擒获人口、羊马二十万。"② 卢忽：（？—121）东汉时羌族首领。羌族（当煎种）。东汉羌人第一次大起义爆发，卢忽与同种大豪饥五、忍良等千余户别留允街，而首施两端。③

卢蒲［lú　pú］

卢蒲氏，《通志略·氏族略第五》载："姜姓。齐桓公之后。"④

鲁步［lǔbù］

鲁步氏，《通志略·氏族略第五》载：鲁步氏，关西复姓。⑤《中国古今姓氏辞典》载："西羌有鲁步氏。（见《韵》）"⑥《宋本广韵》载："又羌复姓有鲁步氏。"⑦

鲁阳［lǔ　yáng］

鲁阳氏，《中国姓氏辞典》载："出自芈姓。以地名为氏。据《元和姓纂》云，为春秋时楚国鲁阳公之后。鲁阳，春秋时楚邑，在今河南省鲁山县。"⑧

路［lù］

路氏，《中国古今姓氏辞典》载："炎帝之后，黄帝封其支子于潞"⑨。《党项西夏史探微》记载，"路氏：党项大姓。府州党项折惟正母为路氏，元代西夏人沙览答里姓路氏"⑩。

路才［lù　cái］

党项羌有路才族。《宋史·党项传》载："七月，李继隆出讨继迁，赐麟府州兀泥巾族大首领突厥罗、女女杀族大首领越都、女女梦勒族大首领越移、女女忙族大首领越置、女女籫儿族大首领党移、没儿族大首领莫末移、路乜族大首领越移、细乜族大首领庆元、路才族大首领罗保、细母族大首领罗保保乜凡

---

①　［宋］郑樵：《通志略》，上海古籍出版社，1990年，第39页。
②　［宋］李焘：《续资治通鉴长编》，中华书局，2004年，第1030页。
③　刘德仁：《中国少数民族名人辞典·古代》，四川辞书出版社，1989年，第348页。
④　［宋］郑樵：《通志略》，上海古籍出版社，1990年，第100页。
⑤　［宋］郑樵：《通志略》，上海古籍出版社，1990年，第87页。
⑥　慕容翊：《中国古今姓氏辞典》，黑龙江人民出版社，1985年，第125页。
⑦　［宋］陈彭年：《宋本广韵》，中国书店，1982年，第245页。
⑧　陈明远、汪宗虎：《中国姓氏辞典》，北京出版社，1995年，第269页。
⑨　慕容翊：《中国古今姓氏辞典》，黑龙江人民出版社，1985年，第125页。
⑩　汤开建：《党项西夏史探微》，商务印书馆，2013年，第62页。

十族敕书招怀之。"①

路乜 [lù niè]

党项羌有路乜族。《宋史·党项传》载:"七月，李继隆出讨继迁，赐麟府州兀泥巾族大首领突厥罗、女女杀族大首领越都、女女梦勒族大首领越移、女女忙族大首领越置、女女籫儿族大首领党移、没儿族大首领莫末移、路乜族大首领越移、细乜族大首领庆元、路才族大首领罗保、细母族大首领罗保保乜凡十族敕书招怀之。"②

露 [lù]

露氏，《中国古今姓氏辞典》载:"姜姓之后。(见《史记·三皇纪》)。"③《羌族社会历史调查》记汶川水井湾有寨盘业主"录古基"④、汶川龙溪乡地理寨有寨盘业主"陆五吉"⑤，"录古基""陆五吉"或为羌语的不同汉译。

吕 [lǚ]

吕氏，《通志略·氏族略第二》载:"姜姓。侯爵。炎帝之后也。虞夏之际。受封为诸侯。或言伯夷佐禹有功封于吕。"⑥《魏书·世宗纪第八》载:"秦州民王智等聚众二千自号王公，寻推秦州主簿吕苟儿为主，年号建明。"⑦《资治通鉴·梁纪二·高祖武皇帝二》记载，吕苟儿:北魏末年秦州羌族起义领袖，原为秦州主簿。北魏宣武帝正始三年(506年)在秦州(今甘肃天水)率各族起事，称王，年号建明。后被魏右卫将军元丽讨伐，大破之，吕苟儿投降。吕苟儿率众十余万屯孤山，围逼秦州，元丽进击，大破之。行秦州事李韶掩击孤山，获其父母妻子，庚辰，苟儿率其徒众投降。"魏秦州屠各王法智聚众二千。推秦州主簿吕苟儿为主。改元建明。"⑧吕氏《后汉书·西羌传》有零昌羌，吕叔都，羌族吕氏也见此一例。《宋史·周永清传》中夏国有羌酋吕效忠。"知德顺军，夏众入寇，击擒其酋吕效忠。"⑨《宋史·夏国传》有吕宁，

① [元] 脱脱等:《宋史》，中华书局，1985年，第14142页。
② [元] 脱脱等:《宋史》，中华书局，1985年，第14142页。
③ 慕容翊:《中国古今姓氏辞典》，黑龙江人民出版社，1985年，第126页。
④ 《中国少数民族社会历史调查资料丛刊》修订编辑委员会:《羌族社会历史调查》，民族出版社，2009年，第141页。
⑤ 《中国少数民族社会历史调查资料丛刊》修订编辑委员会:《羌族社会历史调查》，民族出版社，2009年，第162页。
⑥ [宋] 郑樵:《通志略》，上海古籍出版社，1990年，第28页。
⑦ [北齐] 魏收:《魏书》，中华书局，1974年，第201页。
⑧ [宋] 司马光:《资治通鉴》，上海古籍出版社，1987年，第971页。
⑨ [元] 脱脱等:《宋史》，中华书局，1985年，第11076页。

"太原府、代州兵马钤辖苏安静得夏国吕宁、拽浪撩黎来合议，乃筑壕九，更新边禁，要以违约则罢和市，自此始定。"①《金史·交聘表》中西夏有吕氏，"八月甲戌，夏武节大夫同崇义、宣德郎吕昌邦贺天寿节。"②

栾［luán］

栾氏，《通志略·氏族略第三》载："齐有栾氏。姜姓。齐惠公之后。惠公子坚字子栾。是以字为氏者。"③《国语·晋语》有"平公灭栾氏"④。

略［lüè］

略氏，《中国古今姓氏辞典》载："姜姓，太公之后，望出武陵。（见《元和姓纂》）。"⑤

啰多［luō　duō］

啰多氏，《李范文西夏学论文集》记载，"啰多氏：《续通志》作罗伊氏。《金史》有哆思忠，又有啰哆守忠。"⑥啰多氏又作啰氏。"啰氏：《续通志》作罗伊氏。"⑦《金史·交聘表》中西夏有啰哆氏，"八月甲辰朔，夏武节大夫啰哆思忠、宣德郎安礼贺天寿节。"⑧

啰树［luō　shù］

《宋史·党项传》载：党项羌有啰树族，"宥州御泥布、啰树等二族党附继迁"⑨。

罗［luó］

罗氏，《世本》云："罗，熊姓。"⑩"夏有武罗，其后氏焉。"《中国古今姓氏辞典》载："罗氏，子爵，熊姓。……（见《通志·氏族略·以国为氏》）"⑪《羌族史》载："关于白狗羌。唐德宗贞元中，白狗国王罗陀忽亦随东女国王入

① ［元］脱脱等：《宋史》，中华书局，1985年，第14001页。
② ［元］脱脱等：《金史》，中华书局，1975年，第1464页。
③ ［宋］郑樵：《通志略》，上海古籍出版社，1990年，第36页。
④ ［春秋］左丘明：《国语》，时代文艺出版社，2008年，第197页。
⑤ 慕容翊：《中国古今姓氏辞典》，黑龙江人民出版社，1985年，第128页。
⑥ 李范文：《李范文西夏学论文集》，中国社会科学出版社，2012年，第538页。
⑦ 李范文：《李范文西夏学论文集》，中国社会科学出版社，2012年，第535页。
⑧ ［元］脱脱等：《金史》，中华书局，1975年，第1478~1479页。
⑨ ［元］脱脱等：《宋史》，中华书局，1985年，第14140页。
⑩ ［东汉］宋衷：《世本》，时代文艺出版社，2008年，第44页。
⑪ 慕容翊：《中国古今姓氏辞典》，黑龙江人民出版社，1985年，第128页。

朝于唐。"①《唐会要·白狗羌》载："贞元九年七月。其王罗陀忽逋租。"②《李范文西夏学论文集》载："西夏丞相罗世昌"③。"罗氏：《交聘表》有罗世昌。"④《宋史·夏国传》有罗氏："纯佑，仁宗长子也，母曰章献钦慈皇后罗氏。仁宗殂，即位，时年十七。明年改元天庆。"⑤《茂县民间文化集成·赤不苏片区卷》载茂县曲谷乡河东村曲儿寨有罗氏墓碑，该墓葬为大清光绪丁亥年修建。罗世泽（1924—1990），羌族，汶川县威州铁禹村人，羌族民间叙事长诗《木姐珠和斗安珠》整理出版者。⑥

罗骨〔luó gǔ〕

党项羌有罗骨部。《宋史·党项羌传》载："五年，北界罗骨等劫剽熟户，环庆部署田敏追击之，俘获甚众，诏奖敏等，赐器币。"⑦ 《宋史·田敏传》载："时后桥属羌数扰边，敏诛违命者十八族，又败罗骨于三店川，迁郑州防御使、泾原路总管，后徙环庆"⑧。

罗侯〔luó hòu〕

罗侯氏，《姓氏寻源》载："《左传》罗，熊姓。一云祝融之后，妘姓，罗国为楚所灭，后号罗侯。澍按：《蜀志》刘封本罗侯寇氏之子。晋中山王司马服妃为蜀郡罗侯氏。见《晋书》。"⑨

罗勒〔luó lè〕

党项羌有罗勒族部落。《宋史》载："六年，北界克山军主率众过大里河侵熟户，为罗勒族都啰击走之"⑩《续资治通鉴长编》卷81有罗勒族，"鄜延部署曹利用，言北境尅山军主率众过大里河南侵，熟户罗勒族都罗击走之，请以都罗为本族指挥使，从之。"⑪

① 冉光荣、李绍明、周锡银：《羌族史》，四川民族出版社，1985年，第177页。
② ［宋］王溥：《唐会要》，中华书局，1955年，第1753页。
③ 李范文：《李范文西夏学论文集》，中国社会科学出版社，2012年，第525页。
④ 李范文：《李范文西夏学论文集》，中国社会科学出版社，2012年，第535页。
⑤ ［元］脱脱等：《金史》，中华书局，1975年，第14026页。
⑥ 四川省茂县地方志编纂委员会：《茂县志：1988—2005》，方志出版社，2010年，第749页。
⑦ ［元］脱脱等：《宋史》，中华书局，1985年，第14148页。
⑧ ［元］脱脱等：《宋史》，中华书局，1985年，第10534页。
⑨ ［清］张澍：《姓氏寻源》，岳麓书社，1992年，第185页。
⑩ ［元］脱脱等：《宋史》，中华书局，1985年，第14147页。
⑪ ［宋］李焘：《续资治通鉴长编》，中华书局，2004年，第1840页。

罗泥 ［luó ní］

羌有罗泥部。《宋史·党项传》载："洪德砦言羌部罗泥天王等首领率族来附。"① 《续资治通鉴长编》有罗尼族，"环州洪德寨言蕃部罗尼天王本族诸首领各率其属归顺。"② 《太平寰宇记》（卷之三十六）载党项羌有罗泥一族、罗泥磨庆一族，"清远镇，管蕃部九：青天门一族，泥悉逋一族，罗泥一族，罗泥磨庆一族，噤埋一族，嗓你也移一族，封家一族，宗家一族，越邦一族。"③

罗悉逋 ［luó xī bū］

党项羌有罗悉逋族。《太平寰宇记》（卷之三十六）载："怀远镇：管蕃部六：罗悉逋族巡检使八笓一族"④。

罗香 ［luó xiāng］

党项羌有罗香一族。《太平寰宇记》（卷之三十六）载："城下管蕃部三，傍家外生族巡检司使移香一族，媚家族巡检使保尾一族，越邦族巡检使罗香一族。"⑤

罗庆 ［luó qìng］

党项羌有成罗庆一族。《太平寰宇记》（卷之三十六）载："保静镇，管蕃部六：吐蕃村巡检使委尾一族，右厢巡检使成悉逋等一族，右厢务下义征使罗庆等一族，右厢巡检使务下义征杨尉尉等一族，狼唆村义征使埋庆等一族，鬼悉涡巡检使庚子等一族。"⑥

骆 ［luò］

骆氏，《通志略·氏族略第四》载："姜姓。齐太公之后。有公子骆。子孙以名为氏。"⑦

落 ［luò］

落氏，《姓氏寻源》载："《路史》云：炎帝参卢后有落氏。"⑧

---

① ［元］脱脱等：《宋史》，中华书局，1985 年，第 14146 页。
② ［宋］李焘：《续资治通鉴长编》，中华书局，2004 年，第 1242 页。
③ ［宋］乐史：《太平寰宇记》，中华书局，2007 年，第 766 页。
④ ［宋］乐史：《太平寰宇记》，中华书局，2007 年，第 768 页。
⑤ ［宋］乐史：《太平寰宇记》，中华书局，2007 年，第 766 页。
⑥ ［宋］乐史：《太平寰宇记》，中华书局，2007 年，第 767 页。
⑦ ［宋］郑樵：《通志略》，上海古籍出版社，1990 年，第 62 页。
⑧ ［清］张澍：《姓氏寻源》，岳麓书社，1992 年，第 538 页。

纶 [lún]

纶氏，《中国古今姓氏辞典》载："夏少康居纶，后因氏。（见《世本》）"①

M

麻骨 [má gǔ]

西夏有麻骨氏，《李范文西夏学论文集》记载，"麻骨氏：《续通志》作莽古氏。"②《金史·交聘表》载："正月庚辰朔，夏武功大夫麻骨进德、宣德郎刘光国等贺正旦。三月己卯朔，夏武功大夫麻骨德懋、宣德郎王庆崇等贺万春节。"③

麻谋 [má móu]

党项羌有麻谋族部落。《宋史·党项传》载："招降岑移等三十二族，又至分水岭降麻谋等二十一族，柔远镇降巢迷等二十族"④。《续资治通鉴长编》载："又从淮安镇入分水岭，招降得麻谋等三十一族"⑤。

麻奴 [má nú]

麻奴氏，《李范文西夏学论文集》记载，"麻奴氏：《续通志》作玛努勒氏。"⑥《金史·交聘表》中西夏有麻奴氏，"正月丁酉朔，夏武功大夫麻奴绍文、宣德郎安惟敬贺正旦。"⑦ 麻奴，《二十六史大辞典·人物卷》载："烧当羌大豪。初随父东号归降，居安定，后与种人俱西出塞。安帝永宁元年，率步骑三千人攻湟中、金城，击败骑都尉马贤。延光元年，为贤所败，部众散遁，遂诣汉阳太守耿种降。"⑧

麻也 [má yě]

西羌有麻也氏，《续资治通鉴长编》卷318载："蕃官三班差使麻也讹赏等，十月丙寅于西界德靖镇七里平山上"⑨。

---

① 慕容翊：《中国古今姓氏辞典》，黑龙江人民出版社，1985年，第128页。
② 李范文：《李范文西夏学论文集》，中国社会科学出版社，2012年，第534页。
③ 〔元〕脱脱等：《金史》，中华书局，1975年，第1445页。
④ 〔元〕脱脱等：《宋史》，中华书局，1985年，第14145页。
⑤ 〔宋〕李焘：《续资治通鉴长编》，中华书局，2004年，第1186页。
⑥ 李范文：《李范文西夏学论文集》，中国社会科学出版社，2012年，第534页。
⑦ 〔元〕脱脱等：《金史》，中华书局，1975年，第1447页。
⑧ 王和：《二十六史大辞典·人物卷》，吉林人民出版社，1993年，第210页。
⑨ 〔宋〕李焘：《续资治通鉴长编》，中华书局，2004年，第7691页。

马 [mǎ]

西羌有大、小马家族。《宋史·吐蕃传》载："淳化元年，秦州大、小马家族献地内附。"[①]《羌族史》载："名将马超之祖母乃羌人"[②]，显然，马超也是羌人。马超（176—223），字孟起，司隶部扶风郡茂陵（今陕西杨凌五泉镇）人，东汉卫尉马腾之子，汉末群雄之一，蜀汉开国名将。早年随父征战。后马腾入京，马超拜将封侯留驻割据关中三辅。潼关之战被曹操击败，退守割据凉州陇上。失败后依附张鲁，又转投刘备。带头上表刘协，请刘备称王。又辅佐刘备称帝。于章武二年十二月病逝（223 年 1 月），终年 47 岁，追谥威侯。有阵中剑术"出手法"流传后世。作为羌人的杰出代表，马超与羌人关系十分密切，在羌人心目中的地位很高。诸葛亮也曾评价马超说，羌人视马超如神明。马福寿（1915—1994），茂县三龙乡卡芋村人，1935 年参加红四方面军。[③] 今汶川县雁门乡萝卜寨村有马姓羌族羊皮鼓舞代表性传承人。[④]

埋逋 [mái bū]

党项羌有埋逋一族。《太平寰宇记》（卷之三十六）载："临河镇，管蕃部三：……鬼悉涡巡检副使埋逋一族。"[⑤]

埋摩 [mái mó]

党项羌有埋摩族。《旧五代史·党项传》载："明宗遣灵武康福、邠州药彦稠等出兵讨之，福等击破阿埋、韦悉、褒勒、强赖、埋斯骨尾及其大首领连香、李八萨王，都统悉那、埋摩，侍御乞埋、嵬悉逋等族。"[⑥]

埋庆 [mái qìng]

党项羌有埋庆一族。《太平寰宇记》（卷之三十六）载："保静镇，管蕃部六：吐蕃村巡检使委尾一族，右厢巡检使成悉逋等一族，右厢务下义征使罗庆等一族，右厢巡检使务下义征杨尉尉等一族，狼唆村义征使埋庆等一族，鬼悉涡巡检使庚子等一族。"[⑦]

① ［元］脱脱等：《宋史》，中华书局，1985 年，第 14154 页。
② 冉光荣、李绍明、周锡银：《羌族史》，四川民族出版社，1985 年，第 111 页。
③ 四川省茂县地方志编纂委员会：《茂县志：1988—2005》，方志出版社，2010 年，第 750 页。
④ 四川省音乐舞蹈研究所：《羌族文化传承人纪实录》，四川科学技术出版社，2012 年，第 62 页。
⑤ ［宋］乐史：《太平寰宇记》，中华书局，2007 年，第 767－768 页。
⑥ ［宋］薛居正：《旧五代史》，中华书局，1976 年，第 1845 页。
⑦ ［宋］乐史：《太平寰宇记》，中华书局，2007 年，第 767 页。

埋厮骨尾［mái sī gǔ wěi］

党项羌有埋厮骨尾族。《旧五代史·党项传》载："明宗遣灵武康福、邠州药彦稠等出兵讨之，福等击破阿埋、韦悉、褒勒、强赖、埋厮骨尾及其大首领连香、李八萨王，都统悉那、埋摩，侍御乞埋、嵬悉逋等族。"①《五代会要·党项羌》载："奏诛党项阿埋三族韦悉褒勒彊赖埋厮骨尾屈悉保等七族。七百余人"②"埋厮""骨尾"有被当作是两个族。

买［mǎi］

买姓源于姜姓，有两个出处：一是出自春秋许国君主许悼公之后，二是出自商、周之际太岳之后。党项羌有买氏，《辽史·景宗纪》载："耶律沙以党项降酋可丑、买友来见。"③

蛮［mán］

蛮氏，《通志略·氏族略第二》载："芈姓荆之后因氏焉。"④《风俗通义校释》载："荆蛮之后。左传，楚围蛮氏。"⑤《后汉书·西羌传》载，"颖首以西有蛮氏之戎。"⑥

满［mǎn］

满氏，《通志略·氏族略第二》载："国语潞洛泉余满皆赤狄。隗姓。风俗通。荆蛮有瞒氏。音舛为满氏。"⑦《风俗通义校释》载："荆蛮之后，本姓蛮，后世音讹遂为满氏。或曰本姓盘改焉。左传，卫有司徒瞒成。"⑧

毛［máo］

毛氏，《姓氏寻源》记载，"《广韵》云：毛本自周武王母弟毛叔郑，后以为氏，本居钜鹿，避难荥阳也。一云周文王之子毛伯明之所封，世为周卿士，食采于毛。澍按：周采邑毛即河南籍水毛泉也。卿士毛卫、毛得、毛过亦称毛氏，文元年卫来锡公命，《昭十八年传》王杀过而代之。二十六年，得奔楚。又按：毛姓冒周者，吴朝周逸是也。见《晋书》。氐酋有毛氏，苻健将毛贵是

---

① ［宋］薛居正：《旧五代史》，中华书局，1976年，第1845页。
② ［宋］王溥：《五代会要》，中华书局，1998年，第354页。
③ ［元］脱脱等：《辽史》，中华书局，1974年，第100页。
④ ［宋］郑樵：《通志略》，上海古籍出版社，1990年，第32页。
⑤ ［东汉］应劭：《风俗通义校释》，天津人民出版社，1980年，第504页。
⑥ ［宋］范晔：《后汉书》，中华书局，1965年，第2872页。
⑦ ［宋］郑樵：《通志略》，上海古籍出版社，1990年，第32~33页。
⑧ ［东汉］应劭：《风俗通义校释》，天津人民出版社，1980年，第495页。

也。见《前秦录》。毛鸿显系毛遐乳母所生，遐养之为弟，因姓毛氏。见《北史》。代北族有毛氏，明之伏羌侯毛忠亦赐姓，武威人。"①《世本》载："召芮毕卫毛，姬姓。"②《晋书·载记》载：符登"又僭立其妻毛氏为皇后，弟懿为皇太弟"③。《历代碑刻契文族谱》中汶川县威州镇茨里沟有"毛姓宗谱碑"，该碑立于清光绪十三年，记录了毛氏先祖"明末由湖广麻城县孝感乡入川来威州的情况"④。据《羌族社会历史调查》，今茂县黑度乡有此姓。⑤

毛奴 [máo nú]

党项羌有毛奴族。《宋史·狄青传》载："宝元初，赵元昊反，……破金汤城，略宥州，屠庞咩、岁香、毛奴、尚罗、庆七、家口等族，燔积聚数万，收其帐二千三百，生口五千七百。"⑥

毛尸 [máo shī]

党项羌有毛尸族部落。《宋史》载："五月，北界毛尸族军主浪埋、骨咩族酋长乩唱、巢迷族酋长冯移埋率其属千一百九十口、牛马杂畜千八百归附，降诏抚之。"⑦

毛迎 [máo yíng]

西夏有毛迎氏，《续资治通鉴长编》载："鄜延、环庆经略司言，元昊遣伪供备库使毛迎啜己等至境上，欲议通和。"⑧

冒 [mào]

冒氏，《中国姓氏辞典》载："出自芈姓。据《姓氏考略》云：芬冒之后。"⑨

貌奴 [mào nú]

党项羌有貌奴族。《宋史·党项传》载："八月，李继迁居王庭镇，赵保忠

① [清] 张澍：《姓氏寻源》，岳麓书社，1992年，第175~176页。
② [东汉] 宋衷：《世本》，时代文艺出版社，2008年，第29页。
③ [唐] 房玄龄等：《晋书》，中华书局，1974年，第2949页。
④ 《阿坝州文库》编委会：《历代碑刻契文族谱》，四川民族出版社，2013年，第110页。
⑤ 《中国少数民族社会历史调查资料丛刊》修订编辑委员会：《羌族社会历史调查》，民族出版社，2009年，第93页。
⑥ [元] 脱脱等：《宋史》，中华书局，1985年，第9718页。
⑦ [元] 脱脱等：《宋史》，中华书局，1985年，第14148页。
⑧ [宋] 李焘：《续资治通鉴长编》，中华书局，2004年，第2965页。
⑨ 陈明远、汪宗虎：《中国姓氏辞典》，北京出版社，1995年，第286页。

往袭之，继迁奔铁斤泽，貌奴、猥才二族夺其牛畜二万余。"①《宋史·李继周传》记有磨卢家族，或为貌奴族的一音之转，"有磨卢家、媚咩、拽藏等族居近卢关，未尝内顺。"②

梅讹 ［méi é］

西夏有梅讹氏，《李范文西夏学论文集》记载，"梅讹氏：《续通志》有美赫氏。"③《金史·交聘表》载："正月乙丑朔，夏武节大夫梅讹宇文、宣德郎韩师正贺正旦。"④

梅古悉 ［méi gǔ xī］

西夏党项羌后有梅古悉部。《辽史·营卫志》载："梅古悉部。圣宗以唐古户置。隶北府，节度使属西南面招讨司。"⑤

美勒 ［měi lè］

西夏有美勒氏，《李范文西夏学论文集》记载，"美勒氏：一作妹勒氏，《宋史》有美勒都辅。"⑥《宋史·夏国传》有妹勒氏，妹勒都逋，"元符元年十二月，泾原折可适掩夏西寿统军嵬名阿埋、监军妹勒都逋，获之。"⑦《宋史·折可适传》又为"昧勒"，"嵬名阿埋、昧勒都逋，皆夏人桀黠用事者，诏可适密图之"⑧。

昧克 ［mèi kè］

党项羌有昧克族。《宋史·党项传》载："六月，瓦窑、没剂、如罗、昧克等族济河击败继迁党，优诏抚问。"⑨《宋史·真宗纪》载："丰州瓦窑没剂、如罗、昧克等族以兵济河击李继迁，败之。"⑩

媚 ［mèi］

党项羌有媚家族。《太平寰宇记》（卷之三十六）载："城下管蕃部三，傍

---

① ［元］脱脱等：《宋史》，中华书局，1985 年，第 14140 页。
② ［元］脱脱等：《宋史》，中华书局，1985 年，第 8870 页。
③ 李范文：《李范文西夏学论文集》，中国社会科学出版社，2012 年，第 535 页。
④ ［元］脱脱等：《金史》，中华书局，1975 年，第 1473 页。
⑤ ［元］脱脱等：《辽史》，中华书局，1974 年，第 391 页。
⑥ 李范文：《李范文西夏学论文集》，中国社会科学出版社，2012 年，第 536 页。
⑦ ［元］脱脱等：《宋史》，中华书局，1985 年，第 14018 页。
⑧ ［元］脱脱等：《宋史》，中华书局，1985 年，第 8867 页。
⑨ ［元］脱脱等：《宋史》，中华书局，1985 年，第 14145 页。
⑩ ［元］脱脱等：《宋史》，中华书局，1985 年，第 122 页。

家外生族巡检司使移香一族，媚家族巡检使保尾一族，越邦族巡检使罗香一族。"①

媚咩 [mèi miē]

党项羌有媚咩族。《宋史·李继周传》载："有磨卢家、媚咩、拽藏等族居近卢关，未尝内顺。"②

蒙罗角 [méng luó jiǎo]

党项羌有蒙罗角族。《宋史·王韶传》载："五年七月，引兵城渭源堡及乞神平，破蒙罗角、抹耳水巴等族。"③

孟 [mèng]

孟氏，《四夷考》记："维州（即威州）路生番（羌）最多，有名色可考者孟董、梁黄……"《羌族通史》载："显然，此次任命与洪武十一年前后汶川土酋孟道贵、威茂土酋董帖里等反叛有关。"④ 孟泽沛（1920—1990），茂县仪镇南庄村人，1395年5月参加红军。⑤ 今理县蒲溪乡休溪村有孟姓羌族羊皮鼓舞代表性传承人。⑥

迷 [mí]

迷氏，《姓氏寻源》记载，"《路史》云：舜后有迷氏，西羌迷吾即舜后。"⑦《后汉书·西羌传》有迷吾、迷唐，"迷吾又与封养种豪布桥等五万余人共寇陇西、汉阳，于是遣行车骑将军马防，长水校尉耿恭副，讨破之。"⑧ "迷吾子迷唐及其种人向塞号哭，与烧何、当煎、当阗等相结，以子女及金银娉纳诸种，解仇交质……"⑨《羌族通史》载："汉代羌族酋豪有'迷唐''迷吾'等。"⑩《羌族史》载："归义城即因此而出现，羌人迷吾部落曾经居此城中。"⑪ 其后或有以迷为氏。

---

① ［宋］乐史：《太平寰宇记》，中华书局，2007年，第766页。
② ［元］脱脱等：《宋史》，中华书局，1985年，第8870页。
③ ［元］脱脱等：《宋史》，中华书局，1985年，第10580页。
④ 耿少将：《羌族通史》，上海人民出版社，2010年，第295页。
⑤ 四川省茂县地方志编纂委员会：《茂县志：1988—2005》，方志出版社，2010年，第749页。
⑥ 四川省音乐舞蹈研究所：《羌族文化传承人纪实录》，四川科学技术出版社，2012年，第62页。
⑦ ［清］张澍：《姓氏寻源》，岳麓书社，1992年，第106页，
⑧ ［宋］范晔：《后汉书》，中华书局，1965年，第2881页。
⑨ ［宋］范晔：《后汉书》，中华书局，1965年，第2882页。
⑩ 耿少将：《羌族通史》，上海人民出版社，2010年，第201页。
⑪ 冉光荣、李绍明、周锡银：《羌族史》，四川民族出版社，1985年，第105页。

迷般嘱 [mí bān zhǔ]

党项羌有迷般嘱族。《宋史·吐蕃传》载："先是，继迁种落迷般嘱及日逋吉罗丹二族亡归者龙族，而欲阴图罗支。"① 《续资治通鉴长编》有迷般嘱族，"者龙凡十三族，而六族附迷般嘱及日逋吉罗丹。"②

弥 [mí]

弥氏，《宋史·蛮夷传》有弥羌部落，③ 以姓别部，当有弥姓。

弥姐 [míjiě]

弥姐氏，《古今姓氏书辩证》记载，"弥且：且，一作姐。后秦有将军弥且婆，弥且亭立。"④《北朝胡姓考（修订本）》载："夏州弥姐氏，羌族人也。"⑤《通志略·氏族略第五》弥姐氏："后秦冠军大将军弥姐婆触。"⑥《宋本广韵》载："弥……羌复姓，后秦将军弥姐婆触⑦。《姓氏寻源》记载，"澍按：弥姐氏，西羌姓也，夏州人。后秦元魏时多有为大将者。"⑧《中国古今姓氏辞典》载："后秦元魏时西羌多此姓。后秦冠军大将军弥姐婆触；辽东弥姐要地；立节将军弥姐威；后魏末都督弥姐元进，夏州酋望也。唐领军延州刺史弥姐长通。（见《通志·氏族略》）"⑨《羌族史》有赤水羌有弥姐康薄。⑩《碑铭所见前秦至隋初的关中部族》载"弥姐亦作'弥且'，为西羌大姓"⑪。"隋开皇六年（公元586年）《邑主弥姐后德合邑子卅人造像记》……在二十个造像人中姓弥姐的共二十二人"⑫。

靡 [mí]

西羌有靡氏，《汉书·赵充国传》有靡当儿⑬、靡忘⑭。靡忘，《二十六史

---

① ［元］脱脱等：《宋史》，中华书局，1985年，第14157页。
② ［宋］李焘：《续资治通鉴长编》，中华书局，2004年，第1240～1241页。
③ ［元］脱脱等：《宋史》，中华书局，1985年，第14236页。
④ ［宋］邓名世：《古今姓氏书辩证》，江西人民出版社，2006年，第45页。
⑤ 姚薇元：《北朝胡姓考（修订本）》，中华书局，2007年，第360页。
⑥ ［宋］郑樵：《通志略》，上海古籍出版社，1990年，第87页。
⑦ ［宋］陈彭年：《宋本广韵》，中国书店，1982年，第28页。
⑧ ［清］张澍：《姓氏寻源》，岳麓书社，1992年，第42页。
⑨ 慕容翊：《中国古今姓氏辞典》，黑龙江人民出版社，1985年，第134页。
⑩ 冉光荣、李绍明、周锡银：《羌族史》，四川民族出版社，1985年，第126页。
⑪ 马长寿：《碑铭所见前秦至隋初的关中部族》，中华书局，1985年，第71页。
⑫ 马长寿：《碑铭所见前秦至隋初的关中部族》，中华书局，1985年，第87页。
⑬ ［汉］班固：《汉书》，中华书局，1962年，第2977页。
⑭ ［汉］班固：《汉书》，中华书局，1962年，第2983页。

大辞典·人物卷》载： "宣帝时羌豪。初反，后为赵充国召降，封为献牛君。"①

米 [mǐ]

西夏有米氏。《李范文西夏学论文集》记载，"米氏：《交聘表》有米崇信、米元懿。"②《金史·交聘表》载："闰八月辛巳，夏武节大夫赵公良、宣德郎米元懿贺天寿节"③。《历代碑刻契文族谱》载马节妇墓碑云："节妇姓米氏，生于慧淑，甚见爱于父母。"④ 党项羌有米知顺族，《续资治通鉴长编》载："藩篱熟户李士彬、米知顺、李思之族，亦为之降且虏矣。（米知顺，保安熟户，宝元二年十二月初见，其降虏月日未见。）"⑤

米禽 [mǐ qín]

米禽氏，《古今姓氏书辩证》记载，"米禽：唐党项以姓别部，有米禽氏"⑥。《中国古今姓氏辞典》载："党项以姓别部，有米禽氏。（见《唐书》）"⑦《新唐书》（卷二百二十一）载："党项，汉西羌别种，……有细封氏、费听氏、往利氏、颇超氏、野辞氏、房当氏、米禽氏、拓拔氏"⑧。《李范文西夏学论文集》载："'米禽氏'《宋史》误为'来禽氏'"⑨。

芈 [mǐ]

芈氏，《姓氏寻源》记载，"澍按：张守节云：芈，亡六反。《索隐》云：弥是反，芈，羊声也。《世本》及《大戴礼》云：颛顼生偁（称），偁生卷章，卷章生重黎，重黎诛，弟吴回代为祝融，是为火正。吴回生陆终，陆终生子六人，其六曰季连，为芈姓，楚其后也。罗泌云：季芈即连。又按：《世本》越亦芈姓，与楚同祖。东越闽君皆其后。是芈姓不止楚也。然楚之命官、命氏多以草，如芳氏、蓝氏、蒍氏皆是，芈亦以草，不宜训芈鸣。《章丘县志》，邑有芈姓。"⑩《通志略·氏族略第三》载芈氏："楚姓也。陆终之子季连之后也。"⑪

---

① 王和：《二十六史大辞典·人物卷》，吉林人民出版社，1993年，第96页。

② 李范文：《李范文西夏学论文集》，中国社会科学出版社，2012年，第534页。

③ ［元］脱脱等：《金史》，中华书局，1975年，第1474页。

④ 《阿坝州文库》编委会：《历代碑刻契文族谱》，四川民族出版社，2013年，第6页。

⑤ ［宋］李焘：《续资治通鉴长编》，中华书局，2004年，第2994页。

⑥ ［宋］邓名世：《古今姓氏书辩证》，江西人民出版社，2006年，第369页。

⑦ 慕容翊：《中国古今姓氏辞典》，黑龙江人民出版社，1985年，第134页。

⑧ ［宋］欧阳修、宋祁：《新唐书》，中华书局，1975年，第6214页。

⑨ 李范文：《李范文西夏学论文集》，中国社会科学出版社，2012年，第533页。

⑩ ［清］张澍：《姓氏寻源》，岳麓书社，1992年，第302页。

⑪ ［宋］郑樵：《通志略》，上海古籍出版社，1990年，第48页。

芈尹 [mǐ yǐn]

芈尹氏，《姓氏寻源》记载，"《氏族略》云：楚大夫芈尹申无宇之后。《左正义》云：芈，草名。以草名其官，不知何故。澍按：小司马以芈为羊声，《左正义》以芈为草名。《正义》为是。故楚又有莠尹、蓝尹。亦以草为官名，陈有芈尹，盖自楚奔陈者。"①

觅诺 [mì nuò]

觅诺氏，《李范文西夏学论文集》记载，"觅诺氏：汤文认为是吐蕃族名，非西夏姓氏。"②《宋史·真宗纪》载："以西凉府觅诺族瘴疫，赐药。"③《续资治通鉴长编》有觅诺族，"西凉府既闻罗支遇害，乃率龛谷、兰州、宗哥、觅诺族攻者龙六族，六族悉窜山谷。"④

秘 [mì]

秘氏，《姓氏寻源》记载，"澍按：西羌之姓，出南安，为豪族。见《西秦录》。一作祕 [bì]。"⑤

密贵 [mì guì]

密贵氏，《姓氏寻源》记载，"澍按：西羌有密贵氏。见《西秦录》。"⑥

密密 [mìmì]

西夏党项羌有密密氏，《李范文西夏学论文集》记载，"密密氏：《宋史》有夏王德明妃密密氏。"⑦

苗 [miáo]

苗氏，《通志略·氏族略第三》载："芈姓。楚大夫伯棼之后。伯棼以罪诛。其子贲皇奔晋。晋人与之苗。因以为氏。"⑧

邈二 [miǎo èr]

党项羌有邈二族。《宋史·党项传》载："邈二族大首领崖罗、藏才东族首

---

① [清] 张澍：《姓氏寻源》，岳麓书社，1992年，第30页。
② 李范文：《李范文西夏学论文集》，中国社会科学出版社，2012年，第536页。
③ [元] 脱脱等：《宋史》，中华书局，1985年，第143页。
④ [宋] 李焘：《续资治通鉴长编》，中华书局，2004年，第1241页。
⑤ [清] 张澍：《姓氏寻源》，岳麓书社，1992年，第405页。
⑥ [清] 张澍：《姓氏寻源》，岳麓书社，1992年，第511页。
⑦ 李范文：《李范文西夏学论文集》，中国社会科学出版社，2012年，第536页。
⑧ [宋] 郑樵：《通志略》，上海古籍出版社，1990年，第37页。

领岁啰啜克各遣其子弟朝贡。"①

妙［miào］

妙氏，《姓氏寻源》记载，"澍按：西羌有妙姓。见《宋史》。"②《张澍〈西夏姓氏录〉订误》载："《宋史·吐蕃传》明载，妙娥为一吐蕃部族，不应列入西夏姓氏之中。"③《李范文西夏学论文集》记载，"妙氏：汤文认为妙娥为吐蕃部族，非西夏姓氏。《宋史·吐蕃传》有记载。"④

妙娥［miàoé］

党项羌有妙娥族。《宋史·吐蕃传》载："渭州言妙娥、延家、熟嵬等族率三千余帐、万七千余口及羊马数万款塞内附。"⑤《宋史·真宗纪》有："渭州妙娥族三千余帐内附。"⑥《宋史·曹玮传》中"妙娥"又作"妙俄"，"既而西延家、妙俄、熟魏数大族请拔帐自归，诸将犹豫不敢应。"⑦ "邈二""妙娥""妙俄"可能都是同一族的音译之异。

哶［miē］

西夏有哶氏，《李范文西夏学论文集》记载，"哶氏：《续通志》作密氏。"⑧《金史·交聘表》载："正月丁巳朔，夏遣精鼎甀匣使武绍德、副仪增、御史中丞哶元礼贺正旦。"⑨

哶保［miē bǎo］

党项羌有哶保氏，《宋史·折克行传》载："大酋哶保吴良以万骑来蹑，克行为后拒，度贼半度隘，纵击大破之，杀哶保吴良。"⑩

哶逋［miē bū］

党项羌有哶逋族，《宋史·党项传》载："二年正月，以哶逋族开道使泥埋领费州刺史。"⑪《宋史·吐蕃传》载："六年，又遣哶逋族蕃官成逋驰骑至镇

---

① ［元］脱脱等：《宋史》，中华书局，1985年，第1414页。
② ［清］张澍：《姓氏寻源》，岳麓书社，1992年，第454页。
③ 汤开建：《张澍〈西夏姓氏录〉订误》，载《兰州大学学报（社会科学版）》，1982年第4期，第67页。
④ 李范文：《李范文西夏学论文集》，中国社会科学出版社，2012年，第537页。
⑤ ［元］脱脱等：《宋史》，中华书局，1985年，第14158页。
⑥ ［元］脱脱等：《宋史》，中华书局，1985年，第131页。
⑦ ［元］脱脱等：《宋史》，中华书局，1985年，第8985页。
⑧ 李范文：《李范文西夏学论文集》，中国社会科学出版社，2012年，第536页。
⑨ ［元］脱脱等：《金史》，中华书局，1975年，第1488页。
⑩ ［元］脱脱等：《宋史》，中华书局，1985年，第8856页。
⑪ ［元］脱脱等：《宋史》，中华书局，1985年，第14143页。

戎军，请会兵讨贼。"①《宋史·继和传》又作"米逋"，"便于萧关屯聚万子、米逋、西鼠等三千，以胁原、渭、灵、环熟户，常时族帐谋归贼者甚多。"②《续资治通鉴长编》有咩逋族，"西凉府及咩逋族各遣使来贡"③。

咩布 ［miē bù］

西夏有咩布氏。《李范文西夏学论文集》记载，"咩布氏：《金史》有夏武功大夫咩布师道。"④ "咩布氏：《续通志》作蔑布氏。"⑤《金史·交聘表》载："三月癸亥朔，夏武功大夫咩布师道、宣德郎严立本等贺万春节。"⑥

咩迷 ［miē mí］

西羌党项羌有咩迷氏，《张澍〈西夏姓氏录〉订误》载："党项族姓，又作密密氏，元昊第四妻为'咩迷氏'"⑦。《李范文西夏学论文集》记载，"咩米氏：《宋史》有夏臣咩羊乞遇生成遇。"⑧《宋史·夏国传》载："仁宗即位，加尚书令。德明娶三姓。卫慕氏生元昊，咩迷氏生成遇，讹藏屈怀氏生成嵬。"⑨《宋史·夏国传》又有咩迷乞遇，"闰六月，遣使谟箇、咩迷乞遇来贡"⑩。

咩铭 ［miē míng］

西夏有咩铭氏，《金史·交聘表》载："十二月甲午朔，夏殿前太尉咩铭友直、副使枢密直学士李昌辅奉遗进礼物。"⑪

咩钷 ［miē pǒ］

西夏有咩钷氏，《李范文西夏学论文集》记载，"咩钷氏：《续通志》作蔑莽氏。"⑫

咩嵬 ［miē wéi］

党项羌有咩嵬族、咩魏族，二族或为一氏也。《宋史·党项传》载："又夏

① ［元］脱脱等：《宋史》，中华书局，1985 年，第 14156 页。
② ［元］脱脱等：《宋史》，中华书局，1985 年，第 8971 页。
③ ［宋］李焘：《续资治通鉴长编》，中华书局，2004 年，第 1170 页。
④ 李范文：《李范文西夏学论文集》，中国社会科学出版社，2012 年，第 538 页。
⑤ 李范文：《李范文西夏学论文集》，中国社会科学出版社，2012 年，第 533 页。
⑥ ［元］脱脱等：《金史》，中华书局，1975 年，第 1425 页。
⑦ 汤开建：《张澍〈西夏姓氏录〉订误》，载《兰州大学学报（社会科学版）》，1982 年第 4 期，第 68 页。
⑧ 李范文：《李范文西夏学论文集》，中国社会科学出版社，2012 年，第 538 页。
⑨ ［元］脱脱等：《宋史》，中华书局，1985 年，第 13992 页。
⑩ ［元］脱脱等：《宋史》，中华书局，1985 年，第 14013～14014。
⑪ ［元］脱脱等：《金史》，中华书局，1975 年，第 1461 页。
⑫ 李范文：《李范文西夏学论文集》，中国社会科学出版社，2012 年，第 535 页。

州咩嵬族魔病人乜崖在南山族结党为寇，招怀不至，擒斩之，枭首徇众，并灭其族。"①"宥州羌腊儿（又译拉尔）率众劫熟户咩魏族。"②《续资治通鉴长编》也载"辛未，鄜延部署言宥州蕃族腊儿，率众劫熟户咩魏族"③。

咩兀 ［miē wù］

党项羌有咩兀族。《宋史·党项传》载："七月，赐宥州界咩兀十族首领、都指挥使遇乜布等九人敕书，以安抚之。"④

灭臧 ［miè zāng］

党项羌有灭臧族。《续资治通鉴长编》载："且羌人贪而无亲，胜不相下，徒耗金帛，终误指挥。如泾原康奴、灭臧、大虫数族，久居内地，常有翻覆之情，傥不剪除，恐终为患。"⑤"灭臧""密藏"或为音译之误。西羌有"密藏"种，见"敏氏"。

敏 ［mǐn］

西羌有敏氏，《姓氏寻源》记载，"见《姓苑》。澍按：汉敏勋碑在冀州。敏氏又出于西羌敏珠之后。《涑水纪闻》云：环原之间属羌，敏珠、密藏、康诺三种最强，抚之则骄不可制，攻之则险不可入。种世衡筑古细腰城，三种因而服从，故今甘肃多敏姓。"⑥敏珠尔为敁州刺史，《续资治通鉴长编》载："洪德寨白马鼻族巡检、顺州刺史庆香领蕃部者龙等十八人绐称西贼寇边……其庆香及诸族首领欲特行处置，所部人即令肃远寨界上威尼族巡检、敁州刺史敏珠尔主之。"⑦

名波 ［míng bō］

党项羌有名波族。《宋史·党项传》载："十一月，以勒浪族十六府大首领屈遇、名波族十二府大首领浪买当丰州路最为忠顺，及兀泥三族首领佶移等、女女四族首领杀越都等归化，并赐敕书抚之。"⑧

名市 ［míng shì］

党项有名市族。《续资治通鉴长编》载："招马之处，秦、渭、阶、文之吐

---

① ［元］脱脱等：《宋史》，中华书局，1985 年，第 14140 页。
② ［元］脱脱等：《宋史》，中华书局，1985 年，第 14148 页。
③ ［宋］李焘：《续资治通鉴长编》，中华书局，2004 年，第 2178 页。
④ ［元］脱脱等：《宋史》，中华书局，1985 年，第 14140 页。
⑤ ［宋］李焘：《续资治通鉴长编》，中华书局，2004 年，第 2983 页。
⑥ ［清］张澍：《姓氏寻源》，岳麓书社，1992 年，第 347 页。
⑦ ［宋］李焘：《续资治通鉴长编》，中华书局，2004 年，第 2296～2297 页。
⑧ ［元］脱脱等：《宋史》，中华书局，1985 年，第 14140 页。

蕃、回纥，麟、府之党项，丰州之藏才族，环州之白马、鼻家、保家、名市族，泾仪延鄜、火山保德保安军、唐龙镇、制胜关之诸蕃。"①

明叶示 [míng yè shì]

党项羌有明叶示族。《续资治通鉴长编》载："乙酉，延州言继迁蕃部明叶示、扑咩讹猪等首领率属归附。"②

明珠 [míng zhū]

党项羌有明珠族。《宋史·刘平传》载："属户明珠、磨糜族数反覆，平潜兵杀数千人，以功领宾州刺史、鄜延路兵马钤辖，徙泾原路，兼知渭州。"③

茗乜 [míng niè]

党项羌有茗乜族。《宋史·党项传》载："又府州女乜族首领来母崖男社正等内附，因迁居茗乜族中。"④

冥 [míng]

冥氏，《中国古今姓氏辞典》载："禹后有冥氏，因国为氏。（见《风俗通》）"⑤

摩益 [mó yì]

西夏有摩益氏，《李范文西夏学论文集》记载，"摩益氏：《宋史》有元昊妃摩益氏。"⑥

磨糜 [mó mí]

党项羌有磨糜族。《宋史·刘平传》载："属户明珠、磨糜族数反覆，平潜兵杀数千人，以功领宾州刺史、鄜延路兵马钤辖，徙泾原路，兼知渭州。"⑦《宋史·史方传》党项羌有磨娟（媚）族，"先是，磨娟（媚）、浪壴、托校、拔新、兀二、兀三六族内寇，方谕以恩信，乃传箭牵羊乞和。"⑧"磨娟"应为"磨媚"，与"磨糜"可能为一族。

---

① [宋] 李焘：《续资治通鉴长编》，中华书局，2004 年，第 922 页。
② [宋] 李焘：《续资治通鉴长编》，中华书局，2004 年，第 1101 页。
③ [元] 脱脱等：《宋史》，中华书局，1985 年，第 10500 页。
④ [元] 脱脱等：《宋史》，中华书局，1985 年，第 14140 页。
⑤ 慕容翊：《中国古今姓氏辞典》，黑龙江人民出版社，1985 年，第 134 页。
⑥ 李范文：《李范文西夏学论文集》，中国社会科学出版社，2012 年，第 536 页。
⑦ [元] 脱脱等：《宋史》，中华书局，1985 年，第 10500 页。
⑧ [元] 脱脱等：《宋史》，中华书局，1985 年，第 10527 页。

末羯 [mò jié]

西羌有末羯氏，《羌族通史》载："苏毗又译作孙波或森波，是一个古老的羌族部落。……'王姓苏毗，字末羯'之'末羯'……历史上，羌族多有以'末羯'为姓者"①。

末腋 [mò yè]

党项羌有末腋氏，《宋史·李继周传》载："雍熙中，又与侯延广败末藏、末腋等族于浑州西山。"②

末者多 [mò zhě duō]

党项羌有末者多族。《太平寰宇记》（卷之三十七）载："东至蕃部末者多族七里"③。

抹耳水巴 [mò ěr shuǐ bā]

党项羌有抹耳水巴族。《宋史·王韶传》载："五年七月，引兵城渭源堡及乞神平，破蒙罗角、抹耳水巴等族。"④

没儿 [mò ér]

党项羌有没儿族。《宋史·党项传》载："七月，李继隆出讨继迁，赐麟府州兀泥巾族大首领突厥罗、女女杀族大首领越都、女女梦勒族大首领越移、女女忙族大首领越置、女女篡儿族大首领党移、没儿族大首领莫末移、路乜族大首领越移、细乜族大首领庆元、路才族大首领罗保、细母族大首领罗保保乜凡十族敕书招怀之。"⑤

没儿雀 [mò ér què]

党项羌有没儿雀族。《太平寰宇记》（卷之三十八）载："西北至没儿雀、悉命、女女、越都等蕃族三百五十里"⑥。

没剂 [mò jì]

党项羌有没剂族。《宋史·党项传》载："六月，瓦窑、没剂、如罗、昧克

---

① 耿少将：《羌族通史》，上海人民出版社，2010年，第202页。
② [元]脱脱等：《宋史》，中华书局，1985年，第8870页。
③ [宋]乐史：《太平寰宇记》，中华书局，2007年，第790页。
④ [元]脱脱等：《宋史》，中华书局，1985年，第10580页。
⑤ [元]脱脱等：《宋史》，中华书局，1985年，第14142页。
⑥ [宋]乐史：《太平寰宇记》，中华书局，2007年，第813页。

等族济河击败继迁党，优诏抚问。"① 《宋史·真宗纪》载："丰州瓦窑没剂、如罗、昧克等族以兵济河击李继迁，败之。"②

没邵 [mò shào]

党项羌有没邵族。《宋史·党项传》载："五月，王侁、李继隆等又破银州杏子平东北山谷内没邵、浪悉讹等族"③。

没细 [mò xì]

西夏有没细氏，《李范文西夏学论文集》记载，"没细氏：《松漠纪闻》、《夏国贺金正表》末云：'大使武功郎没细好德'"④。

没藏 [mò zàng]

没藏氏，《古今姓氏书辩证》作密藏氏，"密藏：李元昊子谅祚，其母密藏氏为尼。又大臣密藏鄂特彭专政，以女妻谅祚，谅祚杀鄂特彭及其女。"⑤《宋史·李继周传》作末藏氏，"雍熙中，又与侯延广败末藏、末腋等族于浑州西山。"⑥ 西夏党项族有没藏部人，《中国少数民族名人辞典·古代》载："没藏太后（？—1056）夏景宗李元昊宣穆惠文皇后，夏毅宗李谅祚生母。……没藏讹庞（？—1061）西夏大臣。党项没藏部人。夏毅宗李谅祚之母舅。宋庆历七年（1047年）国相，掌政务。次年太子宁哥刺死元昊，他杀太子，拥立外甥谅祚。"⑦《李范文西夏学论文集》记载，"客藏氏：即没藏氏或讹藏氏。"⑧ "默藏氏：即没藏氏，《杂字》中均有记载。"⑨《西夏书事》载："没藏氏好佛，因中国赐《大藏经》，役兵民数万，相兴庆府西偏起大寺。"没藏氏垂帘听政时，发展佛教文化事业，宋夏两国围绕佛教文化友好往来。今日宁夏银川承天寺，就是没藏氏亲自主持修建的。没藏氏不但亲自效力推进宋夏佛教文化交流，还加强同西域各民族文化的交融。

莫侯 [mò hòu]

西羌有莫侯姓，《姓氏寻源》记载，"澍按：莫侯，西羌姓。见《南凉录》。

① ［元］脱脱等：《宋史》，中华书局，1985年，第14145页。
② ［元］脱脱等：《宋史》，中华书局，1985年，第122页。
③ ［元］脱脱等：《宋史》，中华书局，1985年，第14139页。
④ 李范文：《李范文西夏学论文集》，中国社会科学出版社，2012年，第537页。
⑤ ［宋］邓名世：《古今姓氏书辩证》，江西人民出版社，2006年，第581页。
⑥ ［宋］邓名世：《古今姓氏书辩证》，江西人民出版社，2006年，第8870页。
⑦ 刘德仁：《中国少数民族名人辞典·古代》，四川辞书出版社，1989年，第62页。
⑧ 李范文：《李范文西夏学论文集》，中国社会科学出版社，2012年，第537页。
⑨ 李范文：《李范文西夏学论文集》，中国社会科学出版社，2012年，第536页。

又《西秦录》乞伏利那子述延讨鲜卑莫侯于苑川大破之。是莫侯又鲜卑姓。"①

莫折［mò zhé］

莫折氏，《姓氏寻源》记载，"澍按：莫折本西羌，世居渭州襄武县。"②《北朝胡姓考（修订本）》载："关西莫折氏，羌族人也。"③《通志略·氏族略第五》载莫折氏："本西羌。世居渭州襄武县。"④《羌族通史》载："在南北朝时期，羌族莫折氏通过武装反抗斗争还在秦州地区建立过一个短暂的天建政权。"⑤ 又"莫折氏，又作莫遮氏或莫者氏。……在羌族诸神中，莫折是代表指示羌族通向胜利之路的一尊神祇。因此莫者在羌语里有无往不胜的含义。"⑥后人或有改莫折氏为单姓莫氏，薛城峨布寨"光绪初年，有个叫袁玉龙的武官，带兵进草地'剿番'，将番将莫郎围困山中，粮草断绝"⑦。莫折氏有：莫折太提在南北朝时期自称秦王，其子莫折念生后来建立天建政权，念生自称天子后，封其兄莫折阿倪为西河王，弟莫折天生、莫折伯珍、莫折安保分别为高阳王、东郡王和平阳王，还封其族人莫折普贤为金城王。《二十六史大辞典·人物卷》载，莫折太提，"羌族。本为秦州（今甘肃天水）城兵。正光五年（524）六月，秦州人薛珍、刘庆等刺杀李彦，被推为主，称秦王，下州城。又袭破高平镇，杀镇将赫连略及行台高元荣。录病卒。"⑧ 莫折念生，"羌族，莫折太提子。正光五年（524），莫折太提卒，继统其众，称帝，置百官。下岐、泾、凉之州。次年。降萧宝夤，旋复起。孝昌三年（527），东进据潼关，逼洛阳，后复西撤。是年秋，为其部将所杀。"⑨ 有末羯氏，或为莫折氏不同的汉音译。今羌区有莫氏，或为莫折氏所改，《茂州志·选举志·道光》载：乾隆丁卯有武举人莫文艺⑩。

墨［mò］

墨姓出自姜姓，为炎帝后裔、夏禹的老师墨如之后，以祖名为氏。或出自

---

① ［清］张澍：《姓氏寻源》，岳麓书社，1992年，第542~543页。
② ［清］张澍：《姓氏寻源》，岳麓书社，1992年，第542页。
③ 姚薇元：《北朝胡姓考（修订本）》，中华书局，2007年，第357页。
④ ［宋］郑樵：《通志略》，上海古籍出版社，1990年，第87页。
⑤ 耿少将：《羌族通史》，上海人民出版社，2010年，第188页。
⑥ 耿少将：《羌族通史》，上海人民出版社，2010年，第188页。
⑦ 《中国少数民族社会历史调查资料丛刊》修订编辑委员会：《羌族社会历史调查》，民族出版社，2009年，第11页。
⑧ 王和：《二十六史大辞典·人物卷》，吉林人民出版社，1993年，第368页。
⑨ 王和：《二十六史大辞典·人物卷》，吉林人民出版社，1993年，第368页。
⑩ 《阿坝州文库》编委会：《茂州志》，四川民族出版社，2013年，第103页。

墨胎氏，伯夷即为墨胎氏。"到了商朝后期，孤竹国君生了三个儿子，姓墨胎氏。其长子名允，字公信，即后来谥号为伯夷。"①《图解山海经》中炎帝谱系图中伯夷为炎帝之后裔，氏羌之先祖。

默尔补〔mò ěr bǔ〕

《羌族社会历史调查》记理县薛城公社古城有寨盘业主"默尔补基"、茂汶县踏水墩有寨盘业主"默尔古基"②，当以默尔补为氏。

默怡〔mò yí〕

默怡氏，《中国古今姓氏辞典》载："禹有天下，封炎帝之后默于怡以绍列山，是为默怡氏。（见《路史》）"③

谋宁〔móu níng〕

西夏有谋宁氏，御史大夫谋宁克任。《李范文西夏学论文集》载："谋宁氏：《续通志》作穆纳氏。"④《金史·交聘表》载："十二月乙丑，夏御史大夫谋宁光祖、翰林学士张公甫谢封册，押进使知中兴府梁德枢等入见。"⑤

慕〔mù〕

慕氏，《李范文西夏学论文集》记载，"慕氏：《宋史》有慕洧、慕容。"⑥《宋史·夏国传》有慕洧、慕容，"十一年六月，夏枢密使慕洧弟慕濬谋反，伏诛。"⑦《宋史·种世衡传》载：有羌酋慕恩，"羌酋慕恩部落最强，世衡尝夜与饮，出侍姬以佐酒。"⑧《续资治通鉴长编》中环州属羌有慕家族，"环州属羌慕家族首领迎逋数纵火杀人，官不敢问，结连诸部欲为寇。"⑨

N

那〔nā〕

那氏，《姓氏寻源》记载，"《风俗通》云：朝那东夷也，以国为氏，其后

① 张越：《图解山海经》，吉林出版集团有限责任公司，2011年，第529页。
② 《中国少数民族社会历史调查资料丛刊》修订编辑委员会：《羌族社会历史调查》，民族出版社，2009年，第140页。
③ 慕容翊：《中国古今姓氏辞典》，黑龙江人民出版社，1985年，第139页。
④ 李范文：《李范文西夏学论文集》，中国社会科学出版社，2012年，第534页。
⑤ 〔元〕脱脱等：《金史》，中华书局，1975年，第1477~1478页。
⑥ 李范文：《李范文西夏学论文集》，中国社会科学出版社，2012年，第536页。
⑦ 〔元〕脱脱等：《宋史》，中华书局，1985年，第14024页。
⑧ 〔元〕脱脱等：《宋史》，中华书局，1985年，第10742页。
⑨ 〔宋〕李焘：《续资治通鉴长编》，中华书局，2004年，第7569页。

单为那氏。澍按：《路史》祖庚封子于权邹处为邹氏、那椒，较应说为长。又按：大宛国之破落那氏，改为那氏。又烧当羌有那氏，那离是也。见《汉书》。"①《后汉书·西羌传》有烧当种羌酋那离，"明年冬，烧当种那离等三千余骑寇金城塞，马贤将兵赴击，斩首四百余级，获马千四百匹。那离等复西招羌胡，杀伤吏民。"② 党项羌后唐兀人有那木翰，《羌族通史》载："在安徽境内，也有唐兀人那木翰、昂吉尔以及余氏等定居在庐州等地。"③ 那离（？—139），东汉时羌族首领，羌族（烧当种）。永和三年（138 年）冬，率三千余骑攻击金城塞，被校尉马贤率兵击败④。

乃来 [nǎi lái]

西夏有乃来氏，《李范文西夏学论文集》记载，"乃来氏：汤文认为乃来、乃令实为一姓。张氏分为二姓不妥。"⑤ "乃令氏：《续通志》作纳琳氏。"⑥

迺令 [nǎi líng]

西夏有迺令氏，《金史·交聘表》载："五月，夏知兴中府事迺令思敬、秘书少监梁介贺登位，知中兴府事田周臣押进使。"⑦ 迺同"乃"，迺令氏可能为乃令氏、纳琳氏、乃来氏不同的汉译音写法，实为一姓也。

奈家 [nài jiā]

党项有奈家族。《宋史·党项传》载："是岁，灵州通远军界嗓咩族、折四族、吐蕃村族、奈喎三家族、尾落族、奈家族、嗓泥族剽略官纲，诏灵州安守忠、通远军董遵诲讨平之。"⑧

奈喎三家 [nài wāi sān jiā]

党项羌有奈喎三家族。《宋史·党项传》载："是岁，灵州通远军界嗓咩族、折四族、吐蕃村族、奈喎三家族、尾落族、奈家族、嗓泥族剽略官纲，诏灵州安守忠、通远军董遵诲讨平之。"⑨

---

① ［清］张澍：《姓氏寻源》，岳麓书社，1992 年，第 185～186 页。
② ［宋］范晔：《后汉书》，中华书局，1965 年，第 2894～2895 页。
③ 耿少将：《羌族通史》，上海人民出版社，2010 年，第 284 页。
④ 刘德仁：《中国少数民族名人辞典·古代》，四川辞书出版社，1989 年，第 349～350 页。
⑤ 李范文：《李范文西夏学论文集》，中国社会科学出版社，2012 年，第 535 页。
⑥ 李范文：《李范文西夏学论文集》，中国社会科学出版社，2012 年，第 534 页。
⑦ ［元］脱脱等：《金史》，中华书局，1975 年，第 1449～1450 页。
⑧ ［元］脱脱等：《宋史》，中华书局，1985 年，第 14138 页。
⑨ ［元］脱脱等：《宋史》，中华书局，1985 年，第 14138 页。

能 [nài]

能氏，《通志略·氏族略第四》载："姓苑云。长广人。状云。楚熊挚之后。避难改为能氏。能音耐。"①

男 [nán]

男氏，《中国古今姓氏辞典》载："禹后有男氏。（见《史记·夏本纪》)"②

南山 [nán shān]

党项羌有南山族。《宋史》载："又夏州咩嵬族魔病人乜崖在南山族结党为寇，招怀不至，擒斩之，枭首徇众，并灭其族。"③

难磨 [nán mó]

难磨氏，《新唐书·西域》有多弥羌，"多弥，亦西羌族，役属吐蕃，号难磨。"④

湳 [nǎn]

湳氏，《姓氏寻源》记载，"澍按：湳，奴感、乃感二切。见《纂要》。《水经注》云：湳水出西河郡美稷县，东南流，羌人因水以氏之。汉冲帝时，羌湳狐奴归化，盖其渠帅也。《东观记》亦云：羌人因水以氏之。又见《说文》。"⑤《后汉书·西羌传》有卑湳种羌，"肃宗建初元年，安夷县吏略妻卑湳种羌妇，吏为其夫所杀，安夷长宗延追之出塞，种人恐见诛，遂共杀延，而与勒姐及吾良二种相结为寇。"⑥《羌族史》记载，"卑湳羌《西羌传·集解》云：'湳水出西河美稷县，故羌人因水为姓。'"⑦

囊 [náng]

囊氏，《通志略·氏族略第三》载："芈姓。楚庄王子子囊之后也。"⑧

兒（儿）[ní]

《二十六史大辞典·人物卷》载兒（儿）库，"宣帝时羌豪。因杀先零羌大

① ［宋］郑樵：《通志略》，上海古籍出版社，1990年，第62页。
② 慕容翊：《中国古今姓氏辞典》，黑龙江人民出版社，1985年，第139页。
③ ［元］脱脱等：《宋史》，中华书局，1985年，第14140页。
④ ［宋］欧阳修、宋祁：《新唐书》，中华书局，1975年，第6257页。
⑤ ［清］张澍：《姓氏寻源》，岳麓书社，1992年，第388~389页。
⑥ ［宋］范晔：《后汉书》，中华书局，1965年，第2881页。
⑦ 冉光荣、李绍明、周锡银：《羌族史》，四川民族出版社，1985年，第58页。
⑧ ［宋］郑樵：《通志略》，上海古籍出版社，1990年，第55页。

豪犹非、杨玉，率四千余人降汉，封为君。"①

泥巾 ［ní jīn］

党项羌有泥巾族。《宋史·党项传》载："三年二月，泥巾族大首领名悉俄，首领皆移、尹遇、崔保罗、没佶，凡五人来贡马。名悉俄等旧皆内属，因李继迁之叛，徙居河北，今复来贡。"②

泥中 ［ní zhōng］

党项羌有泥中族。《宋史·党项传》载："先是，兀泥大首领泥中佶移内附"③，又有"及兀泥三族首领佶移等、女女四族首领杀越都等归化，并赐敕书抚之"④。可知"泥中"为党项羌一姓氏。

泥悉逋 ［ní xī bū］

党项羌有泥悉逋一族。《太平寰宇记》（卷之三十六）载："清远镇，管蕃部九：青天门一族，泥悉逋一族，罗泥一族，罗泥磨庆一族，噤埋一族，嗓你也移一族，封家一族，宗家一族，越邦一族。"⑤

泥也 ［ní yě］

党项羌有泥也族。《五代会要·党项羌》载："以府州党项泥也六族防御使。归化将军泥香王子又泥也。"⑥

你 ［nǐ］

西夏有你氏，《李范文西夏学论文集》记载，"你氏：《宋史》元昊臣你期决。《金史》有赤盏合喜生擒夏将你思丁。"⑦《宋史·夏国传》记："谨遣弩涉俄疾、你斯闷、卧普令济、嵬崖妳奉表以闻。"⑧

你乜逋 ［nǐ niè bū］

党项羌有你乜逋族。《宋史·党项传》载："七月，睡泥族首领你乜逋令男诣灵州，言族内七百余帐为李继迁劫略，首领岸逋一族奔往萧关，你乜逋一族

① 王和：《二十六史大辞典·人物卷》，吉林人民出版社，1993年，第96页。
② ［元］脱脱等：《宋史》，中华书局，1985年，第14142页。
③ ［元］脱脱等：《宋史》，中华书局，1985年，第14140页。
④ ［元］脱脱等：《宋史》，中华书局，1985年，第14140页。
⑤ ［宋］乐史：《太平寰宇记》，中华书局，2007年，第766页。
⑥ ［宋］王溥：《五代会要》，中华书局，1998年，第355页。
⑦ 李范文：《李范文西夏学论文集》，中国社会科学出版社，2012年，第537页。
⑧ ［元］脱脱等：《宋史》，中华书局，1985年，第13996页。

乞赐救助，诏赐以资粮。"①

匿讫 [nì qì]

匿讫氏，《辽史·营卫志》载："匿讫唐古部。圣宗置。隶北府，节度使属西南招讨司。"②

粘信 [nián xìn]

西山松州有生羌粘信部落。《唐会要·东女国》载："其年。西山松州生羌等二万余户。相率内附。其粘信部落主董梦葱。龙诺部落主董辟忽。皆授试卫尉卿。"③

乜 [niè]

乜姓出自羌姓，西羌无弋爰剑之苗裔。《古今姓氏书辩证》记载，"乜：蕃姓，今秦陇间有之，望出赵郡。"④《姓氏寻源》记载，"《广韵》、《氏族略》云：乜，番姓也，音弥也切。"⑤"乜遇：宋代党项首领。党项族。因早附宋，故受李继迁胁迫。淳化五年（994年）六月，率部众反攻继迁，其弟战死。败继迁后，复归附。任检校司空，会州刺史。次年，太宗赐敕书慰抚之。"⑥

聂 [niè]

聂氏，《中国姓氏辞典》载："出自姜姓。以邑名为氏。"⑦

宁（甯）[níng]

《宋史·夏国传》有宁（甯）氏，"夏人甯子宁、嵬名公辅亦率其众归国。"⑧甯读作"nìng"，作为姓氏时读作四声。《汉语大字典》："甯"同"宁"；基本字义平安，安定。

牛 [niú]

牛氏，《古今姓氏书辩证》载："前秦西州豪族牛双，推姚苌为盟主。苌称大将军、秦王，以双为参军。后秦陇西牛寿，率汉中流人归晋。"⑨《晋书·载

---

① [元] 脱脱等：《宋史》，中华书局，1985年，第14142页。
② [元] 脱脱等：《辽史》，中华书局，1974年，第391页。
③ [宋] 王溥：《唐会要》，中华书局，1955年，第1768页。
④ [宋] 邓名世：《古今姓氏书辩证》，江西人民出版社，2006年，第401页。
⑤ [清] 张澍：《姓氏寻源》，岳麓书社，1992年，第372页。
⑥ 刘德仁：《中国少数民族名人辞典·古代》，四川辞书出版社，1989年，第53页。
⑦ 陈明远、汪宗虎：《中国姓氏辞典》，北京出版社，1995年，第311页。
⑧ [元] 脱脱等：《宋史》，中华书局，1985年，第14027页。
⑨ [宋] 邓名世：《古今姓氏书辩证》，江西人民出版社，2006年，第262页。

记》后秦姚兴时有流人牛氏，"遣狄伯支迎流人曹会、牛寿万余户于汉中。"①
《宋史·种世衡传》中蕃部有牛家族，"蕃部有牛家族奴讹者，……世衡曰'吾
方结诸羌以信，不可失期限。'"②。《续资治通鉴长编》载："有牛家族奴讹者，
倔强未尝出，闻世衡至，遽郊迎。"③

牛儿 [niú ér]

党项羌有牛儿族。《五代会要·党项羌》载："又率兵自牛儿族入白鱼谷。
追及背叛党白马虑家六族"④。

牛羊 [niú yáng]

党项羌有牛羊族部落。《宋史》载："邠宁部署言牛羊、苏家等族杀继迁族
帐有功"⑤。《续资治通鉴长编》中党项羌有牛羊族，"蕃部牛羊、苏家等族与
贼迁族帐斗敌，其立功首领请第赐茶彩。"⑥

牛耶泥 [niú yē ní]

党项羌有牛耶泥族。《宋史·周仁美传》载："时牛耶泥族累岁为寇，……
又与思恭讨募窟泉岌拖族，格斗斩八十余级。"⑦

纽尚 [niǔ shàng]

西夏有纽尚氏，《李范文西夏学论文集》记载，"纽尚氏：《续通志》作诺
尔桑氏。"⑧《金史·交聘表》西夏有纽尚氏，"正月壬辰朔，夏武功大夫纽尚
德昌、宣德郎字得贤贺正旦。"⑨

纽卧 [niǔ wò]

西夏有纽卧氏，《李范文西夏学论文集》记载，"纽卧氏：《续通志》作纽
鄂氏。"⑩《金史·交聘表》有"夏武功大夫纽卧文忠、宣德郎陈师古贺万
春节。"⑪

① [唐] 房玄龄等：《晋书》，中华书局，1974年，第2979页。
② [元] 脱脱等：《宋史》，中华书局，1985年，第10742页。
③ [宋] 李焘：《续资治通鉴长编》，中华书局，2004年，第3232页。
④ [宋] 王溥：《五代会要》，中华书局，1998年，第354页。
⑤ [元] 脱脱等：《宋史》，中华书局，1985年，第14144页。
⑥ [宋] 李焘：《续资治通鉴长编》，中华书局，2004年，第1181页。
⑦ [元] 脱脱等：《宋史》，中华书局，1985年，第9491页。
⑧ 李范文：《李范文西夏学论文集》，中国社会科学出版社，2012年，第534页。
⑨ [元] 脱脱等：《金史》，中华书局，1975年，第1449页。
⑩ 李范文：《李范文西夏学论文集》，中国社会科学出版社，2012年，第533页。
⑪ [元] 脱脱等：《金史》，中华书局，1975年，第1420页。

农 [nóng]

农氏，《姓氏寻源》记载，"《风俗通》云：农氏，神农氏之后。"①

弄 [nòng]

弄氏，《古今姓氏书辩证》记载，"弄：《姓解》曰：吐蕃王姓，唐太宗尝以公主妻弄赞。"②

弩涉 [nǔ shè]

弩涉氏，《宋史·夏国传》有弩涉俄疾，"谨遣弩涉俄疾、你斯闷、卧普令济、嵬崖妳奉表以闻。"③《李范文西夏学论文集》记载，"弩涉氏：《宋史》元昊臣弩涉俄疾。"④

女女 [nǔ nǔ]

党项羌有女女族。《宋史·党项传》载："十一月，以勒浪族十六府大首领屈遇、名波族十二府大首领浪买当丰州路最为忠顺，及兀泥三族首领偌移等、女女四族首领杀越都等归化，并赐敕书抚之。"⑤《太平寰宇记》（卷之三十八）有党项羌女女族，"西北至没儿雀、悉命、女女、越都等蕃族三百五十里⑥。

女女籤儿 [nǔ nǔ yuè ér]

党项羌有女女籤儿族。《宋史·党项传》载："七月，李继隆出讨继迁，赐麟府州兀泥巾族大首领突厥罗、女女杀族大首领越都、女女梦勒族大首领越移、女女忙族大首领越置、女女籤儿族大首领党移、没儿族大首领莫末移、路乜族大首领越移、细乜族大首领庆元、路才族大首领罗保、细母族大首领罗保保乜凡十族敕书招怀之。"⑦

女女忙 [nǔ nǔ máng]

党项羌有女女忙族。《宋史·党项传》载："七月，李继隆出讨继迁，赐麟府州兀泥巾族大首领突厥罗、女女杀族大首领越都、女女梦勒族大首领越移、女女忙族大首领越置、女女籤儿族大首领党移、没儿族大首领莫末移、路乜族大首领越移、细乜族大首领庆元、路才族大首领罗保、细母族大首领罗保保乜

---

① ［清］张澍：《姓氏寻源》，岳麓书社，1992年，第27页。
② ［宋］邓名世：《古今姓氏书辩证》，江西人民出版社，2006年，第431页。
③ ［元］脱脱等：《宋史》，中华书局，1985年，第13996页。
④ 李范文：《李范文西夏学论文集》，中国社会科学出版社，2012年，第537页。
⑤ ［元］脱脱等：《宋史》，中华书局，1985年，第14140页。
⑥ ［宋］乐史：《太平寰宇记》，中华书局，2007年，第813页。
⑦ ［元］脱脱等：《宋史》，中华书局，1985年，第14142页。

凡十族敕书招怀之。"①

女女梦勒 [nǔ nǔ mèng lè]

党项羌有女女梦勒族。《宋史·党项传》载："七月，李继隆出讨继迁，赐麟府州兀泥巾族大首领突厥罗、女女杀族大首领越都、女女梦勒族大首领越移、女女忙族大首领越置、女女篡儿族大首领党移、没儿族大首领莫末移、路乜族大首领越移、细乜族大首领庆元、路才族大首领罗保、细母族大首领罗保保乜凡十族敕书招怀之。"②

女女杀 [nǔ nǔ shā]

党项羌有女女杀族。《宋史·党项传》载："七月，李继隆出讨继迁，赐麟府州兀泥巾族大首领突厥罗、女女杀族大首领越都、女女梦勒族大首领越移、女女忙族大首领越置、女女篡儿族大首领党移、没儿族大首领莫末移、路乜族大首领越移、细乜族大首领庆元、路才族大首领罗保、细母族大首领罗保保乜凡十族敕书招怀之。"③

女乜 [nǔ niè]

党项羌有女乜族。《宋史·党项传》载："又府州女乜族首领来母崖男社正等内附，因迁居茗乜族中。"④

女娲 [nǔ wā]

女娲氏，《四川上古史新探》载："她与伏羲氏同是羌族的部落，都出生在神龙以前，同为中原华人崇拜。"⑤

恧恧 [nù nù]

西夏有恧恧氏，《李范文西夏学论文集》记载，"恧恧氏：《续通志》作纽纽氏。"⑥《金史·交聘表》载："正月丙早朔，夏武功大夫恧恧存忠、宣德郎武用和等贺正旦。"⑦

---

① ［元］脱脱等：《宋史》，中华书局，1985 年，第 14142 页。
② ［元］脱脱等：《宋史》，中华书局，1985 年，第 14142 页。
③ ［元］脱脱等：《宋史》，中华书局，1985 年，第 14142 页。
④ ［元］脱脱等：《宋史》，中华书局，1985 年，第 14140 页。
⑤ 任乃强：《四川上古史新探》，四川人民出版社，1986 年，第 9 页。
⑥ 李范文：《李范文西夏学论文集》，中国社会科学出版社，2012 年，第 534 页。
⑦ ［元］脱脱等：《金史》，中华书局，1975 年，第 1438 页。

P

爬利 ［pá lì］

党项羌有爬利氏，《姓氏寻源》记载，"澍按：党项部有爬利氏，一作把利。"①

潘 ［pān］

潘氏，《通志略·氏族略第三》载："芈姓。楚之公族。以字为氏。潘崇之先。"② 西夏有潘姓，《宋史·夏国传》载：元昊"遣潘七布、昌里马乞点兵集蓬子山，自诣西凉府祠神"③。同书载西蕃有潘罗支，"遂率众攻西蕃，取西凉府，都首领潘罗支伪降，继迁受之不疑。"④《茂州志·选举志·道光》载雍正丙午有武举人潘文粹，任直隶丰顺营都司⑤。今茂县有潘姓。《茂县志》潘廷明（1915—2003），茂县太平乡太平村人，1935 年 7 月参加红军。获中华人民共和国三级八一勋章、三级独立自由勋章、三级解放勋章、二级红星功勋荣誉。⑥

庞 ［páng］

西羌有庞氏，《汉书》（卷九十九）载："是岁，西羌庞恬、傅幡等怨莽夺其地作西海郡，反攻西海太守程永，永奔走。莽诛永，遣护羌校尉窦况等击之。"⑦《二十六史大辞典·人物卷》载，庞恬，"西羌人。居摄元年（公元 6 年），因怨王莽夺其地以为西海郡，遂起事逐西海太守程永。次年，为护羌校尉窦况等平定。"⑧ 羌人所建后秦政权有大将军庞氏，《古今姓氏书辩证》云"庞：出有姬姓，……后秦有大将军左长史庞演"⑨。

庞静 ［páng jìng］

西夏有庞静氏，《李范文西夏学论文集》记载，"庞静氏：《续通志》作巴

---

① ［清］张澍：《姓氏寻源》，岳麓书社，1992 年，第 196 页。
② ［宋］郑樵：《通志略》，上海古籍出版社，1990 年，第 55 页。
③ ［元］脱脱等：《宋史》，中华书局，1985 年，第 13995 页。
④ ［元］脱脱等：《宋史》，中华书局，1985 年，第 13989 页。
⑤ 《阿坝州文库》编委会：《茂州志》，四川民族出版社，2013 年，第 103 页。
⑥ 四川省茂县地方志编纂委员会：《茂县志：1988—2005》，方志出版社，2010 年，第 757 页。
⑦ ［汉］班固：《汉书》，中华书局，1962 年，第 4086 页。
⑧ 王和：《二十六史大辞典·人物卷》，吉林人民出版社，1993 年，第 131 页。
⑨ ［宋］邓名世：《古今姓氏书辩证》，江西人民出版社，2006 年，第 37～38 页。

沁氏。"① 《金史·交聘表》载："八月辛酉，夏武节大夫庞静师德、宣德郎张崇师贺天寿节，御史中丞迺令思聪谢横赐。"②

庞罗逝安 ［páng luó shì ān］

西羌有庞罗逝安族。《续资治通鉴长编》载："戊午，又诏谕灵夏绥银宥等州蕃族万山万遇庞罗逝安、盐州李文信、万子都虞候及都军吴守正马尾等。"③

庞咩 ［páng miē］

党项羌有庞咩族。《宋史·狄青传》载："宝元初，赵元昊反，……破金汤城，略宥州，屠庞咩、岁香、毛奴、尚罗、庆七、家口等族，燔积聚数万，收其帐二千三百，生口五千七百。"④

庞青 ［páng qīng］

党项羌有庞青部族。《续资治通鉴长编》载："又破庞青、黄罗部，再战于伺候峰，前后斩首三百八十七级"⑤。

逄门 ［páng mén］

炎帝之后有逄门氏，《姓氏寻源》载："《路史》逄蒙，炎帝之后。……《人表》作逄门，子孙世有逄门氏。"⑥

旁 ［páng］

旁氏，《中国古今姓氏辞典》载："西羌有旁姓。（见《唐书》)"⑦《姓氏寻源》记载，"澍按：傍氏，宕昌羌酋姓，即旁氏，有傍乞。见《西魏书》。"⑧《通志略·氏族略第四》载傍氏："平声。西羌姓也。唐初有傍企。本北地羌豪。"⑨《通志略·氏族略第四》为"傍企"，而《中国古今姓氏辞典》为"傍企本"，"傍企本，北地羌豪。"⑩ "傍企""傍乞"实为同一姓氏的不同汉译写法。傍氏，实为"傍乞"氏，如《羌族通史》有傍乞铁忽，傍乞为姓，铁忽为名，"大统十六年，宕昌城羌人獠甘驱逐宕昌国王梁弥定自立，并联合羌人傍

① 李范文：《李范文西夏学论文集》，中国社会科学出版社，2012年，第535页。
② ［元］脱脱等：《金史》，中华书局，1975年，第1460页。
③ ［宋］李焘：《续资治通鉴长编》，中华书局，2004年，第1229页。
④ ［元］脱脱等：《宋史》，中华书局，1985年，第9718页。
⑤ ［宋］李焘：《续资治通鉴长编》，中华书局，2004年，第3179页。
⑥ ［清］张澍：《姓氏寻源》，岳麓书社，1992年，第35页。
⑦ 慕容翊：《中国古今姓氏辞典》，黑龙江人民出版社，1985年，第147页。
⑧ ［清］张澍：《姓氏寻源》，岳麓书社，1992年，第227页。
⑨ ［宋］郑樵：《通志略》，上海古籍出版社，1990年，第69页。
⑩ 慕容翊：《中国古今姓氏辞典》，黑龙江人民出版社，1985年，第148页。

乞铁忽及渭州（今甘肃陇西县）郑五丑等，反抗西魏。"① 同书又载"羌人酋豪傍乞铁忽等亦乘机拥众据渠林川"②。《中国姓氏辞典》记载，"《姓氏考略》云：傍氏望出宕昌。古国名。晋时羌族梁勤称宕昌王。北周至隋初改置宕州宕昌郡。在今甘肃宕昌县东南。"③《宋本广韵》记载，"傍：亦作旁，侧也，《说文》曰：近也，又羌姓。"④"旁"同"傍"。《宋史·兵志》中西北边羌戎旁家族，"永和砦，旁家一族计六标，强人一千二百五十五，壮马二百二，为四十四队。"⑤

裴［péi］

西羌有裴氏，《新唐书》（卷七十一）载："裴氏出自风姓。颛顼裔孙。"⑥《宋史·党项传》载："原州熟户裴天下等请率族兵掩击迁党移湖等帐"⑦。

彭［péng］

彭氏，《姓氏寻源》记载，"《国语》曰：祝融之后，八姓巳、董、彭、秃、妘、斟、曹、芈为周灭之。澍按：颛顼曾孙祝融之弟吴回生陆终，陆终子六人，其三曰籛，为彭姓，封于大彭，今彭城是也。有彭祖墓。大彭氏谓之彭祖，其后别封豕韦、诸稽、舟人，商时豕韦大彭皆为伯。而豕韦之裔别为韦氏，诸稽后无闻，舟人后自为秃姓。殷时有彭咸、彭伯寿，厥后失国，处申，楚文王灭申，取彭仲爽以归，使为令尹，其后有彭名，邲之役，名御左广。又按：安定胡水，胡有彭氏，彭荡仲是也。见《晋书》。西羌南蛮皆有彭氏。见《十六国春秋》、《五代史》。"⑧《北朝胡姓考（修订本）》载："枹罕彭氏，羌族人也。"⑨《古今姓氏书辩证》载："后秦镇军将军彭白狼，扬威将军彭蚝。"⑩晋书有"彭利发"⑪"彭利和"⑫"彭沛毂"⑬"彭奚念"⑭。马长寿《氐与羌》

---

① 耿少将：《羌族通史》，上海人民出版社，2010年，第190页。
② 耿少将：《羌族通史》，上海人民出版社，2010年，第194页。
③ 陈明远、汪宗虎：《中国姓氏辞典》，北京出版社，1995年，第320页。
④ ［宋］陈彭年：《宋本广韵》，中国书店，1982年，第163页。
⑤ ［元］脱脱等：《宋史》，中华书局，1985年，第4754页。
⑥ ［宋］欧阳修、宋祁：《新唐书》，中华书局，1975年，第2179页。
⑦ ［元］脱脱等：《宋史》，中华书局，1985年，第14144页。
⑧ ［清］张澍：《姓氏寻源》，岳麓书社，1992年，第230页。
⑨ 姚薇元：《北朝胡姓考（修订本）》，中华书局，2007年，第349页。
⑩ ［宋］邓名世：《古今姓氏书辩证》，江西人民出版社，2006年，第229页。
⑪ ［唐］房玄龄等：《晋书》，中华书局，1974年，第3122页。
⑫ ［唐］房玄龄等：《晋书》，中华书局，1974年，第3125页。
⑬ ［唐］房玄龄等：《晋书》，中华书局，1974年，第2949页。
⑭ ［唐］房玄龄等：《晋书》，中华书局，1974年，第2992页。

说："彭氏是枹罕羌的大姓，前秦时姚兴的将帅有彭沛谷，后秦、后凉、西秦时有河州刺史彭奚念"①。《中国少数民族名人辞典·古代》有彭奚念，"东晋十六国时期河州羌首领。羌族。枹罕（今甘肃临夏县东北）人。后凉吕光时，利用北方混战之机，积极发展势力，率兵攻打后凉之白土县（今青海化隆东南），大败凉军。"② 茂县南兴公社老文镇有寨盘业主"彭凿基"③。

彭戏 ［péng xì］

彭戏氏，《从古籍中探索我国的西部民族——羌族》有："又'彭戏氏'，《正义》云，戎号也，盖同州彭衙故城是也。"④

泊 ［pō］

泊氏，《中国古今姓氏辞典》载："夏禹后有泊氏。（见《潜夫论》)"⑤

颇超 ［pō chāo］

颇超氏，《中国古今姓氏辞典》载："党项以姓别为部，有颇超氏。（见《旧唐书·党项传》)"⑥。《新唐书》（卷二百二十一）载："党项，汉西羌别种，……有细封氏、费听氏、往利氏、颇超氏、野辞氏、房当氏、米禽氏、拓拔氏"⑦。《宋史·列传》也载："党项，古析支地，汉西羌之别种。后周世始强盛，有细风氏、费听氏、往利氏、颇超氏、野乱氏、房当氏、来禽氏、拓拔氏最为强族。"⑧

破丑 ［pò chǒu］

党项羌有破丑氏，《姓氏寻源》记载，"《旧唐书》云：党项部破丑氏族三居雪山下，庆州人，贞观初尝朝贡。"⑨《新唐书》（卷二百二十一）载："又有黑党项者，居赤水西。其长号敦善王，慕容伏允之走也，依之。及吐欲浑款附，敦善王亦纳贡。居雪山者破丑氏。"⑩《宋史·夏国传》载："遂与弟继冲、

---

① 马长寿：《氐与羌》，广西师范大学出版社，2006年，第141页。
② 刘德仁：《中国少数民族名人辞典·古代》，四川辞书出版社，1989年，第356页。
③ 《中国少数民族社会历史调查资料丛刊》修订编辑委员会：《羌族社会历史调查》，民族出版社，2009年，第140页。
④ 顾颉刚：《从古籍中探索我国的西部民族——羌族》，载《社会科学战线》，1980年第1期，第128页。
⑤ 慕容翊：《中国古今姓氏辞典》，黑龙江人民出版社，1985年，第151页。
⑥ 慕容翊：《中国古今姓氏辞典》，黑龙江人民出版社，1985年，第151页。
⑦ ［宋］欧阳修、宋祁：《新唐书》，中华书局，1975年，第6214页。
⑧ ［元］脱脱等：《宋史》，中华书局，1985年，第14137～14138页。
⑨ ［清］张澍：《姓氏寻源》，岳麓书社，1992年，第458页。
⑩ ［宋］欧阳修、宋祁：《新唐书》，中华书局，1975年，第6215页。

破丑重遇贵、张浦、李大信等起夏州，乃诈降，诱杀曹光实于葭芦川，遂袭银州据之[1]。《唐会要·党项羌》载："其雪山党项。姓破丑氏。居雪山之下。贞观初。亦常朝贡。"[2]《中国少数民族名人辞典·古代》载："破丑重遇贵：宋代党项将领。党项族。宋雍宗二年（985 年）从李继迁诱杀宋将都巡检使曹光实于银州。李继迁据银州后，为蕃部指挥使。宋淳化元年（990 年）奉继迁命往夏州见李继捧，诈降。后接应继迁攻城，大败继捧。"[3]

仆里 [pū lǐ]

党项羌有仆里氏，《辽史·耶律勃古哲传》载："保宁中，为天德军节度使，……以讨平党项羌阿里撒米、仆里鳖米，迁南院大王。"[4]

扑咩 [pū miē]

党项羌有扑咩族部落。《宋史·党项传》载："七月，扑咩族马讹等率属来附。"[5]《续资治通鉴长编》有扑咩族，"乙酉，延州言继迁蕃部明叶示、扑咩讹猪等首领率属归附。"[6]

蒲 [pú]

蒲氏，《姓氏寻源》记载，"《路史》云：蒲，姒姓，有扈氏之后。为启所灭，世为西羌酋长。澍按：《尸子》云：蒲衣八岁，舜让以天下。蒲姓宜始此。（注，一作披衣子）《尚书大传》云：奄君蒲姑，一作薄姑。"[7]《通志略·氏族略第四》载："蒲氏，姒姓。有扈氏之后。为启所灭，世为西羌酋长。"[8]《羌族史》载："羌族地区的原有土官纷纷归降，……岳希蓬土官蒲送等。"[9] 今茂县曲谷乡河西村有蒲姓羌族传统舞蹈代表性传承人。[10]

蒲卢 [pú lú]

蒲卢氏，《通志略·氏族略第五》载："姜姓。齐人蒲卢胥。"[11]《中国古今

---

① [元] 脱脱等：《宋史》，中华书局，1985 年，第 13986 页。
② [宋] 王溥：《唐会要》，中华书局，1955 年，第 1756 页。
③ 刘德仁：《中国少数民族名人辞典·古代》，四川辞书出版社，1989 年，第 65 页。
④ [元] 脱脱等：《辽史》，中华书局，1974 年，第 1293 页。
⑤ [元] 脱脱等：《宋史》，中华书局，1985 年，第 14148 页。
⑥ [宋] 李焘：《续资治通鉴长编》，中华书局，2004 年，第 1101 页。
⑦ [清] 张澍：《姓氏寻源》，岳麓书社，1992 年，第 86 页。
⑧ [宋] 郑樵：《通志略》，上海古籍出版社，1990 年，第 77 页。
⑨ 冉光荣、李绍明、周锡银：《羌族史》，四川民族出版社，1985 年，第 249 页。
⑩ 四川省音乐舞蹈研究所：《羌族文化传承人纪实录》，四川科学技术出版社，2012 年，第 69 页。
⑪ [宋] 郑樵：《通志略》，上海古籍出版社，1990 年，第 100 页。

姓氏辞典》载："蒲卢氏，炎帝后。（见《路史》）"①《姓氏寻源》记载，"《广韵》云：古蒲卢胥善弋亦姜姓。"②

濮　[pú]

濮氏，《姓氏寻源》记载，"《姓苑》云：卫大夫食采于濮，因氏。《路史》云：濮氏，楚之族，即百濮。又云：濮，熊姓。又云：濮，舜帝子散封者，今濮州卫有曲濮城濮水。"③

浦　[pǔ]

浦氏，《中国姓氏辞典》载："出自姜姓。以邑名为氏。据《通志·氏族略》所载，春秋时期，姜太公之后裔有奔于晋者，为晋国大夫，食采于浦邑。其后有浦氏。"④

Q

七臼　[qī jiù]

党项羌有七臼族部落。《宋史·党项传》载："环州七臼族军主近腻纳质归化，以近腻领顺州刺史，首领惹都等十五人补官有差。"⑤《续资治通鉴长编》也载党项羌有七臼族，"甲子，环州界熟户七臼族军主近腻纳质归化。"⑥

齐　[qí]

齐氏，《通志略·氏族略第二》载："姜姓。四岳之苗裔也。与申吕许皆姜姓。四岳佐禹有功。或封于申。"⑦《世本》载："齐，姜姓。"⑧《葛维汉民族学考古学论著》载："公元前 679 年，随着周王权势得以削弱，齐桓公成为分封侯中有势力的羌王。"⑨《后汉书·南蛮西南夷列传》中氐人有姓齐的，"氐人大豪齐钟留为种类所敬信，威服诸豪，与郡丞孔奋击茂，破斩之。"⑩《晋书·载记》后秦姚兴"封征虏绪为晋王，征西硕德为陇西王，征南靖等及功臣尹

---

①　慕容翊：《中国古今姓氏辞典》，黑龙江人民出版社，1985 年，第 152 页。
②　[清] 张澍：《姓氏寻源》，岳麓书社，1992 年，第 87 页。
③　[清] 张澍：《姓氏寻源》，岳麓书社，1992 年，第 489 页。
④　陈明远、汪宗虎：《中国姓氏辞典》，北京出版社，1995 年，第 329 页。
⑤　[元] 脱脱等：《宋史》，中华书局，1985 年，第 14148 页。
⑥　[宋] 李焘：《续资治通鉴长编》，中华书局，2004 年，第 2193 页。
⑦　[宋] 郑樵：《通志略》，上海古籍出版社，1990 年，第 20 页。
⑧　[东汉] 宋衷：《世本》，时代文艺出版社，2008 年，第 29 页。
⑨　李绍明、周蜀蓉：《葛维汉民族学考古学论著》，巴蜀书社，2004 年，第 8 页。
⑩　[宋] 范晔：《后汉书》，中华书局，1965 年，第 2859～2860 页。

纬、齐难、杨佛嵩等并为公侯，其余封爵各有差"①。

齐季〔qí jì〕

齐季氏，《通志略·氏族略第五》载："姜姓。齐襄公子季奔楚。因氏焉。"②《世本》载："齐襄公子季奔楚。因氏焉。鲁有大夫齐季窥。"③

祁〔qí〕

祁氏，《姓氏寻源》记载，"《广韵》云：祁姓，出太原黄帝二十五子之一。欧阳公云：祁为黄帝之子所封。"④《世本》载："周兴，封黄帝之后于祁"⑤。

骑〔qí〕

骑氏，《姓氏寻源》记载，"澍按：必春秋时主骑之官，子孙以为氏。《史记》燕将骑劫。孟康云：骑，姓也。胡三省谓骑劫时以能而将，骑以官称，非姓。乃县揣之辞，无据。西羌有骑姓。见苻秦重修魏太尉邓艾碑。"⑥《碑铭所见前秦至隋初的关中部族》载："军主薄和戎西羌骑、世龙。"⑦

旗〔qí〕

旗氏，《中国古今姓氏辞典》载："出自姜姓，齐惠公孙灶，字子雅，生栾施，字子旗，子孙以王父字为氏。(见《风俗通》)"⑧

乞〔qǐ〕

乞氏，《姓氏寻源》记载，"《海内经》云：伯夷生西岳，西岳生先龙，先龙生氐羌，氐羌乞姓。《路史》云：泰岳生先龙，先龙生玄氐，玄氐乞姓也。汤革夏，伐氐，氐人来朝，其别为青、白、□之三氐，后有羌氏、羌戎氏、杨氏、苻氏。氐、羌数十，白马最大。又唐明宗赐奚王副使竭失讫宜姓乞名怀有。见《册府元龟》。"⑨《图解山海经》载："伯夷生西岳，西岳生先龙，先龙生氐羌，氐羌乞姓。"⑩《宋史·李浩传》载："李宪讨山后羌，浩将右军至合

① 〔唐〕房玄龄等：《晋书》，中华书局，1974年，第2976页。
② 〔宋〕郑樵：《通志略》，上海古籍出版社，1990年，第79页。
③ 〔东汉〕宋衷：《世本》，时代文艺出版社，2008年，第34页。
④ 〔清〕张澍：《姓氏寻源》，岳麓书社，1992年，第64页。
⑤ 〔东汉〕宋衷：《世本》，时代文艺出版社，2008年，第17页。
⑥ 〔清〕张澍：《姓氏寻源》，岳麓书社，1992年，第301页。
⑦ 马长寿：《碑铭所见前秦至隋初的关中部族》，中华书局，1985年，第13页。
⑧ 慕容翊：《中国古今姓氏辞典》，黑龙江人民出版社，1985年，第154页。
⑨ 〔清〕张澍：《姓氏寻源》，岳麓书社，1992年，第518页。
⑩ 张越：《图解山海经》，吉林出版集团有限责任公司，2011年，第528页。

龙岭会战，遣降羌乞嗟轻骑突敌帐，俘其酋冷鸡朴、李密撒，馘三千"①（馘音"guó"古代战争中割取敌人的左耳以计数献功）。

乞党〔qǐ　dǎng〕

党项羌有乞党族。《宋史·王承美传》载："以乞党族次首领弗香克浪买为归德郎将，没细大首领越移为怀化大将军，瓦窑为归德大将军。"②

乞埋〔qǐ　mái〕

党项羌有乞埋族。《旧五代史·党项传》载："明宗遣灵武康福、邠州药彦稠等出兵讨之，福等击破阿埋、韦悉、褒勒、强赖、埋厮骨尾及其大首领连香、李八萨王，都统悉那、埋摩，侍御乞埋、嵬悉逋等族。"③

企〔qǐ〕

企氏，《姓氏寻源》记载，"见《姓苑》。澍按：宕昌种人梁企定之后。见《北魏书》。"④

杞〔qǐ〕

杞氏，《通志略·氏族略第二》载："姒姓。夏禹之后。成汤放桀。其后稍绝。武王克纣。求禹后。得东搂公而封之於杞。"⑤《世本》载："殷汤封夏后于杞，周又封之。"⑥"杞，姒姓。"⑦

启〔qǐ〕

启氏，《通志略·氏族略第四》载："姒姓。夏后启之后也。"⑧

弃疾〔qì　jí〕

弃疾氏，《姓氏寻源》载："《姓纂》云：弃疾氏出自芈姓。楚平王初名弃疾，即位改名熊居，子孙以为氏。"⑨后或有改单姓以弃为氏者。《羌族史》中羌国苏毗女王达甲瓦被杀，反对者拥立小王弃邦孙为王。⑩

① ［元］脱脱等：《宋史》，中华书局，1985年，第11079页。
② ［元］脱脱等：《宋史》，中华书局，1985年，第8869页。
③ ［宋］薛居正：《旧五代史》，中华书局，1976年，第1845页。
④ ［清］张澍：《姓氏寻源》，岳麓书社，1992年，第300页。
⑤ ［宋］郑樵：《通志略》，上海古籍出版社，1990年，第24页。
⑥ ［东汉］宋衷：《世本》，时代文艺出版社，2008年，第15页。
⑦ ［东汉］宋衷：《世本》，时代文艺出版社，2008年，第31页。
⑧ ［宋］郑樵：《通志略》，上海古籍出版社，1990年，第56页。
⑨ ［清］张澍：《姓氏寻源》，岳麓书社，1992年，第401页。
⑩ 冉光荣、李绍明、周锡银：《羌族史》，四川民族出版社，1985年，第162页。

虔 [qián]

虔氏，《姓氏寻源》记载，"《风俗通》云：陈留有虔氏，黄帝之后。"①

虔仁 [qián rén]

虔仁氏，《姓氏寻源》记载，"《路史》云：颛顼之孙虔仁。又云：文王之后有虔仁氏。澍按：《后汉书·安帝纪》：西河虔人羌率众降。李贤注：虔人羌号。《东观记》曰：虔人种，羌大豪恬狼等诣度辽将军降，虔人即虔仁也。"②《后汉书》（卷五）载："虔人羌叛，攻击罗城，度辽将军耿夔讨破之。"③《后汉书·西羌传》载："是岁，虔人种羌与上郡胡反，攻谷罗城，度辽将军耿夔将诸郡兵及乌桓骑赴击破之。"④

钳 [qián]

钳氏，《姓氏寻源》记载，"澍按：钳姓为钳耳氏所改。然古有善御钳旦，则钳姓远矣。"⑤

钳耳 [qián ěr]

钳耳氏，《姓氏寻源》记载，"澍按：钳耳，西羌复姓。《魏书》王遇字庆时，本名地（地，一本作他。）恶。冯翊、李润镇羌，与党雷、不蒙俱为强族，自云其先姓王，后改氏钳耳，世宗时复改为王，自晋世以来，恒为渠长，遇后官吏部尚书，出为安西将军、华州刺史。《集古录》云：隋恒山郡九门令钳耳文彻，其清德之颂曰：君名文彻，华阴朝邑人，本姓王，子晋之后，避地西戎，世为君长，以地为姓。《钳耳氏状》云：周王季弟四子虔仁，居湟水，西羌音讹，为钳耳。隋改为王氏。《路史》云：唐有王宗，即钳耳氏。《辽史》云：天德军有牟郍山，钳耳觜城在其北。是以地为姓也。《英贤传》言钳耳本胡姓，以为王子晋后，则非和戎多钳耳姓。见苻秦修邓艾庙碑。《北史·萧琮传》内史令杨约兄素，时为尚书令。见琮嫁从父妹于钳耳氏。谓曰：公，帝王之族，何乃适妹钳耳氏？琮曰：前已嫁妹于侯莫陈氏，此复何疑？索曰：钳耳，羌也，侯莫陈，虏也。何得相比？琮曰：以羌异虏，未之前闻。"⑥《通志

① ［清］张澍：《姓氏寻源》，岳麓书社，1992年，第160页。
② ［清］张澍：《姓氏寻源》，岳麓书社，1992年，第160页。
③ ［宋］范晔：《后汉书》，中华书局，1965年，第235页。
④ ［宋］范晔：《后汉书》，中华书局，1965年，第2893页。
⑤ ［清］张澍：《姓氏寻源》，岳麓书社，1992年，第288页。
⑥ ［清］张澍：《姓氏寻源》，岳麓书社，1992年，第288~289页。

略·氏族略第五》载钳耳氏："西羌人。"①

箝耳 [qián ěr]

箝耳氏，《宋本广韵》载："羌复姓有箝耳氏。"②《姓氏寻源》记载，"《路史》云：王年之后有钳耳氏、箝耳氏。澍按：苻秦修邓艾庙碑有箝耳氏，与钳耳同一姓。"③

羌 [qiāng]

羌氏，《宋本广韵》记载，"羌：章也，强也，发语端也，《说文》云：西戎牧羊人，字从人羊，又姓，晋有石冰将羌迪，去羊切四。"④《古今姓氏书辩证》记载，"羌：西羌种族氏焉。"⑤《说文解字》载："羌。西戎。羊种也。"⑥《通志略·氏族略第二》载："晋石氏将羌迪。"⑦《二十六史大辞典·人物卷》载羌瘣，"秦将，秦始皇时曾率兵伐赵"⑧。《中国古今姓氏辞典》载："出于西羌。又宋有姓匡者，避本朝讳，改姓羌。（见《万姓统普》）"⑨《羌族史》载："《晋书·前秦载记》称苻洪母为'姜氏'，其妻为'羌氏'，苻健之妻为'强氏'，实为一字的异书。"⑩ 又载，商"武丁时的祭祀官中，便有两个是羌人，即羌可、羌立"⑪。羌，以族名为姓，今羌族有羌姓，羌策是也。羌策，全国劳动模范。羌族。江苏南通人。⑫

羌丘 [qiāng qiū]

羌丘氏，《通志略·氏族略第三》有羌丘氏⑬。《中国古今姓氏辞典》载羌丘氏："见《姓苑》"⑭。

① [宋] 郑樵：《通志略》，上海古籍出版社，1990年，第87页。
② [宋] 陈彭年：《宋本广韵》，中国书店，1982年，第208页。
③ [清] 张澍：《姓氏寻源》，岳麓书社，1992年，第289页。
④ [宋] 陈彭年：《宋本广韵》，中国书店，1982年，第153页。
⑤ [宋] 邓名世：《古今姓氏书辩证》，江西人民出版社，2006年，第191页。
⑥ [汉] 许慎：《说文解字注》，中州古籍出版社，2006年，第146页。
⑦ [宋] 郑樵：《通志略》，上海古籍出版社，1990年，第32。
⑧ 王和：《二十六史大辞典·人物卷》，吉林人民出版社，1993年，第9页。
⑨ 慕容翊：《中国古今姓氏辞典》，黑龙江人民出版社，1985年，第158页。
⑩ 冉光荣、李绍明、周锡银：《羌族史》，四川民族出版社，1985年，第126页。
⑪ 冉光荣、李绍明、周锡银：《羌族史》，四川民族出版社，1985年，第27页。
⑫ 张声作：《当代中国少数民族名人录》，华文出版社，1992年，第173页。
⑬ [宋] 郑樵：《通志略》，上海古籍出版社，1990年，第45页。
⑭ 慕容翊：《中国古今姓氏辞典》，黑龙江人民出版社，1985年，第158页。

羌戎 [qiāng róng]

羌戎氏，《中国古今姓氏辞典》载："玄氏后有羌氏、羌戎氏。（见《路史》)"①

羌师 [qiāng shī]

羌师氏，《中国古今姓氏辞典》载："卫公族有羌师氏。（见《世本》)"②《世本》载："卫公族有羌师氏。"③

羌宪 [qiāng xiàn]

羌宪氏，《通志略·氏族略第四》载："姬姓。卫公族羌子孙宪为羌宪氏。"④《世本》载："卫公族羌子孙宪为羌宪氏。"⑤《潜夫论》载："羌氏，羌宪氏，皆卫姬姓也"⑥。

强 [qiáng]

后秦姚兴时有强氏，《晋书·载记》载："安南强熙、镇远杨多叛，推窦冲为盟主，所在扰乱。"⑦同书又云："兴以司隶校尉郭抚、扶风太守强超、长安令鱼佩、槐里令彭明、仓部郎王年等清勤贞白，下书褒美，增抚邑一百户，赐超爵关内侯，佩等进位一级。"⑧

强赖 [qiáng lài]

党项羌有强赖族，《旧五代史·党项传》载："明宗遣灵武康福、邠州药彦稠等出兵讨之，福等击破阿埋、韦悉、褒勒、强赖、埋厮骨尾及其大首领连香、李八萨王、都统悉那、埋摩，侍御乞埋、嵬悉逋等族。"⑨《五代会要·党项羌》作彊赖族，"奏诛党项阿埋三族韦悉褒勒彊赖埋厮骨尾屈悉保等七族。七百余人"⑩。"强""彊"应为笔误，"强赖""彊赖"，实为一族。

且 [qiě]

羌有且氏，《二十六史大辞典·人物卷》载且种，"宣帝时羌豪。因杀先零

---

① 慕容翊：《中国古今姓氏辞典》，黑龙江人民出版社，1985年，第158页。
② 慕容翊：《中国古今姓氏辞典》，黑龙江人民出版社，1985年，第158页。
③ ［东汉］宋衷：《世本》，时代文艺出版社，2008年，第42页。
④ ［宋］郑樵：《通志略》，上海古籍出版社，1990年，第68页。
⑤ ［东汉］宋衷：《世本》，时代文艺出版社，2008年，第42页。
⑥ ［汉］王符：《潜夫论》，辽宁教育出版社，2001年，第74页。
⑦ ［唐］房玄龄等：《晋书》，中华书局，1974年，第2976页。
⑧ ［唐］房玄龄等：《晋书》，中华书局，1974年，第2980～2981页。
⑨ ［宋］薛居正：《旧五代史》，中华书局，1976年，第1845页。
⑩ ［宋］王溥：《五代会要》，中华书局，1998年，第354页。

羌大豪犹非、杨玉，率四千余人降汉，封为侯。"① 且昌，"顺帝时为钟羌大豪。阳嘉四年，率诸种十余万人诣凉州归降。"②

且冻 [qiě dòng]

东汉有且冻种羌，《后汉书·西羌传》载："五年夏，且冻、傅难种羌等遂反叛，攻金城，与西塞及湟中杂种羌胡大寇三辅，杀害长吏。"③

秦 [qín]

秦氏，《世本》载："秦，伯益之后"④。

青 [qīng]

青氏，《中国古今姓氏辞典》载："黄帝子少昊青阳后有青氏，亦或青乌子之后。西夏亦有青氏。（见《姓氏考略》）"⑤《姓氏寻源》记载，"《路史》云：齐太公后有青氏。澍按：黄帝子少昊青阳后有青氏，亦或青乌子之后。西夏亦有青氏，今甘肃青家驿居民多青姓，当系青宜结之后。"⑥《张澍〈西夏姓氏录〉订误》载："可见，鬼章青宜结（或作青宜结鬼章）是一人，《夏录》前录'鬼氏'，此又录'青氏'，实误。而且，鬼章青宜结，诸书都明确载为吐蕃大酋，不应列入西夏姓氏之中。"⑦《宋史》吐蕃有青羌部落⑧。《李范文西夏学论文集》记载，"青氏：《东都事略》卷八八：'吐蕃大酋鬼章青宜结者，董毡之别也。'张氏在鬼章之后加一'与'字，变成鬼氏、青氏二姓。盖误。"⑨

青唐 [qīng táng]

青唐即青唐羌。《姓氏寻源》记载，"澍按：西夏有青唐部，以为氏。"⑩《张澍〈西夏姓氏录〉订误》载："吐蕃包约、包顺兄弟就是青唐族的首领，而《夏录》却以此为西夏姓氏，实误"⑪。《李范文西夏学论文集》记载，"青唐

① 王和：《二十六史大辞典·人物卷》，吉林人民出版社，1993年，第96页。
② 王和：《二十六史大辞典·人物卷》，吉林人民出版社，1993年，第211页。
③ ［宋］范晔：《后汉书》，中华书局，1965年，第2895页。
④ ［东汉］宋衷：《世本》，时代文艺出版社，2008年，第12页。
⑤ 慕容翊：《中国古今姓氏辞典》，黑龙江人民出版社，1985年，第161页。
⑥ ［清］张澍：《姓氏寻源》，岳麓书社，1992年，第241页。
⑦ 汤开建：《张澍〈西夏姓氏录〉订误》，载《兰州大学学报（社会科学版）》，1982年第4期，第69页。
⑧ ［元］脱脱等：《宋史》，中华书局，1985年，第14236页。
⑨ 李范文：《李范文西夏学论文集》，中国社会科学出版社，2012年，第537页。
⑩ ［清］张澍：《姓氏寻源》，岳麓书社，1992年，第242页。
⑪ 汤开建：《张澍〈西夏姓氏录〉订误》，载《兰州大学学报（社会科学版）》，1982年第4期，第67页。

氏：本为吐蕃大族，并非西夏氏族，不应列入西夏姓氏录"①。青唐，古地名，即今青海省西宁市。

青天门 [qīng tiān mén]

党项羌有青天门一族，《太平寰宇记》（卷之三十六）载："清远镇，管蕃部九：青天门一族，泥悉逋一族，罗泥一族，罗泥磨庆一族，噤埋一族，嗓你也移一族，封家一族，宗家一族，越邦一族。"②

青阳 [qīng yáng]

青阳氏，《姓氏寻源》记载，"《风俗通》云：青阳氏，黄帝子孙始姓之。澍按：宋时蜀多青阳姓"③。《风俗通义校释》载："青阳，黄帝子。国语曰：青阳为己姓，黄帝娶方雷氏女，生青阳，少昊氏也，后氏以为氏"④。

庆 [qìng]

庆氏，《通志略·氏族略第三》载："姜姓。齐桓公之子。公子无亏之后也。无亏生庆克。亦谓之庆父。名字通用。是亦以字为氏者。"⑤

庆七 [qìng qī]

党项羌有庆七族，《宋史·狄青传》载："宝元初，赵元昊反，……破金汤城，略宥州，屠庞咩、岁香、毛奴、尚罗、庆七、家口等族，燔积聚数万，收其帐二千三百，生口五千七百。"⑥

丘 [qiū]

丘氏，《羌族通史》载："元嘉二年，秋，七月，镇南将军吉昆等又南击黑水羌酋丘担，大破之。冬，十月，丘担以其众降秦，秦以担为归善将军。"⑦《通志略·氏族略第三》载："姜姓。太公封於齐。而都营丘。其支庶居于营丘者遂以丘为氏。"⑧

秋 [qiū]

秋氏，《路史》记载："少昊之后有秋氏。"少昊为帝喾之子，黄帝裔玄孙。

---

① 李范文：《李范文西夏学论文集》，中国社会科学出版社，2012年，第537页。
② ［宋］乐史：《太平寰宇记》，中华书局，2007年，第766页。
③ ［清］张澍：《姓氏寻源》，岳麓书社，1992年，第241页。
④ ［东汉］应劭：《风俗通义校释》，天津人民出版社，1980年，第470页。
⑤ ［宋］郑樵：《通志略》，上海古籍出版社，1990年，第53页。
⑥ ［元］脱脱等：《宋史》，中华书局，1985年，第9718页。
⑦ 耿少将：《羌族通史》，上海人民出版社，2010年，第198页。
⑧ ［宋］郑樵：《通志略》，上海古籍出版社，1990年，第44页。

《羌族社会历史调查》记汶川县大寨三村有寨盘业主"秋家基"①。

仇 [qiú]

后秦姚兴时有氐人仇氏，仇高是也。《晋书·载记》载："窦冲走汧川，汧川氐仇高执送之。"②

曲 [qū]

曲氏，《姓氏寻源》载："蜀汉之宕渠，宋甘肃之镇，戎多曲姓。"③

屈 [qū]

屈氏，《通志略·氏族略第三》载："芈姓。楚之公族也。莫敖屈瑕。食邑于屈。因以为氏。三闾大夫屈平字原。其后也。"④《羌族史》载："如开宝元年（公元968年）封羌部十六府大首领屈遇为检校太保、归德将军"⑤。《宋史·夏国传》有屈氏，即屈移是也，"夏国副使屈移，尝两使南朝，以为衣冠礼乐非他国比。"⑥《宋史·外国七：党项传》载："内属羌部十六府大首领屈遇与十二府首领罗崖领所部诛啜佶，啜佶惧，以其族归顺。"⑦ 马长寿《碑铭所见前秦至隋初的关中部族》载羌村有屈氏，为羌姓屈男氏复姓改为单姓屈氏，清乾隆时期《蒲城县志》、光绪时期《蒲城县新志》《蒲城县新志·建置志》皆记有北乡有屈家和屈家堡。⑧

屈侯 [qū hóu]

屈侯氏，《中国姓氏辞典》载："出自芈姓。以国、爵为氏。"⑨

屈怀 [qū huái]

屈怀氏，《李范文西夏学论文集》记载，"屈怀氏：汤文认为屈怀为名，非姓，屈怀又为渠怀。《长编·卷一一一》有'夏王赵德明娶三姓，……额藏渠怀氏生沁威'。《宋史·夏国传》有'讹藏屈怀氏生成鬼'。张氏盖误。"⑩

① 《中国少数民族社会历史调查资料丛刊》修订编辑委员会：《羌族社会历史调查》，民族出版社，2009年，第141页。
② ［唐］房玄龄等：《晋书》，中华书局，1974年，第2976页。
③ ［清］张澍：《姓氏寻源》，岳麓书社，1992年，第499页。
④ ［宋］郑樵：《通志略》，上海古籍出版社，1990年，第40页。
⑤ 冉光荣、李绍明、周锡银：《羌族史》，四川民族出版社，1985年，第183页。
⑥ ［元］脱脱等：《宋史》，中华书局，1985年，第14025页。
⑦ ［元］脱脱等：《宋史》，中华书局，1985年，第14138页。
⑧ 马长寿：《碑铭所见前秦至隋初的关中部族》，中华书局，1985年，第101~102页。
⑨ 陈明远、汪宗虎：《中国姓氏辞典》，北京出版社，1995年，第350页。
⑩ 李范文：《李范文西夏学论文集》，中国社会科学出版社，2012年，第536页。

屈男 [qū nán]

屈男氏，《宋本广韵》载："亦姓，又虏复姓屈突氏，又羌复姓有屈男氏。"①《北朝胡姓考（修订本）》载："关西屈男氏，羌族人也。"②《通志略·氏族略》载羌，有屈男氏③。《羌族史》载："北魏时期有不少羌人散居北方，有些是著名的大姓，比如南安姚氏和雷氏、枹罕彭氏、冯翊王氏、党氏和不蒙氏、关西屈男氏与莫折氏、上党同蹄氏、宁州荔非氏、夏州弥姐氏、天水罕开氏等等。"④

屈南 [qū nán]

屈南氏，《通志略·氏族略第四》载："芈姓。楚屈全之后。裔孙仕后魏时重复姓。以自南来。乃加南。或作男。"⑤

麹 [qū]

以官职名为姓。麹（曲），是酿酒的主要原料。西周时，有官职名为"麹人"，即负责酿制酒类的官员，其后代子孙，以祖上职官为姓，称麹姓。《羌族史》载："甘青少数羌人酋豪企图乘机建立割据政权。建安末年，西平麹演等据州占郡，自号将军，互相攻战，一年后被曹魏平定。"⑥《太平寰宇记》（卷之三十六）载党项羌有麹家族，"定远镇，管蕃部四：麹家族都指挥使麹守荣、麹再遇等一务"⑦。魏晋南北朝时期西平还有麹光、麹英。

朐 [qú]

朐氏，《姓氏寻源》记载，"《路史》云：伏羲后有朐氏。"⑧

全无 [quán wú]

西羌有全无种羌。《后汉书·西羌传》载："五年，邓遵募上郡全无种羌雕何等刺杀狼莫，赐雕何为羌侯，封遵武阳侯，三千户。"⑨

权 [quán]

权氏，《通志略·氏族略第二》载："芈姓。颛帝之后。唐表云。子姓商。

---

① ［宋］陈彭年：《宋本广韵》，中国书店，1982年，第456页。
② 姚薇元：《北朝胡姓考（修订本）》，中华书局，2007年，第363页。
③ ［宋］郑樵：《通志略》，上海古籍出版社，1990年，第87页。
④ 冉光荣、李绍明、周锡银：《羌族史》，四川民族出版社，1985年，第134页。
⑤ ［宋］郑樵：《通志略》，上海古籍出版社，1990年，第68页。
⑥ 冉光荣、李绍明、周锡银：《羌族史》，四川民族出版社，1985年，第113页。
⑦ ［宋］乐史：《太平寰宇记》，中华书局，2007年，第768页。
⑧ ［清］张澍：《姓氏寻源》，岳麓书社，1992年，第80页。
⑨ ［宋］范晔：《后汉书》，中华书局，1965年，第2891页。

武丁之裔。杜预云。南郡当阳东南有权城。按当阳隶荆门军。今其地名权口。楚武王灭权。子孙为权氏。"① 权，西夏姓氏，《李范文西夏学论文集》记载，"权氏：《交聘表》有权鼎雄。"②《金史·交聘表》载："御史大夫权鼎雄、枢密直学士李文政谢横赐，参知政事浪讹德光、光禄大夫田文徽等来奏告。"③

拳［quán］

拳氏，《通志略·氏族略第四》载："芈姓。楚鬻拳之後。"④

犬戎［quǎn róng］

犬戎氏，《图解山海经》载："有人名曰犬戎。黄帝生苗龙，苗龙生融吾，融吾生弄明，弄明生白犬，白犬有牝牡，是为犬戎，食肉。"⑤ 其后有以祖先名犬戎为氏。《国语·周语》有"犬戎氏"，"今自大毕、伯士之终也，犬戎氏以其职来王，天子曰：'予必以不享征之，且观之兵。'其无乃废先王之训而王几顿乎！吾闻夫犬戎树惇，帅旧德而守终纯固，其有以御我矣。"⑥《姓氏寻源》记载，"《辩证》云：戎出自姜姓，四岳之后"⑦。

R

冄［rǎn］

冄氏，《姓氏寻源》记载，"澍按：周文王子封于聃，司马迁书作冄，则冄出于聃也。《姓纂》以为楚大夫叔山冄之后，以名为氏。一云：高辛氏之后。又按：张说河州刺史冄府君碑云：古天子有冄相氏，宅于相土，实曰冄姓。颜师古《汉书注》云：今夒州、开州首领多冄姓，冄者皆冄駹种。"⑧《后汉书·南蛮西南夷列传》载："冄駹夷者，武帝所开。元鼎六年，以为汶山郡。……其山有六夷七羌九氐，各有部落。"⑨ 汶山郡：西汉武帝元鼎六年（前111），以冄駹部落之地置汶山郡，治汶江县（在今四川茂县北），辖广柔等五县。属益州。《宋史》载："冄駹，今茂州蛮、汶山夷地是也；白马氐，在汉为武都

① ［宋］郑樵：《通志略》，上海古籍出版社，1990年，第27页。
② 李范文：《李范文西夏学论文集》，中国社会科学出版社，2012年，第535页。
③ ［元］脱脱等：《金史》，中华书局，1975年，第1480页。
④ ［宋］郑樵：《通志略》，上海古籍出版社，1990年，第63页。
⑤ 张越：《图解山海经》，吉林出版集团有限责任公司，2011年，第512页。
⑥ ［春秋］左丘明：《国语》，时代文艺出版社，2008年，第2页。
⑦ ［清］张澍：《姓氏寻源》，岳麓书社，1992年，第9页。
⑧ ［清］张澍：《姓氏寻源》，岳麓书社，1992年，第389页。
⑨ ［宋］范晔：《后汉书》，中华书局，1965年，第2857～2858页。

郡，今阶州、汶州，盖羌类也。"① 《茂州志·道光》序二有："蜀之茂州，冉
駹故墟也！"② 其注曰："冉駹：属古羌族系统，居住今阿坝州一带。今州内的
藏或羌族，当与古代冉駹人有关。"③

染［rǎn］

染氏，《姓氏寻源》记载，"澍按：染即冉氏。《史记》染姓亦作冉。罗泌
云：即叔带甘先氏，甘后姓染也。又或突厥染干之后。见《隋书》。"④

仁多［rén duō］

西夏有仁多氏，《宋史·夏国传》载："宪营于天都山下，焚夏之南牟内殿
并其馆库，追袭其统军仁多零丁，败之，擒百人，遂班师。"⑤ 《续资治通鉴长
编》（卷467）载人多保忠（或为"仁多保忠"，"夏国首领人多保忠，乃昔日
零丁之子，久据西南部落"⑥。党项族有西夏大将仁多保忠。《中国少数民族名
人辞典·古代》宋元祐元年（1086年），夏崇宗李乾顺继帝位，年仅3岁，太
后梁氏（梁乙埋女）执政，仁多保忠与皇族嵬名阿吴分掌兵权。⑦

任［rén］

任氏，《中国古今姓氏辞典》载："黄帝少子禹阳，受封于任，以国为氏。
（见《唐书·宰相世系表》）"⑧ 《世本》载："任姓，谢、章、薛、舒、吕、祝、
终、泉、毕、过。谢，任姓，黄帝之后。"⑨ 西夏国仁孝期间有党项族任氏家
族。《李范文西夏学论文集》记载，"任氏：《交聘表》有任得仁，与《西夏书
事》仁孝时的任得聪、任得敬等本为同姓，任得敬原为知西安州判，夏兵取西
安，率兵民出降，本为汉有，非西夏姓氏。"⑩ 《宋史·夏国传》有任氏，任得
敬是也。"三十年，夏封其相任得敬为楚王。"⑪ 《羌族通史》载："仁孝继位
后，以军事起家的外戚、楚王任得敬……，八月，求封不得的任得敬，与其弟

① ［元］脱脱等：《宋史》，中华书局，1985年，第14243～14244页。
② 《阿坝州文库》编委会：《茂州志》，四川民族出版社，2013年，第4页。
③ 《阿坝州文库》编委会：《茂州志》，四川民族出版社，2013年，第5页。
④ ［清］张澍：《姓氏寻源》，岳麓书社，1992年，第389页。
⑤ ［元］脱脱等：《宋史》，中华书局，1985年，第14011页。
⑥ ［宋］李焘：《续资治通鉴长编》，中华书局，2004年，第11153页。
⑦ 刘德仁：《中国少数民族名人辞典·古代》，四川辞书出版社，1989年，第54页。
⑧ 慕容翊：《中国古今姓氏辞典》，黑龙江人民出版社，1985年，第161页。
⑨ ［东汉］宋衷：《世本》，时代文艺出版社，2008年，第30页。
⑩ 李范文：《李范文西夏学论文集》，中国社会科学出版社，2012年，第533页。
⑪ ［元］脱脱等：《宋史》，中华书局，1985年，第14025页。

南院宣徽使任得仁、殿前太尉任得聪等企图发动宫廷政变。"① 《历代碑刻契文族谱》记清光绪年间，"出卖水田契"，契文里记有李、汪、任三姓人家。② 今茂县黑虎乡小河坝村有任姓羌族民间文学神话传说代表性传承人。③

忍 ［rěn］

忍氏，《姓氏寻源》记载，"见《姓苑》。澍按：忍，西羌大豪姓也。《见西羌传》。"④ 《后汉书·卷八十六》载忍姓："初，饥五同种大豪卢忽、忍良等千余户别留允街，而首施两端。"⑤ 忍良：建光元年春，马贤率兵召卢忽斩之，因放兵击其种人，首虏二千余人，掠马牛羊十万头，忍良等皆亡出塞。玺书封贤安亭侯，食邑千户。忍良等以麻奴兄弟本烧当世嫡，而贤抚恤不至，常有怨心。⑥

日逋吉罗丹 ［rì bū jí luó dān］

西羌有日逋吉罗丹族。《宋史·吐蕃传》载："先是，继迁种落迷般嘱及日逋吉罗丹二族亡归者龙族，而欲阴图罗支。"⑦ 《续资治通鉴长编》有日逋吉罗丹族，"者龙凡十三族，而六族附迷般嘱及日逋吉罗丹。"⑧

日脚 ［rì jiǎo］

熟羌有日脚族。《宋史·神宗纪》载："甲寅，熙河路木宗城首领结彪谋叛，熟羌日脚族青厮扒斩其首来献，补下班殿侍。"⑨

日利 ［rì lì］

党项羌有日利族。《宋史·党项传》载："雍熙初，诸族渠帅附李继迁为寇，诏判四方馆事田仁朗及阁门使王侁等相继领兵讨击，并赐麟、府、银、夏、丰州及日利、月利族敕书招谕之。"⑩

---

① 耿少将：《羌族通史》，上海人民出版社，2010年，第198页。

② 《阿坝州文库》编委会：《历代碑刻契文族谱》，四川民族出版社，2013年，第97页。

③ 四川省音乐舞蹈研究所：《羌族文化传承人纪实录》，四川科学技术出版社，2012年，第14页。

④ ［清］张澍：《姓氏寻源》，岳麓书社，1992年，第347页。

⑤ ［宋］范晔：《后汉书》，中华书局，1965年，第2892页。

⑥ ［宋］范晔：《后汉书》，中华书局，1965年，第2892页。

⑦ ［元］脱脱等：《宋史》，中华书局，1985年，第14157页。

⑧ ［宋］李焘：《续资治通鉴长编》，中华书局，2004年，第1240～1241页。

⑨ ［元］脱脱等：《宋史》，中华书局，1985年，第289页。

⑩ ［元］脱脱等：《宋史》，中华书局，1985年，第14139页。

戎 ［róng］

戎氏，《宋本广韵》记载，"戎：戎狄……又姓汉宣帝戎婕妤生中山哀王"①。《姓氏寻源》记载，"《潜夫论》云：宋微子后有戎氏。《辩证》云：戎出自姜姓，四岳之后，别为允姓，居瓜州，秦逐戎子吾离，晋惠公封之南鄙之田，其族戎津，仕晋为车右，始以为国氏。"②《古今姓氏书辩证》记载，"戎：出自姜姓，四岳之后。别为允姓。先王居梼杌于四裔。故允姓之戎，居于瓜州。《春秋》时，秦人贪其土，地迫逐诸戎，戎子吾离附于晋。晋惠公封以南鄙之田，谓之姜戎。"③《后汉书·西羌传》有羌戎，"论曰：羌戎之患，自三代尚矣。"④《中国姓氏辞典》载："中国古代有戎族。殷周时有鬼戎、西戎等。春秋时有己氏之戎、北戎、允姓之戎、伊洛之戎、犬戎、骊戎、戎蛮，七种。其后皆有戎氏。"⑤

戎子 ［róng zǐ］

戎子氏，《通志略·氏族略第五》载："戎子驹之后。此允姓之戎也。而姓纂谓姜姓。"⑥

肜 ［róng］

肜氏，《姓氏寻源》记载，"《路史》云：夏禹后有肜氏。澍按：禹后乃肜城氏也。"⑦

容成 ［róng chéng］

容成氏，《姓氏寻源》记载，"澍按：《黄帝传》云：时有女娲之后容成氏，善知音律，始造律历。是容成，风姓后也。"⑧

融 ［róng］

融氏，《中国姓氏辞典》载：炎帝之苗裔，祝融氏之后。⑨《姓氏寻源》记载，"澍按：《山海经》苗龙生融吾，融吾生弄明。亦黄帝子或有为氏者。"⑩

① ［宋］陈彭年：《宋本广韵》，中国书店，1982年，第5页。
② ［清］张澍：《姓氏寻源》，岳麓书社，1992年，第9页。
③ ［宋］邓名世：《古今姓氏书辩证》，江西人民出版社，2006年，第5页。
④ ［宋］范晔：《后汉书》，中华书局，1965年，第2899页。
⑤ 陈明远、汪宗虎：《中国姓氏辞典》，北京出版社，1995年，第360页。
⑥ ［宋］郑樵：《通志略》，上海古籍出版社，1990年，第81页。
⑦ ［清］张澍：《姓氏寻源》，岳麓书社，1992年，第13页。
⑧ ［清］张澍：《姓氏寻源》，岳麓书社，1992年，第30页。
⑨ 陈明远、汪宗虎：《中国姓氏辞典》，北京出版社，1995年，第361页。
⑩ ［清］张澍：《姓氏寻源》，岳麓书社，1992年，第11页。

《世本》载："祝融之后，又复姓融夷氏，祝融后董父之胤，以融夷为氏。"①

柔　[róu]

西夏有柔氏，《金史·交聘表》载："八月戊寅朔，夏武节大夫柔思义、宣德郎焦思元等贺天寿节。"②

如　[rú]

如为古代羌族姓氏。《姓氏寻源》载："《范文正公集》所载，环州属羌，有如、兀二族。"③《册府元龟》（卷九百七十二）载党项羌有如氏，"九月河西党项如连山等来朝共进马。"④《宋史·夏国传》有如定，"诏遣邵良佐、张士元、张子奭、王正伦更往议，且许封册为夏国主，而元昊亦遣如定、聿捨、张延寿、杨守素继来。"⑤《李范文西夏学论文集》记载，"如氏：《宋史》元昊以？如定主兵马。"⑥《羌族社会历史调查》记汶川县雁门公社萝萄（萄应为"卜"）寨有寨盘业主"如的基"⑦、茂汶南兴公社安乡大队安乡九寨有寨盘业主"如苏基"⑧、汶川县雁门公社索桥有寨盘业主"如古都"⑨（又作如古都基⑩）。今茂县松坪沟乡岩窝村有如姓，如玛特为羌族多声部民歌传承人⑪。

如罗　[rú luó]

党项羌有如罗族。《宋史·党项传》载："六月，瓦窑、没剂、如罗、眛克等族济河击败继迁党，优诏抚问。"⑫《宋史·真宗纪》载："丰州瓦窑没剂、如罗、眛克等族以兵济河击李继迁，败之。"⑬

---

① ［东汉］宋衷：《世本》，时代文艺出版社，2008年，第44页。

② ［元］脱脱等：《金史》，中华书局，1975年，第1470页。

③ ［清］张澍：《姓氏寻源》，岳麓书社，1992年，第522页。

④ ［宋］王钦若等：《册府元龟》，中华书局，1960年，第11421页。

⑤ ［元］脱脱等：《宋史》，中华书局，1985年，第13998页。

⑥ 李范文：《李范文西夏学论文集》，中国社会科学出版社，2012年，第538页。

⑦ 《中国少数民族社会历史调查资料丛刊》修订编辑委员会：《羌族社会历史调查》，民族出版社，2009年，第140页。

⑧ 《中国少数民族社会历史调查资料丛刊》修订编辑委员会：《羌族社会历史调查》，民族出版社，2009年，第140页。

⑨ 《中国少数民族社会历史调查资料丛刊》修订编辑委员会：《羌族社会历史调查》，民族出版社，2009年，第148页。

⑩ 《中国少数民族社会历史调查资料丛刊》修订编辑委员会：《羌族社会历史调查》，民族出版社，2009年，第141页。

⑪ 四川省音乐舞蹈研究所：《羌族文化传承人纪实录》，四川科学技术出版社，2012年，第44页。

⑫ ［元］脱脱等：《宋史》，中华书局，1985年，第14145页。

⑬ ［元］脱脱等：《宋史》，中华书局，1985年，第122页。

如定 [rú dìng]

西夏有如定氏，《张澍〈西夏姓氏录〉订误》载："《夏录》所列四姓，只有如定氏，乃西夏姓氏，正如《夏录》所云，有如定多多马、如定聿拾，西夏文的党项姓氏中亦有'如定氏'"①。《李范文西夏学论文集》记载，"如定：西夏文和汉文《杂字》番族姓皆有此姓。《宋史》有如定多丹玛。"②

若 [ruò]

若氏，《中国古今姓氏辞典》载："蜀西南夷有若姓。（见《汉书·王莽传》)"③《羌族社会历史调查》记四川羌族地区有寨盘业主"若不西"④，该书中汶川还有寨盘业主"日不基""日补基""日博基"，当为"若不西"羌语汉译之误。《汉书·赵充国传》载："封若零、弟泽二人为帅众王，离留、且种二人为侯，兒库为君，阳雕为言兵侯，良兒为君，靡忘为献牛君。"⑤《二十六史大辞典·人物卷》载若零，"宣帝时羌豪。因杀先零羌大豪犹非、杨玉，率四千余人降汉，封为帅众王。"⑥

若敖 [ruò áo]

若敖氏，《通志略·氏族略第三》载："若敖氏，芈姓。楚君若敖之后也。"⑦

婼 [ruò]

婼氏，《姓氏寻源》记载，"澍按：西域有婼羌，或其后有为氏者。"⑧《宋本广韵》载："前汉西域传有婼羌。"⑨

S

萨 [sà]

党项羌有萨氏，《宋史·赵振传》载："明年，泾原属羌胡萨逋歌等叛，钤

① 汤开建：《张澍〈西夏姓氏录〉订误》，载《兰州大学学报（社会科学版）》，1982年第4期，第71页。
② 李范文：《李范文西夏学论文集》，中国社会科学出版社，2012年，第536页。
③ 慕容翊：《中国古今姓氏辞典》，黑龙江人民出版社，1985年，第161页。
④ 《中国少数民族社会历史调查资料丛刊》修订编辑委员会：《羌族社会历史调查》，民族出版社，2009年，第140页。
⑤ ［汉］班固：《汉书》，中华书局，1962年，第2993页。
⑥ 王和：《二十六史大辞典·人物卷》，吉林人民出版社，1993年，第96页。
⑦ ［宋］郑樵：《通志略》，上海古籍出版社，1990年，第55页。
⑧ ［清］张澍：《姓氏寻源》，岳麓书社，1992年，第545页。
⑨ ［宋］陈彭年：《宋本广韵》，中国书店，1982年，第25页。

辖王怀信以兵数千属振游奕，屡捷。"①

三汊　[sān chà]

党项羌有三汊族，《宋史·尹宪传》载："杀戮三汊、丑奴庄、岌伽罗腻叶十四族，及诱其渠帅。"②

三闾　[sān lú]

三闾氏，《通志略·氏族略第三》载："芈姓。楚屈原为三闾大夫。因氏焉。"③

三苗　[sān miáo]

三苗氏，《通志略·氏族略第四》载："姜姓。炎帝之后。为侯国。因氏焉。"④

散　[sǎn]

散氏，《姓氏寻源》记载，"《姓苑》云：今江南有此姓。澍按：宜为散宜氏之后。孔安国《书传》曰。散氏，宜生名。《论语》、《孟子》疏皆以散为氏、宜生为名。又按：西夏有散姓。"⑤ 汤开建在《张澍〈西夏姓氏录〉订误》中指出"散姓"非西夏姓，即"散八昌决非西夏人，而是西番人。西番者，宋人所指吐蕃也"⑥。《李范文西夏学论文集》记载，"散氏：《宋史·夏国传》云：'西番再遣使散八昌丹星等到国。'明为西番使臣，并非西夏使臣。"⑦

桑　[sāng]

桑氏源于神农氏，出自炎帝之妻桑氏，属于以先祖名字为氏。《羌族社会历史调查》载：今汶川有此姓。⑧

嗓咩　[sǎng miē]

宋时，党项羌有嗓咩族。《宋史·党项传》载："是岁，灵州通远军界嗓咩族、折四族、吐蕃村族、奈喝三家族、尾落族、奈家族、嗓泥族剽略官纲，诏

① ［元］脱脱等：《宋史》，中华书局，1985 年，第 10461 页。
② ［元］脱脱等：《宋史》，中华书局，1985 年，第 9409 页。
③ ［宋］郑樵：《通志略》，上海古籍出版社，1990 年，第 41 页。
④ ［宋］郑樵：《通志略》，上海古籍出版社，1990 年，第 57 页。
⑤ ［清］张澍：《姓氏寻源》，岳麓书社，1992 年，第 351~352 页。
⑥ 汤开建：《张澍〈西夏姓氏录〉订误》，载《兰州大学学报（社会科学版）》，1982 年第 4 期，第 66 页。
⑦ 李范文：《李范文西夏学论文集》，中国社会科学出版社，2012 年，第 537 页。
⑧ 《中国少数民族社会历史调查资料丛刊》修订编辑委员会：《羌族社会历史调查》，民族出版社，2009 年，第 69 页。

灵州安守忠、通远军董遵海讨平之。"①

嗓泥 [sǎng ní]

党项羌有嗓泥族。《宋史·党项传》载："是岁，灵州通远军界嗓咩族、折四族、吐蕃村族、奈喝三家族、尾落族、奈家族、嗓泥族剽略官纲，诏灵州安守忠、通远军董遵海讨平之。"②《太平寰宇记》（卷之三十六）载党项羌有嗓你也移一族，"清远镇，管蕃部九：青天门一族，泥悉逋一族，罗泥一族，罗泥磨庆一族，噤埋一族，嗓你也移一族，封家一族，宗家一族，越邦一族。"③"嗓你"或是"嗓泥"之异。

杀牛 [shā niú]

党项羌有杀牛族。《五代会要·党项羌》载："有喜王族折思族杀牛族。彼无猜贰。"④《册府元龟》（卷九百八十七）载："又援送灵武军衣副都部署潘环言至马岭党项杀牛族结集遂杀获首领阿磨而下五人。又获拨相公族人马通路前进。"⑤《资治通鉴》卷第二百九十一载："初，杀牛族与野鸡族有隙。闻官军讨野鸡。馈饷迎奉。官军利其财。畜而掠之。杀牛族反与野鸡合。"⑥

煞 [shà]

西夏有煞氏，《李范文西夏学论文集》记载，"煞氏：《续通志》作萨氏。"⑦《金史·交聘表》载西夏有煞氏，"正月丙子朔，夏遣武功大夫煞执直、宣德郎马子才贺正旦。"⑧

山讹 [shān é]

横山羌有山讹氏，《宋史·夏国传》载："而苦战倚山讹，山讹者横山羌，平夏兵不及也。"⑨

山遇 [shān yù]

党项羌有山遇一族，《宋史·郭劝传》载："元昊将山遇率其族来归，且言

① ［元］脱脱等：《宋史》，中华书局，1985 年，第 14138 页。
② ［元］脱脱等：《宋史》，中华书局，1985 年，第 14138 页。
③ ［宋］乐史：《太平寰宇记》，中华书局，2007 年，第 766 页。
④ ［宋］王溥：《五代会要》，中华书局，1998 年，第 355 页。
⑤ ［宋］王钦若等：《册府元龟》，中华书局，1960 年，第 11595 页。
⑥ 周治：《文白对照资治通鉴》，辽海出版社，2010 年，第 2022 页。
⑦ 李范文：《李范文西夏学论文集》，中国社会科学出版社，2012 年，第 534 页。
⑧ ［元］脱脱等：《金史》，中华书局，1975 年，第 1428 页。
⑨ ［元］脱脱等：《宋史》，中华书局，1985 年，第 13994 页。

元昊将反。"①

亘 [shǎn]

亘氏，《姓氏寻源》记载，"《广韵》云：亘，蕃姓，亦作籴，音闪。澍按：《海篇》亘本合乡、姐二字为一姓，今又别作籴，不知有亘无贡也。《海篇》又云：同矗，蕃姓。《转注古音》云：酉羌，乡姐。见《汉书》。今西羌有此姓，合而为亘。天顺时亘茂御笔改为陕氏。"②《汉书·冯奉世传》载："永光二年秋，陇西羌乡姐旁种反"③。

赏 [shǎng]

赏氏，《姓氏寻源》记载，"《姓苑》云：吴中八姓有赏氏。澍按：必以受赏为氏，如赦氏、救氏之类，西夏亦有赏氏。"④ 汤开建在《张澍〈西夏姓氏录〉订误》中指出"赏姓"非西夏姓。⑤《李范文西夏学论文集》记载，"赏氏：汤文认为赏、尚非西夏姓氏，而为吐蕃官名。"⑥《中国古今姓氏辞典》载："西夏亦有赏氏。望出吴郡。（见《万姓统普》)"⑦《宋史·吐蕃传》有赏氏，"三月，秦州曹玮言熟户郭厮敦、赏样丹皆大族，样丹辄作文法谋叛，厮敦密以告，约半月杀之，至是，果携样丹首来。"⑧

赏罗 [shǎng luó]

赏罗氏，《李范文西夏学论文集》记载，"赏罗氏：《宋史》有赏罗鄂齐尔。"⑨

上官 [shàng guān]

上官氏，《姓氏寻源》记载，"《姓纂》云：出芈姓。楚庄王少子子兰为上官大夫，后以为氏。秦灭楚，上官氏徙陇西之上邽。一云，汉徙大姓实关中，上官徙陇西。《寰宇记》白马郡三姓有上官氏。"⑩

---

① ［元］脱脱等：《宋史》，中华书局，1985 年，第 9893 页。
② ［清］张澍：《姓氏寻源》，岳麓书社，1992 年，第 389 页。
③ ［汉］班固：《汉书》，中华书局，1962 年，第 3296 页。
④ ［清］张澍：《姓氏寻源》，岳麓书社，1992 年，第 377 页。
⑤ 汤开建：《张澍〈西夏姓氏录〉订误》，载《兰州大学学报（社会科学版）》，1982 年第 4 期，第 65 页。
⑥ 李范文：《李范文西夏学论文集》，中国社会科学出版社，2012 年，第 536 页。
⑦ 慕容翊：《中国古今姓氏辞典》，黑龙江人民出版社，1985 年，第 158 页。
⑧ ［元］脱脱等：《宋史》，中华书局，1985 年，第 14159 页。
⑨ 李范文：《李范文西夏学论文集》，中国社会科学出版社，2012 年，第 536 页。
⑩ ［清］张澍：《姓氏寻源》，岳麓书社，1992 年，第 376 页。

尚 ［shàng］

尚氏，《通志略·氏族略第三》载："姜姓。齐太公之后也。太公号太师尚父。支孙因氏焉。"① 《宋史·吐蕃传》载："仍以锦袍银带赐之，尚波于等感悦。是年秋，乃献伏羌地。"② 《过街楼魁星阁钟记》载："四川直隶茂州汶川县上水里过街楼居住信士尚崇山。"③ 中华人民共和国成立前茂县土门乡有尚姓地主。④ 《历代碑刻契文族谱》载："尚氏族谱序言"，汶川县过街楼尚氏本姓向，为姜氏后人，以国为氏，因讹为尚氏，后又改姓郑氏。⑤

尚罗 ［shàng　luó］

党项羌有尚罗族。《宋史·狄青传》载："宝元初，赵元昊反，……破金汤城，略宥州，屠庞咩、岁香、毛奴、尚罗、庆七、家口等族，熘积聚数万，收其帐二千三百，生口五千七百。"⑥

烧当 ［shāo　dāng］

烧当氏，《后汉书·西羌传》载："从爰剑种五世至研，研最豪健，自后以研为种号。十三世至烧当，复豪健，其子孙更以烧当为种号。"⑦

烧何 ［shāo　hé］

《后汉书·西羌传》有烧何种羌，"时烧何豪有妇人比铜钳者，年百余岁，多智算，为种人所信向，皆从取计策。"⑧

佘（奢）［shé］

西夏有佘氏，《李范文西夏学论文集》记载，"佘氏：《交聘表》有佘良来；《续通志》作佘精力。"⑨ 《茂县民间文化集成·赤不苏片区卷》记茂县曲谷乡河西村热尔寨有佘氏祖坟墓碑，该墓碑立于清光绪年间。⑩

---

① ［宋］郑樵：《通志略》，上海古籍出版社，1990年，第53页。
② ［元］脱脱等：《宋史》，中华书局，1985年，第14153页。
③ 祝世德：《汶川县县志》，阿坝州地方志编纂委员会出版，1997年，第504页。
④ 《中国少数民族社会历史调查资料丛刊》修订编辑委员会：《羌族社会历史调查》，民族出版社，2009年，第119页。
⑤ 《阿坝州文库》编委会：《历代碑刻契文族谱》，四川民族出版社，2013年，第117页。
⑥ ［元］脱脱等：《宋史》，中华书局，1985年，第9718页。
⑦ ［宋］范晔：《后汉书》，中华书局，1965年，第2877页。
⑧ ［宋］范晔：《后汉书》，中华书局，1965年，第2880页。
⑨ 李范文：《李范文西夏学论文集》，中国社会科学出版社，2012年，第535页。
⑩ 茂县民间文化集成收集整理出版编辑部：《茂县民间文化集成·赤不苏片区卷》，中央民族大学出版社，2015年，第23页。

折 ［shé］

折氏，《李范文西夏学论文集》里有关于"党项折氏世系表"①，且言"折（zhe 音哲）如曲折，折迭等。但此字在唐宋时读为 she 舍"②。"折氏：《续通志》作哲伊氏。"③《五代会要·党项传》载："长兴元年（930）……十二月，以党项折家族五镇都知兵马使折之正。为检校尚书右仆射"④。《册府元龟》卷九百七十六载："十二月，以党项折家族五镇都知兵马使折文政检校仆射。以党项薄备家族都督薄备撒罗检校尚书。"⑤《宋史·夏国传》载西夏有折可适，"元符元年十二月，泾原折可适掩夏西寿统军嵬名阿埋、监军妹勒都逋，获之。"⑥《宋史·党项传》载："太祖建隆二年，代州刺史折乜埋来朝。乜埋，党项之大姓，世居河右，有捍边之功，故授以方州，召令入觐而遣还。"⑦《羌族史》载："如牟托巡检司碑文载：'明天启九年，世祖折木加奉剿蔺贼，初御龙泉驿，次战成都草堂寺，损土舍二员，土兵二千……'"⑧《中国少数民族名人辞典·古代》有宋代将领折可适、折克行、折继世、折继闵、折继祖、折惟昌、折御卿等，有宋代党项首领折罗遇、折埋乞。⑨ 折氏本为北魏鲜卑折掘氏之后，后融合于党项羌。折氏为"折逋氏""折掘氏"，改单字姓。

虵 ［shé］

虵氏，《晋书·载记》有姚兴之母虵氏。《宋本广韵》载："兴母虵氏死，兴哀毁过礼，不亲庶政。"⑩"虵"同"蛇"。《宋本广韵》载："蛇，毒虫，又姓，后秦录姚苌后蛇氏也，南安人也。"⑪

虵蛭 ［shé　zhì］

虵蛭氏，《宋本广韵》载："羌复姓有虵蛭氏。"⑫《古今姓氏书辩证》记

---

① 李范文：《李范文西夏学论文集》，中国社会科学出版社，2012 年，第 525 页。
② 李范文：《李范文西夏学论文集》，中国社会科学出版社，2012 年，第 526 页。
③ 李范文：《李范文西夏学论文集》，中国社会科学出版社，2012 年，第 535 页。
④ ［宋］王溥：《五代会要》，中华书局，1998 年，第 354 页。
⑤ ［宋］王钦若等：《册府元龟》，中华书局，1960 年，第 11469 页。
⑥ ［元］脱脱等：《宋史》，中华书局，1985 年，第 14018 页。
⑦ ［元］脱脱等：《宋史》，中华书局，1985 年，第 14138 页。
⑧ 冉光荣、李绍明、周锡银：《羌族史》，四川民族出版社，1985 年，第 249 页。
⑨ 刘德仁：《中国少数民族名人辞典·古代》，四川辞书出版社，1989 年，第 53 页。
⑩ ［唐］房玄龄等：《晋书》，中华书局，1974 年，第 2977 页。
⑪ ［宋］陈彭年：《宋本广韵》，中国书店，1982 年，第 145 页。
⑫ ［宋］陈彭年：《宋本广韵》，中国书店，1982 年，第 288 页。

载，"蛇咥：一作野咥，后魏虏姓。"①

舍［shè］

舍氏，《羌族史》载："此外，在北方羌人之中采用汉姓，如姚、董、邓、梁、彭、舍、雷等更加普遍。"②

申［shēn］

申氏，《通志略·氏族略第二》载："伯爵。姜姓。炎帝四岳之后。封于申。号申伯。周宣王元舅也。"③ 《羌族史》载："申侯即原羌人部落中的西申"④。

申屠［shēn tú］

申屠氏，《通志略·氏族略第三》载："姜姓。周幽王申后兄申侯之后。支子居安定屠原。因以为氏。"⑤《晋书·载记》载后秦姚兴时有凉州人申屠英，"凉州人申屠英等二百余人，遣主簿胡威诣兴，请留尚，兴弗许。"⑥

莘［shēn］

莘氏，《通志略·氏族略第二》载："姒姓。夏后启封支子于莘。亦曰有莘氏。后世以国为氏。宋朝莘融举进士。钱塘人。望出天水。"⑦ 《世本》载："莘国，姒姓，夏禹之后。"⑧

神［shén］

神氏，《姓氏寻源》记载，"《风俗通》云：神氏，神农之后。……澍按：神农姓姜名轨，一名石年，其弟名勖，其古帝有神农氏，黄帝将有神皇直，神氏宜出其后。"⑨

神木马儿［shén mù mǎ ér］

党项羌有神木马儿族。《宋史·赵振传》载："时，金汤李钦、白豹神木马儿、高罗跛臧三族尤悍难制，振募降羌，啖以利，令相攻，破十余堡。"⑩

---

① ［宋］邓名世：《古今姓氏书辩证》，江西人民出版社，2006年，第403页。
② 冉光荣、李绍明、周锡银：《羌族史》，四川民族出版社，1985年，第144页。
③ ［宋］郑樵：《通志略》，上海古籍出版社，1990年，第26页。
④ 冉光荣、李绍明、周锡银：《羌族史》，四川民族出版社，1985年，第36页。
⑤ ［宋］郑樵：《通志略》，上海古籍出版社，1990年，第45页。
⑥ ［唐］房玄龄等：《晋书》，中华书局，1974年，第2986页。
⑦ ［宋］郑樵：《通志略》，上海古籍出版社，1990年，第27页。
⑧ ［东汉］宋衷：《世本》，时代文艺出版社，2008年，第31页。
⑨ ［清］张澍：《姓氏寻源》，岳麓书社，1992年，第117页。
⑩ ［元］脱脱等：《宋史》，中华书局，1985年，第10461页。

沈 ［shěn］

沈氏，《通志略·氏族略第二》载："楚有沈邑。楚庄王之子公子贞封於沈鹿。故为沈氏。其地在今颍州沈邱。"①《世本》载："沈，姬姓。"②《后汉书·西羌传》有沈氏种羌，此种羌后应有以沈为氏。"永宁元年春，上郡沈氏种羌五千余人复寇张掖。"③《羌族通史》载明代茂州羌族地区有沈姓，"在茂州地区，永乐八年（1410），茂州人沈璇上书朝廷请求设立学校"④。

圣 ［shèng］

圣氏，《姓氏寻源》记载，"见《姓苑》。澍按：《帝系谱》云：女娲臣圣氏制斑管以合日月星辰，择晨以作乐，圣氏始此。亦或黄帝臣五圣之后。《路史》云：宋微子后有圣氏。……又按：西夏有圣氏。"⑤ 汤开建认为"圣"非西夏姓氏，"很明显，吴福圣腊不是两人，不能视为吴福，圣腊，而《夏录》却硬分成两人，而且，吴福圣腊为西凉府之吐蕃部落人，不应纳入西夏姓氏。"⑥《李范文西夏学论文集》记载，"圣氏：汤文认为圣氏为名，非姓。吴福圣腊为西凉府之吐蕃部落人，不应纳入西夏姓氏。"⑦

石 ［shí］

石氏，《晋书·载记第四》载："石勒……上党武乡羯人也。其先匈奴别部羌渠之胄。"⑧《资治通鉴》（卷第二百八十五）载石存也一族，"初，朔方节度使冯晖在灵州。留党项酋长拓跋彦超于州下。故诸部不敢为寇。……拓跋彦超、石存也。厮褒三族，共攻灵州。"⑨

史 ［shǐ］

西夏有史氏，《李范文西夏学论文集》记载，"史氏：《交聘表》有史从礼。"⑩《金史·交聘表》载："正月乙巳朔，夏武节大夫赵好、宣德郎史从礼

① ［宋］郑樵：《通志略》，上海古籍出版社，1990 年，第 25 页。
② ［东汉］宋衷：《世本》，时代文艺出版社，2008 年，第 30 页。
③ ［宋］范晔：《后汉书》，中华书局，1965 年，第 2892 页。
④ 耿少将：《羌族通史》，上海人民出版社，2010 年，第 358 页。
⑤ ［清］张澍：《姓氏寻源》，岳麓书社，1992 年，第 469 页。
⑥ 汤开建：《张澍〈西夏姓氏录〉订误》，载《兰州大学学报（社会科学版）》，1982 年第 4 期，第 69 页。
⑦ 李范文：《李范文西夏学论文集》，中国社会科学出版社，2012 年，第 537 页。
⑧ ［唐］房玄龄等：《晋书》，中华书局，1974 年，第 2707 页。
⑨ ［宋］司马光：《资治通鉴》，上海古籍出版社，1987 年，第 1980 页。
⑩ 李范文：《李范文西夏学论文集》，中国社会科学出版社，2012 年，第 535 页。

贺正旦。"①《宋史·夏国传》载："继迁复令军主史不乩驻屯橐驼口以阻归宋人,继隆遣田敏等击之。"②

是兰 ［shì lán］

是兰氏,《姓氏寻源》记载,"澍按:是兰氏,氐、羌之姓。见《后魏书》。颜师古《汉书注》曰:折兰,匈奴中姓也。今鲜卑中有是兰姓者即其种。"③

叔敖 ［shū áo］

叔敖氏,《通志略·氏族略第三》载:"芈姓。楚蚡冒之后也。为艾猎为令尹。字叔敖。以字为氏。"④

舒 ［shū］

舒氏,《姓氏寻源》记载,"《潜夫论》云:舒,黄帝之后,任姓也。"⑤

舒坚 ［shū jiān］

舒坚氏,《姓氏寻源》记载,"《潜夫论》云:楚公族有舒坚氏"⑥。

熟仓 ［shú cāng］

党项羌有熟仓族。《宋史·党项传》载:"十月,继迁寇会州熟仓族,为其首领咩率来离诸族击走之。"⑦

熟嵬 ［shú wéi］

西夏有熟嵬氏,《李范文西夏学论文集》记载,"熟嵬氏:《续通志》作舒威氏。"⑧《宋史·党项传》载:党项羌有熟魏族部落,熟魏或熟嵬的不同谐音,"九月,镇戎军言,先叛去熟魏族酋长茄罗、兀賍、成王等三族应诏抚谕,各率属来归。"⑨《金史·交聘表》载:"八月乙巳,夏武节大夫孰嵬英、宣德郎焦元昌贺天寿节。"⑩

熟藏 ［shú zàng］

党项羌有熟藏族。《宋史·党项传》载:"六月,继迁所驱胁内属戎人橐驼

① ［元］脱脱等:《金史》,中华书局,1975年,第1459页。
② ［元］脱脱等:《宋史》,中华书局,1985年,第13988页。
③ ［清］张澍:《姓氏寻源》,岳麓书社,1992年,第296页。
④ ［宋］郑樵:《通志略》,上海古籍出版社,1990年,第55页。
⑤ ［清］张澍:《姓氏寻源》,岳麓书社,1992年,第66页。
⑥ ［清］张澍:《姓氏寻源》,岳麓书社,1992年,第66页。
⑦ ［元］脱脱等:《宋史》,中华书局,1985年,第14140页。
⑧ 李范文:《李范文西夏学论文集》,中国社会科学出版社,2012年,第535页。
⑨ ［元］脱脱等:《宋史》,中华书局,1985年,第14146页。
⑩ ［元］脱脱等:《金史》,中华书局,1975年,第1459页。

路熟藏族首领乜遇率部族反攻继迁"①。

蜀山 [shǔ shān]

蜀山氏,《姓氏寻源》记载,"《史记》云:黄帝为其子昌意娶蜀山氏女曰昌仆,生高阳。昌意生乾荒,亦娶蜀山氏。澍按:《世本》、扬雄《蜀纪》并云:蜀之为国,始自人皇,其始蚕、丛、柏、灌、鱼、凫各数百岁,号蜀山氏。"②《茂州志》载:"后妃黄帝之子曰昌意,娶蜀山氏之女曰昌仆。按蜀山即茂州也。"③ 其注曰:"唐李吉甫撰《元和志》卷三十二:茂州通化县有'蜀山,在县东北六里'。"④《羌族源流探索》载:"冉、陇(駹)所居,即古'蜀山氏'之地,今岷江上游的汶川、理县、茂汶羌族自治县地。蜀山氏与黄帝轩辕氏同时,并通婚。其后发展为'蚕丛氏'。"⑤《世本》载:"蜀无姓,相承云黄帝后。"⑥《四川上古史新探》载:"羌人从松潘草原循岷江河谷南下,找寻更好的耕地,大约要经过一万年时间的艰苦奋斗才能进入成都平原,形成蜀山氏。"⑦

树 [shù]

树氏,《中国姓氏辞典》载:"为犬戎之姓。"⑧《国语·周语》载:"吾闻夫犬戎树惇,帅旧德而守终纯固,其有以御我矣。"⑨《宋史·党项传》载党项羌勒浪族有树李儿门部落,"以勒浪树李儿门首领没崖为安化郎将"⑩。

树伙 [shù huǒ]

党项羌有树伙族。《册府元龟》(卷一百六十七)载:"三年正月夏州李彝殷府州……庆州诸蕃部寻遣人告报首领其野鸡第七门族首领李万全及树伙等族受敕书领袍带等设誓其诸族犹负倔强见与宁州诸军袭击……又令宁州张建武会合环州皇甫进兵攻之建武勇於立功径趋野鸡族帐追击杀数百人其喜万玉族折思族杀牛族者皆熟户蕃人此无猜忌。又杀牛素与野鸡族有憾。"⑪

---

① [元]脱脱等:《宋史》,中华书局,1985年,第14141页。
② [清]张澍:《姓氏寻源》,岳麓书社,1992年,第501页。
③ 《阿坝州文库》编委会:《茂州志》,四川民族出版社,2013年,第116页。
④ 《阿坝州文库》编委会:《茂州志》,四川民族出版社,2013年,第127页。
⑤ 任乃强:《羌族源流探索》,重庆出版社,1984年,第102页。
⑥ [东汉]宋衷:《世本》,时代文艺出版社,2008年,第18页。
⑦ 任乃强:《四川上古史新探》,四川人民出版社,1986年,第39页。
⑧ 陈明远、汪宗虎:《中国姓氏辞典》,北京出版社,1995年,第393页。
⑨ [春秋]左丘明:《国语》,时代文艺出版社,2008年,第2页。
⑩ [元]脱脱等:《宋史》,中华书局,1985年,第14141页。
⑪ [宋]王钦若等:《册府元龟》,中华书局,1960年,第2014~2015页。

霜［shuāng］

霜氏，《中国古今姓氏辞典》载："西羌帅有贵霜王，或其后以为氏。（见《姓氏考略》）"①

水［shuǐ］

水氏，《中国姓氏辞典》载："共工氏，古代神话中人物，自称水德，因以水为水。相传为水姓之祖。古代水官亦称共工。"②《宋史·张守约传》有羌酋水令逋，"以荫主原州截原砦，招羌酋水令逋等十七族万一千帐。"③

睡泥［shuì ní］

党项羌有睡泥族。《宋史·党项传》载："七月，睡泥族首领你乜逋令男诣灵州，言族内七百余帐为李继迁劫略"④。

硕尔［shuò ěr］

党项羌有硕尔族。《续资治通鉴长编》（卷86）载："延州界硕尔族巡检、殿直李文真与蕃兵转战，斩籍遇太保首级，命迁一资，仍赐锦袍、银带。"⑤

舜［shùn］

华州羌人有舜氏，《魏书》（卷九十四）载："华州羌人舜明等据险作逆，都督姜道明不能进讨。"⑥

司空［sī kōng］

司空氏，《中国古今姓氏辞典》载："禹为尧司空，支孙氏焉。……（见《通志·氏族略·以官为氏》）"⑦

厮褒［sī bāo］

党项羌有厮褒族。《资治通鉴》（卷第二百八十五）载："初，朔方节度使冯晖在灵州。留党项酋长拓跋彦超于州下。故诸部不敢为寇。……拓跋彦超、石存也。厮褒三族，共攻灵州。"⑧

---

① 慕容翊：《中国古今姓氏辞典》，黑龙江人民出版社，1985年，第187页。
② 陈明远、汪宗虎：《中国姓氏辞典》，北京出版社，1995年，第395页。
③ ［元］脱脱等：《宋史》，中华书局，1985年，第11072页。
④ ［元］脱脱等：《宋史》，中华书局，1985年，第14142页。
⑤ ［宋］李焘：《续资治通鉴长编》，中华书局，2004年，第1965页。
⑥ ［北齐］魏收：《魏书》，中华书局，1974年，第2032页。
⑦ 慕容翊：《中国古今姓氏辞典》，黑龙江人民出版社，1985年，第188页。
⑧ ［宋］司马光：《资治通鉴》，上海古籍出版社，1987年，第1980页。

厮铎督［sī duó dū］

党项羌有厮铎督部落。《宋史·真宗纪》载："西凉府厮铎督部落多疾，赐以药物。渭州妙娥族三千余帐内附。"①

巳［sì］

巳氏，《世本》载："昆吾，古巳姓国。夏时诸侯伯祝融氏之后。"②

俟汾［sì fén］

俟汾氏，《姓氏寻源》记载，"《姓源·韵谱》云：神农为黄帝所灭，子孙遁居北方，鲜卑俗呼草为俟汾，以神农有尝草之功，因自号为俟汾氏，其后音讹，遂为宇文氏。"③

宋［sòng］

宋代，《魏书·世宗纪》载："西羌宋万率众四千内附。"④《氐与羌》载："第二个集团是金城郡的义从羌，包括枹罕人宋建、狄道人王国等。"⑤ 今茂县有宋姓。⑥

宋犀［sòng xī］

党项有宋犀族。《辽史·圣宗纪》载："西南招讨司奏党项部有宋犀族输贡不时"⑦。

苏［sū］

苏氏，《唐会要·白狗羌》载："白狗国四品笼官苏唐封。"⑧《中国少数民族名人辞典·古代》记载，"苏尚娘：宋代党项首领，党项族。居环州。咸平六年（1003年）三月，因击李继迁有功，及屡告继迁机密，任临州刺史，赐锦袍银带。"⑨《旧唐书》记西山八国中有清远国王苏唐磨。《宋史·夏国传》载西夏也有苏姓，"遣其令公苏奴儿将兵二万五千攻唃厮啰，败死略尽，苏奴

① ［元］脱脱等：《宋史》，中华书局，1985年，第131页。
② ［东汉］宋衷：《世本》，时代文艺出版社，2008年，第32页。
③ ［清］张澍：《姓氏寻源》，岳麓书社，1992年，第299页。
④ ［北齐］魏收：《魏书》，中华书局，1974年，第198页。
⑤ 马长寿：《氐与羌》，广西师范大学出版社，2006年，第122页。
⑥ 《中国少数民族社会历史调查资料丛刊》修订编辑委员会：《羌族社会历史调查》，民族出版社，2009年，第31页。
⑦ ［元］脱脱等：《辽史》，中华书局，1974年，第188页。
⑧ ［宋］王溥：《唐会要》，中华书局，1955年，第1753页。
⑨ 刘德仁：《中国少数民族名人辞典·古代》，四川辞书出版社，1989年，第56页。

儿被执。"①《宋史·党项传》载:"苏家族屈尾、鼻家族都庆、白马族埋香、韦移族都香为安化郎将。"②《续资治通鉴长编》载党项羌有苏家族,"蕃部牛羊、苏家等族与贼迁族帐斗敌,其立功首领请第赐茶彩。"③《羌族通史》载:"苏尚荣原籍四川叠溪人,其先忠于明朝万历年间投城,授土千户职衔、印信,管束番(羌)众"④。《羌族史》载:"长宁安抚司(又称沙坝安抚司)苏朝栋,圣祖康熙六年(公元1667年)颁给印信号纸,住沙坝。辖三百二十四户,年认缴麦粮一十五石七斗零五合,赴茂州上纳。"⑤ 苏新:羌族。第一、二、三届全国人民代表大会少数民族代表。⑥

苏农 [sū nóng]

苏农氏,《宋本广韵》记载,"农:又姓,《风俗通》云:神农之后,又羌复姓有苏农氏"⑦。《姓氏寻源》记载,"澍按:西羌有苏农氏。见《唐书》。"⑧

苏毗 [sū pí]

苏毗氏,《羌族通史》载:"苏毗又译作孙波或森波,是一个古老的羌族部落。……'王姓苏毗,字末羯'之'末羯'……历史上,羌族多有以'末羯'为姓者"⑨。《新唐书·苏毗传》载:"苏毗,本西羌族,为吐蕃所并,号孙波,在诸部最大。"⑩

苏尾 [sū wěi]

党项羌有苏尾族。《宋史·李显宗传》载:"李显忠,绥德军青涧人也。初名世辅,南归,赐名显忠。由唐以来,世袭苏尾九族巡检。"⑪《续资治通鉴长编》(卷137)载党项羌也有苏尾族,"壬辰,以延州厥屯族军主香埋、归娘族军主阿讹并为副都军主,厥屯副军主吃埋、揭家族副军主李朝政并为军主,悖家族都虞候逈讹、苏尾族都虞候拓德遇、李文信并为副军主,鄜延部署司言其

---

① [元] 脱脱等:《宋史》,中华书局,1985年,第13994页。
② [元] 脱脱等:《宋史》,中华书局,1985年,第14143页。
③ [宋] 李焘:《续资治通鉴长编》,中华书局,2004年,第1181页。
④ 耿少将:《羌族通史》,上海人民出版社,2010年,第297页。
⑤ 冉光荣、李绍明、周锡银:《羌族史》,四川民族出版社,1985年,第249页。
⑥ 张声作:《当代中国少数民族名人录》,华文出版社,1992年,第369、371、373页。
⑦ [宋] 陈彭年:《宋本广韵》,中国书店,1982年,第13页。
⑧ [清] 张澍:《姓氏寻源》,岳麓书社,1992年,第94页。
⑨ 耿少将:《羌族通史》,上海人民出版社,2010年,第202页。
⑩ [宋] 欧阳修、宋祁:《新唐书》,中华书局,1975年,第6257页。
⑪ [元] 脱脱等:《宋史》,中华书局,1985年,第1142页。

击贼有功也。"①

宿 [sù]

宿氏，《姓氏寻源》记载，"《风俗通》云：宿氏，伏羲风姓之后，以国为氏。澍按：宿又音秀，地在东平无盐县。"②

宿勤 [sù qín]

宿勤氏，《姓氏寻源》记载，"澍按：宿勤氏，夏州羌姓，亦作宿勒，字相似而易。《广韵》作勤宿，误。"③《羌族史》载：北魏时期有宿勤明达。④

岁香 [suì xiāng]

党项羌有岁香族。《宋史·狄青传》载："宝元初，赵元昊反，……破金汤城，略宥州，屠庞咩、岁香、毛奴、尚罗、庆七、家口等族，燔积聚数万，收其帐二千三百，生口五千七百。"⑤

燧人 [suì rén]

燧人氏，《三皇五帝时代（上册）》载："燧人氏是古羌戎一支，祖居昆仑山。"⑥

孙 [sūn]

孙氏，《中国姓氏辞典》载："出自芈姓。"⑦ 后秦姚兴庶母为孙氏，《晋书·载记》载："兴追尊其庶母孙氏为皇太后，配飨太庙。"⑧《羌族史》载："竹木坝副巡检司孙应贵，其先坤儿布，明时授长官司职。世祖顺治九年（公元 1652 年）降，圣祖康熙十九年（公元 1680 年）改为副巡检司，颁给号纸，无印信，住竹木坝。辖一百户，并未赋纳粮石。"⑨《羌族社会历史调查》载：中华人民共和国成立前茂县黑虎乡竹木茨椒子坪有孙姓大地主。⑩

① ［宋］李焘：《续资治通鉴长编》，中华书局，2004 年，第 3278～3279 页。
② ［清］张澍：《姓氏寻源》，岳麓书社，1992 年，第 488 页。
③ ［清］张澍：《姓氏寻源》，岳麓书社，1992 年，第 488 页。
④ 冉光荣、李绍明、周锡银：《羌族史》，四川民族出版社，1985 年，第 140 页。
⑤ ［元］脱脱等：《宋史》，中华书局，1985 年，第 9718 页。
⑥ 王大有：《三皇五帝时代（上册）》，中国时代经济出版社，2005 年，第 20 页。
⑦ 陈明远、汪宗虎：《中国姓氏辞典》，北京出版社，1995 年，第 405 页。
⑧ ［唐］房玄龄等：《晋书》，中华书局，1974 年，第 2977 页。
⑨ 冉光荣、李绍明、周锡银：《羌族史》，四川民族出版社，1985 年，第 249 页。
⑩ 《中国少数民族社会历史调查资料丛刊》修订编辑委员会：《羌族社会历史调查》，民族出版社，2009 年，第 96 页。

索〔suǒ〕

索姓，中华姓氏之一。索氏家族，是殷商时代的七族之一，索氏的后代，望族出于敦煌、武威。敦煌是索氏家族的老家和祖宗发源之地，而武威后来又成为索氏的一个望族。《潜夫论》载："及徐氏、萧氏、索氏、长勺氏、陶氏、繁氏、骑氏、饥氏、樊氏、荼氏，皆殷氏旧姓也。"①《后汉书·西羌传》有索西，"于是临洮、索西、迷吾等悉降。"②"临洮"和"索西"又作地名讲。临洮，古称狄道，兰州南大门，自古为西北名邑、陇右重镇、古丝绸之路要道，是黄河上游古文化发祥地之一。临洮县，隶属于甘肃省定西市，秦献公元年（前384年），灭西戎部族狄，设置狄道县，为临洮建县之始。索西，古城名，故址在今甘肃临潭。东汉马防击破羌人迷吾联军后下令所筑，建成后将陇西南部都尉迁于此城。"防乃筑索西城。"③"迷吾"是"滇吾"的儿子"东吾"的弟弟，为人名，临洮、索西、迷吾并在一起，显然前两者也应为人名。《宋史》载西夏有索氏，"元昊五月五日生，国人以其日相庆贺，又以四孟朔为节。凡五娶，一曰大辽兴平公主，二曰宣穆惠文皇后没藏氏，生谅祚，三曰宪成皇后野力氏，四曰妃没氏，五曰索氏。"④《金史·交聘表》载西夏有索氏，"正月癸卯朔，夏武功大夫德昭、宣德郎索遵德贺正旦。"⑤《历代碑刻契文族谱》记有"汶川瓦寺土司世袭表"，自十九世起皆为索氏，索诺本荣宗、索衍传、索世蕃、索代兴、索代赓等，索氏祖先虽为藏人，但自明英宗年间即任土职，且藏本"汉之羌，唐之吐蕃"⑥。

索干〔suǒ gān〕

党项羌有索干族。《续资治通鉴长编》（卷156）载："丙午，鄜延经略司言索干九族巡检、右班殿直李延遇子德明累击西贼有功，乞补殿侍，从之。"⑦

① 〔汉〕王符：《潜夫论》，辽宁教育出版社，2001年，第76页。
② 〔宋〕范晔：《后汉书》，中华书局，1965年，第2881页。
③ 〔宋〕范晔：《后汉书》，中华书局，1965年，第2881页。
④ 〔元〕脱脱等：《宋史》，中华书局，1985年，第14000页。
⑤ 〔元〕脱脱等：《金史》，中华书局，1975年，第1446页。
⑥ 《阿坝州文库》编委会：《历代碑刻契文族谱》，四川民族出版社，2013年，第98~108页。
⑦ 〔宋〕李焘：《续资治通鉴长编》，中华书局，2004年，第3778页。

T

它 [tā]

它氏，《世本》载："楚平王孙有田公它成。"①

他廝麻 [tā sī má]

西羌有他廝麻族。《宋史·吐蕃传》载："玮又言永宁砦陇波、他廝麻二族召纳质不从命，率兵击之，斩首二百级。"②

塌西 [tā xǐ]

党项有塌西部族。《辽史·圣宗纪》载："诏党项别部塌西设契丹节度使之。"③

塔 [tǎ]

塔氏，《李范文西夏学论文集》记载，"塔氏：《元史类编》有塔哥甘普。"④

邰 [tái]

邰氏，《世本》载黄帝曾孙帝喾，取四妃，"上妃有邰氏之女，曰姜源，而生后稷。"⑤《姓氏寻源》记载，"《会盟图疏》曰：邰，炎帝之后，周弃外家也。……澍按：《说文》云：邰，炎帝之后，姜姓，封邰，周弃外家。"⑥《说文解字注》载："邰，炎帝之后姜姓所封。周弃外家国。从邑台声。"⑦

太公 [tài gōng]

太公氏，《中国古今姓氏辞典》载："姜姓，太公吕望之后。（见《姓氏考略》)"⑧

谭 [tán]

谭氏源自嬴姓。谭国，西周至春秋时期的诸侯国，国君为谭姓，少昊氏后

---

① [东汉] 宋衷：《世本》，时代文艺出版社，2008年，第44页。
② [元] 脱脱等：《宋史》，中华书局，1985年，第14159页。
③ [元] 脱脱等：《辽史》，中华书局，1974年，第199页。
④ 李范文：《李范文西夏学论文集》，中国社会科学出版社，2012年，第535页。
⑤ [东汉] 宋衷：《世本》，时代文艺出版社，2008年，第3页。
⑥ [清] 张澍：《姓氏寻源》，岳麓书社，1992年，第114页。
⑦ [汉] 许慎：《说文解字注》，中州古籍出版社，2006年，第285页。
⑧ 慕容翊：《中国古今姓氏辞典》，黑龙江人民出版社，1985年，第195页。

裔。《茂州志·选举志·道光》载，明茂州有谭姓，谭宗为云南布政司照磨。①

檀［tán］

檀氏，《通志略·氏族略第三》载："姓纂云。姜姓。齐公族有食瑕丘檀城。因以为氏。"②

宕［tàn］

宕氏，《姓氏寻源》记载，"《路史》云：夏禹之后有宕氏。澍按：《隋书》以党项自狼宕昌为三苗裔。"③

汤［tāng］

汤氏，《旧唐书》（卷一百九十七）记载："贞元九年七月，其王汤立悉与哥邻国王董卧庭……悉董国王汤息赞……女国王兄汤厥……各率其种落诣剑南西川内附。"④《唐会要·东女国》载："垂拱五年。其王敛臂遣大臣汤剑左来朝。"⑤《宋史·蛮夷传》载："茂州诸部落，盖、涂、静、当、直、时、飞、宕、恭等九州蛮也。蛮自推一人为州将，治其众，而常诣茂州受约束。……政和五年，有直州将郄永寿、汤延俊、董承有等各以地内属，诏以永寿地建寿宁军，延俊、承有地置延宁军。"⑥《羌族史》记载，"关于逋祖羌。《旧唐书·东女国传》载：有逋祖国王弟邓吉知曾随东女国王汤立悉于贞元中入朝于唐，唐授为'太府少卿兼丹州长史'"⑦。

汤滂［tāng pāng］

汤滂氏，《姓氏寻源》记载，"《唐书》云：武德时，东女国王姓汤滂氏，始遣入贡，高祖厚报之。"⑧《新唐书》（卷二百二十一上）载东女国，"武德时，王汤滂氏始遣入贡，高祖厚报，为突厥所掠不得通。"⑨《唐会要·东女国》载："武德中。女王汤滂氏遣使贡方物。"⑩ 又《新唐书》（卷二百二十一上）记载："东女亦曰苏伐剌拏瞿咀罗，羌别种也，西海亦有女自王，故称东

① 《阿坝州文库》编委会：《茂州志》，四川民族出版社，2013年，第104页。
② ［宋］郑樵：《通志略》，上海古籍出版社，1990年，第40页。
③ ［清］张澍：《姓氏寻源》，岳麓书社，1992年，第466页。
④ ［后晋］刘昫等：《旧唐书》，中华书局，1975年，第5278~5279页。
⑤ ［宋］王溥：《唐会要》，中华书局，1955年，第1767页。
⑥ ［元］脱脱等：《宋史》，中华书局，1985年，第14239页。
⑦ 冉光荣、李绍明、周锡银：《羌族史》，四川民族出版社，1985年，第177~178页。
⑧ ［清］张澍：《姓氏寻源》，岳麓书社，1992年，第225页。
⑨ ［宋］欧阳修、宋祁：《新唐书》，中华书局，1975年，第6219页。
⑩ ［宋］王溥：《唐会要》，中华书局，1955年，第1767页。

别之。东与吐蕃、党项、茂州接，西属三波诃，北距于阗，东南属雅州罗女蛮、白狼夷。东西行尽九日，南北行尽二十日。有八十城。以女为君，居康延川，岩险四缭，有弱水南流，缝革为船”①。2013 年 5 月，经考古调查，初步确认四川金川县马尔帮乡独足沟村内的一处古城遗址为东女国王城遗址。

唐［táng］

唐氏，《姓氏寻源》记载，“汉成阳令唐扶碑云：其先出自庆都，感赤龙生尧，王有天下，大号为唐。……澍按：唐姓出陶唐氏，尧初封唐侯，其地中山。……陇西羌有唐姓，唐蹏是也。”②《中国古今姓氏辞典》载：“陇西羌有唐姓。(见《三国志・郭淮传》)”③《羌族史》载：“汉平帝时，婼羌王唐兜因屡受毗邻强大的赤水羌的欺凌，虽向西域都护但钦告急，但钦却不及时救援。”④《世本》载：“唐，姬姓之国。”⑤《后汉书・西羌传》有唐旄羌种，其后或有以唐姓。⑥《李范文西夏学论文集》记载，“唐氏：《交聘表》有唐超”⑦。《魏书・羌姚苌传》载姚兴有越骑校尉唐小方，“擒兴尚书右仆射狄伯支，越骑校尉唐小方”⑧。今北川羌族自治县墩上乡有唐姓传统灯戏代表传承人。⑨

唐孙［táng　sūn］

唐孙氏，《姓氏寻源》记载，“《世本》云：祁姓，帝尧之后，其孙仕晋，自为唐孙氏。”⑩《世本》载：“祁姓，唐尧之后，其后仕晋，自为唐孙氏。”⑪“齐大夫长孙修食邑于唐，其孙仕晋，后号唐孙氏。”⑫

棠［táng］

棠氏，《通志略・氏族略第三》载：“姜姓。齐桓公之后。邑于棠。曰棠公。其后为棠氏。又楚亦有棠邑。大夫伍尚之所封。曰棠君。其后亦为

---

① ［宋］欧阳修、宋祁：《新唐书》，中华书局，1975 年，第 6218～6219 页。

② ［清］张澍：《姓氏寻源》，岳麓书社，1992 年，第 219 页。

③ 慕容翊：《中国古今姓氏辞典》，黑龙江人民出版社，1985 年，第 197 页。

④ 冉光荣、李绍明、周锡银：《羌族史》，四川民族出版社，1985 年，第 146 页。

⑤ ［东汉］宋衷：《世本》，时代文艺出版社，2008 年，第 29 页。

⑥ ［宋］范晔：《后汉书》，中华书局，1965 年，第 2898 页。

⑦ 李范文：《李范文西夏学论文集》，中国社会科学出版社，2012 年，第 534 页。

⑧ ［北齐］魏收：《魏书》，中华书局，1974 年，第 2084 页。

⑨ 四川省音乐舞蹈研究所：《羌族文化传承人纪实录》，四川科学技术出版社，2012 年，第 104 页。

⑩ ［清］张澍：《姓氏寻源》，岳麓书社，1992 年，第 219 页。

⑪ ［东汉］宋衷：《世本》，时代文艺出版社，2008 年，第 42 页。

⑫ ［东汉］宋衷：《世本》，时代文艺出版社，2008 年，第 45 页。

棠氏。"①

田 [tián]

田氏源于芈姓，出自春秋时期楚国大夫田公它成，属于以先祖名字为氏。懿州有蛮酋田元猛，《宋史·李浩传》载："蛮酋田元猛、元喆合猓狑拒官军，浩分兵击之，杀猓狑，降元猛、元喆，遂城懿州。"② 懿州：唐时在松州设置的羁縻州。《金史·交聘表》载夏有田氏，"三月己巳朔，夏武功大夫党得敬、宣德郎田公懿贺万春节。"③

恬 [tián]

西羌有恬氏，《姓氏寻源》记载，"澍按：恬乃虔人，羌种姓。见《东观记》。晋有恬姓。见《李重传》。"④

畋 [tián]

畋氏，《姓氏寻源》记载，"《姓纂》云：略氏，姜姓，太公之后。望出武陵。"⑤

同 [tóng]

西夏有同氏，《李范文西夏学论文集》记载，"同氏：《交聘表》有同崇义。"⑥《金史·交聘表》载西夏有同氏，"八月甲戌，夏武节大夫同崇义、宣德郎吕昌邦贺天寿节。"⑦

同蹄 [tóng dì]

同蹄氏，《姓氏寻源》记载，"《广韵》云：羌复姓，望在勃海。澍按：同蹄当出于铜鞮也。唐时同官汝南有此姓，周《造象记》作同琋，字书无琋字，或蹄字之别体。"⑧《古今姓氏书辩证》记载，"同蹄：本西羌人。《唐孝友传》：永徽初，有同官人同蹄智寿，父为族人所杀，智寿与弟智爽候诸涂，击杀之。今望出渤海。"⑨《北朝胡姓考（修订本）》载："上党同蹄氏，本居铜鞮，以邑

① ［宋］郑樵：《通志略》，上海古籍出版社，1990年，第39页。
② ［元］脱脱等：《宋史》，中华书局，1985年，第11079页。
③ ［元］脱脱等：《金史》，中华书局，1975年，第1430页。
④ ［清］张澍：《姓氏寻源》，岳麓书社，1992年，第289页。
⑤ ［清］张澍：《姓氏寻源》，岳麓书社，1992年，第538页。
⑥ 李范文：《李范文西夏学论文集》，中国社会科学出版社，2012年，第535页。
⑦ ［元］脱脱等：《金史》，中华书局，1975年，第1464页。
⑧ ［清］张澍：《姓氏寻源》，岳麓书社，1992年，第4～5页。
⑨ ［宋］邓名世：《古今姓氏书辩证》，江西人民出版社，2006年，第15页。

为氏，羌族人也。"①《宋本广韵》云："同，……又羌复姓，有同蹄氏，望在勃海。"②《通志略·氏族略第五》载羌姓，同蹄氏，③ 源于古羌族，出自汉朝时期西羌族同蹄氏部落，属于以部落名称汉化为氏。自古以来，历代兄弟民族所用姓氏，绝大多数是双音、三音复姓，其中有"代北复姓"和"关西复姓"。代北，泛指汉、晋时期的代郡和唐朝以后代州以北的地区，该地区在历史上长期居住过北方各少数民族。关西，主要指函谷关以西，今陕西、甘肃等地区，也是北方各少数民族错居杂处的地区。今陕北洛川、宜川、富县、延长就有不少以北方少数民族复姓命名的地名。羌族，今主要分布在四川省的阿坝地区，而古代羌族分布的地区要广阔得多。西汉时期含羌字地名主要有羌谷水（古凉州张掖郡），羌道、羌水（皆古凉州陇西郡，今甘肃兰州、临洮、巩昌、秦州一带）。这些地名分布区相当于现代的甘肃西部和南部、青海东北部和四川北部。今陕北地区的富县仍有羌村，是唐朝诗人杜甫的避难之地，这说明至少在唐朝以前羌族人曾在陕北地区活动。同蹄氏，即古羌族的一个分支部落，主要分布在铜堤（今陕西洛川），至今其旧县镇还有上铜堤、下铜堤的地名，其中"上""下"为汉语方位词，"铜堤"乃"同蹄"之讹，就是历史上西羌族的姓氏。史籍《广韵·东韵》中记载："同，齐也，共也，又羌复姓有同蹄氏。"在方志《洛川县志》中也记载：前秦（350—395），洛川为羌族聚居地之一。今旧县镇铜堤村、永乡当川村、京兆乡弥家河村等即为当时的羌族村落。铜堤乃同蹄之讹。现存于菩堤乡王家河寺梁的元朝《重修灵泉院碑》仍作同蹄村。西羌族人后在历史演进中大多融合于汉族，同蹄氏也逐渐汉化为汉姓，诸如同鞮氏、铜鞮氏等，其分支党项部族在唐朝时期被李唐王朝赐为李氏，后来在宋仁宗赵祯宝元元年（1038年）九月建立了西夏王朝，与北宋王朝经常发生征战。西夏王朝在立国一百九十年后，于宋理宗赵昀宝庆三年（蒙古国成吉思汗孛儿只斤·铁木真二十二年，西夏末帝李睍宝义元年，1227年）被蒙古灭国，随后有王族后裔改汉姓为逿氏，融入汉族，世代相传至今，姓氏读音作"dì"。

彤城 [tóng　chéng]

彤城氏，《姓氏寻源》记载，"澍按：《史记·夏本纪》禹姒姓，其后分封，用国为姓，有彤城氏。"④《史记》记载，"太史公曰：禹为姒姓，其后分封，

① 姚薇元：《北朝胡姓考（修订本）》，中华书局，2007年，第358页。
② [宋] 陈彭年：《宋本广韵》，中国书店，1982年，第3页。
③ [宋] 郑樵：《通志略》，上海古籍出版社，1990年，第87页。
④ [清] 张澍：《姓氏寻源》，岳麓书社，1992年，第27页。

用国为姓，故有夏后氏、有扈氏、有男氏、斟寻氏、彤城氏、褒氏、费氏、杞氏、缯氏、辛氏、冥氏、斟氏、戈氏。"①

童 [tóng]

童氏源于姬姓，出自黄帝之孙颛顼之子老童，属于以先祖名字为氏。在《羌族社会历史调查》中记汶川县雁门公社过街楼有寨盘业主"童家基"②。

钭 [tǒu]

钭氏，《中国姓氏辞典》载："出自姜姓。以器物为氏。战国时，田氏代齐以后，原来的齐国君主康公被迁于海上，以钭（青铜酒器）当作釜锅，烹煮食物。其后以钭为氏。"③

透 [tòu]

透氏，《李范文西夏学论文集》记载，"透氏：透逋与渴哥同出一语，《宋史·吐蕃传》载：'咸平二年，以仪州延蒙八部都首领渴哥为化州刺史，首领透逋怀化郎将。'透逋应为吐蕃首领而非西夏首领。"④

秃发 [tū fà]

秃发氏，《宋史·吐蕃传》载："吐蕃本汉西羌之地，其种落莫知所出。或云南凉秃发利鹿孤之后，其子孙以秃发为国号，语讹故谓之吐蕃。"⑤

屠 [tú]

屠氏，《晋书·载记》载武都氏屠氏，"武都氏屠飞、啖铁等杀陇东太守姚迴，略三千余家，据方山以叛。"⑥

屠住 [tú zhù]

屠住氏，《姓氏寻源》记载，"《英贤传》云：芈姓楚公子屠食采于住乡，因氏焉。"⑦《通志略·氏族略第五》载："屠住氏，芈姓。英贤传。楚公子屠食采於住乡。因氏焉。"⑧

---

① ［西汉］司马迁：《史记》，线装书局，2006年，第18页。
② 《中国少数民族社会历史调查资料丛刊》修订编辑委员会：《羌族社会历史调查》，民族出版社，2009年，第141页。
③ 陈明远、汪宗虎：《中国姓氏辞典》，北京出版社，1995年，第422页。
④ 李范文：《李范文西夏学论文集》，中国社会科学出版社，2012年，第537页。
⑤ ［元］脱脱等：《宋史》，中华书局，1985年，第14151页。
⑥ ［唐］房玄龄等：《晋书》，中华书局，1974年，第2978页。
⑦ ［清］张澍：《姓氏寻源》，岳麓书社，1992年，第91页。
⑧ ［宋］郑樵：《通志略》，上海古籍出版社，1990年，第80页。

土 ［tǔ］

土氏，《羌族社会历史调查》记茂汶土门公社土地岭有寨盘业主"土立基"①。

吐蕃村 ［tǔ bō cūn］

党项羌有吐蕃村族。《宋史·党项传》载："是岁，灵州通远军界嗓咩族、折四族、吐蕃村族、奈喎三家族、尾落族、奈家族、嗓泥族剽略官纲，诏灵州安守忠、通远军董遵诲讨平之。"②

兔头川 ［tù tóu chuān］

党项羌有兔头川族。《宋史·党项传》载："及浊轮川东、兔头川西诸族，生擒七十八人，枭五十九人，俘二百三十六口，牛羊驴马千二百六十，招降千四百五十二户。"③

托校 ［tuō xiào］

党项羌有托校族。《宋史·史方传》载："先是，磨娟（媚）、浪㐬、托校、拔新、兀二、兀三六族内寇，方谕以恩信，乃传箭牵羊乞和。"④

拓拔 ［tuò bá］

拓拔氏，《姓氏寻源》记载，"萧子显云：匈奴女名托跋，妻李陵，胡俗以母为姓，故为李陵之后。而甚讳之。有言是陵后者，辄见杀。《宋书》云：索头虏，其先李陵降匈奴，单于妻以女，字曰拓拔，因氏。说出崔浩，当时众议斥不行。或窃以渡江。沈约遂仍之。《魏书》：初，黄帝子昌意少子悃，受封北土。黄帝以土德王。北俗谓土为拓，谓后为拔，故以拓拔为氏。拔亦作跋。或说自云拓天而生，拔地而长，遂以氏焉。后魏孝文太和元年改为元氏。自是拓拔氏降为庶姓。散在夷狄。澍按：唐时党项以姓别为部，而拓拔氏最强。唐赐姓为李氏，宋西夏其后也。五代时吐谷浑大姓有拓拔氏。拓一作托，拔一作跋。"⑤《太平寰宇记》（卷之三十六）载党项羌拓拔族，"保安镇：管蕃部一。傍家外生后巡检使拓拔第一族。"⑥《资治通鉴》（卷第二百八十五）载拓跋彦

① 《中国少数民族社会历史调查资料丛刊》修订编辑委员会：《羌族社会历史调查》，民族出版社，2009年，第140页。
② ［元］脱脱等：《宋史》，中华书局，1985年，第14138页。
③ ［元］脱脱等：《宋史》，中华书局，1985年，第14139页。
④ ［元］脱脱等：《宋史》，中华书局，1985年，第10527页。
⑤ ［清］张澍：《姓氏寻源》，岳麓书社，1992年，第546~547页。
⑥ ［宋］乐史：《太平寰宇记》，中华书局，2007年，第767页。

超，"初，朔方节度使冯晖在灵州。留党项酋长拓跋彦超于州下。故诸部不敢为寇。……拓跋彦超、石存也。厮褒三族，共攻灵州。"①《唐会要·党项羌》载："有羌酋拓拔赤词者。甚为浑主伏允所昵。与之结婚。屡抗官军。后与其从子思头并率众与诸首领归款。列其地为懿嵯麟可等三十二州。以松州为都督府。羁縻存抚之。拜赤词为西戎州都督。赐姓李氏。"②《新唐书》（卷二百二十一）载："有拓拔赤辞者，初臣吐谷浑，慕容伏允待之厚，与结婚，诸羌已归，独不至。李靖击吐谷浑，赤辞……"③《羌族通史》载："五年，又有党项'拓跋宁丛等各率众诣旭州内附，授大将军，其部下各有差'。六年正月，又有'党项羌内附'"④。拓跋宁丛，隋代党项拓拔部大首领。党项族。开皇五年（585年）率部众到旭州请归附，隋授以大将军官号。唐代党项拓拔部首领有拓跋赤辞、拓跋细豆、拓跋思头、拓跋思忠、拓跋思恭⑤。

W

洼［wā］

洼氏，《李范文西夏学论文集》记载，"洼氏：《元史》有夏将洼普。"⑥

娲［wā］

娲氏，《姓氏寻源》记载，"《辩证》云：女娲之后有娲氏。"⑦

瓦［wǎ］

瓦氏，《羌族社会历史调查》记汶川板桥有寨盘业主"瓦学基"⑧。

瓦窑［wǎ yáo］

党项羌有瓦窑族。《宋史·党项传》载："六月，瓦窑、没剂、如罗、昧克等族济河击败继迁党，优诏抚问。"⑨《宋史·真宗纪》载："丰州瓦窑没剂、如罗、昧克等族以兵济河击李继迁，败之。"⑩

---

① ［宋］司马光：《资治通鉴》，上海古籍出版社，1987年，第1980页。
② ［宋］王溥：《唐会要》，中华书局，1955年，第1756页。
③ ［宋］欧阳修、宋祁：《新唐书》，中华书局，1975年，第6215页。
④ 耿少将：《羌族通史》，上海人民出版社，2010年，第202页。
⑤ 刘德仁：《中国少数民族名人辞典·古代》，四川辞书出版社，1989年，第62～63页。
⑥ 李范文：《李范文西夏学论文集》，中国社会科学出版社，2012年，第536页。
⑦ ［清］张澍：《姓氏寻源》，岳麓书社，1992年，第108页。
⑧《中国少数民族社会历史调查资料丛刊》修订编辑委员会：《羌族社会历史调查》，民族出版社，2009年，第141页。
⑨ ［元］脱脱等：《宋史》，中华书局，1985年，第14145页。
⑩ ［元］脱脱等：《宋史》，中华书局，1985年，第122页。

外浪［wài làng］

党项羌有外浪族。《宋史·党项传》载："六年，府州外浪族首领来都等来贡马。"[①]《续资治通鉴长编》载："时安抚司请於府州诸族收管，上以顷岁外浪族杜庆光等率部下来归，既授职名，复还唐龙，故有是命。"[②]

万刘［wàn liú］

党项羌有万刘族。《续资治通鉴长编》载："于是东茭、金明万刘诸族胜兵数万，一旦不战，悉为贼所有，延州几殆，唯环庆独无患。"[③]

万山［wàn shān］

羌有蕃族万山。《宋史·夏国传》载："又诏蕃族万山、万遇、庞罗逝安、万子都虞候、军主吴守正马尾等，能率部下归顺者"[④]。《续资治通鉴长编》有万山蕃族，"戊午，又诏谕灵夏绥银宥等州蕃族万山万遇庞罗逝安、盐州李文信、万子都虞候及都军吴守正马尾等"[⑤]。

万遇［wàn yù］

羌有蕃族万遇。《宋史·夏国传》载："又诏蕃族万山、万遇、庞罗逝安、万子都虞候、军主吴守正马尾等，能率部下归顺者"[⑥]。

万子［wàn zǐ］

党项羌有万子族部落。《宋史》载："七月，玮又言北界万子族谋钞略，发兵逆之，大败于天麻川，又为魏埋等族掩击，杀其酋帅，斩首千余级。"[⑦]

汪［wāng］

汪氏，《历代碑刻契文族谱》载清光绪年间的"出卖水田契"，契文里记有李、汪、任三姓人家[⑧]。

王［wáng］

王氏，《北朝胡姓考（修订本）》载："冯翊王氏，本姓钳耳，羌族虔仁种

① ［元］脱脱等：《宋史》，中华书局，1985年，第14138页。
② ［宋］李焘：《续资治通鉴长编》，中华书局，2004年，第1880页。
③ ［宋］李焘：《续资治通鉴长编》，中华书局，2004年，第2981页。
④ ［元］脱脱等：《宋史》，中华书局，1985年，第13989页。
⑤ ［宋］李焘：《续资治通鉴长编》，中华书局，2004年，第1229页。
⑥ ［元］脱脱等：《宋史》，中华书局，1985年，第13989页。
⑦ ［元］脱脱等：《宋史》，中华书局，1985年，第14147页。
⑧ 《阿坝州文库》编委会：《历代碑刻契文族谱》，四川民族出版社，2013年，第97页。

也。"① 《魏书·卷九十四·列传》载："王遇，字庆时，本名他恶，冯翊李润镇羌也。与雷、党、不蒙俱为羌中强族。"② 《魏书·世宗纪第八》有王智，"秦州民王智等聚众二千自号王公，寻推秦州主簿吕苟儿为主，年号建明。"③ 《晋书·载记第五》有王羌，"秦州休屠王羌判于勒，刺史临深遣司马管光帅州军讨之，为羌所败，陇右大扰，氐羌悉判。勒遣石生进据陇城。王羌兄子擢与羌有仇，生乃赂擢，与掎击之。"④ 《续资治通鉴长编》载党项羌有王家族，"泾原路言陇山外至王家、狸家、延家三族归顺。"⑤ 《宋史·夏国传》载："德明遣牙将王旻奉表归顺"⑥，西夏又有王枢。"乾顺乃为出兵，遣文臣王枢"⑦。"王承美（？—1012）宋代将领。党项族。"⑧ 《宋史·王承美传》载："王承美，丰州人，本河西藏才族都首领。"⑨ 王遇，北魏宦官，羌族，原姓钳耳，字庆时，本名他恶，冯翊（今陕西高陵）人，家世为羌中强族。还有王椿、王鏊皆北魏大臣，羌族，原姓钳耳，都是冯翊（今陕西高陵）人。隋代大将王辩，羌族，冯翊蒲城（今河南长垣县）人。清代的四川羌族农民起义首领茂州人（今茂汶县）王特的，于乾隆元年（1736 年）发动曲谷、三龙等地 32 寨羌族农民起义。⑩ 《羌族通史》载："龙州的另一位土司王祥也在明军入蜀时'首率番夷归附，助运粮储'"⑪。今茂县曲谷乡河东村有王姓羌族语言代表性传承人。⑫ 中华人民共和国成立前茂县曲谷乡也有王姓羌族大地主兼高利贷者。⑬ 王泰昌：第六、七届全国政协少数民族委员。⑭ 王洮玉（1903—1990），原名余占清，茂县仪镇龙洞沟村人，1395 年 5 月参加红军。⑮

---

① 姚薇元：《北朝胡姓考（修订本）》，中华书局，2007 年，第 350 页。

② ［北齐］魏收：《魏书》，中华书局，1974 年，第 2023 页。

③ ［北齐］魏收：《魏书》，中华书局，1974 年，第 201 页。

④ ［唐］房玄龄等：《晋书》，中华书局，1974 年，第 2747 页。

⑤ ［宋］李焘：《续资治通鉴长编》，中华书局，2004 年，第 1225 页。

⑥ ［元］脱脱等：《宋史》，中华书局，1985 年，第 13989 页。

⑦ ［元］脱脱等：《宋史》，中华书局，1985 年，第 14023 页。

⑧ 刘德仁：《中国少数民族名人辞典·古代》，四川辞书出版社，1989 年，第 53 页。

⑨ ［元］脱脱等：《宋史》，中华书局，1985 年，第 8869 页。

⑩ 刘德仁：《中国少数民族名人辞典·古代》，四川辞书出版社，1989 年，第 348 页。

⑪ 耿少将：《羌族通史》，上海人民出版社，2010 年，第 295 页。

⑫ 四川省音乐舞蹈研究所：《羌族文化传承人纪实录》，四川科学技术出版社，2012 年，第 4 页。

⑬ 《中国少数民族社会历史调查资料丛刊》修订编辑委员会：《羌族社会历史调查》，民族出版社，2009 年，第 19 页。

⑭ 张声作：《当代中国少数民族名人录》，华文出版社，1992 年，第 391～392 页。

⑮ 四川省茂县地方志编纂委员会：《茂县志：1988—2005》，方志出版社，2010 年，第 748 页。

罔　[wǎng]

罔氏，《姓氏寻源》记载，"《潜夫论》云：宋微子后有罔氏。《路史》云：伏羲后有罔氏。澍按：西夏有罔氏。"① 《古今姓氏书辩证》记载，"罔：宋景德四年，西夏赵德明母罔氏卒，起复镇军大将军。十月，葬罔氏，命合门只候袁禹为吊祭使。"② 《宋史·夏国传》载："五月，母罔氏薨，除起复镇军大将军、右金吾卫上将军，员外置同正员，余如故。"③ 同书又有罔豫章，"元祐元年二月，始遣使入贡。五月，遣鼎利、罔豫章来贺哲宗即位。"④ 罔萌讹，西夏贵族，党项族。宋熙宁元年（1068 年）夏惠宗李秉常即帝位，年仅 8 岁，太后梁氏执政。罔萌讹是梁太后为首的统治集团成员⑤。罔后，（？—1165）夏仁宗李仁孝后，党项族。绍兴九年（1139 年）仁孝即帝位，娶之为后⑥。"天盛十七年冬十一月，皇后罔氏去世，'遗言以优礼大臣、勤治国事为嘱。'"⑦ 《张澍〈西夏姓氏录〉订误》载："罔氏，为西夏大姓，赵德明之母为罔氏，夏大臣还有罔聿谟谟，罔萌讹、罔敦信、罔永德、罔进忠等。故可知，罔豫章是一人名"⑧。《李范文西夏学论文集》记载，"罔氏：《交聘表》有罔进忠、罔永德、罔德敦，为西夏大姓，德明之母罔氏。仁孝立罔氏为后，其人'聪慧知书，受行汉礼'"⑨。

罔佐　[wǎng　zuǒ]

西夏有罔佐氏。《李范文西夏学论文集》记载，"罔佐氏：《交聘表》有罔佐执中。"⑩ 《金史·交聘表》载西夏有罔佐氏，"乙丑，夏李安全废其主纯佑自立，令纯佑母罗氏为表，遣御史大夫罔佐执中等来奏求封册。"⑪

往利　[wǎng　lì]

往利氏，《姓氏寻源》记载，"《路史》云：拓拔八姓之一有往利氏。澍按：

---

① ［清］张澍：《姓氏寻源》，岳麓书社，1992 年，第 377 页。
② ［宋］邓名世：《古今姓氏书辩证》，江西人民出版社，2006 年，第 408 页。
③ ［元］脱脱等：《宋史》，中华书局，1985 年，第 13990 页。
④ ［元］脱脱等：《宋史》，中华书局，1985 年，第 14105 页。
⑤ 刘德仁：《中国少数民族名人辞典·古代》，四川辞书出版社，1989 年，第 63 页。
⑥ 刘德仁：《中国少数民族名人辞典·古代》，四川辞书出版社，1989 年，第 63 页。
⑦ 耿少将：《羌族通史》，上海人民出版社，2010 年，第 276 页。
⑧ 汤开建：《张澍〈西夏姓氏录〉订误》，载《兰州大学学报（社会科学版）》，1982 年第 4 期，第 68 页。
⑨ 李范文：《李范文西夏学论文集》，中国社会科学出版社，2012 年，第 534 页。
⑩ 李范文：《李范文西夏学论文集》，中国社会科学出版社，2012 年，第 535 页。
⑪ ［元］脱脱等：《金史》，中华书局，1975 年，第 1477 页。

一作姓利氏。"① 《唐书》《宋史》都载有党项羌有往利氏。《五代会要·党项羌》作"析利氏"②。

旺 [wàng]

旺氏,《姓氏寻源》记载,"澍按:旺都禄,夷姓。见《宋史》。又西夏姓。见《辽史》。"③《张澍〈西夏姓氏录〉订误》载:"可见,旺荣实一人名。而《夏录》误取'旺'为姓。"④《李范文西夏学论文集》记载,"旺氏:汤文认为旺为西夏人名,而非姓氏,例如野利旺荣。"⑤"旺氏:汤文认为旺荣者,即野利旺荣之名,非西夏姓氏也。《长编》作叶勒旺荣。"⑥《宋史》载党项羌有旺家族部落,"二年,熟户旺家族击夏兵,擒军主一人以献。"⑦《宋史·蛮夷传》记:"其酋旺烈等诣茂州请降,乃班师。授旺烈官,月给茶彩。自后蛮也骄。"⑧《续资治通鉴长编》(卷81)载:"丙申,环州言熟户旺家族首领春州刺史都子,先为夏州蕃部所略,今复来归,又有三族随至,诏遣使劳赐之。"⑨ 旺烈,宋代茂州蛮首领。政和七年(1117年)率茂州诸部蛮反茂州。宋中军将种友直等领兵镇压,旺烈败,至茂州请降。宋授旺烈官,月给茶彩。⑩

望 [wàng]

望氏,《通志略·氏族略第四》载:"姜姓。风俗通。齐太公望之后。"⑪

威 [wēi]

威氏,《宋本广韵》载:"威,威仪,又姓,风俗通云,齐威王之后。"⑫

威赫 [wēi hè]

威赫氏,《李范文西夏学论文集》记载,"威赫氏:《辽史》有威赫伊赫

① [清] 张澍:《姓氏寻源》,岳麓书社,1992年,第377页。
② [宋] 王溥:《五代会要》,中华书局,1998年,第353页。
③ [清] 张澍:《姓氏寻源》,岳麓书社,1992年,第465页。
④ 汤开建:《张澍〈西夏姓氏录〉订误》,载《兰州大学学报(社会科学版)》,1982年第4期,第70页。
⑤ 李范文:《李范文西夏学论文集》,中国社会科学出版社,2012年,第536页。
⑥ 李范文:《李范文西夏学论文集》,中国社会科学出版社,2012年,第538页。
⑦ [元] 脱脱等:《宋史》,中华书局,1985年,第14146页。
⑧ [元] 脱脱等:《宋史》,中华书局,1985年,第14240页。
⑨ [宋] 李焘:《续资治通鉴长编》,中华书局,2004年,第1847页。
⑩ 刘德仁:《中国少数民族名人辞典·古代》,四川辞书出版社,1989年,第351页。
⑪ [宋] 郑樵:《通志略》,上海古籍出版社,1990年,第62页。
⑫ [宋] 陈彭年:《宋本广韵》,中国书店,1982年,第44页。

绞结。"①

威尼　[wēi　ní]

党项羌有威尼族。《续资治通鉴长编》载："其庆香及诸族首领欲特行处置，所部人即令肃远寨界上威尼族巡检、敍州刺史敏珠尔主之。"②

韦　[wéi]

后秦姚兴时京兆有韦氏，《晋书·载记》载："时京兆韦高慕阮籍之为人，居母丧，弹琴饮酒。诜闻而泣曰：'吾当私刃斩之，以崇风教。'遂持剑求高。高惧，逃匿，终身不敢见诜。"③《续资治通鉴长编》（卷 333）载韦家族，"蕃部奇乌本韦家族弓箭手十将，昨为贼所略，今诱致有羊马投来户二十四、口百五十六。"④

韦悉　[wéi　xī]

党项羌有韦悉族。《旧五代史·党项传》载："明宗遣灵武康福、邠州药彦稠等出兵讨之，福等击破阿埋、韦悉、褒勒、强赖、埋厮骨尾及其大首领连香、李八萨王，都统悉那、埋摩，侍御乞埋、嵬悉逋等族。"⑤

韦移　[wéi　yí]

党项羌有韦移族。《宋史·党项传》载："苏家族屈尾、鼻家族都庆、白马族埋香、韦移族都香为安化郎将。"⑥

围龟　[wéi　guī]

围龟氏，《通志略·氏族略第四》载："芈姓。楚鬭围龟之后。"⑦

嵬啰　[wéi　luó]

党项有嵬啰氏，《宋史·郑文宝传》载："继迁酋长有嵬啰嵬悉俄者，文宝以金帛诱之"⑧。

嵬名　[wéi　míng]

西夏党项族有嵬名氏。《中国少数民族名人辞典·古代》载思能："西夏僧

---

①　李范文：《李范文西夏学论文集》，中国社会科学出版社，2012 年，第 536 页。
②　[宋] 李焘：《续资治通鉴长编》，中华书局，2004 年，第 2296～2297 页。
③　[唐] 房玄龄等：《晋书》，中华书局，1974 年，第 2979 页。
④　[宋] 李焘：《续资治通鉴长编》，中华书局，2004 年，第 8017 页。
⑤　[宋] 薛居正：《旧五代史》，中华书局，1976 年，第 1845 页。
⑥　[元] 脱脱等：《宋史》，中华书局，1985 年，第 14143 页。
⑦　[宋] 郑樵：《通志略》，上海古籍出版社，1990 年，第 63 页。
⑧　[元] 脱脱等：《宋史》，中华书局，1985 年，第 9427 页。

人。党项族。西夏宗室。本姓嵬名，思能为其法名。夏崇宗李乾顺时人。……敬信无间，号之为国师。"① 嵬名也是西夏皇族的姓，同书载西夏宗王有嵬名仁友（？—1196）也叫李仁友、嵬名仁礼即李仁礼、嵬名仁忠（？—1148）即李仁忠、嵬名察哥（？—1156）即李察哥，还有嵬名济、嵬名令公、嵬名阿吴、嵬名阿埋、嵬名宁令哥、嵬名浪遇（？—1074）等西夏皇族名人。②《羌族通史》载："在政治上，元昊以'李、赵赐姓不足重'改姓嵬名氏，自称'吾祖（兀卒）'"③。《宋史·夏国传》载："及诏谕夏国嵬名诸部首领，能拔身自归及相率共诛国仇，当崇其爵赏，敢有违拒者诛九族。"④《李范文西夏学论文集》记载，"于弥氏：嵬名、于弥、乌密、嵬名四姓为一姓。（此有两个嵬名，后一个嵬名应为吾密。）"⑤《金史·交聘表》载："三月乙未朔，夏武功大夫嵬兑仁显、宣德郎赵崇道等贺万春节。"⑥《续资治通鉴长编》有嵬名族，"近闻乙逋、阿革并就诛戮，嵬名族人欲预国事，又择种姓以为之主。"⑦

嵬恧 [wéi nǜ]

西夏有嵬恧氏，《李范文西夏学论文集》记载，"嵬恧氏：《续通志》作威纽氏"⑧。《金史·交聘表》载："正月庚午朔，夏武功大夫嵬恧执忠、宣德郎刘昭等贺正旦。"⑨《宋史·党项传》载党项羌勒浪族有嵬女儿门部落，"以勒浪嵬女儿门十六府大首领马尾等内附"⑩。"嵬恧""嵬女"应为音译之异。

嵬悉逋 [wéi xī bū]

党项羌有嵬悉逋族。《旧五代史·党项传》载："明宗遣灵武康福、邠州药彦稠等出兵讨之，福等击破阿埋、韦悉、褒勒、强赖、埋厮骨尾及其大首领连香、李八萨王，都统悉那、埋摩，侍御乞埋、嵬悉逋等族。"⑪

嵬哆 [wéi yí]

嵬哆氏，《李范文西夏学论文集》记载，"嵬氏：《宋史》有嵬通、嵬崖

① 刘德仁：《中国少数民族名人辞典·古代》，四川辞书出版社，1989年，第64页。
② 刘德仁：《中国少数民族名人辞典·古代》，四川辞书出版社，1989年，第66页。
③ 耿少将：《羌族通史》，上海人民出版社，2010年，第264页。
④ ［元］脱脱等：《宋史》，中华书局，1985年，第14010页。
⑤ 李范文：《李范文西夏学论文集》，中国社会科学出版社，2012年，第533页。
⑥ ［元］脱脱等：《金史》，中华书局，1975年，第1438页。
⑦ ［宋］李焘：《续资治通鉴长编》，中华书局，2004年，第11146页。
⑧ 李范文：《李范文西夏学论文集》，中国社会科学出版社，2012年，第534页。
⑨ ［元］脱脱等：《金史》，中华书局，1975年，第1429~1430页。
⑩ ［元］脱脱等：《宋史》，中华书局，1985年，第14141页。
⑪ ［宋］薛居正：《旧五代史》，中华书局，1976年，第1845页。

祢。"① 又 "嵬氏：《金史·交聘表》有嵬执信"②。"嵬执信"在《金史·交聘表》中实为嵬啰执信，"正月丁亥朔，夏遣武功大夫嵬啰执信、宣德郎李师白贺正旦。"③ 韦移、嵬啰，当为同一姓氏。

嵬宰 ［wéi zǎi］

西夏有嵬宰氏。《李范文西夏学论文集》记载，"嵬宰氏：《续通志》作威载氏。"④《金史·交聘表》载："正月戊申朔，夏武功大夫嵬宰师宪、宣德郎宋弘等贺正旦。"⑤

委尾 ［wěi wěi］

党项羌有委尾一族。《太平寰宇记》（卷之三十六）载："昌化镇：管蕃部一。吐蕃村巡检使委尾一族。"⑥

委乞 ［wěi qǐ］

党项羌有委乞族。《宋史·曹玮传》载："天禧三年，德明寇柔远砦，……委乞、骨咩、大门等族闻玮至，归附者甚众。"⑦

尾落 ［wěi luò］

党项羌有尾落族。《宋史·党项传》载："是岁，灵州通远军界嗓咩族、折四族、吐蕃村族、奈喎三家族、尾落族、奈家族、嗓泥族剽略官纲，诏灵州安守忠、通远军董遵海讨平之。"⑧《宋史·夏国传》有嵬啰或为尾落之异，"继迁表郑文宝诱其部长嵬啰、嵬悉，遂贬文宝蓝山令。"⑨

尾马 ［wěi mǎ］

党项羌有尾马族。《太平寰宇记》（卷之三十八）载："北至二十六府、勒浪、尾马、直荡、啜娘等蕃族四百八十里"⑩。

隗 ［wěi］

隗姓起源最早可追溯到上古华夏族首领炎帝魁隗氏，其后人以隗为姓。另

① 李范文：《李范文西夏学论文集》，中国社会科学出版社，2012 年，第 536 页。
② 李范文：《李范文西夏学论文集》，中国社会科学出版社，2012 年，第 533 页。
③ ［元］脱脱等：《金史》，中华书局，1975 年，第 1420 页。
④ 李范文：《李范文西夏学论文集》，中国社会科学出版社，2012 年，第 534 页。
⑤ ［元］脱脱等：《金史》，中华书局，1975 年，第 1435 页。
⑥ ［宋］乐史：《太平寰宇记》，中华书局，2007 年，第 767 页。
⑦ ［元］脱脱等：《宋史》，中华书局，1985 年，第 8987 页。
⑧ ［元］脱脱等：《宋史》，中华书局，1985 年，第 1438
⑨ ［元］脱脱等：《宋史》，中华书局，1985 年，第 13987 页。
⑩ ［宋］乐史：《太平寰宇记》，中华书局，2007 年，第 813 页。

有一支大禹的后人以隗为姓，商周时大禹的后人建立隗国。《后汉书·西羌传》有隗嚣，"隗嚣虽拥兵而不能讨之，乃就慰纳，因发其众与汉相拒。建武九年，隗嚣死"①。西夏有此姓，"隗氏：《交聘表》载有隗敏修。"②《金史·交聘表》西夏有此姓，"正月己亥朔，夏武功大夫隗敏修、宣德郎钟伯达贺正旦。"③ 同书有隈敏修，"正月丁丑朔，夏武节大夫隈敏修、宣德郎邓昌福贺正旦。"④ 隗敏修与猥敏修可能实为一人。

隗衍 [wěi yǎn]

党项羌有隗衍部。《辽史·耶律唐古传》载："重熙间，改隗衍党项部节度使。"⑤

猥才 [wěi cái]

党项羌有猥才族。《宋史·党项传》载："八月，李继迁居王庭镇，赵保忠往袭之，继迁奔铁斤泽，貌奴、猥才二族夺其牛畜二万余。"⑥

蒍 [wěi]

蒍氏，《姓氏寻源》记载，"《辩证》云：蒍氏出自芈姓，蚡冒生王子章，字发钩（一作无钩），以草为氏，谓之蒍章。澍按：昭二十三年，蒍越缢于蒍澨，当是以邑为氏。芳、蒍本一字，故芳子冯亦称蒍子冯，是蒍、芳一姓，当时史册互易，分为两族耳。鲁亦有蒍氏，孟僖子宿于蒍氏。见《昭八年传》。"⑦《通志略·氏族略第三》载："蒍，亦作芳。芈姓。楚蚡冒之后。蒍章食邑于蒍。故以命氏"⑧。

卫狸 [wèi lí]

党项羌有卫狸族。《续资治通鉴长编》载："昨自天麻川杀卫狸族后，近界蕃部颇甚震慑。"⑨

卫慕 [wèi mù]

西夏党项羌有卫慕氏，《中国少数民族名人辞典·古代》记载，"卫慕山

① ［宋］范晔：《后汉书》，中华书局，1965年，第2878页。
② 李范文：《李范文西夏学论文集》，中国社会科学出版社，2012年，第535页。
③ ［元］脱脱等：《金史》，中华书局，1975年，第1466页。
④ ［元］脱脱等：《金史》，中华书局，1975年，第1478页。
⑤ ［元］脱脱等：《辽史》，中华书局，1974年，第1363页。
⑥ ［元］脱脱等：《宋史》，中华书局，1985年，第14140页。
⑦ ［清］张澍：《姓氏寻源》，岳麓书社，1992年，第297～298页。
⑧ ［宋］郑樵：《通志略》，上海古籍出版社，1990年，第40页。
⑨ ［宋］李焘：《续资治通鉴长编》，中华书局，2004年，第1115

喜：西夏党项卫慕部人。党项族。元昊继位后，为扩大王权，与贵族势力矛盾加剧。山喜谋刺元昊，未行事泄，与族人皆被沉于河。元昊生母卫慕也被杀。"①《宋史·夏国传》载："仁宗即位，加尚书令。德明娶三姓。卫慕氏生元昊，咩迷氏生成遇，讹藏屈怀氏生成崀。"②《李范文西夏学论文集》记载，"卫慕氏：《宋史》有李继迁母卫慕氏。"③

魏［wèi］

魏氏，《姓氏寻源》记载，"澍按：芈姓为魏氏者，秦之穰侯魏冉是也。见《史记》。"④

魏埋［wèi mái］

党项羌有魏埋族部落。《宋史》载："七月，玮又言北界万子族谋钞略，发兵逆之，大败于天麻川，又为魏埋等族掩击，杀其酋帅，斩首千余级。"⑤《宋史·李继和传》又作"卫埋"，"五年，继和领兵杀卫埋族于天麻川。"⑥

温［wēn］

清代岷江上游地区有温姓土司。《羌族史》载："牟托巡检司温清近（《四川通志》作温怀忠），世祖顺治九年（公元 1652 年）降，圣祖康熙六年（公元 1667 年）颁给印信，二十七年（公元 1688 年）复给号纸，住牟托。辖五十四户，年纳麦粮一石二斗四升，赴茂州上纳。"⑦

文［wén］

文化，《姓氏寻源》载："蜀中多文姓，为茂族，汉文翁之后。"⑧《茂州志·选举志·道光》载乾隆庚辰有举人文运鸿，任会理州学正。⑨今茂县仍有此姓。文光华（1916—1995），羌族，茂县凤仪镇十里堡人。1935 年参加红四方面军。⑩文治昌（1920—1989）羌族，茂县石纽乡宗渠人，1927 年入四川师范学校体育系，7 月在上海法租界举行的国际亚洲第八届"远东运动会"上获

---

① 刘德仁：《中国少数民族名人辞典·古代》，四川辞书出版社，1989 年，第 53～54 页。
② ［元］脱脱等：《宋史》，中华书局，1985 年，第 13992 页。
③ 李范文：《李范文西夏学论文集》，中国社会科学出版社，2012 年，第 536 页。
④ ［清］张澍：《姓氏寻源》，岳麓书社，1992 年，第 406 页。
⑤ ［元］脱脱等：《宋史》，中华书局，1985 年，第 14147 页。
⑥ ［元］脱脱等：《宋史》，中华书局，1985 年，第 8973 页。
⑦ 冉光荣、李绍明、周锡银：《羌族史》，四川民族出版社，1985 年，第 249 页。
⑧ ［清］张澍：《姓氏寻源》，岳麓书社，1992 年，第 125 页。
⑨ 《阿坝州文库》编委会：《茂州志》，四川民族出版社，2013 年，第 103 页。
⑩ 四川省茂县地方志编纂委员会：《茂县志：1988—2005》，方志出版社，2010 年，第 751 页。

纪念铜牌一枚。① 茂县雅都乡四寨村等有文姓，为羌族文化传承人。茂汶南兴公社文镇普梭有寨盘业主"文家基"②。

卧 ［wò］

西夏有卧氏，《李范文西夏学论文集》记载，"卧氏：《续通志》作谔氏。"③《金史·交聘表》载："正月壬子朔，夏武节大夫卧德忠、宣德郎刘筠国贺正旦。"④《宋史·真宗纪》载："五年春正月壬寅，李继迁部将卧浪己等内附，给田宅。"⑤

卧落 ［wò luò］

西夏有卧落氏，《李范文西夏学论文集》记载，"卧落氏：《续通志》又作锡鄂氏。《交聘表》有卧落结昌，卧落者讹罗也。"⑥ 又载，"讹留氏：汤文认为讹罗、讹留、卧落三姓，张氏分为三条，实为一姓。《金史·交聘表》有讹罗氏、讹罗绍光、讹罗绍甫、讹留元智。《续通志》将'讹罗''讹留'都译作'额鲁氏'，故二者实为一姓。'卧落'即'讹落'之转音。"⑦ 今贵州省六盘水市盘县普古彝族苗族乡有卧落村；又有卧落河（又名盐井河），是雅砻江的支流。

卧普 ［wò pǔ］

西夏有卧普氏，《宋史·夏国传》有卧普令济，"谨遣弩涉俄疾、你斯闷、卧普令济、嵬崖妳奉表以闻。"⑧

斡 ［wò］

斡氏，《中国姓氏辞典》载："古夏国姓氏。"⑨《李范文西夏学论文集》记载，"斡氏：斡道冲，其祖先灵武人，从夏州迁兴州，世掌夏国史。"⑩

握 ［wò］

西羌有握氏，《李范文西夏学论文集》记载，"握氏：汤文认为是吐蕃首领

① 阿坝藏族羌族自治州地方志编纂委员会：《阿坝州志》，民族出版社，1994年，第2727页。
② 《中国少数民族社会历史调查资料丛刊》修订编辑委员会：《羌族社会历史调查》，民族出版社，2009年，第140页。
③ 李范文：《李范文西夏学论文集》，中国社会科学出版社，2012年，第535页。
④ ［元］脱脱等：《金史》，中华书局，1975年，第1469页。
⑤ ［元］脱脱等：《宋史》，中华书局，1985年，第116页。
⑥ 李范文：《李范文西夏学论文集》，中国社会科学出版社，2012年，第534页。
⑦ 李范文：《李范文西夏学论文集》，中国社会科学出版社，2012年，第533页。
⑧ ［元］脱脱等：《宋史》，中华书局，1985年，第13996页。
⑨ 陈明远、汪宗虎：《中国姓氏辞典》，北京出版社，1995年，第443页。
⑩ 李范文：《李范文西夏学论文集》，中国社会科学出版社，2012年，第535页。

姓，非西夏姓氏。"①

乌贵［wū guì］

环州西羌有乌贵族。《续资治通鉴长编》载："九月丁未朔，以环州乌贵族蕃官巡检、右侍禁慕恩为合门祗候，陕西部署司言恩拒西贼有劳也。"②

乌迷［wū mí］

党项有乌迷部。《辽史·圣宗纪》载："乙未，西南招讨使、政事令斜轸奏，党项诸部叛者皆遁黄河北模㧟山，其不叛者曷党、乌迷两部因据其地，今复西迁，诘之则曰逐水草，不早图之，后恐为患。"③。

巫臣［wū chén］

巫臣氏，《通志略·氏族略第四》载："芈姓。楚屈荡之子屈申也。"④

於陵［wū líng］

於陵氏，《通志略·氏族略第三》载："姜姓。风俗通。陈仲子齐世家。辞爵灌园於於陵。子孙氏焉。"⑤ 於（wū）陵，古地名，主要在今山东周村及邹平东南。

无钩［wú gōu］

无钩氏，《姓氏寻源》记载，"《潜夫论》云：楚蚡冒生蒍章为王，子无钩氏焉。《急就篇》云：无钩氏出自楚芈姓。澍按：一作无钩，无钩蒍章之字。"⑥《潜夫论》载："楚季者、王子敖之曾孙也。蚡冒生蒍章者，王子无钩也。"⑦《通志略·氏族略第三》载："无钩氏，芈姓。潜夫论云。楚蚡冒生蒍章，为王子无钩氏焉。"⑧

无弋［wú yì］

无弋氏，《姓氏寻源》记载，"《路史》云：舜后有无弋氏。羌帅无弋爰剑。《姓纂》云：今陇西人。澍按：无弋爰剑在秦厉公时，羌人谓奴为无弋，以爰

---

① 李范文：《李范文西夏学论文集》，中国社会科学出版社，2012年，第537页。
② ［宋］李焘：《续资治通鉴长编》，中华书局，2004年，第3171页。
③ ［元］脱脱等：《辽史》，中华书局，1974年，第173页。
④ ［宋］郑樵：《通志略》，上海古籍出版社，1990年，第63页。
⑤ ［宋］郑樵：《通志略》，上海古籍出版社，1990年，第46页。
⑥ ［清］张澍：《姓氏寻源》，岳麓书社，1992年，第77页。
⑦ ［汉］王符：《潜夫论》，辽宁教育出版社，2001年，第71页。
⑧ ［宋］郑樵：《通志略》，上海古籍出版社，1990年，第55页。

剑尝为奴隶，故因名之。见《后汉书》。"① 《通典·边防》（卷一百八十九）载："羌无弋：羌无弋爱剑者秦厉公时为秦的拘执以为奴隶不知爱剑何戎之别种也后得亡归。"②《后汉书·西羌传》载："羌人谓奴为无弋，以爱剑尝为奴隶，故因名之。"③ 无弋爱剑的后裔有，孙辈：卬（忍的季父），曾孙：忍、舞（忍的弟），五世孙：研（忍的子），十三孙：烧当，十三世孙之玄孙：滇良，滇良子：滇吾、滇岸，滇吾子：东吾、迷吾、号吾，迷吾子：迷唐，东吾子：东号，东号子：麻奴、犀苦。

无宇〔wú yǔ〕

无宇氏，《姓氏寻源》记载，"《广韵》出自楚芈姓。澍按：孙氏以楚有芈尹无宇也。"④

无圄〔wú yǔ〕

无圄氏，《姓氏寻源》记载，"《广韵》云：出自楚芈姓。澍按：无圄楚大夫。见《公羊传》。"⑤

吴〔wú〕

犬戎有吴氏，《后汉书·南蛮西南夷列传》载："昔高辛氏有犬戎之寇，帝患其侵暴，而征伐不克。乃访募天下，有能得犬戎之将吴将军头者，购黄金千镒，邑万家，又妻以少女。"⑥《续资治通鉴长编》（卷126）载吴家族，"癸酉，初，用范雍奏，赏破后桥寨及讨荡吴家等族帐之功。"⑦《茂县民间文化集成·赤不苏片区卷》红军名录中有吴木枝（女）、吴聪学、吴纳斯木（女），都为羌族人，雅都乡俄窝寨村人，1935年5月参加红军，后皆失踪。⑧ 中华人民共和国成立前，理县通化区有吴姓地主。⑨

吴移〔wú yí〕

党项羌有吴移族。《宋史·党项传》载："六月，夏州尹宪等引兵至盐城，

① 〔清〕张澍：《姓氏寻源》，岳麓书社，1992年，第77页。
② 〔唐〕杜佑：《通典》，中华书局，1984年，第1014页。
③ 〔宋〕范晔：《后汉书》，中华书局，1965年，第2875页。
④ 〔清〕张澍：《姓氏寻源》，岳麓书社，1992年，第77页。
⑤ 〔清〕张澍：《姓氏寻源》，岳麓书社，1992年，第77页。
⑥ 〔宋〕范晔：《后汉书》，中华书局，1965年，第2829页。
⑦ 〔宋〕李焘：《续资治通鉴长编》，中华书局，2004年，第2965页。
⑧ 茂县民间文化集成收集整理出版编辑部：《茂县民间文化集成·较场片区卷》，中央民族大学出版社，2015年，第312页。
⑨ 《中国少数民族社会历史调查资料丛刊》修订编辑委员会：《羌族社会历史调查》，民族出版社，2009年，第20页。

吴移、越移等四族来降，宪等抚之。"①

吾良 [wú liáng]

西羌有吾良种。《后汉书·西羌传》载："肃宗建初元年，安夷县吏略妻卑湳种羌妇，吏为其夫所杀，安夷长宗延追之出塞，种人恐见诛，遂共杀延，而与勒姐及吾良二种相结为寇。"②

吾密 [wú mì]

有唐兀吾密氏，《元史·卜颜铁木儿传》载："卜颜铁木儿字珍卿，唐兀吾密氏。"③ 唐兀为西夏人党项羌后裔。

五里 [wǔ lǐ]

五里氏，《姓氏寻源》记载，"见《姓苑》。澍按：《汉书·南蛮传》有五里精夫，南蛮有五里六亭，盖以地为氏。《姓苑》作先零羌。非也。"④

伍 [wǔ]

伍氏，《姓氏寻源》记载，"《姓解》云：伍，芈姓，楚大夫伍参之后。澍按：《玄女兵法》云：黄帝臣伍胥与邓伯温论攻城克日者，宜为伍姓之始，先予伍参。伍员之后又改为王孙氏。"⑤《通志略·氏族略第四》载："伍氏，芈姓。楚大夫伍参之后也。"⑥ 中华人民共和国成立前，汶川县雁门乡罗卜寨有贫农伍羊生。⑦

伍参 [wǔ cān]

伍参氏，《姓氏寻源》记载，"《世本》云：楚伍参之后，子孙以为氏。"⑧《世本》载："楚伍参之后，子孙以为氏。"⑨

武安 [wǔ ān]

武安氏，《通志略·氏族略第三》载："芈姓。秦将白起封武安君。因

---

① ［元］脱脱等：《宋史》，中华书局，1985 年，第 14139 页。
② ［宋］范晔：《后汉书》，中华书局，1965 年，第 2881 页。
③ ［明］宋濂等：《元史》，中华书局，1976 年，第 3436 页。
④ ［清］张澍：《姓氏寻源》，岳麓书社，1992 年，第 338 页。
⑤ ［清］张澍：《姓氏寻源》，岳麓书社，1992 年，第 338 页。
⑥ ［宋］郑樵：《通志略》，上海古籍出版社，1990 年，第 65 页。
⑦ 《中国少数民族社会历史调查资料丛刊》修订编辑委员会：《羌族社会历史调查》，民族出版社，2009 年，第 57 页。
⑧ ［清］张澍：《姓氏寻源》，岳麓书社，1992 年，第 338 页。
⑨ ［东汉］宋衷：《世本》，时代文艺出版社，2008 年，第 41 页。

氏焉。"①

武都 [wǔ dū]

武都氏，《姓氏寻源》记载，"《广韵》云：武都氏，氏、羌姓。澍按：以郡名为姓也。"②《茂州志·选举志·道光》载雍正丙午年有武举人武安邦，任直隶丰顺营都司。③ 其后或改单姓武氏，今茂县清平乡有武姓。④

兀 [wù]

兀氏，《姓氏寻源》记载，"《官氏志》云：后魏改乐安王元览为兀氏。澍按：《北史》安乐王鉴既庸才，见天下多事，遂谋反，附降葛荣。都督源子邕与裴衍合围鉴，斩首传洛，诏改姓兀氏。作览者误。《范文正公集》环州属羌，有如、兀二族。"⑤ 《李范文西夏学论文集》记载，"兀氏：兀氏即兀名、嵬名。"⑥

兀二 [wù èr]

党项羌有兀二族。《续资治通鉴长编》载："又有兀二族，授敌伪补，世衡招之不至，命蕃官慕恩出兵讨之。"⑦《宋史·史方传》党项羌有兀二族，"先是，磨娟（媚）、浪豈、托校、拔新、兀二、兀三六族内寇，方谕以恩信，乃传箭牵羊乞和。"⑧

兀三六 [wù sān liù]

党项羌有兀三六族。《宋史·史方传》载："先是，磨娟（媚）、浪豈、托校、拔新、兀二、兀三六族内寇，方谕以恩信，乃传箭牵羊乞和。"⑨

兀赃 [wù zāng]

有党项羌兀赃族。《宋史·党项传》载："九月，镇戎军言，先叛去熟魏族酋长茄罗、兀赃、成王等三族应诏抚谕，各率属来归。"⑩

---

① [宋] 郑樵：《通志略》，上海古籍出版社，1990年，第42页。
② [清] 张澍：《姓氏寻源》，岳麓书社，1992年，第330页。
③ 《阿坝州文库》编委会：《茂州志》，四川民族出版社，2013年，第103页。
④ 《中国少数民族社会历史调查资料丛刊》修订编辑委员会：《羌族社会历史调查》，民族出版社，2009年，第45页。
⑤ [清] 张澍：《姓氏寻源》，岳麓书社，1992年，第522页。
⑥ 李范文：《李范文西夏学论文集》，中国社会科学出版社，2012年，第538页。
⑦ [宋] 李焘：《续资治通鉴长编》，中华书局，2004年，第3232页。
⑧ [元] 脱脱等：《宋史》，中华书局，1985年，第10527页。
⑨ [元] 脱脱等：《宋史》，中华书局，1985年，第10527页。
⑩ [元] 脱脱等：《宋史》，中华书局，1985年，第14146页。

兀泥 ［wù ní］

党项羌有兀泥族。《宋史·党项传》载："十一月，以勒浪族十六府大首领屈遇、名波族十二府大首领浪买当丰州路最为忠顺，及兀泥三族首领佶移等、女女四族首领杀越都等归化，并赐敕书抚之。"[1]

兀泥巾 ［wù ní jīn］

党项羌有兀泥巾族。《宋史·党项传》载："七月，李继隆出讨继迁，赐麟府州兀泥巾族大首领突厥罗、女女杀族大首领越都、女女梦勒族大首领越移、女女忙族大首领越置、女女簒儿族大首领党移、没儿族大首领莫末移、路乜族大首领越移、细乜族大首领庆元、路才族大首领罗保、细母族大首领罗保保乜凡十族敕书招怀之。"[2]

勿 ［wù］

《羌族社会历史调查》记茂汶、汶川羌族地区有寨盘业主"勿兹基""勿纳基"[3]。

X

西壁 ［xī bì］

西夏有西壁氏，《李范文西夏学论文集》记载，"西壁氏：《杂字》有息毕。《元史·太祖纪》有'俘西夏太傅西壁氏'"[4]。《中国少数民族名人辞典·古代》载："西壁讹答（？—1210）西夏大臣。党项族。嘉定二年（1209年）成吉思汗亲率大军攻西夏，讹答时为太傅，率军守斡罗孩城。"[5]

西郭 ［xī guō］

姜姓国齐有西郭氏，《古今姓氏书辩证》记载，"西郭：《英贤传》云：齐隐者居西郭，氏焉。"[6]

西鼠 ［xī shǔ］

党项羌有西鼠族。《宋史·继和传》载："便于萧关屯聚万子、米逋、西鼠

① ［元］脱脱等：《宋史》，中华书局，1985年，第14140页。
② ［元］脱脱等：《宋史》，中华书局，1985年，第14142页。
③ 《中国少数民族社会历史调查资料丛刊》修订编辑委员会：《羌族社会历史调查》，民族出版社，2009年，第140页。
④ 李范文：《李范文西夏学论文集》，中国社会科学出版社，2012年，第536。
⑤ 刘德仁：《中国少数民族名人辞典·古代》，四川辞书出版社，1989年，第54页。
⑥ ［宋］邓名世：《古今姓氏书辩证》，江西人民出版社，2006年，第65页。

等三千，以胁原、渭、灵、环熟户，常时族帐谋归贼者甚多。"①

西王 [xī wáng]

西王氏，《通志略·氏族略第二》载："新序。子夏曰。禹学于西王国。"②

西夏 [xī xià]

西夏氏，《姓氏寻源》载："《穆天子传》自阳纡西至于西夏氏。是以国为氏。"③

西延 [xī yán]

党项羌有西延家族。《宋史·吐蕃传》载："六月，知渭州曹玮言陇山西延家族首领秃逋等纳马立誓，乞随王师讨贼，以汉法治蕃部，且称其忠。"④《宋史·曹玮传》载："既而西延家、妙俄、熟魏数大族请拔帐自归，诸将犹豫不敢应。"⑤

希 [xī]

希氏，《姓氏寻源》记载，"《路史》引《姓书》云：希氏、伏羲氏之后。澍按：《三皇纪》云：女娲号女希，其姓出此。《风俗通》云：女娲，伏希之妹。知羲、希字古通用。"⑥

奚 [xī]

奚氏为炎帝之后裔，《姓氏寻源》记载，"《路史》：奚，炎帝后。"⑦

悉逋 [xī bū]

党项羌有悉逋族。《太平寰宇记》（卷之三十七）载："西至蕃部悉逋族一十里"⑧。

悉笆 [xī chí]

党项羌有悉笆一族。《太平寰宇记》（卷之三十六）记载，"怀远镇：管蕃部六……小父儿族巡检使悉笆一族"⑨。

---

① ［元］脱脱等：《宋史》，中华书局，1985年，第8971页。
② ［宋］郑樵：《通志略》，上海古籍出版社，1990年，第31页。
③ ［清］张澍：《姓氏寻源》，岳麓书社，1992年，第104页。
④ ［元］脱脱等：《宋史》，中华书局，1985年，第14156页。
⑤ ［元］脱脱等：《宋史》，中华书局，1985年，第8985页。
⑥ ［清］张澍：《姓氏寻源》，岳麓书社，1992年，第63页。
⑦ ［清］张澍：《姓氏寻源》，岳麓书社，1992年，第101页。
⑧ ［宋］乐史：《太平寰宇记》，中华书局，2007年，第790页。
⑨ ［宋］乐史：《太平寰宇记》，中华书局，2007年，第768页。

悉利 ［xī　lì］

党项羌有悉利族。《宋史·党项传》载："二年四月，偒等于银州北破悉利诸族"①。"悉利族"，《宋史·太宗纪》为"息利族"，"辛丑，夏州行营破西蕃息利族，斩其代州刺史折罗遇并弟埋乞，又破保、洗两族，降五十余族。"②悉利族或为"析利氏"，《五代会要·党项羌》有"有细封氏、费听氏、析利氏、颇超氏、野辞氏、房当氏、米禽氏、拓拔氏"③。

悉命 ［xī　mìng］

党项羌有悉命族。《太平寰宇记》（卷之三十八）载："西北至没儿雀、悉命、女女、越都等蕃族三百五十里"④。

悉那 ［xī　nà］

党项羌有悉那族。《旧五代史·党项传》载："明宗遣灵武康福、邠州药彦稠等出兵讨之，福等击破阿埋、韦悉、褒勒、强赖、埋厮骨尾及其大首领连香、李八萨王，都统悉那、埋摩，侍御乞埋，嵬悉逋等族。"⑤

羲 ［xī］

羲氏，《姓氏寻源》记载，"《路史》云：羲氏，伏羲之后。"⑥

釐子 ［xī　zǐ］

釐子氏，《中国古今姓氏辞典》载："出楚釐子观起之后，芈姓。楚有大夫釐子班。（见《世本》)"⑦《世本》载："出自楚釐子观起之后，楚大夫有釐子班。"⑧《通志略·氏族略第五》载："出楚釐子观起之后。芈姓。"⑨

习勒 ［xí　lè］

西夏有习勒氏，《李范文西夏学论文集》记载，"习勒氏：《续通志》作锡勒氏。"⑩《金史·交聘表》载："五月辛亥，夏殿前太尉习勒遵义、枢密都承

---

① ［元］脱脱等：《宋史》，中华书局，1985年，第14139页。
② ［元］脱脱等：《宋史》，中华书局，1985年，第76页。
③ ［宋］王溥：《五代会要》，中华书局，1998年，第353页。
④ ［宋］乐史：《太平寰宇记》，中华书局，2007年，第813页。
⑤ ［宋］薛居正：《旧五代史》，中华书局，1976年，第1845页。
⑥ ［清］张澍：《姓氏寻源》，岳麓书社，1992年，第38页。
⑦ 慕容翊：《中国古今姓氏辞典》，黑龙江人民出版社，1985年，第218页。
⑧ ［东汉］宋衷：《世本》，时代文艺出版社，2008年，第42页。
⑨ ［宋］郑樵：《通志略》，上海古籍出版社，1990年，第81页。
⑩ 李范文：《李范文西夏学论文集》，中国社会科学出版社，2012年，第535页。

旨苏寅孙谢赐生日。"①

隰 [xī]

隰氏，《通志略·氏族略第三》载："姜姓。齐庄公子廖事桓公。封于隰阴。为大夫。故以为氏。"②

洗 [xǐ]

党项羌有洗族。《宋史·党项传》载："又破保、洗两族，俘三千人，降五十五族，获牛羊八千计。"③《宋史·太宗纪》也有洗族，"辛丑，夏州行营破西蕃息利族，斩其代州刺史折罗遇并弟埋乞，又破保、洗两族，降五十余族。"④

喜 [xǐ]

喜氏，《国语·晋语》载：夏桀伐喜姓之国有施氏，"桀伐有施，有施人以妹喜女焉"⑤。《羌族社会历史调查》记汶川龙溪乡木朵寨有寨盘业主"喜夸吉"⑥。

喜王 [xǐ wáng]

党项羌有喜王族。《五代会要·党项羌》载："有喜王族折思族杀牛族。彼无猜贰"⑦。

喜万玉 [xǐ wáng yù]

党项羌喜万玉族。《册府元龟》（卷一百六十七）载："又令宁州张建武会合环州皇甫进兵攻之建武勇于立功径趋野鸡族帐追击杀数百人其喜万玉族折思族杀牛族者皆熟户蕃人此无猜忌。又杀牛素与野鸡族有憾。"⑧

戏 [xì]

戏氏，《姓氏寻源》记载，"司马贞《三皇纪》云：戏，姜姓。《路史》云：戏，姜姓。"⑨

① ［元］脱脱等：《金史》，中华书局，1975年，第1480页。
② ［宋］郑樵：《通志略》，上海古籍出版社，1990年，第39页。
③ ［元］脱脱等：《宋史》，中华书局，1985年，第14139页。
④ ［元］脱脱等：《宋史》，中华书局，1985年，第76页。
⑤ ［春秋］左丘明：《国语》，时代文艺出版社，2008年，第55页。
⑥ 《中国少数民族社会历史调查资料丛刊》修订编辑委员会：《羌族社会历史调查》，民族出版社，2009年，第162页。
⑦ ［宋］王溥：《五代会要》，中华书局，1998年，第355页。
⑧ ［宋］王钦若等：《册府元龟》，中华书局，1960年，第2014～2015页。
⑨ ［清］张澍：《姓氏寻源》，岳麓书社，1992年，第399页。

细 ［xì］

细氏为党项羌细封氏之后。《中国古今姓氏辞典》载："细封氏之后，改为单姓。（见《通志·氏族略》)"[1]

细封 ［xì fēng］

细封氏，《姓氏寻源》记载，"《氏族略》云：唐党项别部姓细封氏。澍按：《唐书》党项羌其种每姓自别为一部，一姓之中复分为一小部落，大者万余骑，小者数千骑，不相统一，有细封氏、费听氏、姓利氏、颇超氏、野律氏、房当氏、米禽氏、拓拔氏。姓一作往利，一作折，又作刹；野律一作野辞；拓拔一作拓跋。"[2]《新唐书》（卷二百二十一）载："党项，汉西羌别种，……有细封氏、费听氏、往利氏、颇超氏、野辞氏、房当氏、米禽氏、拓拔氏，"[3] 又载："贞观三年，……细封步赖举部降。太宗玺诏慰抚，步赖因入朝，宴锡特异，以其地为轨州，即授刺史，步赖请率兵讨吐谷浑。其后诸酋长悉内属，以其地为崌、奉、严、远四州，即首领拜刺史。"[4]《唐会要·党项羌》载："贞观三年。南会州都督郑元□遣招谕。其长细封步赖举部内附。亦自入朝。列其地为轨州。拜步赖为刺史。"[5]《李范文西夏学论文集》载："《唐书》细封氏，《宋史》改为'细风氏。'"[6] 细封步赖，唐代党项首领，党项族。贞观三年（629年）率部众归附唐朝，唐太宗玺诏慰抚，步赖因此到长安。唐以其地设轨州，授步赖为刺史。[7]

细母 ［xì mǔ］

党项羌有细母族。《宋史·党项传》载："七月，李继隆出讨继迁，赐麟府州兀泥巾族大首领突厥罗、女女杀族大首领越都、女女梦勒族大首领越移、女女忙族大首领越置、女女籫儿族大首领党移、没儿族大首领莫末移、路乜族大首领越移、细乜族大首领庆元、路才族大首领罗保、细母族大首领罗保保乜凡十族敕书招怀之。"[8]

① 慕容翊：《中国古今姓氏辞典》，黑龙江人民出版社，1985年，第218页。
② ［清］张澍：《姓氏寻源》，岳麓书社，1992年，第424页。
③ ［宋］欧阳修、宋祁：《新唐书》，中华书局，1975年，第6214页。
④ ［宋］欧阳修、宋祁：《新唐书》，中华书局，1975年，第6214页。
⑤ ［宋］王溥：《唐会要》，中华书局，1955年，第1756页。
⑥ 李范文：《李范文西夏学论文集》，中国社会科学出版社，2012年，第532页。
⑦ 刘德仁：《中国少数民族名人辞典·古代》，四川辞书出版社，1989年，第63页。
⑧ ［元］脱脱等：《宋史》，中华书局，1985年，第14142页。

细乜［xì niè］

党项羌有细乜族。《宋史·党项传》载："七月，李继隆出讨继迁，赐麟府州兀泥巾族大首领突厥罗、女女杀族大首领越都、女女梦勒族大首领越移、女女忙族大首领越置、女女簒儿族大首领党移、没儿族大首领莫末移、路乜族大首领越移、细乜族大首领庆元、路才族大首领罗保、细母族大首领罗保保乜凡十族敕书招怀之。"①

夏［xià］

夏氏，《通志略·氏族略第二》载："亦曰夏后氏。姒姓。颛帝之后也。当尧之时。有洪水之患。使鲧治之。九载不成功。乃殛滚於羽山。用其子禹为司空。治水有大功。舜以天下授之。是为夏后氏。今陕州夏县。禹之所都也。"②《羌族史》载："《汉龟兹左将军刘平国作亭颂》石刻载：'龟兹左将军刘平国，从秦人孟伯山、狄虎贲、赵当卑、夏羌、石当卑、程阿羌等六人共作列亭。……'此中的夏羌、程阿羌应系羌人。"③

夏侯［xià hóu］

夏侯氏，《宋本广韵》载："夏侯氏出自夏禹之后。"④《通志略·氏族略第五》载："姒姓。夏禹之后。"⑤

瞎［xià］

瞎氏，《李范文西夏学论文集》记载，"瞎氏：汤文认为是吐蕃人名，非西夏姓氏。"⑥《宋史·夏国传》载："闰七月，遣部将景思立、王存以泾原兵出南路，王韶由东谷径趋武胜，未至十余里，逢夏人战，遂至其城，瞎药弃城夜遁，大首领曲撒四王阿南珂出奔，乃城武胜。"⑦《宋史·王厚传》有羌酋瞎征，"会羌酋瞎征、陇拶争国，河州守将王赡与厚同献议复故地。"⑧

先零［xiān líng］

羌有先零种羌。《后汉书·西羌传》载："先零别种滇零与钟羌诸种大为寇

---

① ［元］脱脱等：《宋史》，中华书局，1985年，第14142页。
② ［宋］郑樵：《通志略》，上海古籍出版社，1990年，第13页。
③ 冉光荣、李绍明、周锡银：《羌族史》，四川民族出版社，1985年，第87页。
④ ［宋］陈彭年：《宋本广韵》，中国书店，1982年，第192页。
⑤ 冉光荣、李绍明、周锡银：《羌族史》，四川民族出版社，1985年，第87页。
⑥ 李范文：《李范文西夏学论文集》，中国社会科学出版社，2012年，第536页。
⑦ ［元］脱脱等：《宋史》，中华书局，1985年，第14009页。
⑧ ［元］脱脱等：《宋史》，中华书局，1985年，第10583页。

掠，断陇道。"①

彡［xiǎn］

彡氏，《中国古今姓氏辞典》载："西羌姓，当为彡且氏所改。（见《姓氏考略》)"②《姓氏寻源》记载，"澍按：《汉书》陇西羌彡姐。师古曰：彡，所廉反，又音先廉反，姐音紫。今西羌尚有此姓。而彡音先冉反。"③《汉书·冯奉世传》师古注，"师古曰：彡，所廉反，又音先廉反，姐音紫。今西羌尚有此姓。而彡音先冉反。"④《羌族通史》载："黑水河流域操羌语的人群仍然有许多人以'彡姐'命名。而在茂县、理县等羌族地区，直到今天仍然广泛传唱着一首名为《鄂诺彡姐》的莎朗歌曲。"⑤

彡且［xiǎn zǐ］

彡且氏，《通志略·氏族略第五》载："彡音陕。且音子且反。今合二字为亶。音陕。"⑥《中国古今姓氏辞典》"陇西羌彡且。（见《汉书·冯奉世传》)"⑦《姓氏寻源》载："《汉书》陇西羌彡且。颜师古注：今西羌尚有此姓，且音紫。又按：后人合彡、且而为亶姓，音陕。"⑧

香叶［xiāng yè］

党项羌有香叶部族。《续资治通鉴长编》载："如实灾伤，其新投降蕃部香叶、策木多二族，竝仍旧给口食"⑨。

向［xiàng］

向氏，《中国古今姓氏辞典》载："炎帝神农氏，其后有向，皆姜姓之后，并为诸侯，或分四岳。（见《史记·三皇纪》)"⑩《世本》载："向，姜姓。"⑪

项［xiàng］

项氏，《中国姓氏辞典》载："出自芈姓。"⑫

① ［宋］范晔：《后汉书》，中华书局，1965年，第2886页。
② 慕容翊：《中国古今姓氏辞典》，黑龙江人民出版社，1985年，第221页。
③ ［清］张澍：《姓氏寻源》，岳麓书社，1992年，第292页。
④ ［宋］范晔：《后汉书》，中华书局，1965年，第3297页。
⑤ 耿少将：《羌族通史》，上海人民出版社，2010年，第55页。
⑥ ［宋］郑樵：《通志略》，上海古籍出版社，1990年，第87页。
⑦ 慕容翊：《中国古今姓氏辞典》，黑龙江人民出版社，1985年，第221页。
⑧ ［清］张澍：《姓氏寻源》，岳麓书社，1992年，第292页。
⑨ ［宋］李焘：《续资治通鉴长编》，中华书局，2004年，第5601页。
⑩ 慕容翊：《中国古今姓氏辞典》，黑龙江人民出版社，1985年，第222页。
⑪ ［东汉］宋衷：《世本》，时代文艺出版社，2008年，第29页。
⑫ 陈明远、汪宗虎：《中国姓氏辞典》，北京出版社，1995年，第467页。

像〔xiàng〕

像氏,《姓氏寻源》记载,"澍按:像,羌姓,邓至羌之别种有像舒治者,世为白水酋,因地名号,自称邓至,自舒治至十世孙舒彭附后魏。"①《姓氏寻源》载白水羌酋有像舒治、像屈耽、像舒彭、像览蹄、像檐桁。②

肖〔xiāo〕

今茂县多尚姓。

枭波〔xiāo bō〕

羌戎有枭波部落。《宋史·温仲舒传》载:"先是,俗杂羌、戎,有两马家、朵藏、枭波等部"③。

小父儿〔xiǎo fù ér〕

党项羌有小父儿族。《太平寰宇记》(卷之三十六)载:"怀远镇:管蕃部六……小父儿族巡检笆逋一族,小父儿族巡检使崖埋一族,小父儿族巡检使移逋一族,小父儿族巡检使悉笆一族。"④

小湖卧浪〔xiǎo hú wò làng〕

党项羌有小湖卧浪族、小湖族。《宋史·党项传》载:"大中祥符元年,鄜延钤辖言,小湖卧浪族军主最处近塞,往时出师皆命为前锋,甚著诚节。"⑤"五月,小湖族都虞候喏嵬、巡检胡怀节等击贼有功,并进秩。"⑥《宋史·兵志》载西北边羌戎有小湖族,"又小胡等十九族,兵六千九百五十六、马七百二十五。"⑦

小斛禄〔xiǎo hú lù〕

党项羌有小斛禄族。《辽史·天祚皇帝纪》载:"五年春正月辛巳,党项小斛禄遣人请临其地。"⑧

小力〔xiǎo lì〕

党项羌有小力族部落。《宋史》载:"九年,羌兵寇小力族,巡检李文贞率

---

① 〔清〕张澍:《姓氏寻源》,岳麓书社,1992年,第465页。
② 〔清〕张澍:《姓氏寻源》,岳麓书社,1992年,第196页。
③ 〔元〕脱脱等:《宋史》,中华书局,1985年,第9182页。
④ 〔宋〕乐史:《太平寰宇记》,中华书局,2007年,第768页。
⑤ 〔元〕脱脱等:《宋史》,中华书局,1985年,第14147页。
⑥ 〔元〕脱脱等:《宋史》,中华书局,1985年,第14148页。
⑦ 〔元〕脱脱等:《宋史》,中华书局,1985年,第4753页。
⑧ 〔元〕脱脱等:《辽史》,中华书局,1974年,第351页。

兵奋击"①。

小凉 [xiǎo liáng]

党项羌有小凉族。《宋史·党项传》载："上闻贺兰山有小凉、大凉族甚盛，常恐与继迁合势为患，近知互有疑隙，辄相攻掠，朝廷欲遂抚之。"②

小戎 [xiǎo róng]

小戎氏，《姓氏寻源》记载，"杜注：小戎，允姓之戎。"③

小石 [xiǎo shí]

西羌有小石族。《宋史·吐蕃传》载："八年，秦州大石、小石族寇土门，略居民，知州张炳击走之。"④

小遇 [xiǎo yù]

西羌有小遇族。《宋史·吐蕃传》载："三月，小遇族寇庆州，知州慕容德丰击走之。"⑤

孝 [xiào]

孝氏，《通志略·氏族略第四》载："姜姓。齐孝公支孙之后也。"⑥《中国古今姓氏辞典》载："孝子，姜姓，齐孝公支孙之后也。（见《通志·氏族略·以谥为氏》)"⑦

效功 [xiào gōng]

东汉有效功种羌。《后汉书·西羌传》载："秋，任尚复募效功种号封刺杀零昌，封号封为羌王。"⑧

斜 [xié]

斜氏，《中国古今姓氏辞典》载："系出姜姓。田和篡齐，迁太公于海上，穴居野食，以斜为氏。（见《氏族谱》)"⑨

---

① ［元］脱脱等：《宋史》，中华书局，1985 年，第 14148 页。
② ［元］脱脱等：《宋史》，中华书局，1985 年，第 14144 页。
③ ［清］张澍：《姓氏寻源》，岳麓书社，1992 年，第 357 页。
④ ［元］脱脱等：《宋史》，中华书局，1985 年，第 14153 页。
⑤ ［元］脱脱等：《宋史》，中华书局，1985 年，第 14153 页。
⑥ ［宋］郑樵：《通志略》，上海古籍出版社，1990 年，第 78 页
⑦ 慕容翊：《中国古今姓氏辞典》，黑龙江人民出版社，1985 年，第 224 页。
⑧ ［宋］范晔：《后汉书》，中华书局，1965 年，第 2891 页。
⑨ 慕容翊：《中国古今姓氏辞典》，黑龙江人民出版社，1985 年，第 224 页。

颉的 [xié dí]

西夏后唐古有颉的部族。《辽史·营卫志》载："颉的部。圣宗以唐古户置。隶北府，节度使属西南面招讨司。"①

儶蒙 [xié méng]

儶蒙氏，《姓氏寻源》记载，"《广韵》云：儶蒙氏，羌姓也。澍按：作携蒙者，误。苻秦修邓太尉庙碑有此姓。"②《宋本广韵》载："儶又羌复姓有儶蒙氏。"③《通志略·氏族略第五》载：羌有携蒙④。"儶"同"携"。

谢 [xiè]

谢氏，《通志略·氏族略第二》载："姜姓。炎帝之裔。申伯以周宣王舅受封于谢。"⑤《阿坝州志》载谢方叔：字德方，威州（今理县桃坪乡谢溪沟）人。生年不详，南宋宁宗嘉定十六年（1223年）中进士，历官监察御史，向朝廷多所建明，累迁给事中兼侍郎。南宋理宗淳祐九年（1249年）特授知枢养院事兼参加政事，寻拜为左丞相兼枢密使，进封惠国公。南宋度宗咸淳八年（1272年）病卒。⑥

心牟 [xīn móu]

心牟氏，《姓氏寻源》记载，"澍按：心牟，西羌姓也。见《宋史》。"⑦ 汤开建在《张澍〈西夏姓氏录〉订误》中指出："森摩乾展，即心牟钦毡，乃青唐大酋，可见为吐蕃部落人无疑，不应收入西夏姓氏之中。"⑧ 又"按。羌酋，西羌之首领，宋人称吐蕃为'西羌'"⑨。"心牟氏：汤文认为心牟钦毡为吐蕃大酋非西夏部将，不应收入西夏姓氏录"⑩。而在《宋史·王赡传》中明确"心牟"氏为"二羌"之一，"时瞎征已来降，青唐戍将惟心牟钦毡父子百余人

---

① ［元］脱脱等：《辽史》，中华书局，1974年，第391页。
② ［清］张澍：《姓氏寻源》，岳麓书社，1992年，第439页。
③ ［宋］陈彭年：《宋本广韵》，中国书店，1982年，第375页。
④ ［宋］郑樵：《通志略》，上海古籍出版社，1990年，第87页。
⑤ ［宋］郑樵：《通志略》，上海古籍出版社，1990年，第27页。
⑥ 阿坝藏族羌族自治州地方志编纂委员会：《阿坝州志》，民族出版社，1994年，第2730页。
⑦ ［清］张澍：《姓氏寻源》，岳麓书社，1992年，第277页。
⑧ 汤开建：《张澍〈西夏姓氏录〉订误》，载《兰州大学学报（社会科学版）》，1982年第4期，第66页。
⑨ 汤开建：《张澍〈西夏姓氏录〉订误》，载《兰州大学学报（社会科学版）》，1982年第4期，第66页。
⑩ 李范文：《李范文西夏学论文集》，中国社会科学出版社，2012年，第537页。

在。赡不即取，二羌遂迎溪巴温之子陇拶入守。"① 可见，汤说有误。

辛［xīn］

辛氏，《世本》载："鲧娶有辛氏女，谓之女志，是生高密。……高密，是为禹也。"②《通志略·氏族略第二》载："即莘氏也。莘辛声相近。遂为辛氏。"③《古今姓氏书辩证》记载，"莘：武阳莘氏，出自似氏。古有莘氏，诸侯也。女曰修已，为鲧妻，生禹，其后国亡，夏后封其少子于莘，女为周文王后，谓之太似，其后以国为氏。"④《羌族史》记陇西强豪有辛澹。⑤

新［xīn］

羌有新氏，《宋史·王君万传》载："王韶开边，青唐大酋俞龙珂归国，独别羌新罗结不从。"⑥

星多［xīng duō］

星多氏，《李范文西夏学论文集》记载，"星多氏：《宋史》有星多保忠。"⑦

星叶［xīng yè］

星叶氏，《续资治通鉴长编》载："补庆州星叶族蕃官安顺子吹博迪为三班奉职、本族巡检。"⑧

姓利［xìng lì］

姓利氏，《姓氏寻源》记载，"澍按：党项别部有姓利氏，一作往利氏。"⑨

熊［xióng］

熊氏，《姓氏寻源》记载，"《世本》云：罗，熊姓。《辩证》云：熊出芈姓，祝融曾孙鬻熊为周文王师，其子事文王，早卒。曾孙熊绎以王父字为氏。成王封为荆子，后僭号称王。由绎而下为君者，皆以熊名连之，如熊霜、熊雪、熊驯、熊通、熊虎、熊居之类。盖姓芈而氏熊也。澍按：熊姓不始于绎，

① ［元］脱脱等：《宋史》，中华书局，1985年，第1107页。
② ［东汉］宋衷：《世本》，时代文艺出版社，2008年，第4页。
③ ［宋］郑樵：《通志略》，上海古籍出版社，1990年，第27页。
④ ［宋］邓名世：《古今姓氏书辩证》，江西人民出版社，2006年，第96页。
⑤ 冉光荣、李绍明、周锡银：《羌族史》，四川民族出版社，1985年，第128页。
⑥ ［元］脱脱等：《宋史》，中华书局，1985年，第11069页。
⑦ 李范文：《李范文西夏学论文集》，中国社会科学出版社，2012年，第536页。
⑧ ［宋］李焘：《续资治通鉴长编》，中华书局，2004年，第3748页。
⑨ ［清］张澍：《姓氏寻源》，岳麓书社，1992年，第470页。

羿贤臣有熊髡，当是黄帝有熊氏之后。汉绥民校尉熊君碑云：其先盖帝颛顼之苗裔，周有天下，成王建国，熊绎封楚。宋濂云：熊以王父字为氏，本于楚鬻熊之后。"①《通志略·氏族略第四》载："楚鬻熊之后。以名为氏。今望出南昌江陵。臣谨按。古之诸侯。传国者为诸侯。则称国。支庶非诸侯。乃称氏。今楚有国称王。而其君世称熊氏。蛮夷之道也。"②《风俗通义校释》载："黄帝有熊氏之后也。"③《羌族社会历史调查》记茂汶石鼓公社纵渠有寨盘业主"熊家基"④。

熊率 ［xióng lǜ］

熊率氏，《通志略·氏族略第五》载："芈姓。左传卫大夫熊率且比之后。"⑤

熊相 ［xióng xiàng］

熊相氏，《通志略·氏族略第五》载："芈姓。英贤传。楚熊相宜僚之后。"⑥

休 ［xiū］

休氏，《姓氏寻源》记载，"见《姓苑》。澍按：《史记·年表》汉封楚元王子为休侯，休在颍川，或曰休介，休在胶西，以邑为氏者。又按：休，羌姓，有休留茂。见《氏羌传》。又于寘有休姓，休莫霸是也。见《西域传》。又大月氏分其国为休密，必有以为氏者。"⑦

须朐 ［xū qú］

须朐氏，《姓氏寻源》记载，"《路史》云：须朐氏，伏羲之后。"⑧

虚除 ［xū chú］

西羌有虚除氏，《晋书·载记第三》载："先是，上郡氐羌十余万落保险不降，酋大虚除权渠自号秦王。子远进师至其壁下，权渠率众来距，五战

---

① ［清］张澍：《姓氏寻源》，岳麓书社，1992年，第13页。
② ［宋］郑樵：《通志略》，上海古籍出版社，1990年，第62页。
③ ［东汉］应劭：《风俗通义校释》，天津人民出版社，1980年，第504页。
④ 《中国少数民族社会历史调查资料丛刊》修订编辑委员会：《羌族社会历史调查》，民族出版社，2009年，第140页。
⑤ ［宋］郑樵：《通志略》，上海古籍出版社，1990年，第80页。
⑥ ［宋］郑樵：《通志略》，上海古籍出版社，1990年，第80页。
⑦ ［清］张澍：《姓氏寻源》，岳麓书社，1992年，第266页。
⑧ ［清］张澍：《姓氏寻源》，岳麓书社，1992年，第81页。

败之。"①

徐［xú］

徐氏，东夷族部落首领伯益的后代。后秦姚兴时有徐氏，徐洛生是也。《晋书·载记》载："使姚硕德及冠军徐洛生等伐仇池，又遣建武赵琨自宕昌而进，遣其将敛俱寇汉中。"②《宋史·夏国传》载西夏有徐氏，"嘉祐元年，母没藏氏薨，遣祖儒（祖儒：西夏官名）嵬多、聿则庆唐及徐舜卿来告哀"③。《羌族社会历史调查》载：中华人民共和国成立前茂县有徐姓，④ 汶川月里有寨盘业主"徐拉西"⑤，"循家基"⑥，"循"或为"徐"，羌语音译之误，类似的还有理县通化公社的"继国基"和"助谷基"，"助谷基"或为"继国基"。

许［xǔ］

许氏，《通志略·氏族略第二》载："姜姓。与齐同祖。炎帝之后。尧四岳伯夷之子也。"⑦《世本》载："许州向申，姜姓也，炎帝后。"⑧《宋本广韵》载："本自姜姓，炎帝之后。"⑨

畜［xù］

西羌有畜氏，为炎帝之后裔。《中国古今姓氏辞典》载："出炎帝后，望出天水。（见《路史》）"⑩《宋史·蛮夷传》记：弥羌有畜卜。"嘉定元年十二月，弥羌畜卜由恶水渡洒，寇黎州，破碉子砦。"⑪

轩［xuān］

轩氏，《姓氏寻源》记载，"《黄帝本行记》云：轩氏，黄帝之后。《文韵》云：轩氏，轩辕之后"⑫。

---

① ［唐］房玄龄等：《晋书》，中华书局，1974 年，第 2678 页。
② ［唐］房玄龄等：《晋书》，中华书局，1974 年，第 2895 页。
③ ［元］脱脱等：《宋史》，中华书局，1985 年，第 14000 页。
④ 《中国少数民族社会历史调查资料丛刊》修订编辑委员会：《羌族社会历史调查》，民族出版社，2009 年，第 41 页。
⑤ 《中国少数民族社会历史调查资料丛刊》修订编辑委员会：《羌族社会历史调查》，民族出版社，2009 年，第 141 页。
⑥ 《中国少数民族社会历史调查资料丛刊》修订编辑委员会：《羌族社会历史调查》，民族出版社，2009 年，第 140 页。
⑦ ［宋］郑樵：《通志略》，上海古籍出版社，1990 年，第 23 页。
⑧ ［东汉］宋衷：《世本》，时代文艺出版社，2008 年，第 29 页。
⑨ ［宋］陈彭年：《宋本广韵》，中国书店，1982 年，第 238 页。
⑩ 慕容翊：《中国古今姓氏辞典》，黑龙江人民出版社，1985 年，第 229 页。
⑪ ［元］脱脱等：《宋史》，中华书局，1985 年，第 14237 页。
⑫ ［清］张澍：《姓氏寻源》，岳麓书社，1992 年，第 133 页。

轩丘 [xuān qiū]

轩丘氏，《通志略·氏族略第三》载："芈姓。楚文王庶子食采轩丘。因氏焉。"①

轩辕 [xuān yuán]

轩辕氏，《姓氏寻源》记载，"《姓纂》云：轩辕之后。"②

玄氐 [xuán dī]

玄氐氏，《姓氏寻源》记载，"《氏族略》云：乞姓羌也。澍按：《山海经》太岳生先龙，先龙生玄氐，是玄氐，姜姓之后。"③

薛 [xuē]

羌有薛氏，《羌族通史》中明代"龙州土司薛文胜'首先率众归附，供给军储，指引道路。总兵官录其功，仍令在职镇守边防'"④。《羌族史》记载，"南水羌。《旧唐书·东女国传》载：南水国王侄薛尚悉曩曾随东女国王入朝于唐，被授以试少府少监兼霸州长史。"⑤《旧唐书》（卷一百九十七）载："贞元九年七月，其王汤立悉与哥隣国王董卧庭、白狗国王罗陀忽、逋租国王弟邓吉知、南水国王侄薛尚悉曩、弱水国王董辟和、悉董国王汤息赞、清远国王苏唐磨、咄霸国王董藐蓬，各率其种落诣剑南西川内附。"⑥《宋史·夏国传》有薛宗道，"熙宁元年三月，遣新河北转运使、刑部郎中薛宗道等来告哀，神宗问杀杨定事，宗道言杀人者先已执送之矣，乃赐诏慰之。"⑦

学 [xué]

《羌族社会历史调查》记汶川雁门公社有寨盘业主"学家基"⑧。

血 [xuè]

羌有血氏，《姓氏寻源》记载，"澍按：血，茂州夷姓。见《边防考》。"⑨

---

① [宋] 郑樵：《通志略》，上海古籍出版社，1990年，第41页。
② [清] 张澍：《姓氏寻源》，岳麓书社，1992年，第133页。
③ [清] 张澍：《姓氏寻源》，岳麓书社，1992年，第155页。
④ 耿少将：《羌族通史》，上海人民出版社，2010年，第295页。
⑤ 冉光荣、李绍明、周锡银：《羌族史》，四川民族出版社，1985年，第178页。
⑥ [后晋] 刘昫等：《旧唐书》，中华书局，1975年，第5278~5279页。
⑦ [元] 脱脱等：《宋史》，中华书局，1985年，第14007页。
⑧ 《中国少数民族社会历史调查资料丛刊》修订编辑委员会：《羌族社会历史调查》，民族出版社，2009年，第140页。
⑨ [清] 张澍：《姓氏寻源》，岳麓书社，1992年，第524页。

《中国古今姓氏辞典》载："茂州夷姓。（见《姓氏孝略》)"①

Y

牙［yá］

牙氏，《中国姓氏辞典》记载，"出自姜姓。《路史》云：齐太公后有牙氏。齐太公即周朝开国功臣姜子牙。其后以王父字为氏。"②《羌族社会历史调查》记茂汶县南兴公社白水寨有寨盘业主"牙质基"③。

厓［yá］

西羌有厓氏，《中国古今姓氏辞典》载："西夏、吐蕃皆有厓氏。蜀有厓氏。（见《姓氏考略》)"④

崖埋［yá mái］

党项羌有崖埋族。《太平寰宇记》（卷之三十六）载："怀远镇：管蕃部六……小父儿族巡检使崖埋一族"⑤。

言泥［yán ní］

言泥族部落，《宋史·党项传》载："景德元年正月，麟府路言：'附契丹戎人言泥族拔黄太尉率三百余帐内属。……'"⑥ 戎人多为古羌之后裔。

严［yán］

严氏，《通志略·氏族略第四》载："芈姓。即楚庄王之后。以谥为氏。因避后汉明帝讳。遂改为严氏。"⑦ 后秦姚兴时有尚书吏部郎严康，《魏书·羌姚苌传》载："神瑞元年，兴遣兼散骑常侍、尚书吏部郎严康朝贡。"⑧《茂州志·选举志·道光》有列贡，严约。⑨ 西夏国有严氏，《金史·交聘表》载："三月癸亥朔，夏武功大夫咩布师道、宣德郎严立本等贺万春节。"⑩

---

① 慕容翊：《中国古今姓氏辞典》，黑龙江人民出版社，1985年，第231页。
② 陈明远、汪宗虎：《中国姓氏辞典》，北京出版社，1995年，第486页。
③ 《中国少数民族社会历史调查资料丛刊》修订编辑委员会：《羌族社会历史调查》，民族出版社，2009年，第140页。
④ 慕容翊：《中国古今姓氏辞典》，黑龙江人民出版社，1985年，第232页。
⑤ ［宋］乐史：《太平寰宇记》，中华书局，2007年，第768页。
⑥ ［元］脱脱等：《宋史》，中华书局，1985年，第14146页。
⑦ ［宋］郑樵：《通志略》，上海古籍出版社，1990年，第77页。
⑧ ［北齐］魏收：《魏书》，中华书局，1974年，第2084页。
⑨ 《阿坝州文库》编委会：《茂州志》，四川民族出版社，2013年，第103页。
⑩ ［元］脱脱等：《金史》，中华书局，1975年，第1425页。

炎 [yán]

炎氏,《中国古今姓氏辞典》载:"古帝炎庆甲之后。蜀有炎姓。(见《姓氏考略》)"①

延 [yán]

党项羌有延家族,《宋史·吐蕃传》载:"渭州言妙娥、延家、熟嵬等族率三千余帐、万七千余口及羊马数万款塞内附。"②《续资治通鉴长编》载:"泾原路言陇山外至王家、狸家、延家三族归顺。"③

研 [yán]

西羌有研氏,《姓氏寻源》记载,"《路史》云:舜后有研氏。澍按:研乃无弋爱剑之后,爱剑五世之研,研最豪健,自后以研为种号,因以为姓。"④《后汉书·西羌传》载:"及忍子研立,时秦孝公雄强,威服羌戎。孝公使太子驷率戎狄九十二国朝周显王。研至豪健,故羌中号其后为研种。"⑤

晏 [yàn]

晏氏,《中国古今姓氏辞典》载:"陆终子晏安之后。(见《世本》)"⑥《茂州志·选举志·道光》有举人晏子纶,任陕西乾州,改云南宾州。宴士杰,举人任浙江长兴县。⑦

阳 [yáng]

阳氏,《通志略·氏族略第二》载:"楚有阳氏芈姓。"⑧ 羌豪有阳雕,《二十六史大辞典·人物卷》载:"宣帝时羌豪,因率众四千人降汉,封为言兵侯。"⑨

杨 [yáng]

杨氏,最早源于春秋时期的杨国(今山西省洪洞县),为隋朝国姓,是一个典型的多民族、多源流姓氏,主要源自姬姓及少数民族改姓等。羌族也有此

---

① 慕容翊:《中国古今姓氏辞典》,黑龙江人民出版社,1985年,第233页。
② [元]脱脱等:《宋史》,中华书局,1985年,第14158页。
③ [宋]李焘:《续资治通鉴长编》,中华书局,2004年,第1225页。
④ [清]张澍:《姓氏寻源》,岳麓书社,1992年,第159页。
⑤ [宋]范晔:《后汉书》,中华书局,1965年,第2876页。
⑥ 慕容翊:《中国古今姓氏辞典》,黑龙江人民出版社,1985年,第233页。
⑦ 《阿坝州文库》编委会:《茂州志》,四川民族出版社,2013年,第103页。
⑧ [宋]郑樵:《通志略》,上海古籍出版社,1990年,第28页。
⑨ 王和:《二十六史大辞典·人物卷》,吉林人民出版社,1993年,第96页。

姓，杨玉、杨者七是也。《古今姓氏书辩证》云："唐有三王蛮，白马氏之遗种，杨、刘、郝三族，世袭为王。"① 白马氏即白马羌。《二十六史大辞典·人物卷》载："杨玉，宣帝时曾封归义羌侯。神爵元年，因光禄大夫安国斩羌豪三十余人，遂反，攻城邑，杀长吏，败安国。次年，为降汉羌人所杀。"② 又载杨封，"西羌豪族。马援定金城后，说塞外各部，前来和亲。"③《汉书·赵充国传》载："于是诸降羌及归义羌侯杨玉等恐怒，亡所信乡，遂劫略小种，背畔犯塞，攻城邑，杀长吏。"④《宋史·夏国传》有杨守素，"诏遣邵良佐、张士元、张子奭、王正伦更往议，且许封册为夏国主，而元昊亦遣如定、聿捨、张延寿、杨守素继来。"⑤《氏与羌》载："秦州南安在三国时有很多氐、羌移置其间，大姓杨氏、姜氏都是氐、羌姓氏，故所徙户口亦以氐、羌为多。"⑥《宋史·党项传》有杨家族，"羌族四十四首领盟于杨家族，引兵骑万三千余人入寇环州石昌镇，知环州程德玄等击走之。"⑦《太平寰宇记》（卷之三十六）载党项羌有杨尉尉等一族，"保静镇，管蕃部六：吐蕃村巡检使委尾一族，右厢巡检使成悉逋等一族，右厢务下义征使罗庆等一族，右厢巡检使务下义征杨尉尉等一族，狼唆村义征使埋庆等一族，鬼悉涡巡检使庚子等一族。"⑧ 杨玉（？—前60），西汉时西羌先零大首领，世居西羌先零。西汉武帝元鼎六年（前111年）降汉，封归义侯。⑨ 杨者七（？—1382），明茂州知州，羌族。洪武六年（1373年）茂州知州杨者七朝贡归附。⑩ 今茂县曲谷乡河东村有杨姓羌族语言代表性传承人。⑪ 杨正菀，教授，羌族，四川成都人，九三学社成员。⑫ 杨松英，女，羌族，四川茂县人，全国劳动模范，第七届全国人民代表大会少数民族代表。⑬ 杨永超（1906—1990），茂县光明乡长毛香坪人，1935年5月参加红军。⑭

① ［宋］邓名世：《古今姓氏书辩证》，江西人民出版社，2006年，第187页。
② 王和：《二十六史大辞典·人物卷》，吉林人民出版社，1993年，第96页。
③ 王和：《二十六史大辞典·人物卷》，吉林人民出版社，1993年，第154页。
④ ［汉］班固：《汉书》，中华书局，1962年，第2973页。
⑤ ［元］脱脱等：《宋史》，中华书局，1985年，第13998页。
⑥ 马长寿：《氏与羌》，广西师范大学出版社，2006年，第35页。
⑦ ［元］脱脱等：《宋史》，中华书局，1985年，第14141页。
⑧ ［宋］乐史：《太平寰宇记》，中华书局，2007年，第767页。
⑨ 刘德仁：《中国少数民族名人辞典·古代》，四川辞书出版社，1989年，第350页。
⑩ 刘德仁：《中国少数民族名人辞典·古代》，四川辞书出版社，1989年，第350页。
⑪ 四川省音乐舞蹈研究所：《羌族文化传承人纪实录》，四川科学技术出版社，2012年，第4页。
⑫ 张声作：《当代中国少数民族名人录》，华文出版社，1992年，第146页。
⑬ 张声作：《当代中国少数民族名人录》，华文出版社，1992年，第150、385页。
⑭ 四川省茂县地方志编纂委员会：《茂县志·1988—2005》，方志出版社，2010年，第749页。

样丹 [yàng dān]

西羌有样丹族。《宋史·吐蕃传》载:"时西凉样丹族上表求市弓矢,上以样丹宣力西陲,委以捍蔽,特令渭州给赐。"①

尧 [yáo]

尧氏,《世本》载:"尧是黄帝玄孙。黄帝生玄嚣,玄嚣生侨极,侨极生帝喾,帝喾生尧。帝尧为陶唐氏。"②《通志略·氏族略第四》载:帝尧之后也,支孙以为氏。望出河间上党。此乃以名为氏也。郑樵曰:"臣谨按。谥义起于周。后人不知。而作谥法。以尧舜禹汤为谥。误矣。此皆名也。"③ 范文澜《中国通史》载:"尧是羌族庆都的儿子"④。所以尧及其后人皆为羌族。

姚 [yáo]

姚氏,《姓氏寻源》载:"《姓谱》出吴兴、南安二望。《广韵》云:舜生于姚虚,因以为姓。《左传》郑大夫姚句耳,姚般即其后。《帝王世纪》云:舜母名握登,生舜于姚墟,因姓姚氏。《说文》云:虞舜居姚虚,因以为姓。澍按:姚舜后胡公封陈,至敬仲仕齐为田氏,至丰,王莽封为代睦侯,奉舜后,子恢避王莽乱,过江居吴郡,改姓妫氏,五代孙敷复为姚氏。郑樵云:虞有二姓,因姚虚之生而姓姚,因妫水之居丽姓妫,故姚恢改姓为妫,而妫皓又改姓为姚,则姚妫二姓可通也。又按:赤亭羌姚氏亦舜之后,汉中元末姚填虞寇西州,为马武所败,即舜少子之裔。"⑤《北朝胡姓考(修订本)》载:"南安姚氏,羌族人也。"⑥《碑铭所见前秦至隋初的关中部族》有"南安姚氏为羌族大姓"⑦。《晋书·卷一百十六·载记》载:"姚弋仲,南安赤亭羌人也。"⑧ 又载,姚弋仲(280—352),南安赤亭(今甘肃陇西东南)人,西晋末期至五胡十六国前期人物,南安羌族酋长,姚弋仲亦是后秦开国君主姚苌之父。《晋书》记载:姚弋仲共有四十二子,有姚益、姚襄(姚弋仲第五子,姚弋仲死后代领其众,初投东晋,后叛晋自立,在与前秦的战事中战死。后秦建立后追封为魏武王)、姚苌(字景茂,姚弋仲第二十四子,后秦武昭帝,后秦开国君主)、姚

---

① [元] 脱脱等:《宋史》,中华书局,1985年,第14158页。
② [东汉] 宋衷:《世本》,时代文艺出版社,2008年,第4页。
③ [宋] 郑樵:《通志略》,上海古籍出版社,1990年,第56页。
④ 范文澜:《中国通史》,人民出版社,1978年,第239页。
⑤ [清] 张澍:《姓氏寻源》,岳麓书社,1992年,第171页。
⑥ 姚薇元:《北朝胡姓考(修订本)》,中华书局,2007年,第345页。
⑦ 马长寿:《碑铭所见前秦至隋初的关中部族》,中华书局,1985年,第40页。
⑧ [唐] 房玄龄等:《晋书》,中华书局,1974年,第2959页。

绪、姚尹买、姚硕德等。姚苌有子姚崇姚兴等，"以子崇为质于冲"①，"立妻虵为皇后，子兴为皇太子，置百官。"②《魏书》记："姚苌自称大单于、万年秦王。"③"姚苌称皇帝于长安，自号大秦。"④《历代碑刻契文族谱》记汶川县漩口镇有"姚氏家谱碑"，该碑记姚氏"曾祖公由粤来川营谋生理，落业于漩口广东街，种圃为业，脉生三子"⑤。《中国少数民族名人辞典·古代》载羌族姚姓人物有十六国时期的姚苌、姚泓、姚襄、姚弋仲、姚硕德，南宋大臣有姚道和⑥。"姚"古同"遥"。

搖［yáo］

搖氏，《通志略·氏族略第四》载："姒姓。越王句践裔孙东越王摇之后。以王父名为氏。"⑦"搖"同"摇"。

药［yào］

药氏，《中国古今姓氏辞典》载："姜姓之后。（见《路史》）"⑧《中国姓氏辞典》记载，"《姓氏考略》云：西夏亦有药氏。"⑨汤开建认为"药氏"非为西夏姓氏，"药厮逋是武胜军一带的吐蕃部落首领，非属西夏，故不应录入西夏姓氏之中。"⑩《李范文西夏学论文集》记载，"药氏：为吐蕃首领，非西夏姓氏。"⑪羌人首领药厮逋，《宋史·王君万传》载："王师定武胜，首领药厮逋邀劫于阗贡物，帅师讨焉"⑫。

药令［yào　líng］

西羌有药令族。《宋史·吐蕃传》载："其年，迁党寇永宁，为药令族合苏击败之，斩首百余级。"⑬

---

① ［唐］房玄龄等：《晋书》，中华书局，1974 年，第 2966 页。
② ［唐］房玄龄等：《晋书》，中华书局，1974 年，第 2967 页。
③ ［北齐］魏收：《魏书》，中华书局，1974 年，第 20 页。
④ ［北齐］魏收：《魏书》，中华书局，1974 年，第 21 页。
⑤ 《阿坝州文库》编委会：《历代碑刻契文族谱》，四川民族出版社，2013 年，第 112 页。
⑥ 刘德仁：《中国少数民族名人辞典·古代》，四川辞书出版社，1989 年，第 353～354 页。
⑦ ［宋］郑樵：《通志略》，上海古籍出版社，1990 年，第 64 页。
⑧ 慕容翊：《中国古今姓氏辞典》，黑龙江人民出版社，1985 年，第 237 页。
⑨ 陈明远、汪宗虎：《中国姓氏辞典》，北京出版社，1995 年，第 499 页。
⑩ 汤开建：《张澍〈西夏姓氏录〉订误》，载《兰州大学学报（社会科学版）》，1982 年第 4 期，第 66 页。
⑪ 李范文：《李范文西夏学论文集》，中国社会科学出版社，2012 年，第 537 页。
⑫ ［元］脱脱等：《宋史》，中华书局，1985 年，第 11070 页。
⑬ ［元］脱脱等：《宋史》，中华书局，1985 年，第 14157 页。

野辞 [yě cí]

党项羌有野辞氏,《姓氏寻源》记载,"《姓谱》云:唐时党项以姓别为部,有野辞氏。《路史》云:野辞氏,拓拔八姓之一。"① 《李范文西夏学论文集》载:"《唐书》细封氏,《宋史》改为'细风氏'。野辞氏误为'野乱氏',《新五代史》卷七四作'野利氏',《通考》卷三三四,改为'野律氏'"②。

野儿和尚 [yě ér hé shàng]

党项羌有野儿和尚族部落。《宋史》载:"九月,秦州言野儿和尚族部落尤大,能禀朝命,凡诸族为寇盗者辄遏绝之,请加旌别。"③

野鸡 [yě jī]

党项羌有野鸡族部落。《宋史·党项传》载:"八月,野鸡族侵掠环庆界,诏边臣和断,如其不从,则胁以兵威。"④《续资治通鉴长编》有野家族,"又以延州野家族蕃部指挥使伽凌补三班借职,为七襄平、雅克青哈至金明已来巡检使,从利用之请也。"⑤《五代会要·党项羌》有野鸡族,"三年二月。庆州刺史郭彦钦。奏党项野鸡族。掠夺商旅。请出兵讨之。"⑥《剑桥中国辽西夏金元史》载五代时期的党项有野鸡族,"几年之后,庆州以北的野鸡族在952—953年聚众起义,反抗庆州刺史的掠夺。"⑦《资治通鉴》(卷第二百九十一)载:"初,杀牛族与野鸡族有隙。闻官军讨野鸡。馈饷迎奉。官军利其财。畜而掠之。杀牛族反与野鸡合。"⑧《册府元龟》(卷一百六十七)载野鸡第七门族、野鸡族,"三年正月夏州李彝殷府州……庆州诸蕃部寻遣人告报首领其野鸡第七门族首领李万全……又令宁州张建武会合环州皇甫进兵攻之建武勇於立功径趋野鸡族帐追击杀数百人其喜万玉族折思族杀牛族者皆熟户蕃人此无猜忌。又杀牛素与野鸡族有憾。"⑨ 野鸡族、野家族、野鸡第七门族或为同一族姓。

① [清]张澍:《姓氏寻源》,岳麓书社,1992年,第370页。
② 李范文:《李范文西夏学论文集》,中国社会科学出版社,2012年,第532~533页。
③ [元]脱脱等:《宋史》,中华书局,1985年,第14146页。
④ [元]脱脱等:《宋史》,中华书局,1985年,第14146页。
⑤ [宋]李焘:《续资治通鉴长编》,中华书局,2004年,第1869~1870页。
⑥ [宋]王溥:《五代会要》,中华书局,1998年,第355页。
⑦ [德]傅海波、[英]崔瑞德:《剑桥中国辽西夏金元史》,中国社会科学出版社,1998年,第168页。
⑧ [宋]司马光:《资治通鉴》,上海古籍出版社,1987年,第2022页。
⑨ [宋]王钦若等:《册府元龟》,中华书局,1960年,第2014~2015页。

野利〔yě lì〕

野利氏，《中国古今姓氏辞典》载："庆州有破丑氏族三，野利氏族五，把利氏族一。（见《唐书·党项传》)"[1]《新唐书》（卷二百二十一）载："庆州有破丑氏族三、野利氏族五、把利氏族一，与吐蕃姻援，赞普悉王之，因是扰边凡十年。"[2]《古今姓氏书辩证》记载，"野利：《唐党项传》：庆州有破丑氏族、三野利氏族、五把利氏族、一与吐蕃姻援，扰边十年。代宗用郭子仪计，遣使招慰，于是破丑、野利把利三部皆入朝，芳池州野利部并徙绥延州。大历末，野利秃罗都与吐蕃叛，子仪击斩之，而野利景庭、野利刚以其部入附鸡子川。又有六州部落，曰野利越诗，其后世事夏国。李元昊将野利遇乞善用兵，元昊分山界战士之半付之，中国尤苦边患。庆历中，种世衡用间杀遇乞，元昊遂衰。"[3]《资治通鉴》（卷第二百七十六）载野利族，"康福行至方渠。羌胡出兵邀福。福击走之。至青刚峡。遇吐蕃野利大虫二族数千帐。"[4]《中国少数民族名人辞典·古代》载：野利氏是党项大族，西夏李氏王朝的建立离不开野利家族的重要支持。李元昊称帝后的第一任皇后就是野利氏。元昊另一"股肱"之臣野利仁荣，以多学识、谙典故著称。他晓党项和汉文化，提出"商鞅峻法而国霸，赵武胡服而兵强"，主张以兵马为务，反对讲礼乐诗书。元昊称帝时，为中书，后为谟宁令。他与元昊同造西夏文字。1039 年，主持西夏建蕃学，以蕃语译成《孝经》《尔雅》《四言杂字》。野利部人还有野利浪烈、野利遇乞。[5]《李范文西夏学论文集》记载，"叶里氏：又野遇氏、野利氏。《宋史》有野利遇乞，德明母叶里氏，元昊妃亦叶里氏，又有野利旺荣，仁孝陵出土残碑有'夜黎仁荣'，叶里、野利、野律、夜黎均为一音之转。"[6]又"野遇氏：《续通志》作罗伊氏"[7]。《宋史·夏国传》载："德明小字阿移，母曰顺成懿孝皇后野利氏，即位于柩前，时年二十三。"[8]《唐会要·党项羌》载："党项有六府部落。曰野利越诗。野利龙儿。野利厥。律儿黄。野海。野窜等。居庆州者。"[9]《册府元龟》卷九百五十六载："党项羌者三苗之裔也。……唐时有六

---

① 慕容翊：《中国古今姓氏辞典》，黑龙江人民出版社，1985 年，第 237 页。
② 〔宋〕欧阳修、宋祁：《新唐书》，中华书局，1975 年，第 6217 页。
③ 〔宋〕邓名世：《古今姓氏书辩证》，江西人民出版社，2006 年，第 402 页。
④ 〔宋〕司马光：《资治通鉴》，上海古籍出版社，1987 年，第 1923 页。
⑤ 刘德仁：《中国少数民族名人辞典·古代》，四川辞书出版社，1989 年，第 65 页。
⑥ 李范文：《李范文西夏学论文集》，中国社会科学出版社，2012 年，第 536 页。
⑦ 李范文：《李范文西夏学论文集》，中国社会科学出版社，2012 年，第 535 页。
⑧ 〔元〕脱脱等：《宋史》，中华书局，1985 年，第 13989 页。
⑨ 〔宋〕王溥：《唐会要》，中华书局，1955 年，第 1757 页。

府部落曰：野利越诗。野利龙儿。野利厥律。儿黄。野海。梅野萃。"① 《宋史·党项传》载：有党项羌部落野狸族，"七月，补野狸族首领子阿宜为怀安将军。"② 《续资治通鉴长编》载："壬申，环州野狸族庆香等来贡马。"③ 《宋史·夏国传》作野力氏，"元昊五月五日生，国人以其日相庆贺，又以四孟朔为节。凡五娶，一曰大辽兴平公主，二曰宣穆惠文皇后没藏氏，生谅祚，三曰宪成皇后野力氏，四曰妃没嚦氏，五曰索氏。"④ 《宋史·宋琪传》载："野利，盖羌族之号也。"⑤ 唐时党项羌野利氏家族有野利秃罗都、野利景庭、野利刚、野利越时、野利龙儿、野利厥律等。

野律 ［yě lǜ］

野律氏，《姓氏寻源》载："《唐书》党项，羌古析支之地，汉西羌之别种。晋魏已降，西羌微弱，周灭宕昌邓至之后，党项始强。南杂眷桑迷桑等羌，北连吐谷浑。其种每姓自别为部落，一姓之中复分为一小部落，大者万余骑，不相统一。有细封氏、费听氏、姓利氏、颇超氏、野律氏、房当氏、米禽氏，而拓拔最为强。"⑥

野马 ［yě mǎ］

党项羌有野马族。《宋史·真宗纪》载："是岁，西凉府暨龙野马族、三佛齐、大食国来贡。"⑦

野蒲 ［yě pú］

西夏有野蒲氏，《李范文西夏学论文集》记载，"野蒲氏：一作也蒲氏，西夏将家。"⑧ 《元史·昂吉儿传》载："昂吉儿，西夏人，姓野蒲氏，世为西夏将家。"⑨

叶 ［yè］

叶氏，《姓氏寻源》载："下邳叶氏出自芈姓。"⑩ 《茂州志·道光》职官志

① ［宋］王钦若等：《册府元龟》，中华书局，1960年，第11249页。
② ［元］脱脱等：《宋史》，中华书局，1985年，第14145页。
③ ［宋］李焘：《续资治通鉴长编》，中华书局，2004年，第1180页。
④ ［元］脱脱等：《宋史》，中华书局，1985年，第14000页。
⑤ ［元］脱脱等：《宋史》，中华书局，1985年，第9129页。
⑥ ［清］张澍：《姓氏寻源》，岳麓书社，1992年，第371页。
⑦ ［元］脱脱等：《宋史》，中华书局，1985年，第123页。
⑧ 李范文：《李范文西夏学论文集》，中国社会科学出版社，2012年，第535页。
⑨ ［明］宋濂等：《元史》，中华书局，1976年，第3213页。
⑩ ［清］张澍：《姓氏寻源》，岳麓书社，1992年，第577页。

载："明洪武初，以土人为知州，"① 又载：叶贯道、蔡文韶、于敏、孙芝洪武中任茂州知州。② 可知明时茂州羌人有叶姓，今羌族也有叶姓。

叶市〔yè fú〕

党项有叶市族部落。《宋史·党项传》载："二月，叶市族啰埋等持继迁伪署牒率百余帐来归，以啰埋为本族指挥使，啰胡为军使。"③《宋史·真宗纪》载："蕃部叶市族啰埋等内附。"④ 又载："五月壬辰，王旦为兖州景灵宫朝修使，乙未，又为天书刻玉使。泾原言叶施族大首领艳般率族归顺"⑤。《续资治通鉴长编》有叶市族，"泾原都钤辖曹玮言叶市族大首领艳般，率其族自北境归顺。"⑥

页允〔yè yǔn〕

党项羌西夏有页允氏，《李范文西夏学论文集》记载，"页允氏：《交聘表》有页允克、页允思文。"⑦

拽臼〔yè jiù〕

党项羌有拽臼氏，《宋史·党项传》载："绥州羌部军使拽臼等百九十五口内属。"⑧

拽浪〔yè làng〕

党项羌西夏有拽浪氏。《宋史·夏国传》有拽浪撩黎，"太原府、代州兵马钤辖苏安静得夏国吕宁、拽浪撩黎来合议，乃筑堡九，更新边禁，要以违约则罢和市，自此始定。"⑨《宋史·真宗纪》有拽浪南山，"乙酉，石隰部署言河西蕃族拽浪南山等四百人来归。"⑩《李范文西夏学论文集》记载，"拽浪氏：拽浪、叶朗实属一姓。汤文认为《长编·卷一九三》称'叶朗缭黎'，实为一人"⑪。

---

① 《阿坝州文库》编委会：《茂州志》，四川民族出版社，2013年，第68页。
② 《阿坝州文库》编委会：《茂州志》，四川民族出版社，2013年，第69页。
③ ［元］脱脱等：《宋史》，中华书局，1985年，第14144页。
④ ［元］脱脱等：《宋史》，中华书局，1985年，第121页。
⑤ ［元］脱脱等：《宋史》，中华书局，1985年，第156页。
⑥ ［宋］李焘：《续资治通鉴长编》，中华书局，2004年，第1877页。
⑦ 李范文：《李范文西夏学论文集》，中国社会科学出版社，2012年，第534页。
⑧ ［元］脱脱等：《宋史》，中华书局，1985年，第14144页。
⑨ ［元］脱脱等：《宋史》，中华书局，1985年，第14001页。
⑩ ［元］脱脱等：《宋史》，中华书局，1985年，第118页。
⑪ 李范文：《李范文西夏学论文集》，中国社会科学出版社，2012年，第534页。

拽税〔yè shuì〕

党项羌西夏有拽税氏，《李范文西夏学论文集》记载，"拽税氏：《续通志》作雅苏氏。"①《金史·交聘表》载："八月己酉，夏武节大夫拽税守节、宣德郎张仲文贺天寿节"②。

拽藏〔yè zàng〕

党项羌西夏有拽藏族。《宋史·李继周传》载："有磨卢家、媚咩、拽藏等族居近卢关，未尝内顺。"③

伊〔yī〕

伊氏，《姓氏寻源》记载，"《三辅旧事》曰：尧母庆都配高辛氏，而生尧，因依伊长孺为姓。澍按：皇甫谧云：尧初生时寄于伊长孺之家，遂姓伊。"④

伊力〔yī lì〕

伊力氏，《姓氏寻源》记载，"澍按：西羌姓也，南凉秃发傉檀时，有伊力姓。"⑤"秃发"或为"拓跋"的谐音，少数民族姓氏的一种。《中国古今姓氏辞典》载："伊力，西羌姓。"⑥

伊祁〔yī qí〕

伊祁氏，《姓氏寻源》记载，"澍按：尧姓伊祁氏。"⑦

伊耆〔yī qí〕

伊耆氏，《中国古今姓氏辞典》载："炎帝神农氏姓伊耆，名轨。（见《路史·三皇纪》）炎帝神农氏，其初国伊，又国耆，合而称之，又号伊耆氏，亦作伊祁。（见《竹书纪年》）"⑧

伊特古〔yī tè gǔ〕

党项羌有伊特古族。《续资治通鉴长编》卷 67 载："有伊特古者，族望最大"⑨。

---

① 李范文：《李范文西夏学论文集》，中国社会科学出版社，2012 年，第 535 页。
② 〔元〕脱脱等：《金史》，中华书局，1975 年，第 1457 页。
③ 〔元〕脱脱等：《宋史》，中华书局，1985 年，第 8870 页。
④ 〔清〕张澍：《姓氏寻源》，岳麓书社，1992 年，第 45 页。
⑤ 〔清〕张澍：《姓氏寻源》，岳麓书社，1992 年，第 46 页。
⑥ 慕容翊：《中国古今姓氏辞典》，黑龙江人民出版社，1985 年，第 239 页。
⑦ 〔清〕张澍：《姓氏寻源》，岳麓书社，1992 年，第 45 页。
⑧ 慕容翊：《中国古今姓氏辞典》，黑龙江人民出版社，1985 年，第 239 页。
⑨ 〔宋〕李焘：《续资治通鉴长编》，中华书局，2004 年，第 1510 页。

依 ［yī］

依氏，《姓氏寻源》记载，"澍按：《国语》黄帝子二十五宗其得姓者，为十二姓，中有依氏，是依为黄帝子姓也。"① 《国语·晋语》载："凡黄帝子，二十五宗，其得姓者十四人，为十二姓。姬、酉、祁、己、滕、箴、任、荀、僖、姞（jí）儇（xuān）、依是也。唯青阳与苍林氏同于黄帝，故皆为姬姓。"②

怡 ［yí］

怡氏，《中国古今姓氏辞典》载："神龙氏其后有怡氏。（见《补史记·三皇记》）"③

蛇 ［yí］

蛇氏，《姓氏寻源》记载，"见《姓苑》。澍按：蛇，颜师古曰音移，后人多读为余，蛇丘本以地为氏，宜如字读，今仍入麻韵。南安多蛇姓，姚苌后蛇氏。"④ 姚苌，南安赤亭羌人姚弋仲第二十四子，后秦武昭帝，后秦开国君主。《古今姓氏书辩证》记载，"蛇：后秦姚苌有皇后蛇氏，兄蛇越，（按通志作蛇越滂）为南安太守。弟扬奇为散骑常侍。又有建义将军蛇立临，晋太守蛇平，其后望出南安。"⑤

移 ［yí］

移氏，《中国姓氏辞典》载："出自姜姓。以邑名为氏。"⑥《风俗通义校释》载："齐公子雍食采於移，其后氏焉。汉有弘农太守移良。"⑦

移卑陵山 ［yí bēi ling shān］

党项羌者龙族有移卑陵山部。《宋史·党项传》载："者龙移卑陵山首领厮敦菩遣使称已集本族骑兵"⑧。《续资治通鉴长编》载："乙亥，泾原部署陈兴等言者龙移卑陵山首领厮敦菩遣使称已集蕃骑，愿随讨李继迁。"⑨

移逋 ［yí bū］

党项羌有移逋族。《宋史·吐蕃传》载："是年，宗家、当宗、章迷族来

---

① ［清］张澍：《姓氏寻源》，岳麓书社，1992年，第64～65页。
② ［春秋］左丘明：《国语》，时代文艺出版社，2008年，第82页。
③ 慕容翊：《中国古今姓氏辞典》，黑龙江人民出版社，1985年，第240页。
④ ［清］张澍：《姓氏寻源》，岳麓书社，1992年，第193页。
⑤ ［宋］邓名世：《古今姓氏书辩证》，江西人民出版社，2006年，第175页。
⑥ 陈明远、汪宗虎：《中国姓氏辞典》，北京出版社，1995年，第504页。
⑦ ［东汉］应劭：《风俗通义校释》，天津人民出版社，1980年，第484页。
⑧ ［元］脱脱等：《宋史》，中华书局，1985年，第14144页。
⑨ ［宋］李焘：《续资治通鉴长编》，中华书局，2004年，第1180页。

贡，移逋、撩父族归附。"①《太平寰宇记》（卷之三十六）载党项羌有移逋一族，"怀远镇：管蕃部六……小父儿族巡检使移逋一族"②。

移香 ［yí xiāng］

党项羌有移香一族。《太平寰宇记》（卷之三十六）载："城下管蕃部三，傍家外生族巡检司使移香一族，媚家族巡检使保尾一族，越邦族巡检使罗香一族。"③

义渠 ［yì qú］

义渠氏，《后汉书·西羌传》有光禄大夫义渠安国，其注云："义渠，姓也。"④ 同书有义渠戎、义渠国、义渠王，"自是中国无戎寇，唯余义渠种焉。至贞王二十五年，秦伐义渠，虏其王。"⑤ 义渠安国或以国"义渠"为姓。《宋本广韵》载："又复姓，西戎义渠，为秦所灭，后因氏焉"⑥。

易 ［yì］

易氏，《中国姓氏辞典》记载，"出自姜姓。据《尚友录》云：春秋时齐桓公有宠臣雍巫，字牙，食采邑于易，称易牙。其后有易氏。"⑦《羌族社会历史调查》记松潘县日兹有寨盘业主"易国基"⑧。

懿 ［yì］

懿氏，《通志略·氏族略第四》载："姜姓。风俗通。本齐懿公之后。"⑨《古今姓氏书辩证》载："《秦录》姚泓有吏部郎懿横。"⑩

殷 ［yīn］

殷氏，《茂县民间文化集成·赤不苏片区卷》载茂县曲谷乡河坝村有殷氏、罗氏合葬墓，该墓葬修建于清宣统二年（1911年）。⑪《茂州志·道光》载康熙

---

① ［元］脱脱等：《宋史》，中华书局，1985年，第14158页。
② ［宋］乐史：《太平寰宇记》，中华书局，2007年，第768页。
③ ［宋］乐史：《太平寰宇记》，中华书局，2007年，第766页。
④ ［宋］范晔：《后汉书》，中华书局，1965年，第2878页。
⑤ ［宋］范晔：《后汉书》，中华书局，1965年，第2874页。
⑥ ［宋］陈彭年：《宋本广韵》，中国书店，1982年，第328页。
⑦ 陈明远、汪宗虎：《中国姓氏辞典》，北京出版社，1995年，第506页。
⑧ 《中国少数民族社会历史调查资料丛刊》修订编辑委员会：《羌族社会历史调查》，民族出版社，2009年，第140页。
⑨ ［宋］郑樵：《通志略》，上海古籍出版社，1990年，第78页。
⑩ ［宋］邓名世：《古今姓氏书辩证》，江西人民出版社，2006年，第436页。
⑪ 茂县民间文化集成收集整理出版编辑部：《茂县民间文化集成·赤不苏片区卷》，中央民族大学出版社，2015年，第336页。

年间职官有殷鼎臣。① 今茂县曲谷乡仍有此姓。

尹［yǐn］

尹氏源于少昊，殷之后裔。后秦姚兴时有尹氏，尹纬是也。《晋书·载记》载："兴自称大将军，以尹纬为长史，狄伯支为司马，率众伐苻登。"②《古今姓氏书辩证》载："后秦天水尹氏，纬，字景亮，仕姚兴，官至尚书左仆射，号名臣，赠司徒、清河忠成侯。又西州大族尹赤，以佐命功为姚苌大将军左长史。又有大将军参军尹延年，别部帅尹嵩，京兆尹尹昭，大将军尹元，宁朔将军、弘农太守尹雅。又尹敌守杏城，为赫连勃勃所执。"③《羌族史》载：姚氏后秦政权有大将军尹元④。《羌族社会历史调查》载："汶川县绵池区、绵池乡羌丰大队簸头寨，为羌族聚居寨，住有羌族汪、王、高、杨、尹等姓，共同63户。"⑤

婴齐［yīng　qí］

婴齐氏，《通志略·氏族略第四》载："婴姓。楚穆王之子公子婴齐之后也。"⑥

郢［yǐng］

郢氏，《姓氏寻源》记载，"《路史》云：楚鬻熊之后有郢氏。澍按：《渚宫旧事》云：楚文王都郢，后九世昭王避敌迁都，后复都郢，为南郢。都，今宜城，为北郢。惠王迁鄀，顷襄徙陈，考烈徙寿春。郢字一作，是郢以地为氏。《寰宇记》云：武昌郡六姓有郢氏，其五则吴、伍、程、史、龙也。"⑦

映［yìng］

西夏有映氏，映吴嵬名谕密。《宋史·夏国传》载："三月，夏遣大使映吴嵬名谕密、副使广乐毛示聿等诣太皇太后进驼、马以谢奠慰。"⑧《李范文西夏学论文集》记载，"映氏：汤认为：映吴嵬名谕密，映吴为西夏官号，非

① 《阿坝州文库》编委会：《茂州志》，四川民族出版社，2013 年，第 72 页。
② ［唐］房玄龄等：《晋书》，中华书局，1974 年，第 2975 页。
③ ［宋］邓名世：《古今姓氏书辩证》，江西人民出版社，2006 年，第 375 页。
④ 冉光荣、李绍明、周锡银：《羌族史》，四川民族出版社，1985 年，第 124 页。
⑤ 《中国少数民族社会历史调查资料丛刊》修订编辑委员会：《羌族社会历史调查》，民族出版社，2009 年，第 182 页。
⑥ ［宋］郑樵：《通志略》，上海古籍出版社，1990 年，第 63 页。
⑦ ［清］张澍：《姓氏寻源》，岳麓书社，1992 年，第 379～380 页。
⑧ ［元］脱脱等：《宋史》，中华书局，1985 年，第 14015 页。

姓也。"①

由［yóu］

由氏，《通志略·氏族略第四》载："亦为由余氏。西戎由余相秦。子孙氏焉。楚王孙由于亦为由氏。"②

由吾［yóu wú］

由吾氏，《通志略·氏族略第四》载："姓纂云。由余之后。仕吴。子孙入越。因号由吾氏。"③

犹［yóu］

先零羌有犹氏，《姓氏寻源》记载，"澍按：先零大豪有犹氏，蜀多犹氏。见汉宋恩题名碑。"④《二十六史大辞典·人物卷》载犹非，"宣帝时先零羌大豪。曾起兵反汉。后为降汉羌人所杀。"⑤

猷［yóu］

猷氏，《姓氏寻源》记载，"《风俗通》云：今望出陇西。澍按：猷氏当即犹氏，先零大豪犹非即陇西人。"⑥

雍［yōng］

雍氏，《姓氏寻源》记载，"《辩证》云：出自姞姓，黄帝之后，与南燕同祖。"⑦

雍门［yōng mén］

雍门氏，《中国姓氏辞典》记载，"出自姜姓。以地名为氏。据《世本》所载，春秋时齐顷公之子、公子胜居雍门，故为雍门氏。"⑧《世本》载："齐顷公生子夏胜，以所居为雍门氏。"⑨

永［yǒng］

永氏，《李范文西夏学论文集》记载，"永氏：汤文认为永昌为人名，非

① 李范文：《李范文西夏学论文集》，中国社会科学出版社，2012年，第537页。
② ［宋］郑樵：《通志略》，上海古籍出版社，1990年，第64页。
③ ［宋］郑樵：《通志略》，上海古籍出版社，1990年，第65页。
④ ［清］张澍：《姓氏寻源》，岳麓书社，1992年，第263页。
⑤ 王和：《二十六史大辞典·人物卷》，吉林人民出版社，1993年，第96页。
⑥ ［清］张澍：《姓氏寻源》，岳麓书社，1992年，第263页。
⑦ ［清］张澍：《姓氏寻源》，岳麓书社，1992年，第395页。
⑧ 陈明远、汪宗虎：《中国姓氏辞典》，北京出版社，1995年，第513页。
⑨ ［东汉］宋衷：《世本》，时代文艺出版社，2008年，第43页。

姓也。"①

勇 ［yǒng］

勇氏，《中国姓氏辞典》载："出自芈姓。周代楚国熊勇之后。"②

臾 ［yú］

臾氏，《姓氏寻源》记载，"《路史》云：伏羲后有臾氏。"③

余 ［yú］

余氏，《通志略·氏族略第四》载："风俗通云。由余之后。"④《通典·边防》（卷一百八十九）载："由余，秦穆公得戎人由余遂霸西戎开地千里（由余其先晋人亡入戎）。"⑤《风俗通义校释》载："秦由余之后，以国为姓。"⑥《羌族通史》载："在安徽境内，也有唐兀人那木翰、昂吉尔以及余氏等定居在庐州等地。"⑦《中国历史·西夏史》载："余阙（1303—1358）：党项羌。安徽西夏遗民，其分布较广，影响较大者当为余阙家族。余阙字廷心，一字天心，世居河西武威，其父沙剌藏卜，官于庐州（今安徽合肥市）。……元统元年（1333 年）进士，受同知泗州事，入翰林院，……其子名余渊，明洪武时举人。"⑧ 其后人或姓余。《历代碑刻契文族谱》记：清嘉庆十三年，茂县三龙乡羌民改从汉姓余氏。⑨《茂县民间文化集成·赤不苏片区卷》载茂县曲谷乡河西村热尔寨有余氏家族火葬场墓碑，该碑立于清光绪二年（1876 年）。⑩ 今汶川县龙溪乡阿尔村巴夺寨有余姓羌族语言代表性传承人。⑪ 余姓也为龙溪乡之大姓，汶川县龙溪沟为羌人聚居地，沟谷内以余、陈、马、何、周、王等为大姓，尤以余家最众。经过了解，余氏的宗族众多，且祖源各异。当地老人余在渊介绍：龙溪姓余的家族有六七家，并且同姓不宗⑫。余光妹，羌族，第四届

---

① 李范文：《李范文西夏学论文集》，中国社会科学出版社，2012 年，第 535 页。
② 陈明远、汪宗虎：《中国姓氏辞典》，北京出版社，1995 年，第 513 页。
③ ［清］张澍：《姓氏寻源》，岳麓书社，1992 年，第 82 页。
④ ［宋］郑樵：《通志略》，上海古籍出版社，1990 年，第 64 页。
⑤ ［唐］杜佑：《通典》，中华书局，1984 年，第 1013 页。
⑥ ［东汉］应劭：《风俗通义校释》，天津人民出版社，1980 年，第 467 页。
⑦ 范文澜：《中国通史》，人民出版社，1978 年，第 284 页。
⑧ 李蔚：《中国历史·西夏史》，人民出版社，2009 年，第 206 页。
⑨ 《阿坝州文库》编委会：《历代碑刻契文族谱》，四川民族出版社，2013 年，第 110 页。
⑩ 茂县民间文化集成收集整理出版编辑部：《茂县民间文化集成·赤不苏片区卷》，中央民族大学出版社，2015 年，第 326 页。
⑪ 四川省音乐舞蹈研究所：《羌族文化传承人纪实录》，四川科学技术出版社，2012 年，第 5 页。
⑫ 王永安：《羌族地区祖先与汉姓来源探析》，载《阿坝师范高等专科学校学报》，2015 年第 3 期，第 6 页。

全国人民代表大会少数民族代表。①

鱼〔yú〕

后秦姚兴时有鱼氏，长安令鱼佩是也。《晋书·载记》载："兴以司隶校尉郭抚、扶风太守强超、长安令鱼佩、槐里令彭明、仓部郎王年等清勤贞白，下书褒美，增抚邑一百户，赐超爵关内侯，佩等进位一级。"②

鱼凫〔yú fú〕

鱼凫氏，《四川上古史新探》载：羌人"从茂汶盆地进入成都平原，曾有一段艰苦的历程，其间为鱼凫氏时代"③。

俞〔yú〕

青唐羌大酋有俞龙珂。《宋史·王君万传》载："王韶开边，青唐大酋俞龙珂归国，独别羌新罗结不从。"④

馀推〔yú tuī〕

馀推氏，《姓氏寻源》记载，"《路史》云：楚公族有馀推氏。"⑤

榆〔yú〕

当阗种羌榆鬼，《后汉书·西羌传》载："四年春，尚遣当阗种羌榆鬼等五人刺杀杜季贡，封榆鬼为破羌侯。"⑥《中国古今姓氏辞典》载："榆氏出姜姓，炎帝榆罔之后。(见《路史》)"⑦《中国少数民族名人辞典·古代》载："榆鬼，东汉时羌人头领。羌族(当阗种)。元初四年(117 年)春，榆鬼等五人被中郎将任尚派遣，将领导羌人大起义的重要领导人杜季贡刺杀。榆鬼被东汉王朝封为破羌侯。"⑧

宇〔yǔ〕

西夏有宇氏，《李范文西夏学论文集》记载，"宇氏：《交聘表》有宇得贤。"⑨《宋本广韵》载："又虏姓宇文氏，出自炎帝。"⑩

---

① 张声作：《当代中国少数民族名人录》，华文出版社，1992 年，第 376 页。
② 〔唐〕房玄龄等：《晋书》，中华书局，1974 年，第 2980~2981 页。
③ 任乃强：《四川上古史新探》，四川人民出版社，1986 年，第 65 页。
④ 〔元〕脱脱等：《宋史》，中华书局，1985 年，第 11069 页。
⑤ 〔清〕张澍：《姓氏寻源》，岳麓书社，1992 年，第 67 页。
⑥ 〔宋〕范晔：《后汉书》，中华书局，1965 年，第 2891 页。
⑦ 慕容翊：《中国古今姓氏辞典》，黑龙江人民出版社，1985 年，第 249 页。
⑧ 刘德仁：《中国少数民族名人辞典·古代》，四川辞书出版社，1989 年，第 356 页。
⑨ 李范文：《李范文西夏学论文集》，中国社会科学出版社，2012 年，第 535 页。
⑩ 〔宋〕陈彭年：《宋本广韵》，中国书店，1982 年，第 240 页。

庾子〔yǔ zǐ〕

党项羌有成庾子一族，《太平寰宇记》（卷之三十六）记载，"保静镇，管蕃部六：吐蕃村巡检使委尾一族，右厢巡检使成悉逋等一族，右厢务下义征使罗庆等一族，右厢巡检使务下义征杨尉尉等一族，狼唆村义征使埋庆等一族，鬼悉涡巡检使庾子等一族。"①

禹〔yǔ〕

禹氏，《通志略·氏族略第四》载："姓姒。夏禹之后也。……南唐将禹万诚。望出陇西。"②《茂州志·人物志·道光》大禹注：禹，姓姒，亦称夏禹、戎禹。关于大禹与羌的关系，众多史书都有记载，如《史记·六国年表序》《三国志·蜀志·秦宓传》《蜀本纪》《华阳国志》《续汉志》《史记·夏本纪》《正义》《括地志》《寰宇记》《元和郡县图志》《汶川县志》《四川通志》《一统志》。《蜀中名胜记》载江州有涂山禹王庙，他的侍卫多着羌族装束，也证禹系羌人③。《羌族通史》载："许多史籍都认定禹生汶山石纽，为羌人。"④ 大禹的后人自然是羌人。今茂汶土门有禹姓。"地主禹蓝氏以大洋 200 元、大烟 150 两放与 38 户农民，仅是高利债每年即剥削 90 石粮食。"⑤

郥〔yǔ〕

郥氏，《通志略·氏族略第二》载："夏禹之后为禹氏。故此郥氏者往往去邑作禹。"⑥

聿〔yù〕

聿氏，《姓氏寻源》记载，"澍按：《博古图》周有聿远之鬲。《钟鼎款识》作聿速，商人也，是聿姓尚矣，不只西夏有之。"⑦《宋史·夏国传》有聿捨，"诏遣邵良佐、张士元、张子奭、王正伦更往议，且许封册为夏国主，而元昊亦遣如定、聿捨、张延寿、杨守素继来。"⑧《张澎〈西夏姓氏录〉订误》汤开

①　［宋］乐史：《太平寰宇记》，中华书局，2007 年，第 767 页。
②　［宋］郑樵：《通志略》，上海古籍出版社，1990 年，第 56 页。
③　《阿坝州文库》编委会：《茂州志·道光》，四川民族出版社，2013 年，第 127 页。
④　耿少将：《羌族通史》，上海人民出版社，2010 年，第 26 页。
⑤　《中国少数民族社会历史调查资料丛刊》修订编辑委员会：《羌族社会历史调查》，民族出版社，2009 年，第 20 页。
⑥　［宋］郑樵：《通志略》，上海古籍出版社，1990 年，第 25 页。
⑦　［清］张澍：《姓氏寻源》，岳麓书社，1992 年，第 512 页。
⑧　［元］脱脱等：《宋史》，中华书局，1985 年，第 13998 页。

建认为"聿","不为西夏之姓氏。"① 《李范文西夏学论文集》记载，"聿氏：汤文认为聿氏非姓，而为名也。如《宋史》有如定聿舍。'聿正进'实为张聿正，聿精乃陈聿精。"②

郁［yù］

西羌有郁氏，《姓氏寻源》载："松潘叠溪长官司亦有郁氏。"③ 《羌族史》载："大姓寨土百户郁廷栋、小姓寨土百户郁成龙、大黑水寨土百户郁铃……"④

遇［yù］

黄帝子任姓之裔封于遇，左传鲁襄公救成至遇，即其地也，后以国为氏。西夏遇氏有遇忠辅、遇惟德。《李范文西夏学论文集》记载，"遇氏：《交聘表》有遇忠辅、遇惟德。"⑤ 《金史·交聘表》载："正月己未朔，夏武功大夫遇惟德、宣德郎高大伦贺正旦。"⑥ 《宋史·党项传》："六月，勒浪族副首领遇兀等百九十三人归附"⑦。《续资治通鉴长编》党项羌有小遇族，"环州辖小遇等族叛，知州张揆以蕃官慕恩等九万七千余人往讨之。"⑧

遇悉逋［yù xī bū］

党项羌有遇悉逋族。《太平寰宇记》（卷之三十六）载："定远镇，管蕃部四：……小阿父儿族巡检使遇悉逋等一务"⑨。

俞豆［yù dòu］

俞豆氏，《姓氏寻源》记载，"《氏族略》云：芈姓，楚公子食采于南阳俞豆亭，因氏焉。澍按：《路史》作俞豆，疑误。"⑩ "俞"同"喻"。《通志略·氏族略第三》载："俞豆氏，芈姓。楚公子食采于南阳俞豆亭。因氏焉。"⑪

---

① 汤开建：《张澍〈西夏姓氏录〉订误》，载《兰州大学学报（社会科学版）》，1982年第4期，第70页。
② 李范文：《李范文西夏学论文集》，中国社会科学出版社，2012年，第536页。
③ ［清］张澍：《姓氏寻源》，岳麓书社，1992年第494页。
④ 冉光荣、李绍明、周锡银：《羌族史》，四川民族出版社，1985年，第286页。
⑤ 李范文：《李范文西夏学论文集》，中国社会科学出版社，2012年，第534页。
⑥ ［元］脱脱等：《金史》，中华书局，1975年，第1474页。
⑦ ［元］脱脱等：《宋史》，中华书局，1985年，第14142页。
⑧ ［宋］李焘：《续资治通鉴长编》，中华书局，2004年，第4429页。
⑨ ［宋］乐史：《太平寰宇记》，中华书局，2007年，第768页。
⑩ ［清］张澍：《姓氏寻源》，岳麓书社，1992年，第476页。
⑪ ［宋］郑樵：《通志略》，上海古籍出版社，1990年，第43页。

御泥布 ［yù　ní　bù］

党项羌有御泥布族。《宋史·党项传》载："宥州御泥布、啰树等二族党附继迁"①。

鬻 ［yù］

鬻氏，《通志略·氏族略第四》载："芈姓。祝融之后。周文王师鬻熊受封于楚。著鬻熊子。鬻拳之后也。"②

渊 ［yuān］

渊氏，《中国姓氏辞典》载："出自姜姓。据《姓氏考略》云，春秋时齐国公族有子渊，其后为渊氏。"③

元 ［yuán］

懿州有蛮酋田元猛，《宋史·李浩传》载："蛮酋田元猛、元哲合猎狑拒官军，浩分兵击之，杀猎狑，降元猛、元哲，遂城懿州。"④ 懿州，唐时在松州设置的羁縻州。

袁 ［yuán］

《历代碑刻契文族谱》记理县薛城乡欢喜坡村有"袁氏宗支总碑"，碑文载：袁氏先祖原籍江西，迁移来蜀，子孙繁衍数百年⑤。今汶川县雁门乡有袁姓羌族释比。⑥

约啰 ［yuē　luō］

党项羌西夏有约啰氏，《李范文西夏学论文集》记载，"约啰氏：《宋史·交聘表》有约啰特默格。"⑦

月利 ［yuè　lì］

党项羌有月利族。《宋史·党项传》载："雍熙初，诸族渠帅附李继迁为寇，诏判四方馆事田仁朗及阁门使王侁等相继领兵讨击，并赐麟、府、银、

---

① ［元］脱脱等：《宋史》，中华书局，1985 年，第 14140 页。

② ［宋］郑樵：《通志略》，上海古籍出版社，1990 年，第 62 页。

③ 陈明远、汪宗虎：《中国姓氏辞典》，北京出版社，1995 年，第 528 页。

④ ［元］脱脱等：《宋史》，中华书局，1985 年，第 11079 页。

⑤ 《阿坝州文库》编委会：《历代碑刻契文族谱》，四川民族出版社，2013 年，第 111 页。

⑥ 《中国少数民族社会历史调查资料丛刊》修订编辑委员会：《羌族社会历史调查》，民族出版社，2009 年，第 137 页。

⑦ 李范文：《李范文西夏学论文集》，中国社会科学出版社，2012 年，第 537 页。

夏、丰州及日利、月利族敕书招谕之。"①

乐师〔yuè shī〕

乐师氏，《中国古今姓氏辞典》载："楚姓。（见《吴越春秋》）"②

岳〔yuè〕

岳氏源自姜姓，出自远古颛顼帝之臣伯夷的后代，属于以官职称谓为氏。在《羌族社会历史调查》中记有茂汶石鼓公社③、汶川县月里有寨子盘业主"岳家基"④。

越〔yuè〕

"兴于西羌"之大禹苗裔，夏少康之庶子无馀封于会稽以奉禹，国号越。《世本》载："越，芈姓也，与楚同祖者也。"⑤ 《通志略·氏族略第二》载："姒姓。贾逵注国语曰。夔越皆芈姓。实夏后氏之苗裔。少康之庶子封于会稽。以奉禹之祀。文身断发。披草莱而邑焉。自号于越。于越者。夷言发声也。其地今越州城是也。……允常卒，子勾践立，是为越王。"⑥ 《中国古今姓氏辞典》载："夔越皆芈姓，实夏后之苗裔，少康之庶子封于会稽，自号于越。（见《国语·贾逵注》）"⑦

越邦〔yuè bāng〕

党项羌有越邦族。《太平寰宇记》（卷之三十六）载："城下管蕃部三，傍家外生族巡检司使移香一族，媚家族巡检使保尾一族，越邦族巡检使罗香一族。"⑧

越啜〔yuè chuò〕

党项羌有越啜族。《太平寰宇记》（卷之三十六）载："定远镇，管蕃部四：……富儿族巡检使越啜等一务"⑨。

---

① ［元］脱脱等：《宋史》，中华书局，1985年，第14139页。
② 慕容翊：《中国古今姓氏辞典》，黑龙江人民出版社，1985年，第25页。
③ 《中国少数民族社会历史调查资料丛刊》修订编辑委员会：《羌族社会历史调查》，民族出版社，2009年，第140页。
④ 《中国少数民族社会历史调查资料丛刊》修订编辑委员会：《羌族社会历史调查》，民族出版社，2009年，第141页。
⑤ ［东汉］宋衷：《世本》，时代文艺出版社，2008年，第33页。
⑥ ［宋］郑樵：《通志略》，上海古籍出版社，1990年，第24页。
⑦ 慕容翊：《中国古今姓氏辞典》，黑龙江人民出版社，1985年，第253页。
⑧ ［宋］乐史：《太平寰宇记》，中华书局，2007年，第766页。
⑨ ［宋］乐史：《太平寰宇记》，中华书局，2007年，第768页。

越都 ［yuè　dū］

党项羌有越都族。《太平寰宇记》（卷之三十八）载："西北至没儿雀、悉命、女女、越都等蕃族三百五十里"①。

越椒 ［yuèjiāo］

越椒氏，《通志略·氏族略第四》载："芈姓。楚大夫鬪越椒之后也。"②

越移 ［yuè　yí］

党项羌有越移族。《宋史·党项传》载："六月，夏州尹宪等引兵至盐城，吴移、越移等四族来降，宪等抚之。"③

允 ［yǔn］

允氏，《姓氏寻源》记载，"《路史》云：出黄帝。《左传》詹桓伯曰：允姓之戎，居于瓜州。杜预注：四岳之后皆姜姓，又别为允姓。"④《世本》记载，"允姓：都，允姓国，昌意降居为侯。允格，允姓国。"⑤《羌族史》载："则姜氏之戎及允姓之戎都属羌人系统。"⑥《后汉书·西羌传》注有："允姓，阴戎之祖，与三苗俱放三危。见左传。"⑦

允鄂克 ［yǔn　è　kè］

西蕃党项允鄂克族。《续资治通鉴长编》载："西蕃允鄂克族部伊默噜来贡犁牛。"⑧

员 ［yùn］

员氏，《通志略·氏族略第四》载："音运。亦作郧。芈姓。楚伍员之后也。伍子胥名员。"⑨西夏有此姓。《李范文西夏学论文集》记载，"员氏：《交聘表》有员元亨。"⑩

① ［宋］乐史：《太平寰宇记》，中华书局，2007 年，第 813 页。
② ［宋］郑樵：《通志略》，上海古籍出版社，1990 年，第 63 页。
③ ［元］脱脱等：《宋史》，中华书局，1985 年，第 14139 页。
④ ［清］张澍：《姓氏寻源》，岳麓书社，1992 年，第 347 页。
⑤ ［东汉］宋衷：《世本》，时代文艺出版社，2008 年，第 33 页。
⑥ 冉光荣、李绍明、周锡银：《羌族史》，四川民族出版社，1985 年，第 39 页。
⑦ ［宋］范晔：《后汉书》，中华书局，1965 年，第 2873 页。
⑧ ［宋］李焘：《续资治通鉴长编》，中华书局，2004 年，第 1034 页。
⑨ ［宋］郑樵：《通志略》，上海古籍出版社，1990 年，第 62 页。
⑩ 李范文：《李范文西夏学论文集》，中国社会科学出版社，2012 年，第 535 页。

Z

杂辣 [zá là]

西夏党项羌有杂辣氏，《李范文西夏学论文集》记载，"杂辣氏：《续通志》作'察喇氏'"①。《金史·交聘表》海陵天德二年，"七月戊戌，夏御史中丞杂辣公济、中书舍人李崇德贺登宝位。"②

昝 [zǎn]

昝氏，《古今姓氏书辩证》记载，"昝：《晋载记》：李骧子寿追尊母昝氏为皇太后。又有前将军昝坚，即后族也。《后魏官氏志》：代北复姓外卢氏，改为昝氏。望出太原及彭城。吐蕃大酋昝插。武后长寿元年四月，吐蕃别部酋长昝捶帅羌蛮八百余人内附。"③

臧 [zāng]

臧氏源于姬姓，出自春秋时期鲁孝公之子彄的封地臧邑，属于以封邑名称为氏。《宋史·刘仲武传》有羌王子臧征仆哥，"童贯招诱羌王子臧征仆哥，收积石军，邀仲武计事。"④ 清时羌族地区有臧姓，《茂州志·选举志·道光》载：乾隆年间有武举人，臧英，任分母营都司，喜读书。⑤

臧嵬 [zāng wéi]

有羌熟户臧嵬族。《续资治通鉴长编》载："乞移浪斡、臧嵬等于近里汉界熟户部内买地住坐耕种，应迁徙者作三等给修造价钱，仍委经略司计口贷粮，常加存附。"⑥

臧征 [zāng zhēng]

羌有臧征氏，《宋史·刘仲武传》载："童贯招诱羌王子臧征仆哥，……贯许以便宜。仆哥果约降，而索一子为质。"⑦

藏才 [zàng cái]

党项羌有藏才族。《宋史·党项传》载："淳化元年，藏才三族都判啜尾

---

① 李范文：《李范文西夏学论文集》，中国社会科学出版社，2012年，第533页。
② [元] 脱脱等：《金史》，中华书局，1975年，第1405页。
③ [宋] 邓名世：《古今姓氏书辩证》，江西人民出版社，2006年，第423页。
④ [元] 脱脱等：《宋史》，中华书局，1985年，第11082页。
⑤ 《阿坝州文库》编委会：《茂州志》，四川民族出版社，2013年，第103页。
⑥ [宋] 李焘：《续资治通鉴长编》，中华书局，2004年，第5635页。
⑦ [元] 脱脱等：《宋史》，中华书局，1985年，第11082页。

卒，其子啜香来请命，乃令代其父。"①《续资治通鉴长编》载："竦又言，欲遣人赍土物招携藏才诸蕃部。"②

造［zào］

造氏，《姓氏寻源》记载，"《姓苑》云：造父之后有造氏。澍按：西羌豪造头是造，又羌姓抱氏。"③《后汉书》（卷八十六）载："至和帝永元六年，蜀郡徼外大牂夷种羌豪造头等率种人五十余万口内属，拜造头为邑君长，赐印绶。"④

曾［zēng］

曾氏，《通志略·氏族略第二》载："亦作鄫。亦作缯。姒姓。子爵。今沂州承县东八十里故鄫城是也。夏少康封其少子曲烈于鄫。襄六年。莒灭之。鄫太子巫仕鲁。去邑为曾氏。见世本。"⑤

缯［zēng］

缯氏，《中国古今姓氏辞典》载："禹为姒姓，其后分封，用国为姓，故有缯氏。（见《史记·夏纪》）少康子曲列封于缯，是曰缯衍。后有缯氏、鄫氏、曾氏。（见《路史》）"⑥

鄫［zēng］

鄫氏，《中国古今姓氏辞典》载："少康之后有鄫氏。（见《路史》）姒姓，夏少康封少于曲烈于鄫，其后以国为氏。（见《万姓统谱》）"⑦《宋本广韵》记载，"鄫：国名也，在琅琊。"⑧

查［zhā］

今茂县羌族有查姓。20 世纪 30 年代，该县有羌族查姓同志参加红军。⑨

张［zhāng］

张氏，《姓氏寻源》载："本自轩辕第五子挥始造弦实张网罗，世掌其职，

①　［元］脱脱等：《宋史》，中华书局，1985 年，第 14140 页。
②　［宋］李焘：《续资治通鉴长编》，中华书局，2004 年，第 3802 页。
③　［清］张澍：《姓氏寻源》，岳麓书社，1992 年，第 362 页。
④　［宋］范晔：《后汉书》，中华书局，1965 年，第 2898 页。
⑤　［宋］郑樵：《通志略》，上海古籍出版社，1990 年，第 25 页。
⑥　慕容翊：《中国古今姓氏辞典》，黑龙江人民出版社，1985 年，第 19 页。
⑦　慕容翊：《中国古今姓氏辞典》，黑龙江人民出版社，1985 年，第 19 页。
⑧　［宋］陈彭年：《宋本广韵》，中国书店，1982 年，第 180 页。
⑨　《中国少数民族社会历史调查资料丛刊》修订编辑委员会：《羌族社会历史调查》，民族出版社，2009 年，第 222 页。

后因氏焉。"①《古今姓氏书辩证》记载，"张：出自姬姓，黄帝子少昊青阳氏第五子挥，为弓正，始造弓矢，实张罗以取禽兽，主祀弧星，世掌其职，赐姓张氏。"② 西夏有张氏，《宋史·夏国传》有张浦、张延寿，"遂与弟继冲、破丑重遇贵、张浦、李大信等起夏州，乃诈降，诱杀曹光实于葭芦川，遂袭银州据之"③。"诏遣邵良佐、张士元、张子奭、王正伦更往议，且许封册为夏国主，而元昊亦遣如定、聿捨、张延寿、杨守素继来。"④ 元昊时西夏还有张陟、张绛、张文显等。《羌族通史》载宋时，"茂县、汶川等地的羌人派出张仁贵等十人前去会盟。"⑤《茂县民间文化集成·赤不苏片区卷》载茂县曲谷乡河西村罗窝寨有张氏墓葬，该墓葬为大清咸丰四年（1854年）修建。⑥ 今汶川县雁门乡越里村有张性羌族羊皮鼓舞代表性传承人。⑦

章［zhāng］

章氏，《通志略·氏族略第二》载："即鄣国之后也。姜姓。齐太公支孙。封于鄣。为纪附庸之国。"⑧

章仇［zhāng chóu］

章仇氏，《通志略·氏族略第四》载："姜姓。本章氏。齐公族。"⑨《古今姓氏书辩证》记载，"章仇：《元和姓纂》曰：齐公族姜姓之后，本章弇，其后避仇，遂加仇字，为章仇氏。"⑩

章埋［zhāng mái］

党项羌有章埋族。《宋史·曹玮传》载："复为泾原路都钤辖兼知渭州，与秦翰破章埋族于武延川，分兵灭拨臧于平凉，于是陇山诸族皆来献地。"⑪

章迷［zhāng mí］

西羌有章迷族。《宋史·吐蕃传》载："是年，宗哥、当宗、章迷族来贡，

① ［清］张澍：《姓氏寻源》，岳麓书社，1992年，第213页。
② ［宋］邓名世：《古今姓氏书辩证》，江西人民出版社，2006年，第192页。
③ ［元］脱脱等：《宋史》，中华书局，1985年，第13986页。
④ ［元］脱脱等：《宋史》，中华书局，1985年，第13998页。
⑤ 耿少将：《羌族通史》，上海人民出版社，2010年，第198页。
⑥ 茂县民间文化集成收集整理出版编辑部：《茂县民间文化集成·赤不苏片区卷》，中央民族大学出版社，2015年，第324页。
⑦ 四川省音乐舞蹈研究所：《羌族文化传承人纪实录》，四川科学技术出版社，2012年，第62页。
⑧ ［宋］郑樵：《通志略》，上海古籍出版社，1990年，第26页。
⑨ ［宋］郑樵：《通志略》，上海古籍出版社，1990年，第77页。
⑩ ［宋］邓名世：《古今姓氏书辩证》，江西人民出版社，2006年，第210页。
⑪ ［元］脱脱等：《宋史》，中华书局，1985年，第8985页。

移逋、擦父族归附。”[①]

昭［zhāo］

昭氏，《通志略·氏族略第四》载：“芈姓。楚辞云。昭屈景。”[②]

招［zhāo］

党项羌人招氏，《李范文西夏学论文集》记载，“招氏：《宋史》有银州羌部招拔遇。”[③]

赵［zhào］

西夏党项族有赵姓。西夏党项王族拓跋氏在宋时被赐赵姓。《宋史·夏国传》载：“因召赴阙，赐姓赵氏，更名保忠”[④]。《宋史·刘仲武传》载吐蕃赵怀德，吐蕃西羌之别种，“吐蕃赵怀德、狼阿章众数万叛命，仲武相持数日，潜遣二将领千骑扣其营，戒曰：‘彼出，勿与战，亟还，伏兵道左。’二将还，羌果追之，遇伏大败，斩首三千级，复西宁州。未几，怀德、阿章降。累进客省使、荣州防御使。”[⑤]《茂县民间文化集成·赤不苏片区卷》红军名录有赵热阿，羌族，雅都乡维城前村，1935 年 5 月参加红军，后失踪。[⑥] 民国时期，茂县有赵姓地主任民生工产产长。[⑦]

折逋［zhé　bū］

折逋氏，《资治通鉴》载：“会凉州留后折逋嘉施、上表请帅于朝廷”，胡三省注云：“拆逋，羌族也，因以为姓”[⑧]。《宋史·吐蕃传》载：“乾祐初，超卒，州人推其土人折逋嘉施权知留侯，遣使来贡，即以嘉施代超为留侯。”[⑨]《李范文西夏学论文集》记载，“折逋氏：汤文认为是吐蕃人，非西夏人。”[⑩]

折掘［zhé　jué］

西羌有折掘氏，《姓氏寻源》记载，“澍按：折掘氏，西羌姓。《南凉录》

---

① ［元］脱脱等：《宋史》，中华书局，1985 年，第 14158 页。

② ［宋］郑樵：《通志略》，上海古籍出版社，1990 年，第 78 页。

③ 李范文：《李范文西夏学论文集》，中国社会科学出版社，2012 年，第 538 页。

④ ［元］脱脱等：《宋史》，中华书局，1985 年，第 13984 页。

⑤ ［元］脱脱等：《宋史》，中华书局，1985 年，第 11081～11082 页。

⑥ 茂县民间文化集成收集整理出版编辑部：《茂县民间文化集成·赤不苏片区卷》，中央民族大学出版社，2015 年，第 312 页。

⑦ 《中国少数民族社会历史调查资料丛刊》修订编辑委员会：《羌族社会历史调查》，民族出版社，2009 年，第 2 页。

⑧ ［宋］司马光：《资治通鉴》，上海古籍出版社，1987 年，第 2016 页。

⑨ ［元］脱脱等：《宋史》，中华书局，1985 年，第 14152 页。

⑩ 李范文：《李范文西夏学论文集》，中国社会科学出版社，2012 年，第 533 页。

云：秃发傉檀立，其妻折掘氏为皇后，一作折屈。"①

折勒厥麻 [zhé lè jué má]

党项羌有折勒厥麻族。《宋史·党项传》载："河西内属折勒厥麻等三族请以精兵千人、马三百备征讨，诏岚州抚谕。"②《续资治通鉴长编》53 卷有勒厥麻族，可能和折勒厥麻是一族，"先是，麟州界首领勒厥麻等三族千五百帐，以浊轮寨失守，相率越河内属，遂分处边境。"③

折马山 [zhé mǎ shān]

西夏有折马山族。《宋史·兵志》载："庆历二年，知青涧城种世衡奏：募蕃兵五千，涅右手虎口为'忠勇'字，隶折马山族。"④

折平 [zhé píng]

党项羌有折平族。《宋史·吐蕃传》载："五年，折平族大首领、护远州军铸督延巴率六谷诸族马千余匹来贡。"⑤

掷树罗 [zhé shù luó]

党项羌有掷树罗家，《宋史·党项传》载："降掷树罗家等一百族，合四千八十户"⑥。"掷"同"折"。《续资治通鉴长编》载："遂抵业乐，招降得掷树罗家等百族，合四千八十户，第给袍带物彩，慰遣还族帐。"⑦

折思 [zhé sī]

党项羌有折思族。《五代会要·党项羌》载："有喜王族折思族杀牛族。彼无猜贰。"⑧《册府元龟》（卷一百六十七）载折思族，"又令宁州张建武会合环州皇甫进兵攻之建武勇于立功径趋野鸡族帐追击杀数百人其喜万玉族折思族杀牛族者皆熟户蕃人此无猜忌。又杀牛素与野鸡族有憾。"⑨

折四 [zhé sì]

党项羌有折四族。《宋史·党项传》载："是岁，灵州通远军界嗓哗族、折

① [清] 张澍：《姓氏寻源》，岳麓书社，1992年，第533页。
② [元] 脱脱等：《宋史》，中华书局，1985年，第14145页。
③ [宋] 李焘：《续资治通鉴长编》，中华书局，2004年，第1171页。
④ [元] 脱脱等：《宋史》，中华书局，1985年，第4751页。
⑤ [元] 脱脱等：《宋史》，中华书局，1985年，第14154页。
⑥ [元] 脱脱等：《宋史》，中华书局，1985年，第14145页。
⑦ [宋] 李焘：《续资治通鉴长编》，中华书局，2004年，第1186页。
⑧ [宋] 王溥：《五代会要》，中华书局，1998年，第355页。
⑨ [宋] 王钦若等：《册府元龟》，中华书局，1960年，第2014～2015页。

四族、吐蕃村族、奈㖂三家族、尾落族、奈家族、嗓泥族剽略官纲，诏灵州安守忠、通远军董遵诲讨平之。"① 折思族、折四族或为一族之音异。

折突 [zhé　tū]

党项羌有折突氏，《宋史·党项传》载："以府州界五族大首领折突厥移为安远大将军，父死来请命也。"②

折嗦 [zhé　yí]

西夏有折嗦氏，《金史·交聘表》载："八月甲午，夏武节大夫折嗦俊乂[yi]、宣德郎罗世昌贺天寿节。"③ "嗦"同"移"。

者龙 [zhě　lóng]

党项羌有者龙族。《宋史·夏国传》载："罗支遣集六谷蕃部及者龙族合击之，继迁大败，中流矢。"④《宋史·吐蕃传》有者龙族，"八月，者龙族首领来贡名马，上嘉其尝与潘罗支协力抗贼，令复优待之。"⑤

斟 [zhēn]

斟氏，《通志略·氏族略第二》载："曹姓。亦作斟寻氏。亦作斟灌氏。亦作斟戈氏。……斟戈禹后。亦姒姓。介斟杜预云夏同姓。"⑥

斟灌 [zhēn　guàn]

斟灌氏，《风俗通义校释》载："夏同姓诸侯，子孙以国为氏。"⑦《世本》载："斟灌氏，斟氏，夏同姓诸侯。"⑧

箴尹 [zhēn　yǐn]

箴尹氏，《通志略·氏族略第四》载："芈姓。楚箴尹克黄之后也。"⑨ 春秋时楚官名，主规谏。

直荡 [zhí　dàng]

党项羌有直荡族。《宋史·党项传》载："开宝元年，直荡族首领啜佶等引

---

① ［元］脱脱等：《宋史》，中华书局，1985 年，第 14138 页。
② ［元］脱脱等：《宋史》，中华书局，1985 年，第 14142 页。
③ ［元］脱脱等：《金史》，中华书局，1975 年，第 1466 页。
④ ［元］脱脱等：《宋史》，中华书局，1985 年，第 13989 页。
⑤ ［元］脱脱等：《宋史》，中华书局，1985 年，第 14156 页。
⑥ ［宋］郑樵：《通志略》，上海古籍出版社，1990 年，第 30 页。
⑦ ［东汉］应劭：《风俗通义校释》，天津人民出版社，1980 年，第 493 页。
⑧ ［东汉］宋衷：《世本》，时代文艺出版社，2008 年，第 31 页。
⑨ ［宋］郑樵：《通志略》，上海古籍出版社，1990 年，第 73 页。

并人寇府州，为王师所败。诏内属羌部十六府大首领屈遇与十二府首领罗崖领所部诛啜佶，啜佶惧，以其族归顺。"① "端拱元年三月，火山军言河西羌部直荡族内附。"②《太平寰宇记》（卷之三十八）载党项羌有直荡族，"北至二十六府、勒浪、尾马、直荡、啜娘等蕃族四百八十里"③。

治 ［zhì］

治氏，《羌族史》载："凉州羌人治无戴也起兵响应，魏发兵镇压，大肆屠杀饿河、烧戈等地羌人，并强行掠走一万余口。"④

郅 ［zhì］

郅，商时国名。后世因以为氏。《潜夫论·志氏姓》记载："姞姓之别，……及汉，河东有郅都，汝南有郅君章姓音与古姞同，而书其字异。"⑤《华阳国志·大同志》有蜂羌郅逢。⑥ 宋时茂州诸部落中有郅姓，《宋史·蛮夷传》载："茂州诸部落，盖、涂、静、当、直、时、飞、宕、恭等九州蛮也。蛮自推一人为州将，治其众，而常诣茂州受约束。……政和五年，有直州将郅永寿、汤延俊、董承有等各以地内属，诏以永寿地建寿宁军，延俊、承有地置延宁军。"⑦

中野 ［zhōng yě］

中野氏，《中国古今姓氏辞典》载："党项别部有中野氏。（见《路史》）"⑧

钟 ［zhōng］

东汉时期居牧于大、小榆谷以南今甘肃省南部地区，北与烧当羌局地为邻的有钟羌部落，其后或以钟为姓。《后汉书·西羌传》："先零别种滇零与钟羌诸种大为寇掠，断陇道。"⑨ 西夏有钟氏，《宋史·夏国传》载元昊时以"钟鼎臣典文书"⑩。

---

① ［元］脱脱等：《宋史》，中华书局，1985年，第14138页。
② ［元］脱脱等：《宋史》，中华书局，1985年，第14140页。
③ ［宋］乐史：《太平寰宇记》，中华书局，2007年，第813页。
④ 冉光荣、李绍明、周锡银：《羌族史》，四川民族出版社，1985年，第146页。
⑤ ［汉］王符：《潜夫论》，辽宁教育出版社，2001年，第70页。
⑥ ［东晋］常璩：《华阳国志》，时代文艺出版社，2008年，第104页。
⑦ ［元］脱脱等：《宋史》，中华书局，1985年，第14239页。
⑧ 慕容翊：《中国古今姓氏辞典》，黑龙江人民出版社，1985年，第265页。
⑨ ［宋］范晔：《后汉书》，中华书局，1965年，第2886页。
⑩ ［元］脱脱等：《宋史》，中华书局，1985年，第13994页。

仲熊 [zhòng xióng]

仲熊氏,《通志略·氏族略第四》载:"芈姓。潜夫论云。楚公族有仲熊氏。"①

州 [zhōu]

州氏,《通志略·氏族略第三》载:"又淳于氏谓之州公。其后亦为州氏。姜姓。春秋时小国也。"②《世本》载:"州国,姜姓。"③

周生 [zhōu shēng]

周生氏,《姓氏寻源》记载,"《路史》云:帝尧之后,有周生氏。"④ 后世或有改为单姓周,今理县桃坪有周姓。⑤《历代碑刻契文族谱》记理县通化乡有"周氏宗谱排行册序",此周氏本为梁氏,"启祖公名曰梁满泰,祖居理番木业国泰村,后迁居插业水田村。"⑥《晋书·载记》载后秦姚兴时有周氏,"京兆杜瑾、冯翊吉默、始平周宝等上陈时事,皆擢处美官。"⑦

朱 [zhū]

朱氏,《姓氏寻源》记载,"《黄帝本行纪》云:朱氏,黄帝之后。"⑧

诸葛 [zhū gě]

诸葛氏,《通志略·氏族略第二》载:"世本云。有熊氏之后为詹葛氏。齐人语讹以詹葛为诸葛。"⑨《世本》载:"有熊氏之后为詹葛氏。"⑩《风俗通义校释》载:"葛婴为陈涉将军,有功,非罪而诛,汉文追封子孙为诸县侯,因并氏焉。世本云:有熊氏之后为詹葛氏,齐人语讹,以詹葛为诸葛氏。"⑪

诸梁 [zhū liáng]

诸梁氏,《通志略·氏族略第三》载:"楚庄王之后。食邑诸梁。因

---

① [宋] 郑樵:《通志略》,上海古籍出版社,1990年,第66页。
② [宋] 郑樵:《通志略》,上海古籍出版社,1990年,第38页。
③ [东汉] 宋衷:《世本》,时代文艺出版社,2008年,第29页。
④ [清] 张澍:《姓氏寻源》,岳麓书社,1992年,第257页。
⑤ 《中国少数民族社会历史调查资料丛刊》修订编辑委员会:《羌族社会历史调查》,民族出版社,2009年,第18页。
⑥ 《阿坝州文库》编委会:《历代碑刻契文族谱》,四川民族出版社,2013年,第119页。
⑦ [唐] 房玄龄等:《晋书》,中华书局,1974年,第2979页。
⑧ [清] 张澍:《姓氏寻源》,岳麓书社,1992年,第82页。
⑨ [宋] 郑樵:《通志略》,上海古籍出版社,1990年,第27页。
⑩ [东汉] 宋衷:《世本》,时代文艺出版社,2008年,第34页。
⑪ [东汉] 应劭:《风俗通义校释》,天津人民出版社,1980年,第497页。

氏焉。"①

竹［zhú］

竹氏，《通志略·氏族略第二》载："姜姓。孤竹君成汤封之辽西。至伯夷叔齐。有让国之贤。子孙以竹为氏。"②《后汉书·西南夷列传》有："夜郎侯，以竹为姓。"③

筑［zhù］

唐吐蕃有筑氏，《唐会要·吐蕃》载："永徽元年弄赞卒。其子早卒。立其孙。立年幼。国事皆委禄东赞。禄东姓筑氏。"④

铸［zhù］

铸氏，《宋本广韵》载："姓，尧后以国为氏。"⑤

铸督［zhù dū］

铸督氏，《李范文西夏学论文集》记载，"铸督氏：汤文认为是吐蕃部族非西夏姓氏。"⑥

颛臾［zhuān yú］

颛臾氏，《姓氏寻源》记载，"《路史》云：伏羲后有颛臾氏。《氏族略》云：风姓，伏羲氏之后。鲁附庸国，主东蒙，子孙以国为氏。澍按：颛臾在沂之费县。"⑦

庄［zhuāng］

庄氏，《通志略·氏族略第四》载："芈姓。楚庄王之后。以谥为氏。"⑧

庄浪［zhuāng làng］

西夏有庄浪氏。《李范文西夏学论文集》记载，"庄浪氏：史金波认为是吐蕃之一支，事见《西夏书事》卷七。"⑨ 党项羌有庄郎族，或为庄浪氏之谐音，

① ［宋］郑樵：《通志略》，上海古籍出版社，1990年，第41页。
② ［宋］郑樵：《通志略》，上海古籍出版社，1990年，第31页。
③ ［宋］范晔：《后汉书》，中华书局，1965年，第2844页。
④ ［宋］王溥：《唐会要》，中华书局，1955年，第1721页。
⑤ ［宋］陈彭年：《宋本广韵》，中国书店，1982年，第344页。
⑥ 李范文：《李范文西夏学论文集》，中国社会科学出版社，2012年，第536页。
⑦ ［清］张澍：《姓氏寻源》，岳麓书社，1992年，第159页。
⑧ ［宋］郑樵：《通志略》，上海古籍出版社，1990年，第77页。
⑨ 李范文：《李范文西夏学论文集》，中国社会科学出版社，2012年，第533页。

《宋史·党项传》载："又以黑山北庄郎族龙移为安远大将军，昧克为怀化将军。"①《金史·交聘表》有庄浪氏，"正月戊午朔，夏武功大夫庄浪义显、宣德郎刘裕等贺正旦。"②

庄浪昧克 [zhuāng làng mèi kè]

党项羌有庄浪昧克族。《宋史·党项传》载："此族在黄河北数万帐，或号庄浪昧克，常以马附藏才入贡"③。《宋史·党项传》载党项羌有庄浪族和昧克族，庄浪昧克族可能是庄浪族和昧克族合并为一族。

卓 [zhuó]

明时西羌有卓姓，《姓氏寻源》载："又明松潘雪儿卜寨夷有卓姓，卓时方是也。见《明史》。"④

浊轮川 [zhuó lún chuān]

党项羌有浊轮川族。《宋史·党项传》载："及浊轮川东、兔头川西诸族，生擒七十八人，枭五十九人，俘二百三十六口，牛羊驴马千二百六十，招降千四百五十二户。"⑤

资 [zī]

资氏，《姓氏寻源》载："圈称《陈留风俗传》云：资姓，黄帝之后，食采益州资中，因以为氏。"⑥

子庚 [zǐ gēng]

子庚氏，《通志略·氏族略第三》载："芈姓。楚公子午字子庚。其后以王父字为氏。"⑦

子工 [zǐ gōng]

子工氏，《通志略·氏族略第三》载："姜姓。世本齐顷公之子公子子工之后也。"⑧《世本》载："齐顷公子子工之后也。"⑨

---

① [元] 脱脱等：《宋史》，中华书局，1985 年，第 14143～14144 页。
② [元] 脱脱等：《金史》，中华书局，1975 年，第 1425 页。
③ [元] 脱脱等：《宋史》，中华书局，1985 年，第 14144 页。
④ [清] 张澍：《姓氏寻源》，岳麓书社，1992 年，第 504 页。
⑤ [元] 脱脱等：《宋史》，中华书局，1985 年，第 14139 页。
⑥ [清] 张澍：《姓氏寻源》，岳麓书社，1992 年，第 44 页。
⑦ [宋] 郑樵：《通志略》，上海古籍出版社，1990 年，第 55 页。
⑧ [宋] 郑樵：《通志略》，上海古籍出版社，1990 年，第 53 页。
⑨ [东汉] 宋衷：《世本》，时代文艺出版社，2008 年，第 36 页。

子季 [zǐ jì]

子季氏，《通志略·氏族略第三》载："芈姓。楚之公族也。"① 《世本》载："楚公族子季氏。"②

子建 [zǐ jiàn]

子建氏，《通志略·氏族略第四》载："芈姓。楚太子建之后也。"③

子囊 [zǐ náng]

子囊氏，《通志略·氏族略第三》载："芈姓。楚公子贞字子囊之后也。"④《世本》载："齐桓公子子囊之后也。"⑤

子期 [zǐ qī]

子期氏，《通志略·氏族略第三》载："芈姓。楚公子结字子期之后也。"⑥

子旗 [zǐ qí]

子旗氏，《通志略·氏族略第三》载："姜姓。齐惠公曾孙栾施字子旗之后也。本栾氏。"⑦

子乾 [zǐ qián]

子乾氏，《通志略·氏族略第三》载："姜姓。世本齐公子都字子乾之后也。"⑧《世本》载："齐公子都字子乾之后。"⑨

子泉 [zǐ quán]

子泉氏，《通志略·氏族略第三》载："姜姓。世本齐顷公之子公子湫字子泉之后也。"⑩《世本》载："齐顷公之子公子湫字子泉之后。"⑪

子庭 [zǐ tíng]

子庭氏，《姓氏寻源》记载，"《姓纂》云：芈姓，楚公子午字子庭，后以

---

① [宋] 郑樵：《通志略》，上海古籍出版社，1990年，第55页。
② [东汉] 宋衷：《世本》，时代文艺出版社，2008年，第43页。
③ [宋] 郑樵：《通志略》，上海古籍出版社，1990年，第63页。
④ [宋] 郑樵：《通志略》，上海古籍出版社，1990年，第55页。
⑤ [东汉] 宋衷：《世本》，时代文艺出版社，2008年，第43页。
⑥ [宋] 郑樵：《通志略》，上海古籍出版社，1990年，第55页。
⑦ [宋] 郑樵：《通志略》，上海古籍出版社，1990年，第53页。
⑧ [宋] 郑樵：《通志略》，上海古籍出版社，1990年，第53页。
⑨ [东汉] 宋衷：《世本》，时代文艺出版社，2008年，第39页。
⑩ [宋] 郑樵：《通志略》，上海古籍出版社，1990年，第53页。
⑪ [东汉] 宋衷：《世本》，时代文艺出版社，2008年，第39页。

子庭为氏。又鲁大夫子庭以字为氏。澍按：楚公子午字子庚，字子庭，林说误。"①

子尾 [zǐ wěi]

子尾氏，《通志略·氏族略第三》载："姜姓。齐惠公之孙公孙虿字子尾之后也。"②

子午 [zǐ wǔ]

子午氏，《姓氏寻源》记载，"《世本》云：楚公子午之后，齐有大夫子午明。澍按：公子午字子庚，庄王之子。详见《世本注》。"③《世本》载："楚公子午之后。"④《通志略·氏族略第四》载："子午氏，芈姓。楚公子午之后也。"⑤

子西 [zǐ xī]

子西氏，《通志略·氏族略第三》载："芈姓，楚公子申字子西之后也。"⑥

子襄 [zǐ xiāng]

子襄氏，《通志略·氏族略第三》载："姜姓。齐惠公之子公子子襄之后也。"⑦

子雅 [zǐ yǎ]

子雅氏，《通志略·氏族略第三》载："姜姓。齐惠公之孙公孙灶字子雅之后也。"⑧

子重 [zǐ zhòng]

子重氏，《通志略·氏族略第三》载："芈姓。楚公子婴齐字子重之后。"⑨

且 [zǐ]

今西羌尚有此姓（且音紫）。《后汉书》（卷八十六）载："五年夏，且冻、

---

① [清] 张澍：《姓氏寻源》，岳麓书社，1992年，第316页。
② [宋] 郑樵：《通志略》，上海古籍出版社，1990年，第53～54页。
③ [清] 张澍：《姓氏寻源》，岳麓书社，1992年，第316页。
④ [东汉] 宋衷：《世本》，时代文艺出版社，2008年，第36页。
⑤ [宋] 郑樵：《通志略》，上海古籍出版社，1990年，第63页。
⑥ [宋] 郑樵：《通志略》，上海古籍出版社，1990年，第55页。
⑦ [宋] 郑樵：《通志略》，上海古籍出版社，1990年，第53页。
⑧ [宋] 郑樵：《通志略》，上海古籍出版社，1990年，第53页。
⑨ [宋] 郑樵：《通志略》，上海古籍出版社，1990年，第55页。

傅难种羌等遂反叛,攻金城,与西塞及湟中杂种羌胡大寇三辅,杀害长吏。"① 又载"贤复进击钟羌且昌,且昌等率诸种十余万诣凉州刺史降"②。《汉书·赵充国传》载:"封若零、弟泽二人为帅众王,离留、且种二人为侯,儿库为君,阳雕为言兵侯,良儿为君。靡忘为献牛君。"③"且姓"是罕见的姓,其姓氏源自黄帝之孙颛顼(高阳氏)。《姓苑》记载:"高阳氏臣且鸠氏之后。望出渭阳。""且"的两个读音"jū"或"qiě"都为姓氏,其中"jū"的读音源自新疆回族。"且(qiě)姓"现在大致分布在四川大邑、江苏南通、山西太原、临汾等地。《羌族社会历史调查》记四川羌族地区有寨盘业主"且知基"④。《中国少数民族名人辞典·古代》载:"且昌,东汉时羌人首领。羌族(钟羌)。东汉阳嘉四年(135年)钟羌首领良封被谒者马贤所发陇西吏士及羌胡兵击杀后,马贤复领兵进击钟羌且昌,且昌等率诸种十万诣凉州刺史投降"⑤。

姐 [zǐ]

姐氏,《姓氏寻源》记载,"澍按:《汉书·冯奉世传》注:姐音紫,今西羌有彡姐之姓。西魏时,羌酋姐蜚,当即汉彡姐之后,后又合彡姐为亶姓,亶音闪。"⑥ 今阿坝藏族羌族自治州黑水县有叫"三姐生",应为彡姐之后。

紫 [zǐ]

紫氏,《姓氏寻源》记载,"《广韵》云:紫出《姓苑》。澍按:滇吾羌有此姓,即姐姓,音紫,亦或如红氏、赤氏、碧氏、黑氏,指色以为姓。"⑦《中国古今姓氏辞典》载:"西羌有此姓。(见《汉书·冯奉世传注》)"⑧

宗哥 [zōng gē]

西羌有宗哥族。《宋史·夏国传》载:"会旱,西攻河州、甘州宗哥族及秦州缘边熟户。"⑨《宋史·吐蕃传》有宗家,"是年,宗家、当宗、章迷族来贡,移逋、撩父族归附。"⑩《续资治通鉴长编》(卷86)载宗哥族,"以西蕃宗哥族

---

① [宋]范晔:《后汉书》,中华书局,1965年,第2895页。

② [宋]范晔:《后汉书》,中华书局,1965年,第2894页。

③ [汉]班固:《汉书》,中华书局,1962年,第2993页。

④ 《中国少数民族社会历史调查资料丛刊》修订编辑委员会:《羌族社会历史调查》,民族出版社,2009年,第140页。

⑤ 刘德仁:《中国少数民族名人辞典·古代》,四川辞书出版社,1989年,第348页。

⑥ [清]张澍:《姓氏寻源》,岳麓书社,1992年,第302页。

⑦ [清]张澍:《姓氏寻源》,岳麓书社,1992年,第304页。

⑧ 慕容翊:《中国古今姓氏辞典》,黑龙江人民出版社,1985年,第272页。

⑨ [元]脱脱等:《宋史》,中华书局,1985年,第13990页。

⑩ [元]脱脱等:《宋史》,中华书局,1985年,第14158页。

李尊为保顺军节度使，赐袭衣、金带、器币、鞍马、铠甲等。”[①]

邹［zōu］

西夏有邹氏，《李范文西夏学论文集》记载，“邹氏：《交聘表》有邹国安。”[②]

左［zuǒ］

左氏源于姜姓，出自春秋时期齐国公族之后，属于以先祖名号为氏。《通志略·氏族略第四》载：“姜姓。齐公族有左右公子。因以为氏。”[③]

昨和［zuó hé］

昨和氏，见于北周保定四年（564年）《圣母寺四面造像碑》及天和元年（566年）《昨和拔祖等一百廿八人造像记》。《姓氏寻源》记载，“澍按：关西羌人有昨和氏。周圣母四面像碑有昨和姓十九人。”[④]《宋本广韵》载：“羌复姓有昨和氏”[⑤]。《碑铭所见前秦至隋初的关中部族》载《昨和拔祖等一百廿八人造像记》有题名的姓氏属于羌姓的有昨和氏五十八人，罕幵氏六人，荔非氏五人，屈南、雷氏各二人，共七十三人[⑥]。又载“复音的羌姓，例如夫蒙、荔非、弥姐、罕开、屈男、儁蒙、昨和、钳尔、地连等等，一般有单音化的倾向。简言之，即羌人的复姓多变为单姓。……昨和之为和氏”[⑦]。西羌姓氏，《通志略·氏族略第五》有昨和氏。[⑧]《羌族史》载：“在北朝时，渭北羌人的阶级分化已经十分悬殊，有不少上层社会的羌人作了北朝的高级官吏。文官如北魏吏部内行尚书钳耳庆时（王遇），武官如北周虎贲给事散大夫昨和富进，……”[⑨]

---

① ［宋］李焘：《续资治通鉴长编》，中华书局，2004年，第1979页。

② 李范文：《李范文西夏学论文集》，中国社会科学出版社，2012年，第534页。

③ ［宋］郑樵：《通志略》，上海古籍出版社，1990年，第68页。

④ ［清］张澍：《姓氏寻源》，岳麓书社，1992年，第366页。

⑤ ［宋］陈彭年：《宋本广韵》，中国书店，1982年，第488页。

⑥ 马长寿：《碑铭所见前秦至隋初的关中部族》，中华书局，1985年，第73页。

⑦ 马长寿：《碑铭所见前秦至隋初的关中部族》，中华书局，1985年，第101页。

⑧ ［宋］郑樵：《通志略》，上海古籍出版社，1990年，第87页。

⑨ 冉光荣、李绍明、周锡银：《羌族史》，四川民族出版社，1985年，第146页。

附录：现代羌族主要姓氏

通过调查统计，现代岷江上游地区羌族人的主要姓氏如下。

杨姓：茂县曲谷乡河东村等
王姓：茂县曲谷乡河东村等
董姓：茂县太平乡牛尾村等
余姓：汶川县龙溪乡阿尔村等
除姓：松潘县小姓乡大尔村等
尧姓：北川羌族自治县曲山镇等
陈姓：汶川县威州镇等
任姓：茂县黑虎乡小河坝村等
肖姓：茂县沟口乡水若村等
周姓：理县蒲溪乡蒲溪村等
李姓：北川羌族自治县禹里乡等
母姓：北川羌族自治县等
刘姓：茂县南新镇牟托村等
张姓：茂县维城乡四瓦村等
马姓：汶川县雁门乡萝卜寨村等
郎姓：松潘县小姓乡埃溪村等
见姓：松潘县小姓乡埃溪村等
何姓：茂县松坪沟乡岩窝村等
亚姓：茂县太平乡牛尾村等
尤姓：茂县太平乡牛尾村等
郑姓：茂县太平乡牛尾村等
龙姓：松潘县小姓乡大尔边村等
泽姓：松潘县小姓乡埃溪村等
朱姓：汶川县雁门乡等

管姓：茂县松坪沟乡二八溪村等

铁姓：茂县松坪沟乡岩窝村等

如姓：茂县松坪沟乡岩窝村等

殷姓：茂县曲谷乡何东村等

纳姓：茂县松坪乡等

赵姓：茂县凤仪镇等

饶姓：理县蒲溪乡蒲溪村等

祈姓：理县蒲溪乡休溪村等

韩姓：理县蒲溪乡蒲溪村等

梁姓：北川羌族自治县等

龚姓：茂县雅都乡等

黄姓：北川羌族自治县青片乡尚武村等

汪姓：汶川县绵虒镇羌锋村等

贺姓：茂县松坪沟乡岩窝村等

菜姓：茂县维城乡后村等

孟姓：理县蒲溪乡休溪村等

苟姓：北川羌族自治县青片乡尚武村等

蒲姓：茂县曲谷乡河西村等

谭姓：茂县曲谷乡河西村等

兰姓：茂县曲谷乡河西村等

高姓：茂县曲谷乡色尔窝村等

文姓：茂县雅都乡四寨村等

苏姓：北川羌族自治县青片乡尚武村等

魏姓：茂县凤仪镇等

邓姓：茂县凤仪镇等

徐姓：理县蒲溪乡蒲溪村等

唐姓：北川羌族自治县墩上乡等

袁姓：汶川县雁门乡萝卜寨村等

陶姓：茂县三龙乡勒依村等

蔡姓：汶川县威州镇布瓦村等

耿姓：汶川县龙溪乡阿尔村等

许姓：茂县叠溪镇排山营村、北川羌族自治县等

牛姓：北川羌族自治县曲山镇等

谢姓：平武县豆叩场镇等

景姓：北川羌族自治县等

田姓：北川羌族自治县等

包姓：茂县凤仪镇等

尹姓：茂县沟口乡水若村等

伍姓：茂县太平乡太平村等

武姓：茂县太平乡太平村等

胡姓：茂县太平乡胡尔村等

严姓：茂县叠溪镇龙池村等

莫姓：茂县叠溪镇马脑村等

吴姓：茂县叠溪镇小关子村等

康姓：茂县石大关乡桃花村等

潘姓：茂县太平乡太平村等

罗姓：茂县太平乡杨柳沟村等

施姓：茂县叠溪镇较场村等

崔姓：茂县叠溪镇较场村等

韦姓：茂县叠溪镇排山营村等

颜姓：茂县叠溪镇两河口村等

乔姓：茂县叠溪镇两河口村等

左姓：茂县叠溪镇龙池村等

蒋姓：茂县叠溪镇马脑顶村等

彭姓：茂县太平乡等

白姓：茂县太平乡等

方姓：茂县石大关乡石大关村等

毛姓：茂县石大关乡巴珠村等

塞姓：茂县土门乡新村等

廖姓：茂县三龙乡勒依村等

杜姓：茂县白溪乡杜家坪村等

斯姓：茂县飞虹乡深沟村等

沈姓：茂县飞虹乡深沟村等

叶姓：茂县飞虹乡浅沟村等

卿姓：茂县飞虹乡苏家坪村等

冉姓：茂县飞虹乡浑水村等

金姓：茂县飞虹乡苏家坪村等

孙姓：茂县黑虎乡小河坝村等

蓝姓：茂县回龙乡白布村等

曹姓：茂县回龙乡白布村等

葛姓：茂县回龙乡龙坪村等

萧姓：茂县飞虹乡水草坪村木耳寨等

热姓：茂县曲谷乡河西村等

卞姓：茂县曲谷乡河坝村等

曾姓：茂县维城乡维城后村等

佘姓：茂县曲谷乡河西村等

邦姓：茂县曲谷乡河坝村等

姚姓：茂县富顺乡甘沟村等

侯姓：茂县东兴乡桃坪村等

熊姓：茂县土门乡建设村等

谷姓：茂县富顺乡等

桂姓：茂县光明乡等

雍姓：茂县东兴乡等

官姓：茂县光明乡等

宋姓：茂县土门乡等

冯姓：茂县土门乡等

付姓：茂县富顺乡瓦窑村等

童姓：茂县永和乡永和村等

梅姓：茂县光明乡马蹄村等

傅姓：茂县光明乡中心村等

贾姓：茂县沟口乡沟口村等

丁姓：茂县光明乡中心村等

郭姓：茂县光明乡中心村等

向姓：茂县光明乡和平村等

毕姓：茂县富顺乡宝顶村等

邱姓：茂县富顺乡团结村等

代姓：茂县土门乡等

喜姓：茂县土门乡等

温姓：茂县南新镇牟托村等

江姓：茂县凤仪镇南庄村等

甘姓：茂县凤仪镇南庄村等

易姓：茂县南新镇牟托村等

鲜姓：茂县胃门乡椒园村等

卢姓：茂县胃门乡椒园村等

岳姓：茂县沟口乡水若村等

鲁姓：茂县永和乡细口村等

俞姓：茂县凤仪镇等

宴姓：茂县凤仪镇顺城村等

宁姓：茂县凤仪镇静州村等

阙姓：茂县凤仪镇顺城村等

坤姓：茂县凤仪镇顺城村等

万姓：茂县凤仪镇茶山村等

牟姓：茂县南新镇罗山村等

富姓：茂县南新镇罗山村等

顺姓：茂县南新镇白水村等

顾姓：茂县凤仪会镇等

关姓：茂县凤仪镇南庄村等

伊姓：茂县凤仪镇静州村等

薛姓：茂县凤仪镇南庄村等

水姓：茂县凤仪镇坪头村等

雷姓：茂县石鼓乡茶山村等

安姓：茂县石鼓乡勒都村等

史姓：茂县胃门乡等

钟姓：茂县沟口乡沟口村等

石姓：茂县沟口乡沟口村等

晏姓：茂县南新镇文镇村等

邹姓：阿坝藏族羌族自治州

喻姓：茂县等

于姓：绵阳市北川羌族自治县等

汤姓：阿坝藏族羌族自治州

尚姓：绵阳市平武县等

沙姓：阿坝藏族羌族自治州

阮姓：阿坝州黑水县等

恁姓：绵阳市等

漆姓：绵阳市等

欧阳：汶川县等

林姓：汶川县等

衡姓：绵阳市北川羌族自治县等

古姓：都江堰市等

党姓：阿坝藏族羌族自治州等

敖姓：汶川县联合村等

姜姓：茂县叠溪镇两河口村等

郁姓：茂县太平乡木耳村等

革姓：茂县雅都乡中心村等

柴姓：汶川县雁门乡等

柏姓：汶川县绵虒镇等

仁姓：茂县黑虎乡黑虎村等

祁姓：理县桃坪乡等

焦姓：汶川县龙溪乡联合村等

除姓：松潘县小姓乡大尔边村等

主要参考文献

阿坝藏族羌族自治州地方志编纂委员会. 阿坝州志 [M]. 北京：民族出版社，1994.

《阿坝州文库》编委会. 历代碑刻契文族谱 [M]. 成都：四川民族出版社，2013.

《阿坝州文库》编委会. 茂州志 [M]. 成都：四川民族出版社，2013.

班固. 汉书 [M]. 北京：中华书局，1962.

毕玉玲. 羌族的图腾崇拜与释比文化 [J]. 戏曲研究，2002（3）.

常璩. 华阳国志 [M]. 长春：时代文艺出版社，2008.

陈明远，汪宗虎. 中国姓氏辞典 [M]. 北京：北京出版社，1995.

陈彭年. 宋本广韵 [M]. 北京：中国书店，1982.

陈兴龙. 羌族释比文化研究 [M]. 成都：四川民族出版社，2007.

邓名世. 古今姓氏书辩证 [M]. 南昌：江西人民出版社，2006.

杜佑. 通典 [M]. 北京：中华书局，1984.

范文澜. 中国通史 [M]. 北京：人民出版社，1978.

范晔. 后汉书 [M]. 北京：中华书局，1965.

方舆汇编. 古今图书集成 [M]. 成都：巴蜀书社，1987.

房玄龄，等. 晋书 [M]. 北京：中华书局，1974.

傅海波，崔瑞德. 剑桥中国辽西夏金元史（907—1368 年）[M]. 史卫民，等译. 北京：中国社会科学出版社，1998.

耿少将. 羌族通史 [M]. 上海：上海人民出版社，2010.

顾颉刚. 从古籍中探索我国的西部民族——羌族 [J]. 社会科学战线，1980（1）.

何星亮. 图腾名称与姓氏的起源 [J]. 民族研究，1990（3）.

乐史. 太平寰宇记 [M]. 王文楚，等点校. 北京：中华书局，2007.

李焘. 续资治通鉴长编 [M]. 北京：中华书局，2004.

李德书. 羌文化：中华文化的源头之一 [M] // 霍彦儒. 中国（宝鸡）炎帝·

姜炎文化与民生高层学术论坛. 西安：三秦出版社，2010.

李范文. 李范文西夏学论文集［M］. 北京：中国社会科学出版社，2012.

李昉，等. 太平御览［M］. 北京：中华书局，1960.

李绍明，周蜀蓉. 葛维汉民族学考古学论著［M］. 成都：巴蜀书社，2004.

李蔚. 中国历史·西夏史［M］. 北京：人民出版社，2009.

梁沈约. 宋书［M］. 北京：中华书局，1974.

刘德仁，等. 中国少数民族名人辞典·古代［M］. 成都：四川辞书出版社，1989.

刘恕. 资治通鉴外纪［M］. 上海：上海古籍出版社，1987.

刘昫，等. 旧唐书［M］. 北京：中华书局，1975.

罗泽龙. 阿坝藏族羌族自治州黑水县朱坝村房名调查报告［J］. 西藏民族学院学报（哲学社会科学版），2014（4）.

罗宗强，陈洪. 中国古代文学作品选·第2卷·魏晋南北朝隋唐五代卷［M］. 北京：高等教育出版社，2004.

马长寿. 碑铭所见前秦至隋初的关中部族［M］. 北京：中华书局，1985.

马长寿. 氐与羌［M］. 桂林：广西师范大学出版社，2006.

马端临. 文献通考［M］. 北京：中华书局，1986.

茂县民间文化集成收集整理出版编辑部. 茂县民间文化集成·赤不苏片区卷［M］. 北京：中央民族大学出版社，2015.

茂县民间文化集成收集整理出版编辑部. 茂县民间文化集成·凤仪片区卷［M］. 北京：开明出版社，2016.

茂县民间文化集成收集整理出版编辑部. 茂县民间文化集成·较场片区卷［M］. 北京：中央民族大学出版社，2015.

茂县民间文化集成收集整理出版编辑部. 茂县民间文化集成·沙坝片区卷［M］. 北京：开明出版社，2016.

墨子. 墨子［M］. 李小龙，译注. 北京：中华书局，2016.

慕容翊. 中国古今姓氏辞典［M］. 哈尔滨：黑龙江人民出版社，1985.

纳日碧力戈. 姓名论［M］. 北京：社会科学文献出版社，1997.

欧阳修，宋祁. 新唐书［M］. 北京：中华书局，1975.

钱传仓. 我国少数民族姓氏初探［J］. 中央民族学院学报，1989（6）.

《羌族历史文化文集》编委会. 羌族历史文化文集. 1990（阿州临字第024号）.

冉光荣，李绍明，周锡银. 羌族史［M］. 成都：四川民族出版社，1985.

任乃强. 羌族源流探索 [M]. 重庆：重庆出版社，1984.

任乃强. 四川上古史新探 [M]. 成都：四川人民出版社，1986.

司马光. 资治通鉴 [M]. 胡三省，音注. 上海：上海古籍出版社，1987.

司马迁. 史记 [M]. 北京：线装书局，2007.

四川省阿坝藏族羌族自治州汶川县地方志编纂委员会. 汶川县志 [M]. 北京：
民族出版社，1992.

四川省茂县地方志编纂委员会. 茂县志（1988—2005）[M]. 北京：方志出版
社，2010.

四川省音乐舞蹈研究所. 羌族文化传承人纪实录 [M]. 成都：四川科学技术
出版社，2012.

松潘县志编纂委员会. 松潘县志 [M]. 北京：民族出版社，1999.

宋濂，等. 元史 [M]. 北京：中华书局，1976.

宋衷. 世本 [M]. 长春：时代文艺出版社，2008.

汤惠生. 青藏高原青铜时代的酋邦社会结构与生活方式 [J]. 青海民族大学学
报（社会科学版），2013（7）.

汤开建. 党项西夏史探微 [M]. 北京：商务印书馆，2013.

汤开建. 张澍《西夏姓氏录》订误 [J]. 兰州大学学报（社会科学版），1982
（4）.

脱脱，等. 金史 [M]. 北京：中华书局，1975.

脱脱，等. 辽史 [M]. 北京：中华书局，1974.

脱脱，等. 宋史 [M]. 北京：中华书局，1985.

王大有. 三皇五帝时代 [M]. 北京：中国时代经济出版社，2005.

王符. 潜夫论 [M]. 龚祖培，校点. 沈阳：辽宁教育出版社，2001.

王和. 二十六史大辞典·人物卷 [M]. 长春：吉林人民出版社，1993.

王会安，闻黎明. 中国地震历史资料汇编（第一卷）[M]. 北京：科学出版
社，1983.

王溥. 唐会要 [M]. 北京：中华书局，1955.

王溥. 五代会要 [M]. 北京：中华书局，1998.

王钦若，等. 册府元龟 [M]. 北京：中华书局，1960.

王文涛. 汉代的抗疫救灾措施与疫病的影响 [J]. 社会科学战线，2007（6）.

王永安. 羌族地区祖先与汉姓来源探析 [J]. 阿坝师范高等专科学校学报，
2015（3）.

魏收. 魏书 [M]. 北京：中华书局，1974.

翁独健. 中国民族关系史纲要 [M]. 北京：中国社会科学出版社，2001.

徐平，徐丹. 东方大族之谜——从远古走向未来的羌人 [M]. 北京：知识出版社，2001.

许慎. 说文解字注 [M]. 段玉裁，注. 郑州：中州古籍出版社，2006.

薛居正，等. 旧五代史 [M]. 北京：中华书局，1976.

荀况. 荀子（全4册）[M]. 西安：西安交通大学出版社，2015.

姚薇元. 北朝胡姓考（修订本）[M]. 北京：中华书局，2007.

应劭. 风俗通义校释 [M]. 吴树平，校释. 天津：天津人民出版社，1980.

张声作. 当代中国少数民族名人录 [M]. 北京：华文出版社，1992.

张澍. 姓氏寻源 [M] 赵振兴，校点. 长沙：岳麓书社，1992.

张越. 图解山海经 [M]. 长春：吉林出版集团有限责任公司，2011.

郑樵. 通志略 [M]. 上海：上海古籍出版社，1990.

《中国少数民族社会历史调查资料丛刊》修订编辑委员会. 羌族社会历史调查 [M]. 北京：民族出版社，2009.

周治主. 文白对照资治通鉴 [M]. 沈阳：辽海出版社，2010.

朱熹，注. 诗经 [M]. 上海：上海古籍出版社，1987.

祝世德. 汶川县县志 [M]. 罗晓林，校注. 马尔康：阿坝州地方志编纂委员会，1997.

左丘明. 春秋左传 [M]. 呼伦贝尔：内蒙古文化出版社，2007.

左丘明. 国语 [M]. 长春：时代文艺出版社，2008.